CS Leaders(관리사)

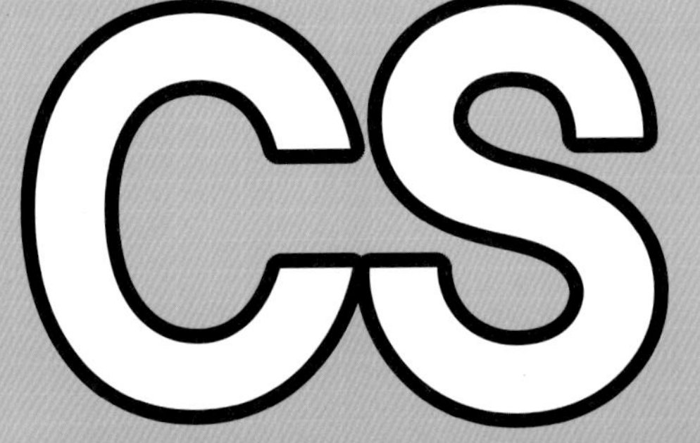

국가공인 CS Leaders(관리사) 자격증 수험서
MBC 아카데미CS 캠퍼스 지정교재

(사)한국정보평가협회 검정(출제)기준 100% 반영 최신판!

핵심이론요약   적중예상문제   실전모의고사

국가공인 CS Leaders(관리사) 완결판을 내면서

　오늘날 국제화시대와 정보산업의 발달은 기업 경영 환경의 급변과 더불어 경제수요의 중심인 고객의 요구와 니즈가 다양해지는 가운데, 고객의 요구를 만족시키기 위해 고객만족 교육과 운영의 중요성이 더욱 더 증가되고 있다.

　고객만족이라는 부문이 점차 기업 경영에 있어 재무, 마케팅, 인사 등과 같이 하나의 기능(Function)으로 자리 잡아가고 있는가 하면, 고객만족경영에서 더 나아가 고객감동경영으로 발전하고 있다.

　CS Leaders(관리사)는 다양한 고객의 입장에서 고품질 서비스의 필요성과 역할에 부합되도록 직무를 정의하고, 비즈니스 경쟁력 향상을 위한 서비스체계 구축 기반 마련에 기여함으로써 고객중심의 산업화 시대에 부응하는 고객만족 서비스의 기반이 될 것이다.

　(사)한국정보평가협회가 주관하는 국가공인 CS Leaders(관리사) 자격증은 고객만족 서비스의 시대적 요구에 부응하는 21세기를 살아가는 직업인의 필수 자격증이 되었다. 취업준비생의 인기 자격증임은 물론 공공기관이나 민간기업의 재직근로자들도 필수의 자격증으로 보급되고 있는 추세에 있다.

　국가공인 자격증 수험교재로서 CS Leaders(관리사) 완결판은 (사)한국정보평가협회가 정한 검정기준(출제기준)을 100% 반영하는 내용으로 구성하였으며, 검정기준으로 제시된 항목별 순서에 따라 핵심을 요약 정리하였으므로 수험생들의 학습에 편리성을 도모하였다.

　그리고 최근 추가된 소비자기본법과 개인정보보호법을 요약하여 보완하였으며, 최신의 출제경향과 문제유형을 분석하여 단원별로 예상문제를 덧붙였다. 또한 부록으로 실제 자격시험의 형식과 유형이 동일한 모의고사를 첨부하였다.

　이 한권의 완결판 수험서로 합격을 보장함은 물론 국가공인 CS Leaders(관리사) 자격증의 취득이 매우 수월하게 되었다는 점에서 자부심을 느끼며, 수험생 여러분의 건투를 빈다.

　국가공인 CS Leaders(관리사) 자격시험이 나오자, 처음부터 수험 교재 및 문제집 보급에 애써 오신 CS 교재 전문 출판사 다솔커뮤니케이션의 도움으로 이번에도 완결판을 낼 수 있게 된 것은 저희 CS교재 편찬위원회나 수험생 여러분들에게 매우 큰 행운이라고 생각하면서, 이 완결판으로 더 많은 직업인들이 하루라도 빨리 CS자격증 취득이 이루어지길 간절히 바란다.

2013년 3월
CS교재편찬위원회

국가공인 CS Leaders(관리사),
CS Leaders(지도사) 자격검정 안내

CS Leaders(관리사)의 필요성과 역할

오늘날 국제화시대와 정보산업의 발달은 기업 경영 환경의 급변과 더불어 경제수요의 중심인 고객의 요구와 니즈가 다양해지는 가운데, 고객의 요구를 만족시키기 위해 고객만족 교육과 운영의 중요성이 더욱 더 증가되고 있다.

이러한 고객만족을 위한 기업경영은 해외 직접투자의 성장과 더불어 국내 경쟁으로부터 국경을 초월한 글로벌 경쟁의 상황에 직면하게 되었으며 결국 세계 초일류기업만이 심화되는 글로벌 경쟁에서 살아남을 수 있게 된 것이다.

이와 같이 중요한 고객만족경영은 고객이 고령화, 편협화됨에 따라 훨씬 더 많은 요구를 갖게 되었다. 따라서 고객만족이라는 부문이 점차 기업 경영에 있어 재무, 마케팅, 인사 등과 같이 하나의 기능(Function)으로 자리 잡아가고 있는 현 추세에 비추어보아 고객만족에 대한 전문성을 가지고 있는 체계적인 교육과 경영인이 절대적으로 필요하게 되었다.

CS Leaders(관리사)는 다양한 고객의 입장에서 고품질 서비스의 필요성과 역할에 부합되도록 직무를 정의하고, 비즈니스 경쟁력 향상을 위한 서비스체계 구축 기반 마련에 기여함으로써 고객중심의 산업화 시대에 부응하는 고객만족 서비스의 기반이 될 것이다.

응시자격 및 응시료(검정수수료)

- **응시자격**
  - CS Leaders(지도사) : 협회 지정 전문교육기관 교육 수료자
  - 국가공인 CS Leaders(관리사) : 제한 없음
- **응시료**
  - CS Leaders(지도사) : 260,000원
  - 국가공인 CS Leaders(관리사) : 70,000 원

검정기준(목표) 및 검정내용, 합격기준

고객만족 서비스의 전문지식을 바탕으로 실제 생활과 Business에 효율성과 실용성을 달성하기 위해 CS기획, 고객응대, 고객감동을 극대화시킬 수 있는 실무적 지식능력을 평가하며, 고객 컴플레인 발생 시 상황 분석능력 및 해결책 제시능력에 관한 업무를 얼마나 신속하고 정확하게 수행할 수 있는가에 대한 능력을 기준으로 관리사의 자격을 평가한다.

자격 종목명	국가공인 CS Leaders(관리사)	CS Leaders(지도사)
검정기준	고객만족과 서비스 관련 종목에 관한 실무·이론·지식을 통해 교육학, 인사관리학, 마케팅학 등 관련 지식을 이용하여 고객 만족을 관리, 교육할 수 있는 능력의 유무	
응시자격	제한 없음	협회 지정 전문교육기관 교육 수료자
검정방법	필기시험(객관식 90문항/5지선다형)	·1차 : 필답형 및 서술형(20문항) ·2차 : 강의 시연(10~15분)
합격결정기준	전과목 60점 이상 (과락 40점 미만)	·1차 : 필답형 및 서술형(70점 만점) ·2차 : 강의 시연(30점 만점) · 합산 100점 만점 중 70점 이상

접수방법

- **온라인 접수 (홈페이지 방문)**

자격증 교부 및 발급

- 합격자에 한해 무료 발급(별도의 자격증 신청 절차 및 통보 없음)
- 주요 도시 별 구체적인 시험 장소는 응시인원에 따라 변경될 수 있음

검정 내용

✐ CS Leaders(지도사)

〈1차 필답형 및 서술형〉

시험 종목	주요 과목	세부 항목	내용	배점
CS 교육관리	필답형 및 서술형	· CS 개론 · CS 전략론 · 고객관리실무론	· 고객만족 · 서비스 이론 · 서비스 분야 · CS 활용 · CS 실무 · 고객관리	70점

〈2차 강의 시연〉

시험 종목	주요 과목	세부 항목	내용	배점
강의 시연	강의전략 및 진행	· 주의집중 · 동기부여 · 기대충족 · 구체화 · 행동촉구	강의시연시 항목별 평가를 통해 배점 부여	30점
	강의자세	· 표정 및 시선처리 · 복장 · 동선활용 및 제스처 · 안정감과 속도 · 에너지		
	강의기법(Skill)	· 원만한 진행 · 문장구사 및 연결능력 · 시간엄수 · 상호교감 · 질의응답 (Q/A) · 분위기 활성화		
	매체활용	· 배색 및 조화 · 이미지 활용도 · 통일성		

※ 합격 기준 – 1차 필답형 및 서술형, 2차 강의 시연 : 합산 100점 만점 중 70점 이상

시험 종목	주요 과목(배점비율)	세부 항목	내용
CS 개론 (30문항)	고객만족 (60%)	가. CS 관리개론	① CS 관리의 개념 ② CS 관리의 역사 ③ CS 관리의 프로세스 구조
		나. CS 경영	① CS 경영 기본 개념 ② CS 경영 사례 연구 ③ CS 경영 발전 가능성
		다. CS 의식	① 고객의 정의 ② 고객의 범주 ③ 고객의 특성 ④ 고객의 성격유형(MBTI) ⑤ CS 효과 ⑥ 차별화된 서비스의 필요성
		라. 고객관계 관리	① 고객관계 관리 개념 ② 인간관계 개선 기술 ③ CRM 성공 분석 ④ CRM 실패 분석 ⑤ 교류분석
	서비스 이론 (40%)	마. 서비스 정의	① 서비스의 어원과 정의 ② 서비스의 3단계 ③ 서비스의 특징 ④ 관광서비스의 개념
		바. 서비스 리더십	① 서비스 핵심요소 ② 서비스 리더의 역할 ③ 서비스 기업 특징 ④ 서비스 변화 ⑤ 서비스 경쟁 ⑥ 참여 서비스 리더십 ⑦ 새로운 서비스 창출 기법 ⑧ 감성 리더십
문제유형			5지선다형

시험 종목	주요 과목(배점비율)	세부 항목	내용
CS 전략론 (30문항)	서비스 분야 (50%)	가. 서비스 기법	① 서비스 청사진 ② 서비스 모니터링 ③ MOT 사이클 차트
		나. 서비스 차별화	① 시대변화와 틈새시장 ② 서비스 패러독스 ③ 서비스 포인트 ④ A/S의 중요성
		다. 서비스 차별화 사례 연구	① 고객인지 프로그램 ② 서비스 수익 체인 ③ 토털 서비스 ④ 고객위주의 제품 차별화 ⑤ 미래 지향적 서비스 ⑥ 병원의 환자 맞춤 서비스 ⑦ 극장의 차별화 서비스
		라. 서비스 품질	① 서비스 품질의 개념 ② 서비스 품질 결정 요인 ③ 서비스 품질 향상방안 ④ 서비스 품질과 종사원
	CS 활용 (50%)	마. CS 평가 조사	① 고객 만족도 측정 방법 ② 고객 만족도 사례 연구 ③ CS 평가 시스템 구축 ④ CS 평가 결과의 활용 ⑤ 고객 만족도 향상 전략 ⑥ 고객 충성도 향상 전략
		바. CS 컨설팅	① 서비스 품질관리 컨설팅 ② CS 트렌드 ③ CS 플래닝 ④ CS 우수사례 벤치마킹
		사. CS 혁신 전략	① 고객 분석 및 기획 ② 고객 경험 이해 및 관리 ③ 고객 가치 제인 전략 ④ 고객 관리 활동 모델 ⑤ CS 성과향상 전략 스킬 ⑥ CS 전략 수립 사례 분석
문제유형			5지선다형

시험 종목	주요 과목(배점비율)	세부 항목	내용
고객관리 실무론 (30문항)	CS 실무 (50%)	가. 전화서비스	① 상황별 전화응대 ② 바람직한 경어 사용법 ③ 콜센터 운영 사이클 ④ 매뉴얼 작성 체계 ⑤ TMR 성과 관리
		나. 고객 상담	① 상황별 인사말 ② 안내법과 손님맞이 방법 ③ 접객 자세와 지시 동작 ④ 클레임과 컴플레인 분석 ⑤ 고객 불만 처리 원칙 ⑥ Power coaching
		다. 예절과 에티켓	① 이미지 컨설팅 ② 표정 연출법 ③ 인사 매너 ④ 패션이미지 연출법 ⑤ 전통예절
		라. 비즈니스 응대	① 비즈니스 매너 ② 비즈니스 네티켓 ③ 이문화 이해 ④ 국제비지니스 에티켓 ⑤ 비즈니스 응대 모범 사례
	고객 관리 (30%)	마. 고객 감동	① 고객감동 단계 ② 고객감동과 고객테러 ③ 고객감동 경영 ④ 고객감동 사례
		바. 고객 만족	① 고객만족 개념과 정의 ② 고객만족의 가치 ③ 고객만족 경영 ④ 고객만족 규칙 ⑤ 고객만족 사례 ⑥ 소비자 기본법 ⑦ 개인정보 보호법
		사. 고품위 서비스	① 고품위 서비스 지혜 ② 원스톱 서비스 ③ 수평적 인간관계 서비스 ④ 고품위 서비스 사례
	컴퓨터 활용 (20%)	아. 프리젠테이션	① 강의 기법 ② 스피치와 호흡기법 ③ 기초 파워포인트 사용법 ④ 기초 포토샵 사용법 ⑤ 자기 주장법
		자. 인터넷 활용	① 전자상거래 기획 ② 전자 상거래 운영 및 관리 ③ 시스템 운영 및 관리 ④ CS 전자거래 구축 기술
문제유형			5지선다형

※ 합격 기준 – 합격판정 : 3과목(CS개론, CS전략론, 고객관리 실무론) 평균 100점 만점에 60점 이상
      – 불합격판정 : 3과목(CS개론, CS전략론, 고객관리 실무론) 평균 100점 만점에 60점 미만
      – 과락으로 인한 불합격판정 : 3과목(CS개론, CS전략론, 고객관리 실무론) 중 단일 과목 획득점수 40점 미만

2013년 시험 일정

국가공인 CS Leaders(관리사)

회차	응시자 접수기간	시험일	합격자발표
1회	2013년 1월 14일 ~ 2013년 1월 25일	2월 17일	2월 22일
2회	2013년 3월 11일 ~ 2013년 3월 22일	4월 21일	4월 26일
3회	2013년 5월 13일 ~ 2013년 5월 24일	6월 16일	6월 21일
4회	2013년 7월 08일 ~ 2013년 7월 19일	8월 11일	8월 16일
5회	2013년 9월 02일 ~ 2013년 9월 13일	10월 20일	10월 25일
6회	2013년 11월 11일 ~ 2013년 11월 22일	12월 15일	12월 20일

CS Leaders(지도사)

회차	응시자 접수기간	1차 시험일	2차 시험일	합격자발표
1회	2013년 4월 2일 ~ 2013년 4월 30일	5월 12일	5월 19일	5월 31일
2회	2013년 8월 1일 ~ 2013년 8월 30일	9월 15일	9월 29일	10월 11일

※ 2013년도 모든 자격검정 일정은 협회의 사정에 따라 변경될 수 있습니다.
※ 주요도시 별 구체적인 시험장소는 응시인원에 따라 변경될 수 있습니다.

국가공인 CS Leaders(관리사), CS Leaders(지도사) 시험 주관기관
(사)한국정보평가협회   http://www.kie.or.kr

C·O·N·T·E·N·T·S

제1과목 CS개론

핵심이론요약

제1장 CS 관리 개론 …………………………… 17

제2장 고객만족경영 …………………………… 25

제3장 CS 의식 …………………………… 33

제4장 고객관계관리 …………………………… 42

제5장 서비스 정의 …………………………… 57

제6장 서비스 리더십 …………………………… 65

적중예상문제 …………………………… 79

제2과목 CS전략론

핵심이론요약

제1장 서비스 기법 …………………………… 115

제2장 서비스 차별화 …………………………… 124

제3장 서비스 차별화 사례연구 …………………………… 134

제4장 서비스 품질 …………………………… 146

제5장 CS 평가 조사 …………………………… 152

제6장 CS 컨설팅 …………………………… 159

제7장 CS 혁신 전략 …………………………… 168

적중예상문제 …………………………… 175

C·O·N·T·E·N·T·S

제3과목 CS고객관리 실무론

● **핵심이론요약**　제1장　전화 서비스 ···211

제2장　고객 상담 ···223

제3장　예절과 에티켓 ···238

제4장　비즈니스 응대 ···255

제5장　고객 감동 ···269

제6장　고객 만족 ···277

제7장　고품위 서비스 ···294

제8장　프리젠테이션 ···299

제9장　인터넷 활용 ···306

● **적중예상문제** ···311

실전모의고사

● **제1회 모의고사 및 정답** ···345

● **제2회 모의고사 및 정답** ···367

● **제3회 모의고사 및 정답** ···387

CS개론 제1과목

검정기준의 세부 항목에 맞춘 **핵심요약**

CS 관리 개론 **제1장**

CS 경영 **제2장**

CS 의식 **제3장**

고객관계관리 **제4장**

서비스 정의 **제5장**

서비스 리더십 **제6장**

제1과목 CS 개론 검정기준(주요 과목 및 상세 검정내용)

시험 종목	주요 과목(배점비율)	세부 항목	내용
CS 개론 (30문항)	고객만족 (60%)	가. CS 관리개론	① CS 관리의 개념 ② CS 관리의 역사 ③ CS 관리의 프로세스 구조
		나. CS 경영	① CS 경영 기본 개념 ② CS 경영 사례 연구 ③ CS 경영 발전 가능성
		다. CS 의식	① 고객의 정의 ② 고객의 범주 ③ 고객의 특성 ④ 고객의 성격유형(MBTI) ⑤ CS 효과 ⑥ 차별화된 서비스의 필요성
		라. 고객관계 관리	① 고객관계 관리 개념 ② 인간관계 개선 기술 ③ CRM 성공 분석 ④ CRM 실패 분석 ⑤ 교류분석
	서비스 이론 (40%)	마. 서비스 정의	① 서비스의 어원과 정의 ② 서비스의 3단계 ③ 서비스의 특징 ④ 관광서비스의 개념
		바. 서비스 리더십	① 서비스 핵심요소 ② 서비스 리더의 역할 ③ 서비스 기업 특징 ④ 서비스 변화 ⑤ 서비스 경쟁 ⑥ 참여 서비스 리더십 ⑦ 새로운 서비스 창출 기법 ⑧ 감성 리더십
문제유형			5지선다형

제 1 장 CS관리 개론

학습내용

1. CS 관리의 개념
2. CS 관리의 역사
3. CS 관리의 프로세스 구조

학습목표

1. CS관리의 개념과 중요성을 설명할 수 있도록 한다.
2. 고객만족의 정의와 관련이론들을 정확히 이해한다.
3. 고객만족관리의 도입배경과 역사를 이해한다.
4. CS관리의 프로세스에 대해 정확히 이해한다.
5. CS관리의 프로세스 구조 설계과 관리를 설명할 수 있도록 한다.

1. CS관리의 개념

공급과잉시대에 있어서 마케팅의 부각이라는 기업경영환경의 변화는 고객만족을 중요한 수요 창출의 수단으로 강조하게 되었다. 고객을 중심으로 하는 마케팅환경의 변화는 고객만족, 고객감동을 요구한다.

1950년대 후반 ~ 1960년대 전반에 걸친 시기에 기업의 이윤추구의 중요한 수단으로서 고객만족을 인식하고 경영의 관점에서 고객만족을 다루게 되었다.

➔ 고객만족의 일반적 정의

고객만족이란 고객 니즈에 대응하는 일련의 기업 활동에 대한 결과로서 상품 및 서비스의 재구매가 이루어지고 또한 고객의 신뢰가 연속되는 상태를 말한다.

고객이 제품 또는 서비스에 대해 원하는 것을 기대 이상으로 충족, 감동시킴으로써 고객의 재구매율을 높이고 고객의 선호가 지속되도록 하는 것이다. 즉, 기대에 대한 실제의 서비스가 만족을 느낄 만큼의 수준에 이르렀을 때 고객이 받는 감정상태를 말한다.

→ 고객만족관리의 도입 및 발전

1981년 경영난에 허덕이던 스칸디나비아 항공사에 얀 칼슨(Jan Carlzon) 회장이 취임하면서 경영혁신운동으로 기업이 적자에서 흑자로 전환되었다. 이때부터 고객만족관리가 도입되었다. 이후 고객만족관리의 개념이 급속도로 발전되어 GM, IBM, HP, 모토로라, 제록스 등 유수의 기업들이 앞 다투어 고객만족경영을 도입, 시행하였으며, 1990년대에는 한국과 일본에도 고객중심, 고객가치 창조 등의 개념으로 기업경영에 적용되기 시작하였다.

→ 고객만족 관련 이론

기대-불일치 이론(올리버)

방문객의 기대와 성과간의 불일치에 의해 만족 또는 불만족이 발생한다는 것으로, 성과가 기대보다 높아 긍정적 불일치가 생기면 만족이 발생하고, 반대로 성과가 기대보다 낮으면 부정적 불일치가 발생하여 불만족을 가져온다는 이론이다.

올리버에 따르면 일반적으로 고객은 사전에 성과에 대한 기대를 형성하고 구매 및 사용을 통하여 경험한 실제 성과를 자신의 기대수준과 비교한다. 성과가 기대보다 못한 것으로 판단한 경우를 부정적 불일치(Negative Disconfirmation)라 하며, 성과가 기대보다 나은 것으로 판단한 경우를 긍정적 불일치(Positive Disconfirmation)라 하고, 기대했던 정보이면 단순한 일치하고 한다. 여기에서 단순일치 및 긍정적 불일치의 경우에는 고객만족이 발생하고, 부정적 불일치의 경우에는 불만족이 발생하게 된다는 것이다.

공정성 이론(애덤스)

개인은 교환에 있어서 투입과 비교해 성과를 최대로 하고자 하고, 그들이 공정하게 행동하는 것으로 자신들의 성과를 최대로 할 수 있다는 것을 기본 명제로 하며, 만족이란 고객의 투입과 산출의 비율이 공정하다고 느끼는 경우에 발생한다는 이론이다. 공정성은 결과의 공정성, 절차상의 공정성, 상호작용의 공정성으로 설명한다.

공정성 이론의 핵심은 조직구성원이 자신의 노력과 보상을 유사한 일을 하는 다른 사람의 노력이나 보상과 비교하여 공정성이 유지될 수 있도록 동기부여 된다는 것이다. 조직에서 보상을 얻기 위하여 일하는 작업상에서 공정하게 대우받고자 하는 욕망에 의해 동기부여 된다는 것을 강조하고 있는 것이다.

공정성 이론에서 중요한 4가지 개념은 다음과 같다.
① 개인 : 공정성이나 불공정성을 인지하는 개인을 말한다.
② 비교대상 : 비교의 대상이 되는 개인이나 집단을 말한다.
③ 투입(Inputs) : 개인이 직무에 투여하는 개인의 속성(나이, 성별 등)이나 개인의 능력(기술, 경험, 학습 등)을 말한다.
④ 산출(Outputs) : 개인이 직무수행의 결과로 받는 것(급여, 대우 등)을 말한다.

공정성은 개인이 자신이 투입한 것에 대한 산출의 비가 다른 사람의 그것과 동등하다고 여겨질 때 지각되며, 불공정성은 이러한 비율이 동등하지 않을 경우에 존재하게 된다.

귀인 이론(Attribution Theory 하이더, 캘리)

사람들이 행동하는 동기는 자신을 둘러싼 환경을 이해하고 환경을 통제하기 위함이며, 이 과정을 통해 자신의 신념에 따라 행동한다.

인간의 동기를 이해하기 위하여 사람들이 어떤 특정한 과제에서 어떤 결과를 얻었을 때 그 원인이 무엇인지 인식하고 , 그 결과로서 어떤 정의적 특성들이 형성되는지를 알아내고자 하는 이론이다.

귀인이론의 기초를 마련한 하이더는 보통 사람들이 행동의 원인이라고 생각하는 내용들을 토대로 대인행동 분석체계를 마련하였다. 이 때 행동의 원인이란 실제로 행동을 일으킨 개관적 요인들이 아니라 행동 원인의 지각을 의미한다. 이 이론에서는 행동의 기본 원인을 크게 개인 요인과 환경요인으로 구분한다. 하이더에 의하면 가장 흔한 귀인의 유형은 상황적 원인, 개인적 영향, 능력, 욕망, 감정, 의무 등이다.

 귀인 오류에는 다음과 같은 것들이 있다.
① 근본적 귀인 오류(fundamental attribution error): 성공 시 자신의 역할이나 영향은 과대 평가하고, 상황과 다른 사람의 영향은 과소 평가하는 경향을 말한다. 또, 실패 시 문제를 야기시킨 사람이 책임을 상황으로 돌리고, 자신이 없었더라면 더 큰일이 날 뻔했다고 생각하

는 데에 비해, 다른 사람들은 그 반대로 생각하기 쉽다. 반대로 타인이 부정적인 행동을 했을 때 상황적인 요인보다 그 사람 자신의 탓으로 좀 더 쉽게 돌리는 것도 이에 속한다.

② 이기적 편향(self-serving bias)된 귀인 오류: 자신을 능력이 있다고 지각하고, 드러내고자 하는 경향을 말한다. 일반적으로 사람들은 성공했을 경우 자기 자신에게, 실패했을 경우에는 다른 사람이나 외부적인 상황으로 돌리는 오류를 말한다. 자기 자신의 장점은 대단하다고 생각하며, 단점은 누구에게나 있는 일반적인 것이라고 생각한다.

③ 통제력 착각(illusion of control): 세상에 대한 개인의 통제력을 과대 평가하여, 무엇이든 처리할 수 있다고 생각하면서 우연히 일어난 일이나 통제가 불가능한 일은 없다고 과소 평가하는 경향을 말한다.

2. CS관리의 역사

CS관리는 1972년 미국 농산부에서 농산품에 대한 소비자만족지수(CSI : Consumer Satisfiction Index)를 측정하여 발표한 이후 마케팅학계에서 독립된 연구영역으로 등장하였다.

1980년 스칸디나비아 항공(SAS) 사장 얀 칼슨(Jan Carlzon)이 '진실의 순간(MOT : Moment of Truth)' 개념을 도입하여 8백만달러의 적자를 7천 1백만달러의 흑자로 전환하는 경영혁신이 이루어지면서, 이를 계기로 고객만족경영이 전 유럽 및 미국뿐만 아니라 전 세계적으로 확산되기 시작하였다.

1980년대 후반 일본 도요타자동차가 엔고급등의 경제위기 타개책으로 고객만족경영을 도입하였다.

CS경영의 국내 도입은 1990년대 초에 들어 LG에서 '고객가치창조', 삼성그룹에서 '신경영' 등의 형태로 도입되었으며, 1990년대 중반 들어 여러 민간기업은 물론 공기업인 KT, 철도청 등에서 고객만족경영을 도입하였다.

2000년대에 와서는 글로벌시대를 맞아 내부고객, 외부고객 이외에 글로벌고객에까지 고객만
족경영을 확대하고 있다. 제조물책임법과 집단소송제도 도입 등 기업의 책임과 고객만족을
동시에 강조하는고객관리시스템 경영기법이 강화되었다.

3. CS관리의 프로세스 구조

서비스 프로세스란 기업 내의 원재료, 정보, 사람들을 투입(Input)하여 행하는 기업의 활동과
이로 인한 제품과 서비스 등의 산출물(Output)로의 변환과정을 표시한 것이다. 고객의 측면
에서 보면 고객을 위한 결과물 또는 고객을 위해 창출하는 모든 관련활동들의 집합을 말한다.

➔ 프로세스의 개념

모든 프로세스는 고객에게 초점을 맞추며 고객의 입장에서 제품, 서비스 등을 관찰하고 계획하
여야 한다.

프로세스는 실제적인 과업성과를 중시하며, 성과의 효율성을 제고할 수 있고 자율적인 성격을
가져야 한다. 조직 내 부서들이 공유하고 있는 자원과 역량들은 프로세스에 의해 서로 연결되
어 있으며, 고객 니즈를 만족시키는 제품과 서비스 또한 프로세스를 통해 제공이 가능하다.

프로세스 설계의 기본원칙

- 평가는 고객이 한다.
- 평가는 절대적이 아니라 상대적이다.
- 고객은 기대 대비 성과를 평가한다.
- 고객 개별 니즈에 적응해야 한다.
- 개별 니즈에의 적응은 일선 직원이나 지원 시스템이다.
- 모든 의사결정시 고객을 고려해야 한다.

➔ 마이클 해머의 비지니스 프로세스 정의

마이클 해머는 '비지니스 프로세스란 고객을 위한 결과물 또는 고객을 위해 가치를 창출하는
모든 관련 활동들의 집합' 이라고 하였다.

➔ 슈매너(Schmenner)의 서비스 프로세스 매트릭스

슈매너는 노동집중도의 높고 낮은 정도와 고객과의 상호작용의 높고 낮은 정도에 따라 사분
면 매트릭스로 구분하여 서비스 팩토리, 서비스 샵, 대량 서비스, 전문서비스의 네 가지로 분

류하였다.

서비스 팩토리	낮은 노동집중도 낮은 상호작용	항공사, 호텔, 휴양시설 등 서비스업종
서비스 샵	낮은 노동집중도 높은 상호작용	병원, 자동차접비업소 등
대량 서비스	높은 노동집중도 낮은 상호작용	소매점, 도매점, 학교, 은행 등
전문 서비스	높은 노동집중도 높은 상호작용	의사, 변호사, 회계사, 건축가 등

➜ 애드워드 및 페퍼드(Edwards & Peppard)교수의 비즈니스 프로세스 분류

조직은 조직의 성과창출에 효과성이 높은 프로세스를 선택하고 이에 집중한다. 프로세스의 관리는 이에 초점을 맞추어 이루어진다.

경쟁 프로세스	경쟁자보다 우수한 고객가치를 제공하는 프로세스이다. 고객의 요구 가치가 취향에 따른 다양화라면 개별화 프로세스, 가격이라면 경쟁자보다 낮은 가격으로 생산하는 프로세스를 말한다.
변혁 프로세스	급속히 변화하는 환경속에서 지속적인 경쟁우위를 확보하기 위한 프로세스를 말한다. 신제품 개발, 새로운 지식 습득의 학습조직 구축 프로세스 등이 있다.
기반 프로세스	핵심프로세스는 아니지만 프로세스의 결과물이 고객에게 가치가 있다고 판단되는 프로세스이다. 예를들면 품질이 평준화되어 디자인, 가격이 주요 경쟁요소가 된다면 품질은 기반프로세스가 된다.
지원 프로세스	상기 세 가지를 지원하는 프로세스이다. 인적자원관리, 재무 회계, 교육훈련 등이다.

➜ 구매전 과정 : 대기관리

데이비드 마이스터(David Maister)는 '대기열심리' 라는 논문에서 고객의 대기를 효과적으로 관리하여 만족을 주기 위해 다음과 같은 여덟 가지 원칙을 제시하였다.

- 아무 일도 하지 않고 있는 시간이 뭔가를 하고 있을 때보다 더 길게 느껴진다.
- 프로세스 이전의 기다림이 프로세스내의 기다림보다 길게 느껴진다.
- 근심은 대기시간을 더 길게 느껴지게 한다.
- 불확실한 기다림이 더 길게 느껴진다.
- 원인이 설명되지 않은 대기시간이 더 길게 느껴진다.

- 불공정한 대기시간이 더 길게 느껴진다.
- 서비스가 더 가치 있을수록 사람들은 더 오랫동안 기다릴 수 있다.
- 혼자 기다리는 대기시간이 더 길게 느껴진다.

→ 구매과정 : MOT(Moments Of Truth)

- MOT : 진실의 순간은 고객이 기업의 종업원 또는 특정 자원과 접촉하는 순간으로 그 서비스의 품질에 대한 인식에 미치는 상황이다.
- 스칸디나비아(SAS) 항공사의 얀 칼슨 사장은 진실의 순간에 고객을 만족시키는지의 여부가 SAS항공사의 성패를 좌우한다고 하였다.
- 서비스 접점은 고객의 전반적인 만족도를 형성하고 재구매의도에 영향을 미친다. 이는 기업 측면에서 서비스 제공자의 서비스 전달 품질을 고객에게 전달하고 고객의 충성도를 높일 수 있는 기회가 된다.

서비스 접점은 소비자 혹은 고객들이 기업의 상품이나 상표를 경험하거나 접하는 모든 순간들을 말한다. 텔레비전 광고, 신문 광고, 옥외 광고, 웹사이트, 청구서, 길거리 자판기, 백화점 매장, 대리점, 소비자 상담실 등 매우 다양한 경우에서 상품이나 상표를 만나게 되는 것이다. 이런 모든 것들을 고객들의 입장에서 보면 고객접점이 되는 것이다.

고객 점점의 종류는 크게 다음과 같은 세 가지 범주로 나누어 볼 수 있다.
① Product and Service
② People
③ Communication

고객접점이 갖는 의미는 바로 고객이 나의 상품이나 상표를 만나게 되는 통로, 즉 채널이라는 것이다. 그러므로 고객들을 잘 설득, 인식시키거나 태도를 바꾸려고 시도하는 커뮤니케이션의 채널이 된다는 점에서 의미가 높으며 이를 잘 관리해야 하는 것이다. 이것이 바로 고객접점 관리이다.

→ 구매 후 과정 : 피시본 다이어그램

일본 품질전문가 이시가와 가오루에 의해 개발된 인과관계도표이다.

어떤 결과가 나오기 위해 원인이 어떻게 작용하고 어떤 영향을 미치고 있는가를 볼 수 있도록 생선뼈와 같은 그림을 이용하여 원인과 결과의 체계를 분석하는 기법이다.

- 1단계 : 문제의 명확한 정의
- 2단계 : 문제의 주요 원인을 카테고리화
- 3단계 : 잠재원인 브레인스토밍
- 4단계 : 주요 원인 카테고리 세부사항 검토
- 5단계 : 근본원인 확인

피시본 다이어그램은 어떤 문제의 원인을 찾거나 인과관계를 확인하거나 전체 집합의 부분 집합을 찾아가는데 유용한 도구이다. 데이터를 나무(tree) 형태로 구조화하는 방법이므로 본질적으로는 로직트리(logic tree)나 마인드 맵(mind map)과 같다.

 해결하고자 하는 문제를 생선뼈의 머리 부분에 기록하고 그 문제의 직접적인 원인이라고 생각하는 것을 큰 뼈(1차 가지)에 배치한다. 그리고 그 원인의 원인이라고 생각하는 것을 잔뼈(가지의 가지)에 배치한다.

당초 제시한 다이어그램에서는 문제(효과)의 원인으로 장비(Equipment), 과정(Process), 사람(People), 재료(Materials), 환경(Environment), 운영(Management) 등 여섯 가지의 1차 원인을 제시하고 있다.

원인을 나열할 때는 각 단계(level)의 데이터가 서로 배타적이며 그 합은 전체를 이루고 있는지 MECE 원칙을 확인하는 것이 중요하다.

- MECE(mutually exclusive, collectively exhaustive) 원칙 : 구성요소가 서로는 겹치지 않으면서, 모두 합하면 전체가 되어야 한다는 원칙

제2장 고객만족경영

학습내용

1. CS 경영 기본 개념
2. CS 경영 사례 연구
3. CS 경영 발전 가능성

학습목표

1. 고객만족경영의 개념을 정확히 이해한다.
2. 고객만족경영의 중요성을 정확히 인식한다.
3. 고객만족경영의 도입 및 배경을 정확히 이해한다.
4. 사례연구를 통하여 고객만족경영을 확실히 이해한다.

1. 고객만족경영의 기본 개념

→ 고객만족경영의 기본 개념

고객만족경영이란 고객만족을 기업경영의 최고 목표로 삼고 이를 정량적으로 측정해서 경영자 주도로 만족도가 낮은 부분의 개선과 개혁을 통해서 모든 활동을 집중해가는 것이다.

이는 만족한 고객을 반복적으로 창출해가면서 경쟁우위와 새로운 경영 구심력을 창조하는 경영기법이다.

→ 고객만족경영시대

- 고객만족경영이란 기업이 실현하고자 하는 제품의 가치에 대하여 고객이 만족하는 상태를 만들어 충성고객을 확보하는 경영방식 및 전략이다.
- 고객이 필요한 재화와 용역을 사용하고 원래 기대했던 것과 비교하여 만족하도록 하여야

한다는 것이 기업의 목표이다.

- 고객만족경영을 통하여 신규고객 및 충성고객을 늘림으로써 기업의 경쟁력을 강화하고 원가구조를 개선하면서 이익의 극대화를 가져올 수 있는 것이다.

➜ 고객만족경영의 3대 핵심요소

제품

상품의 하드웨어적 가치로서 품질, 기능, 가격 등을 말하며 고객은 그것으로 만족한다. 이후 상품의 소프트웨적 가치로서 디자인, 사용의 용이성 등을 중시하게 된다.

서비스

상품 자체만이 아니라 점포의 분위기, 판매원의 자세 등 고객만족의 비중이 상품에서 서비스로 이동하고 있는 것이다.

기업이미지

고객만족의 간접요소로 기업의 사회공헌활동 및 환경보호활동 등의 기업이미지를 말한다.

➜ 고객만족의 패러다임 시프트

마케팅의 핵심요소가 기업중심의 4P에서 소비자 중심의 4C로 패러다임이 변하였다.

4P		4C
Product, Price, Promotion, Place	➡	Customer, Cost, Communication, Convenience

마이클 해머교수는 '리엔지니어링과 기업혁명'에서 앞으로의 시대는 3s에서 3c의 시대로 변한다고 주장하였다.

3s		3C
Standardization(표준화) Specialization(전문화) Simplification(단순화)	➡	Customer(고객만족) Change(혁신) Competition(무한경쟁)

→ 고객만족경영의 선순환과 악순환

2. 고객만족경영 사례연구

→ 감성경영, 감성마케팅

감성경영은 인간의 감성에 호소하는 방법으로 고객과 시장을 파고드는 경영기법이다. 즉, 고객이나 직원의 감성에 그들이 좋아하는 자극이나 정보를 전달함으로써 기업 및 제품에 대한 호의적인 반응을 유도하는 경영방식을 말한다.

심리학자 다니엘 골먼은 "인간은 이성에 호소하는 데 한계가 있고, 감성, 감정에 호소하여야 한다"고 하였다.

→ 감성경영의 사례

- 음향, 향기, 맛, 문화, High Tech, High Touch
- 맛있는 과자의 '사각사각' 소리
- 아기 기저귀의 '뽀송뽀송'
- 와인 판매장의 클래식 음악

→ 최고의 고객 서비스 회사 노드스트롬(Nordstrom)

고객만족경영의 대표적인 표본으로 알려진 노드스트롬 백화점은 창업에서부터 고객만족이라는 기업문화로 다른 기업과의 차별화를 통하여 크게 성공한 기업이다. 고객만족경영의 이념, 가족경영의 기업문화, 역피라미드의 조직구조 등이 대표적인 벤치마킹 사례로 꼽힌다.

철저한 고객봉사주의를 기초로 한 노드스트롬 백화점의 경영철학은 최고의 서비스, 최고의 품질, 최고의 가치 그리고 다양한 선택을 추구한다. 즉, '고객에게 최고의 서비스(Service), 품질(Quality), 가치(Value), 구색(Selection)을 제공하라' 이다.

노드스트롬은 이미 4대에 걸쳐 기업이 승계되고 있는데, 가족경영은 회사연혁에 대한 이해와 지속적으로 이어지는 경영철학과 메시지, 장기계획의 안정적 추진 등 그들만의 강점을 최대한 살려가고 있다.

노드스트롬사의 조직구조는 역피라미드 구조이다. 고객을 맨 상단에 위치시키고 그 아래에 판매사원 및 판매지원사원이 위치한다. 그 아래에 매장지배인이 있고, 회장이나 이사회는 맨 아래에 위치하는 것이다.

→ 노드스트롬사의 현장배회경영

경영진이 직접 매장이나 작업현장을 돌아다니며 고객이나 기타 조직과 관계되는 사람들과 소통하고 필요한 정보나 의사를 주고받는 관리방법이다.
노드스트롬은 종업원에게 전폭적인 권한을 부여하면서도 현장에서 그 권한이 제대로 행사되고 있는지 확인하기 위하여 비공식적으로 현장배회경영을 실시하고 있는 것이다.

→ 노드스트롬사의 인적자원관리

노드스트롬사의 인적자원관리(Human Resource Management)는 내부고객을 섬긴다는 방식이다.
노드스트롬은 인적자원에 대한 서비스관리가 백화점 서비스의 품질을 좌우한다는 확실한 믿음을 가지고 있다. 그러므로 종업원을 개인사업가와 같이 대우하고, 그들의 자율적인 판단과 결정으로 서비스가 이루어질 수 있도록 지원하고 있다. 충분한 보상, 동기부여, 인센티브 제공, 권한위임이 철저히 이루어지고 있는 것이다.
노드스트롬에는 사규(규정과 규칙 등)가 없다. 일선 직원에게 모든 것을 일임한다. '모든 상황에서 결정은 스스로 최선의 판단으로 결정하라, 그 외에 다른 규칙은 없다' 이것은 권한과 책임의 부여이며, 직원에 대한 신뢰이며, 주인의식에 의한 철저한 고객서비스의 요구인 것이다.

→ 노드스트롬사의 외부고객 만족

노드스트롬사의 외부고객을 위한 고객만족경영은 다음과 같다.

- 100% 반품을 수용한다.
- 개인별 고객수첩을 활용한다.
- 노드스트롬은 어떠한 경우에도 고객에게 NO!라고 하지 않는다.
- 합리적이고 고객이 신뢰할 수 있는 가격을 책정한다.
- 가격경쟁보다는 서비스경쟁에 우선한다.
- 독특한 안락하며 편리한 노드스트롬사만의 매력적인 쇼핑환경을 제공한다.

→ 월마트의 고객만족주의

세계 최대의 소매마트점 월마트의 고객만족경영 3대 기조

'더 저렴한 가격, 효율적인 물류관리시스템, 철저한 고객만족주의'

창업자의 경영이념

'기업경영활동은 궁극적으로 최종 고객을 지향하는 하나의 프로세스로 인식되어야 한다'

월마트는 종업원들이 미소를 짓지 않을 경우 1달러를 가져갈 수 있도록 함으로써 항상 미소로 고객을 대하였으며, 고객이 카드결재를 하는 경우 3초이상 걸리지 않도록 하였다.

→ 논산우체국의 고객만족주의

논산우체국이 고객만족 경영으로 예금액이 급증 한 것으로 나타났다.

논산우체국의 2010년 고객 예금액은 1660억원 이었으나 2012년에는 2140억으로 2년 사이 480억 원이 증가했다.

논산우체국의 예금이 증가한 이유는 시민들이 우체국 예금의 안전성과 시중은행과 같은 금리, 그리고 무엇보다 고객이 편안히 이용할 수 있는 환경을 조성하는 등 고객만족 경영이 큰 성과를 봤다는 평가이다.

논산우체국은 그동안 고객들이 모든 금융업무를 볼 수 있도록 컴퓨터가 마련되어 있는 '지식카페'와 '놀뫼뜰 안채 쉼터', 금융고객 상담실인 VIP룸 등을 설치운영, 고객 편의를 도모해왔고 다양한 우체국 상품 안내 책자를 비치, 홍보하는 등 고객 서비스를 강화해 왔다.

특히 집배원365봉사단 등을 통해 사회복지시설 돕기 등 공익사업에도 총력을 경주해 왔다. 김종찬 국장은 "신속하고 유익한 정보제공을 위해 우체국 고객실에 지역주민에게 무료로 이용할 수 있는 인터넷 플라자를 설치 운영하고 있다"며 "앞으로도 시민들로부터 더욱 사랑을 받는 우체국이 되도록 최선을 다하겠다"고 밝혔다. (대전일보 2013. 1.2)

➔ 한국공항공사의 고객만족주의

한국공항공사는 고객만족에 대한 경영진의 강력한 리더십과 고객중심의 조직문화를 기반으로 한 고객만족경영체계 구축과 탁월한 경영실적으로 공공부문 고객만족경영을 선도하고 있는 점이 인정돼, 지난 2008년도 고객만족경영 종합대상 수상 이후 2012년까지 5년 연속 종합대상을 수상한 기업이다.

한국공항공사는 고객의 니즈에 기반을 둔 서비스 향상을 위해 2008년도에 '하늘소리'라는 업계 최고 수준의 통합 VOC(Voice of Customer)시스템을 도입했다. 수집, 분류된 VOC는 최고경영자(CEO)를 비롯한 전 사원이 실시간 모니터링 할 수 있어, 보다 체계적이고 효과적인 고객관리를 실천하고 있다.

또 전국 개별 공항 콜센터를 하나로 통합해 보다 전문적인 서비스를 제공하는 컨택센터(1661-2626) 운영을 시작했다. 단일번호로 개별 공항에 문의를 해야 했던 고객의 불편함이 크게 줄어들 뿐만 아니라, 주말과 야간에 구애 없이 365일 24시간 상담이 가능하다.

특히 그 동안 고객에게 번거로운 ARS안내를 전면 폐지하고, 모든 상담을 전문상담원이 직접 응대해 보다 쉽고 빠르게 전국공항 상담서비스를 제공하고 있다.

3. 고객만족경영의 발전가능성

→ 21C 뉴 패러다임

웨버노믹스 신경제혁명(21세기 경제의 기본 틀)

돈 탭스콧은 경제특징을 Web+Economics인 웨버노믹스로 보고 21세기 경제의 기본틀로 12가지 테마를 제시하고 있다.

- 지식 • 디지털화 • 가상화 • 분자화 • 통합인터넷 • 중간 기능의 축소 • 집중 • 확산
- 소비자 대전제 • 동시성 • 글로벌화 • 불일치

→ 마이클 포터교수의 5대 경쟁세력

마이클 포터교수는 산업경쟁을 촉진하는 5대 세력(Five Force)을 제시하고 적어도 하나라도 우위를 지녀야 지속적인 성장이 가능하고 경쟁에서 살아남을 수 있다고 하였다.

- 기존 기업간의 경쟁
- 공급자(공급자와의 교섭력이 요구된다)
- 신규 진출기업(진입장벽을 쳐야 한다)
- 구매자(구매자의 세력에 끌려가서는 안된다)
- 대체자(가장 신경써야 할 경쟁세력)

→ 피터 드러커의 경영혁명

피터 드러커는 자본주의 시대의 거대한 변혁을 3단계로 설명하였다.

제1단계는 19세기의 산업혁명이며, 제2단계는 20세기의 생산성 혁명, 제3단계는 21세기의 경영혁명(고객중심전략, 품질, 지식경영, 창조경영)이라고 한다.

→ 디지털시대의 고객만족

- 디지털 시대는 첨단화, 고도화, 지능화, 시스템화로 표현된다.
- 21세기는 3D의 시대(Digital, DNA, Design)이다. 이제는 디자인으로 승부를 걸어야 한다.
- 모든 테크로드(Tec Load)는 WWW로 통한다. 인터넷, 온라인, e-business의 시대이다.

→ 총체적 고객만족 경영혁신(TCS : Total Customer Satisfaction)

한국능률협회는 한 차원 높은 고객만족경영 추진을 통한 경영효율성 제고와 차별화된 경쟁우위를 창출하자는 총체적 고객만족경영혁신을 제시하였다.

기업 경쟁력의 요소는 지식 · 인사조직 · 정보기술 · 프로세스와 같은 '내부핵심역량 강화요

소'와 상품력 · 가격경쟁력 · 브랜드 · 이미지 · 고객관리와 같은 '시장경쟁력요소'로 나눌 수 있다. 이 모든 경쟁력의 요소를 전사 차원에서 고객지향적으로 혁신해야 경쟁이 치열한 상황에서 차별화된 성과를 낼 수 있다는 것이다.

→ 고객만족은 경쟁전략

고객만족을 기업에서 개념화하고 도입하는 이유는 경쟁력있는 기업이 되기 위한 본격적인 경영전략의 일환이기 때문이다. 이는 경쟁업체보다 상대적으로 고객에게 맞고 편리한 상품을 제공하는 극히 시장지향적이고 원론적인 의미이다.

고객만족과 관련된 개념의 변화는 모든 기업은 고객의 불만을 두려워할 것이 아니라 보물과 같은 존재로 인식하는 것이다. 즉, 고객의 사소한 불평 및 불만을 주의깊게 살펴보고 관찰해보면 자사의 조직이나 제도, 절차가 장애가 되어 고객에게 만족을 주지 못하는 문제점, 품질에 대한 고객의 니즈와의 괴리, 신제품 개발 등에 대한 정보가 나오기 때문에 고객의 불평 및 불만은 전사적 경영시스템의 혁신과 새로운 서비스가 창출될 수 있는 밑바탕이 되는 것이다.

제3장 CS 의식

학습내용

1. 고객의 정의
2. 고객의 범주
3. 고객의 특성
4. 고객의 성격유형(MBTI)

학습목표

1. 고객의 정의 및 범주를 정확히 이해한다.
2. 고객의 분류와 고객에 따른 서비스의 특성과 차이를 이해한다.
3. 성격유형검사(MBTI)를 이해하고 유형별 고객의 특성을 파악한다.
4. 고객의 유형별 특성에 따른 서비스의 제공방식을 찾는다.

1. 고객의 정의

➜ 고객의 개념

일정 기간 동안 상호접촉과 커뮤니케이션을 통해 반복 구매를 하고 기업이나 조직에 고객생애가치의 실현으로 수익을 창출해 줄 수 있는 사람을 말한다.

협의의 고객은 상품 및 서비스를 공급받는 사람을 지칭하지만, 광의의 고객은 상품을 생산하고 이용하며 서비스를 제공하는 일련의 과정에서 관계된 자기 이외의 모든 사람을 말한다.

➜ 고객의 역할

- 고객은 생산자원이다.
- 고객은 서비스 품질에 기여하는 공헌자이다.
- 고객은 잠재적인 경쟁자이다.

- 고객은 우리에게 급여를 준다.
- 고객은 우리에게 기회를 주는 사람이다.

고객의 포괄적 개념
- 고객이란 일의 결과를 사용하는 사람, 부서, 프로세스 및 경제적 가치 창출에 도움이 되는 모든 사람이다.
- 고객이란 우리에게 의지해서 사는 사람이 아니라 우리가 그에게 의지하고 있는 인격체이다.
- 고객이란 우리가 그들에게 서비스를 제공하는 것이 아니라 우리로 하여금 봉사할 수 있도록 기회를 주는 혜택을 제공하는 사람이다.
- 고객이란 우리의 중요한 한 부분이며 우리가 존재하는 기반이다.
- 고객이란 우리처럼 희로애락을 느끼고 때로는 선입관과 편견도 갖고 있는 인간이다.
- 고객이란 논쟁을 하여 이겨내려고 해서는 안 되며, 이겨서 득이 될 것이 없는 상대이다.

2. 고객의 범주

➡ 프로세스적 관점에서의 고객

고객을 크게 세 부분으로 분류하면 외부고객, 중간고객, 내부고객으로 나눈다. 외부고객은 제품의 구매자요 소비자를 말하며, 중간고객은 도매상이나 소매상, 내부고객은 조직 내의 상사, 동료, 부하 등 직원을 말한다.

➡ 가치체계를 기준으로 본 고객

사내고객(가치생산고객), 중간고객(가치전달고객), 최종고객(가치구매고객)은 가치체계를 기준으로 본 고객의 분류이다.

➡ 그레고리 스톤의 고객 분류

그레고리 스톤은 고객을 경제적 고객, 윤리적 고객, 개인적 고객, 편의적 고객 등 네 가지로 분류하였다. 고객의 특성에 따라 다른 서비스와 적절한 마케팅 대책의 수립이 고객만족을 극대화할 수 있다.

- 경제적 고객(절약형 고객)은 투자한 시간, 돈, 노력에 대하여 최대한의 효용을 얻으려는 고객이다. 요구가 많고 까다로운 고객이다.
- 윤리적 고객(도덕적 고객)은 기업의 고객이 되는 것이 고객의 책무라고 생각하며, 기업의 윤

리적인 행동에 비중을 두는 고객이다. 기업의 사회적 이미지가 깨끗하고 윤리적이어야 고객을 유지할 수 있다.

- 개인적 고객(개별화 추구 고객)은 개인간의 교류를 선호하는 고객을 말한다. 개인의 고객정보를 잘 활용하여 자기를 인정하는 서비스를 제공하면 매우 만족해하는 유형이다.
- 편의적 고객은 자신이 서비스를 제공받는데 있어서 편리성을 중요시하는 고객이다. 편의를 위해서라면 추가의 비용도 지불할 수 있는 정도의 고객이다.

→ 기업에 이익을 주는 정도에 따른 고객 분류

- 잠재고객 : 회사나 제품에 대하여 모르거나 알고 있더라도 관심이 없는 고객을 말한다.
- 가망고객 : 회사나 제품에 대하여 알고 있으며, 어느 정도 관심을 보이고 있어 신규고객이 될 가능성이 있는 고객이다.
- 신규고객 : 처음으로 회사와 거래를 시작한 단계의 고객이다.
- 기존고객 : 회사와 지속적인 거래를 유지하고 있고 반복구매가 가능해지는 단계의 고객
- 충성고객 : 회사에 대한 충성도가 높아 특별한 마케팅이 없어도 자발적으로 반복구매를 하는 고객이다. 다른 사람에게도 적극적으로 추천(구전광고)해줄 수 있는 고객이다.

→ 고객의 참여관점에 따른 고객 분류

- 직접고객(1차고객) : 제공자로부터 제품 또는 서비스를 구입하는 사람을 말한다.
- 간접고객(개인 또는 집단) : 최종 소비자 또는 2차 소비자를 말한다.
- 공급자집단 : 제품과 서비스를 제공하고 반대급부로 돈을 지급받는 고객을 말한다.
- 내부고객 : 회사 내부의 종업원, 주주나 그 가족을 말한다.
- 의사결정고객 : 직접고객(1차고객)이 선택하는데 영향을 미치는 개인이나 집단을 말하며, 직접 구입하거나 돈을 지불하지는 않는다.
- 의견선도고객 : 제품이나 서비스를 구매하기보다는 평가, 심사, 모니터링을 통해 영향을 미치는 집단으로 소비자보호단체, 기자, 전문가 등을 말한다.
- 법률규제자 : 소비자보호나 관련 조직의 운영에 적용되는 법률을 만드는 의회나 정부를 말한다.
- 경쟁자 : 전략이나 고객관리 등에 중요한 인식을 심어주는 고객이다.
- 단골고객 : 제품이나 서비스를 반복적으로 구매하는 고객이지만, 다른 고객을 추천할 만큼의 충성도가 있지는 않는 고객을 말한다.

- 옹호고객(충성고객) : 단골고객이면서 다른 고객을 추천할 만큼 충성도가 높은 고객이다.
- 한계고객 : 기업에 해가되는 디마케팅의 대상이 되는 고객으로, 고객명단에서 제외하거나 해약유도를 통해 고객의 활동이나 가치를 중지시킨다.
- 얼리 어답터(Early Adopter) : 인터넷에 접속하여 다른 소비자가 작성한 제품평가 및 후기 등을 보고 구매 결정을 판단하는 고객을 말한다.
- 체리 피커(Cherry Picker) : 실제 상품구매, 이용실적은 좋지 않으면서 기업의 서비스 체계, 유통구조의 허점을 이용하여 실속만 챙기는 소비자를 말한다. 예를들면 집들이를 앞둔 신혼부부가 고가의 가구를 샀다가 집들이가 끝나면 반품하는 경우이다. 또 홈쇼핑에서는 약 20%이상이 반품된다고 하는데, 경품을 노리고 대량 구매를 하였다가 당첨되지 않으면 반품하는 체리 피커들 때문이라고 한다.

3. 고객의 특성

→ 고객 욕구에 대한 이해 _ 머슬로우의 욕구 5단계설

제품 및 서비스의 구매과정은 욕구의 인식에서부터 나온다. 머슬로우는 인간의 욕구를 5단계로 나누어, 인간들이 왜 특정한 시기에 특정한 욕구에 의해 움직이는지 설명하였다.
인간의 욕구는 가장 절박한 생리적 욕구에서, 안전 욕구, 소속감과 애정에 대한 욕구, 존경에 대한 욕구, 자아실현 욕구로 단계적으로 나아가면서 욕구충족을 시키려한다는 것이다.

→ 고객 욕구의 인식 _ 허즈버그의 동기부여이론

허즈버그(Herzberg)의 두 가지 요인의 동기부여이론으로, 불만족요인과 만족요인이 있다. 불만족요인이 없다는 것만으로는 충분하지 않으며 구매동기를 부여하기 위해서는 만족요인이 분명히 있어야 한다는 것이다.

→ 고객행동에 영향을 미치는 요인

- 문화적 요인 : 사람은 태어나 성장하면서 가족 및 다른 사회계층 및 집단으로부터 가치관, 지각, 행동 등을 습득하고 학습한다. 문화적인 요인이 고객행동에 영향을 미치는 경우가 많다.
- 사회적 요인 : 고객행동은 사회적 요인으로 준거집단, 가족, 사회적 지위에 영향을 받는다.

준거집단은 개인의 태도와 행동에 직접적 또는 간접적으로 영향을 미치며, 가족, 친구, 이웃 등 1차적 집단과, 종교집단, 전문가단체 등의 2차적 집단이 있다. 집단은 의견선도자로서의 역할을 한다.

- 개인적 요인 : 개인적인 특성으로서 연령, 직업, 경제적 상황, 개성, 가치관, 기호 등이 고객 행동에 영향을 미친다. 개인적인 요인에 의해 서비스의 기호도 및 소비유형이 결정적으로 영향을 미치는 것은 너무나 당연하다.

→ 고객 특성 정보(고객 DNA)

- 고객 DNA는 광의로 고객정보를 말한다. 주로 다음 세 가지로 구분하여 파악하고 관리한다. 가장 중요한 특성정보는 고객니즈, 성향 DNA이다.
- 인구통계적 DNA : 고객 프로필 및 관계정보이다. 이름, 주소, 전화번호, 출신학교, 기념일 등이며, 관계정보로는 가입 동호회, 친한 친구 등의 정보를 말한다.
- 고객가치 DNA : 고객 가치 정보를 말한다. 고객 분류 등급, 고객 구매 이력, 구매빈도, 구매시기, 고객의 경제적 상황(구매력)정보 등을 말한다.
- 고객 니즈, 성향 DNA : 고객 니즈, 성향 정보를 말한다. 선호하는 브랜드, 디자인, 색상, 의사결정스타일, 성격, 문화예술적 소양, 취미생활방식 등 상품에 대한 구체적인 니즈, 성향 정보를 말한다.

→ 고객 특성에 대한 이해

- 고객은 언제든지 구입처를 바꿀 수 있다.
- 고객은 집단이 아니라 개인이다.
- 1000명 중 1명의 실수라도 고객의 입장에서는 100%의 실수이다.
- 고객은 요구사항이 많고 권리주장이 강하다.
- 고객은 천태만상, 각양각색이다.
- 장사의 기반이 잡혔다는 것은 고정고객이 많다는 것이다.
- 관리된 고객만이 구매를 한다.
- 만족한 고객은 가장 좋은 PR맨이다.
- 판매사원은 매출을 원하고, 고객은 친절을 원한다.
- 고객은 불평을 들어주면 단골이 된다.

4. 고객의 성격유형(MBTI)

→ 마이어 브릭스 성격유형진단(The Myers Briggs Indicater)

마이어스-브릭스 유형지표(The Myers-Briggs Type Indicator)는 캐서린 쿡 브릭스와 그의 딸 이사벨 브릭스 마이어스가 칼 융의 성격유형이론을 근거로 개발한 성격유형 선호지표이다. MBTI는 개인이 쉽게 응답할 수 있는 자기보고 문항을 통해 각자가 인식하고 판단하는 선호의 경향을 찾아낸 뒤, 그 경향들이 행동에 어떤 영향을 미치는가를 파악, 실생활에 적용할 수 있는 테스트 도구이다.

정신과 의사였던 융은 20년에 걸쳐 개인의 성격과 사람들 간의 성격차이에 대하여 연구하였으며, 그 결과 인간의 판단과 인식을 선천적으로 결정하고 제약하는 심리유형이론을 체계화하였다.

융의 심리유형이론은 인간의 행동이 겉으로 보기에는 불규칙적이고 예측하기 힘들어 보이지만, 사실은 매우 질서정연하고 일관성이 있으며, 몇 가지 특정적인 경향으로 나누어져 있음을 강조한다. 아울러 심리적 경향의 역동적인 관계를 중시한다. 즉 사람의 태도에서 보이는 내향적 태도와 외향적 태도, 정신기능을 중심으로 하는 감각과 직관, 사고와 감정 기능 등 몇 가지 특징적인 경향이 지니는 역동적 관계를 제시하고 있다.

사람들은 선천적으로 다르게 생각하고, 사물을 받아들이며, 개념화하고, 인지하고 판단한다. 따라서 욕구, 감정, 신념이 다르며, 이들의 지배를 받는 행동, 감정, 표현양식도 다르다. 다시 말해 인식과 판단, 삶의 에너지 원, 생활양식이 다르기 때문에 외부 자극에 대한 반응, 흥미, 동기, 기술, 관심 등이 다른 것은 당연한 일이라 할 수 있다.

MBTI는 개인이 인식하고 판단할 때의 각자 선호경향을 찾고, 이러한 선호경향들이 합쳐져서 인간의 행동에 어떤 영향을 미치는가를 파악하여 실생활에 도움을 주는 매우 유익한 도구이다.

→ MBTI의 4가지 선호경향

		에너지 방향이 어느 쪽인가?		
Extraversion 외향	E	··········	I	Introversion 내향
Sensing 감각	S	무엇을 인식하는가?	N	Ntuition 직관
Thinking 사고	T	어떻게 판단하는가?	F	Feeling 감정
Judging 판단	J	채택하는 생활양식은 무엇인가?	P	Perceiving 인식

→ MBTI 4가지 선호성 지표의 특징

외향성 대 내향성

선호지표	외향형	내향형
설명	폭넓은 대인관계를 유지하며, 사교적이고 정열적이고 활동적이다.	깊이 있는 대인관계를 유지하며, 조용하고 신중하며 이해한 다음에 경험한다.
예	• 자기 외부에 주의 집중 • 외부활동에 적극성 • 정열적, 활동적 • 말로 표현 • 경험한 다음에 이해 • 쉽게 알려짐	• 자기 내부에 주의 집중 • 내부활동에 집중 • 조용하고 신중 • 글로 표현 • 이해한 다음에 경험 • 서서히 알려짐

감각 대 직관

선호지표	감각형	직관형
설명	오감에 의존하며 실제의 경험을 중시 지금 현재에 초점을 맞추고 정확, 철저히 일처리 한다.	육감 내지 영감에 의존하며 미래지향적 가능성과 의미를 추구하며 신속하고 비약적으로 일처리 한다.
예	• 지금 현재에 초점 • 실제의 경험 • 정확하고 철저한 일처리 • 사실적 사건묘사 • 나무를 보려는 경향 • 가꾸고 추수함	• 미래 가능성에 초점 • 아이디어 • 신속하고 비약적 일처리 • 비유적, 암시적 묘사 • 숲을 보려는 경향 • 씨뿌림

사고 대 감정

선호지표	사고형	감정형
설명	진실과 사실에 큰 관심을 갖고, 논리적이고 분석적이며 객관적으로 판단한다.	사람과 관계에 큰 관심을 갖고 상황적이며 정상을 참작한 설명을 한다.
예	• 진실, 사실에 큰 관심 • 원리와 원칙 • 논리, 분석적 • 맞다, 틀리다 • 규범, 기준 중시 • 지적 논평	• 사람, 관계에 큰 관심 • 의미와 영향 • 상황적, 포괄적 • 좋다, 나쁘다 • 나에게 주는 의미 중시 • 우호적 협조

판단 대 지각

선호지표	판단형	지각형
설명	분명한 목적과 방향이 있으며 기한을 엄수하고 철저히 사전계획하고 체계적이다.	목적과 방향은 변화 가능하고 상황에 따라 일정이 달라지며 자율적이고 융통성이 있다.
예	• 정리정돈과 계획성 • 의지적 추진 • 신속한 결론 • 통제와 조정 • 분명한 목적의식과 방향감각 • 뚜렷한 기준과 자기의사	• 상황에 맞추는 개방성 • 이해로 수용 • 유유자적한 과정 • 융통과 적응 • 목적과 방향은 변화가능한 개방성 • 재량성, 포용성

→ MBTI의 16가지 유형

ISTJ	ISFJ	INFJ	INTJ
세상의 소금형 한번 시작한 일은 끝까지 해내는 사람	**임금뒷편의 권력형** 성실, 온화, 협조를 잘 하는 사람	**예언자형** 사람과 관련된 뛰어난 통찰력을 가진 사람	**과학자형** 전체적인 부분을 조합하여 비전을 제시하는 사람
ISTP	**ISFP**	**INFP**	**INTP**
백과사전형 논리적, 뛰어난 상황 적응력을 가진 사람	**성인군자형** 따뜻한 감정을 가진 겸손한 사람	**잔다르크형** 이상적 세상을 만들어가는 사람	**아이디어뱅크형** 비전을 가진 뛰어난 전략가
ESTP	**ESFP**	**ENFP**	**ENTP**
수완좋은 활동가형 친구, 운동, 음식 등 다양한 활동을 선호	**사교적 유형** 분위기를 고조시키는 우호적인 사람	**스파크형** 열정적으로 새로운 관계를 만드는 사람	**발명가형** 풍부한 상상력, 새로운 것에 도전
ESTJ	**ESFJ**	**ENFJ**	**ENTJ**
사업가형 사무적, 실용적, 현실적 일을 많이 하는 사람	**친선도모형** 친절로써 타인에게 봉사하는 사람	**언변능숙형** 타인의 성장을 도모하고 협동하는 사람	**지도자형** 비전을 가지고 활력적으로 이끌어 가는 사람

➜ MBTI의 특징

- 성격은 좋고 나쁜 것이 아니라, 서로 다르다는 것을 인정하고 있다.
- 변명이나 합리화를 위함이 아니라, 성장을 위한 것이다.
- 누구에게나 장점과 단점이 있음을 인정한다.
- 비판과 편가름이 아니라 이해하고 받아들인다.
- 자신의 성격특성을 이해하고 자신이 선호하는 특성을 통해 인간관계, 일처리 방식 등에 대한 이해를 갖고자 한다.

외향		인식	감각
	행동		직관
내향		판단	사고
			감정

제 4 장 고객관계관리(CRM)

학습내용

1. 고객관계 관리 개념
2. 인간관계 개선 기술
3. CRM 성공 분석
4. CRM 실패 분석 교류분석

학습목표

1. 고객관계관리의 개념을 정확히 이해한다.
2. 기업경영에서 고객관계관리의 적용방식과 효과를 확인할 수 있다.
3. 고객관리에 있어서 인간관계의 개선 기술을 적용할 수 있다.
4. 교류분석의 개념을 정확히 이해한다.
5. 교류분석을 통하여 고객관리에 도움을 줄 수 있다.

1. 고객관계관리(CRM)의 개념

→ CRM의 개념

CRM은 기업이 고객관계를 관리하기 위해서 필요한 방법론이나 소프트웨어 등을 가리키는 용어로 현재의 고객과 잠재적 고객에 대한 정보를 정리, 분석하여 마케팅정보로 변환하여 고객의 구매 관련 행동지수화하고, 이를 바탕으로 마케팅 프로그램을 개발, 실현, 수정 개선 하는 고객중심의 경영관리기법이다.

과거 기업이 물건을 만들어 놓으면 무조건 팔리는 때와는 달리 지금은 소비자가 넘쳐나는 물 건을 자신의 필요와 목적에 맞게 골라 구매하는 시대이다. 따라서 요즘 기업들은 고객의 특성 에 맞춰 마케팅 전략을 계획·지원·평가하는 일련의 과정으로 부가가치를 창출하는 데 힘을 기울인다.

이에 따라 등장한 것이 CRM이다. CRM은 Customer Relationship Management의 약자로 우리말로는 '고객관계관리 마케팅'이라 부른다.

CRM은 선별된 고객으로부터 수익을 창출하고 고객 관리를 가능케 하는 솔루션을 말한다. 즉, CRM은 고객과 관련된 기업의 내·외부 자료를 분석, 통합하여 고객 특성에 기초한 마케팅 활동을 계획하고 지원하며 평가하는 과정이다.

CRM을 구현하기 위해서는 고객 통합 데이터베이스가 구축되어야 하며, 고객 특성을 분석하기 위한 데이터 마이닝 도구가 준비되어야 한다. 데이터 마이닝 작업은 고객 개개인의 행동을 예측하기 위한 목적으로 모형을 구축하는 것으로 데이터를 분석하여 차별화된 정보를 획득하는데 도움을 준다. 이러한 분석을 통해 세워진 전략은 다양한 마케팅 채널과의 연계를 통해 활용되어질 수 있다. 다시 말하면 CRM은 고객, 정보, 사내 프로세스, 전략, 조직 등 경영 전반에 걸친 관리 체계이며, 이를 정보 기술이 뒷받침하여 구성하는 것이다.

→ CRM의 목적

- CRM은 시장점유율보다는 고객점유율에 우선하고, 신규고객 획득보다는 기존고객 유지에 더 비중을 둔다.
- CRM은 고객가치 증진을 통한 매출 및 고객충성도 향상을 목적으로 한다.
- CRM은 고객 운영비용 효율화를 통한 비용절감을 목적으로 한다.
- CRM은 고객 유지비용의 최적화를 통한 마케팅 비용 효율화 등을 통하여 기업의 수익을 증대하고 비용을 절감하는 것이다.

→ CRM의 기대효과

- CRM은 고객만족도 향상으로 기업성과 향상을 가져온다.
- CRM은 신규고객 유치, 기존고객 개발 및 우량고객 유지를 통하여 고객생애가치를 증대시킨다.
- CRM은 기업이 고객니즈 변화를 신속히 파악하고 대응함으로써 시장 및 고객니즈의 변화에 맞는 상품을 개발할 수 있다.
- CRM은 고객의 행위에 대한 이해를 바탕으로 고객만족을 증대시켜 결과적으로 고객충성도 및 고객유지율을 향상시킨다.

➜ CRM 구축 및 실행–CRM전략수립 6단계

환경분석 ➡ 고객분석 ➡ CRM 전략 방향 설정 ➡ 고객 Offer 결정
➡ 시스템 구축(개인화 설계, 커뮤니케이션 설계) ➡ 실행 평가 보완

➜ CRM의 성공전략

- 고객 활성화 전략(Customer Activation) : 구매량에 따라 인센티브, 쿠폰, 경품 등의 판매 촉진전략을 통하여 상품의 구매빈도와 구매량을 늘리는 전략이다.
- 고객충성도 제고 전략(Loyalty Enhancement) : 우량고객에 대한 서비스를 강화하여 이탈을 방지하고 충성도를 높이는 전략이다.
- 고객유지 전략(Customer Retention) : 구매한 제품에 대한 정보를 자세히 제공함으로써 구매한 제품에 대해 호의적인 태도를 갖게 함과 동시에, 개인적인 관심의 표현으로 대접받고 있음을 인식하게 한다.
- 교차판매 전략(Cross Selling) : 신제품의 판매를 위해 기존 제품의 데이터베이스를 활용하는 것처럼, 한 상품의 고객에 대하여 또 다른 상품의 구매를 유도하는 전략이다.
- 신규고객 확보 전략(Customer Acquisition) : 자사 상품을 구매한 경험이 전혀 없는 잠재고객을 자사 상품의 구매자로 유도하는 전략이다. 설문조사, 광고, 이벤트, 타사 고객 데이터베이스 등을 이용하여 신규고객을 확보하고자 하는 전략이다.
- 휴면고객 재활성화 전략(Customer Reactivation) : 예전에 상품을 구매한 경험이 있으나 그 이후 실적이 전혀 없는 휴면고객에 대해, 과거의 실적에 대한 정확한 분석과 거래가 중단된 사실의 면밀한 분석을 통한 재활성화 전략이다.

➜ e–CRM

e–CRM이란 오프라인 상에서의 비즈니스에 적용되는 CRM의 개념을 기반으로 하여 고객관계관리에 인터넷을 이용하여 시스템을 재구성하는 경영관리기법이다.

인터넷을 이용하는 고객의 구매활동 관련 행동을 추적하여 오프라인 상에서 얻을 수 없는 정보를 수집하여, 고객의 성향 및 요구를 분석하고 그 결과를 인터넷상의 다양한 채널을 통해 마케팅에 활용할 수 있는 것이다.

인터넷상의 e–CRM의 구성요인은 e–Marketing, e–Service, e–Sales, e–Community, e–Security 등이 있다.

e-CRM은 고객만족을 극대화하면서 동시에 관련 비용을 감소시킬 수 있는 새로운 고객관리 개념이라고 할 수 있다. 마케팅적 개념은 CRM과 비슷하지만 개인화 측면에서 개인별로 서비스를 더욱 더 효과적으로 지원하여 일대일 마케팅을 보다 더 심화 지원하는 형태이다.

e-CRM이 되면 기존의 CRM보다 고객의 주문처리 속도도 빨라지고 주문절차도 단순, 명확해지며, 고객의 불만이나 추가적인 서비스의 요구에도 신속히 대응할 수 있어 고객의 만족도가 높아짐은 물론, 정보의 수집이 수월해짐으로써 통합되고 공유된 정보의 처리과정이 단순화되어 오류가 줄어들어 비용의 감소를 가져올 수 있다. 즉 고객의 만족도를 높여 이탈고객을 감소시켜 주고 비용의 감소를 동시에 얻을 수 있으므로 궁극적으로는 기업의 영업수익을 기대할 수 있게 된다.

2. 인간관계 개선 기술

➜ 인간관계의 개념

인간과 인간의 만남에 있어 상호간의 가치에 대한 존중과 신뢰의 바탕위에서 구성원의 욕구를 충족시키고 조직의 목적을 달성하기 위하여 상호협력관계를 유지하는 것을 말한다.

인간은 사회적 동물로 타인과의 지속적인 교류를 통해서만 살아갈 수 있는 존재이다. Klinger(1977)는 거의 모든 사람들이 사랑 받고 자신을 필요로 한다는 것을 느끼는 것이 중요하다고 지적한다. Maslow는 인간은 기본적으로 다섯 가지 종류의 기본적인 욕구(생리적 욕구, 안전 욕구, 사회적 욕구(사랑과 소속감에 대한 욕구), 자존의 욕구, 자아실현의 욕구)를 가지고 있다고 주장하였는데, 그 세 번째 단계의 욕구가 바로 사랑과 소속의 욕구이다. 이러한 기본적인 욕구들을 성취하기 위해 인간관계는 아주 중요하다.

➜ 현대의 인간관계론

초기 인간관계론에서 강조하였던 생산조직에서의 능률문제보다 갈등과 부적응의 문제에 더 큰 관심을 가지고 심리학적인 측면에서 접근한다.

대표적인 이론으로 강화이론과 사회교환이론이 있다. 강화이론(Skinner)은 특정한 행동의 결과가 긍정적 보상을 받게 되면 그 행동은 점차 지속적으로 강화된다는 이론이다. 사회교환이론은 인간관계가 대가와 보상의 관계에 의해 형성, 유지된다고 한다. 대가와 보상을 주고받는 사회교환과정에서 들어간 비용을 빼고 남은 결과가 서로에게 도움이 된다고 판단되면 그 관계는 지속된다는 이론이다.

• 강화이론(reinforcement theory , 强化理論)

인간 행동을 선행적 자극과 행동의 외적 결과의 관계로 규정하면서,

① 행동에 선행하는 환경적 자극,

② 그러한 환경적 자극에 반응하는 행동,

③ 행동에 결부되는 결과로서의 강화 요인 등 세 변수의 연쇄적인 관계를 설명하고 바람직한 행동을 학습시킬 수 있는 강화 요인의 활용전략을 처방하는 심리학 이론을 말한다.

여기서 행동의 결과란 반응행동에 결부되어 제공되는 환경적 사건으로, 이것은 다음에 이어지는 행동의 강화 요인으로서의 역할을 수행하게 된다.

강화 요인은 적극적 강화(positive reinforcement) · 회피(avoidance) · 소거(extinction) · 처벌(punishment)의 네 가지 범주로 구분된다.

적극적 강화는 칭찬 · 보상 · 승진 등과 같이 바람직한 행동에 대해 바람직한 결과를 제공함으로써 행동의 빈도를 높이는 것을 말한다.

회피는 바람직하지 않은 결과를 회피시켜 줌으로써 바람직한 행동의 빈도를 늘리는 것으로, 부정적 강화(negative reinforcement)라고도 한다.

소거는 이전에는 보상을 받아 강화된 행동이지만 그 정도가 지나쳐 이제 바람직하지 않게 된 행동에 대해 바람직한 결과를 소거함으로써 행동의 빈도를 줄이는 것을 말한다.

처벌은 바람직하지 않은 행동에 대해 바람직하지 않은 결과를 제시함으로써 그 행동이 야기될 확률을 낮추는 강화 요인을 말한다.

• 사회교환이론

사회과정론(社會過程論)의 계보에 속하는 분석방법으로, 인간의 행동에는 항상 비용과 보수가 따르고 행위자는 행동에 의해 생기는 비용과 보수, 그리고 자신의 사회적 자산(학력 · 지위 등)에 바탕을 두고 행동한다는 점에 입각한 이론이다.

이는 비용 · 보수 · 사회적 자산 등 3가지 비율관계가 다른 사람과 비교해서 유리하면 이제까지 취한 행동을 지속하고, 불리하다고 판단되면 그 관계를 개선하거나 중지해서 새로운 비율관계로 지향한다는 관점에서 전개되며, 기초개념으로서 호수성(互酬性) · 분배정의 및

경쟁을 설정한다.

교환이론에 따르면 현실의 사회관계는 약탈·경쟁·협동·사랑의 4가지 유형으로 구분된다. 여기에서 약탈은 교환관계의 폭력적 해결을 나타내고, 사랑은 그 대극(對極)으로서 교환의 보편적 지양(止揚)을 의미하며, 경쟁과 협동은 그 중간 형태로서의 의미를 가진다.

→ 조해리의 '마음의 창(Johari's Window of Mind)'

다른 사람을 통해 자신에 대한 피드백을 얻음으로써 자기이해가 깊어지고 자신의 행동에 대한 조절능력이 커진다. 자기공개와 피드백의 측면에서 우리 인간관계를 진단해볼 수 있는 방법이 조해리의 '마음의 창'이다.

구 분		피드백을 얻는 정도	
		내가 알고 있는 정보	내가 모르고 있는 정보
자기공개의 정도	타인이 알고 있는 정보	공개된 영역(개방형)	맹목의 영역(자기주장형)
	타인이 모르고 있는 정보	숨겨진 영역(신중형)	미지의 영역(고립형)

- 개방형은 공개영역이 매우 넓으며 대체로 인간관계가 원만한 사람들이다.
- 자기주장형은 맹목의 영역이 넓은 사람들로서 자신의 기분이나 의견을 잘 표현하는 시원스러운 사람일 수 있으나, 다른 사람의 의견에 무관심하거나 독선적인 모습으로 남의 말에 귀를 기울이지 않는다.
- 신중형은 숨겨진 영역이 넓은 사람들로서 속이 깊고 신중한 스타일의 사람들이다. 그러나 남의 얘기는 잘 들어주지만 자기의 속마음을 드러내지 않는 실리적 경향이 있다. 신중형은 자기개방을 통해 다른 사람과 좀 더 넓고 깊은 교류가 요구된다.
- 고립형은 미지의 영역이 가장 넓은 사람들이다. 소극적이고 혼자 있는 것을 좋아하고 다른 사람과 접촉하는 것을 불편해 하거나 무관심한 사람들이다. 이런 유형 중에는 고집이 세고 주관이 지나치게 강한 사람도 있으나 부적응적인 삶을 사는 사람들도 많다. 고립형은 인간관계에 좀 더 적극적이고 긍정적인 태도를 가질 필요가 있다.

→ 인간관계에 있어서 갈등

조직을 구성하는 거의 모든 요소는 갈등요인이 될 수 있다. 이러한 요인들은 갈등이 일어날 수 있는 갈등상황이 갖추어졌을 때 나타난다.

사회는 서로 다른 이해관계를 추구하는 개인과 집단으로 구성되어 있으며, 이들이 대립과 경쟁, 갈등과 변화의 관계에 있다고 주장하는 것이 갈등이론이다.

- 갈등이론(葛藤理論 Conflict theory)

  사회의 여러 집단 간에 존재하는 갈등현상을 중요시하고 그것의 개념화 및 일반화를 통해 사회현상을 분석·설명하려는 사회학이론. 본래 갈등현상은 사회학의 모든 이론에 있어서 이론적인 관심의 대상이 되어왔으나 근세에 들어와 모든 사회현상을 사회 통합적 관점에서 설명하려는 구조기능주의(structural functionalism)가 사회학 이론의 주류(主流)를 이루게 되자, 이 이론이 갈등 현상을 제대로 보고 있지 못하다는 비판과 함께 갈등현상을 보다 적극적으로 인식하고 이론화(理論化)하려는 노력이 나타나게 되었다.

  마르크스(K. Marx)·베버(M. Wever)·짐멜(G. simmel) 등이 이러한 갈등이론의 선구자이다. 마르크스는 혁명주의자로서 인간의 역사를 계급간의 갈등의 역사로 보았으며, 모든 사회변화는 생산수단의 소유집단과 그것을 쟁취하려는 비소유집단 간의 갈등과 투쟁의 결과라고 보았다. 이러한 그의 관점은 오늘날 마르크스주의적 입장의 사회학적 이론의 근간을 이룬다.

  한편 베버는 집단 간의 권력 분배의 불평등에서 기인하는 권력갈등론을 성립시켰으며, 이것은 다렌도르프(R. Dahrendorf)에 이르러 권위의 차별적 분배로 인한 이해관계(利害關係)의 차이로 갈등현상을 설명하는 갈등이론을 성립시켰다.

  이와는 달리 심리적 전제 위에서 갈등의 사회적 기능을 중시하는 짐멜의 이론은 코저(L.A. Coser)에 이르러 기능적 갈등이론으로서 성립되었다. 이러한 갈등론적 시각은 교육에 있어서 귀족의 기능론적 시각을 비판하면서 교육현상에 대하여 새롭게 사회학적 설명을 시도하였다. 즉, 교육은 사회계층·계급간 이동을 활성화시키기보다는 기존의 불평등한 계층·계급구조를 정당화하고 재생산하고 있으며, 학교 지식의 선정과 분배가 특정 계층·계급을 중심으로 이루어지고 있다는 재생산이론과 교육과정 사회학의 발전을 가져왔다.

→ 갈등의 요소

- 상호 의존성 : 갈등은 상호 의존관계에서 동시적, 역동적으로 일어난다.
- 상반되는 목표 : 상호 의존관계에 있으면서도 서로 상반되는 목표를 가질 때 갈등이 발생한다.
- 한정된 자원 : 한정된 자원을 서로 차지하려면 갈등이 발생한다.
- 개입에 의한 좌절 : 목표를 추구하는 과정에서 상대가 개입하여 방해가 될 경우 갈등이 발

생한다.
- 표출된 대립관계 : 서로에 대한 나쁜 감정이 표출될 경우 갈등이 발생한다.

➜ 갈등의 순기능

- 갈등은 문제점에 대해서 관계자들의 관심을 갖게 하여 변화를 초래한다.
- 갈등은 합리적으로 해결되면 쇄신, 변동, 발전 및 재통합의 계기가 된다.
- 갈등은 조직이나 개인에게 창의성, 진취성, 적응성, 융통성을 향상시킨다.
- 갈등은 침체된 조직에 생동감을 불어넣어준다.
- 갈등은 구성원들의 다양한 심리적 욕구를 충족시키는 계기가 되기도 한다.
- 갈등은 조직내의 갈등을 관리하고 방지하는 방법을 학습할 수 있는 기회를 제공한다.

➜ 갈등의 역기능

- 갈등해결에 노력하는 동안 성과나 목표달성에 매진할 수 없어 개인이나 조직에 부정적 영향을 미친다.
- 갈등은 조직의 안정성, 조화성, 통일성을 깨뜨릴 수 있다.
- 갈등은 조직이나 개인의 창의성이나 진취성을 질식시킬 수 있다.
- 갈등은 조직 내의 작은 문제에만 집착하여 환경을 무시할 가능성이 있다.

➜ 인간관계 개선을 위한 대인 기술

인간관계의 개선이란 효과적인 의사소통을 말한다. 중요한 몇 가지 대인기술을 중심으로 개선방법을 살펴보자.
- 대화기회 포착하기 : 아는 사이가 더 친밀한 관계로 발전하기 위해서는 우선 자연스럽게 대화를 나눌 수 있는 기회를 포착하여야 한다.
- 자기 공개하기 : 인간관계가 심화되려면 상호작용적이어야 하며, 진솔한 자기소개를 통한 자기공개가 있어야 한다.
- 경청과 반응 : 상대방에 대한 존중적 관심으로 경청하는 자세가 필요하며, 즉각 공감하는 태도가 필요하다.
- 효과적 의사소통 : 효과적인 의사소통은 원만한 인간관계의 필수적인 요소이다.
- 자기표현 : 긍정적 감정, 부정적 감정을 표현하는 일은 쉬운 일이 아니다. 상대방에 대한 판단적 표현보다는 나의 느낌을 중심으로 표현하는 것이 좋다. 특히 부정적 감정을 표현할 경

우, 상대방의 잘못을 비난하기 보다는 상대방의 행동으로 인한 나의 불편함을 전달하는 방식의 표현이 좋다.

- 부탁과 거절하기 : 인간간계에서는 다른 사람에게 도움을 요청할 줄 알고 상대방의 무리한 부탁을 거절할 줄 아는 기술이 필요하다.
- 신뢰형성하기 : 상대방과 생각과 경험을 공유하고 상대방에 대한 협력적인 행동과 태도를 유지한다.
- 대인갈등 해결하기 : 갈등의 경우 서로의 이익을 최대한 보장받을 수 있는 차원에서 해결방식을 선택하여야 한다.
- 대인환경 개선하기 : 개인의 특성에 맞지 않는 환경적 요인이 인간관계의 문제를 초래할 수 있으므로 환경개선이나 변화가 필요하다.
- 전문가 도움 받기 : 인간관계 개선의 노력이 혼자만의 힘으로 잘 되지 않을 때 전문가의 도움을 요청하는 것이 바람직하다.

→ 대인지각의 왜곡오류

- 각인 효과(Horn Effect) : 사물을 평가할 때 범하기 쉬운 오류로 대상의 나쁜 점이 눈에 띄면 그것을 그 대상의 전부로 인식하는 현상을 말한다.
- 상동 효과(Stereo Effect) : 많은 사람들과의 경험에서 만들어진 수많은 원판을 머릿속에 가지고, 원판 중의 한 요소라도 비슷한 사람이 생기면 원판과 같게 보려는 경향이다.
- 대조 효과(Contrast Effect) : 시간적으로 바로 이전의 것, 공간적으로 바로 옆의 것과 대조하면서 대상을 과소 또는 과잉 평가하려는 경향을 말한다.

→ 대인지각의 여러 가지 형태

후광 효과와 악마 효과

- 후광 효과(Halo Effect) : 어떤 사람이 가지고 있는 한 가지의 장점이나 매력 때문에 다른 특성들도 좋게 평가하려는 경향을 말한다.
- 악마 효과(Devil Effect) : 후광 효과와 반대로 한 가지의 나쁜 이미지 때문에 그 사람의 다른 측면까지도 부정적으로 평가되는 경향을 말한다.

방사 효과와 대비 효과

- 방사 효과(Radiation Effect) : 훌륭하고 매력있는 사람과 함께 있으면 그 사람의 사회적 지

위나 자존심이 고양되는 것을 말한다.

- 대비 효과(Contrast Effect) : 방사 효과와 반대로 너무 훌륭하고 매력적인 사람과 함께 있으면 그 사람과 비교되어 오히려 평가절하되는 것을 말한다.

초두 효과, 빈발 효과, 최신 효과

- 초두 효과(Primacy Effect) : 만남에서 첫인상이 중요한 것처럼 먼저 제시된 정보가 나중에 들어온 정보보다 더 강력한 영향을 미치는 경향을 말한다.
- 빈발 효과(Frequency Effect) : 첫인상이 좋지 않았더라도 반복되는 행동이나 태도가 첫인상과는 달리 진지하고 솔직하면 점차 좋은 인상으로 바꿔지는 현상을 말한다.
- 최신 효과(Recency Effect) : 시간적으로 끝에 제시된 정보가 인상 판단에서 중요한 역할을 하는 현상을 말한다.

5. 교류분석

→ 교류분석(Transactional Analysis)

교류분석은 1957년 미국의 정신과 의사인 에릭 번이 창안한 인간의 교류나 행동에 관한 이론 체계이자 치료요법으로 임상병리학에 기초를 둔 인간행동에 관한 분석체계이다.

교류분석은 '상호 반응하고 있는 인간 사이에서 이루어지고 있는 교류를 분석하는 것'이다.

교류분석은 상대를 바꾸는 것이 아니라 자신을 바꾸는 것이다. '과거'와 '타인'은 나의 의지대로 바꿀 수가 없다. '지금'과 '나'를 바꾸어서 상대방과의 인간관계를 개선하고자 하는 것이 목적이다.

→ 교류분석의 인간관

교류분석에서의 인간관은 인간은 긍정적인 존재이며, 인간은 사고할 능력을 가진 합리적 존재라고 믿는다. 그리고 인간은 변화와 성장을 위한 재결단을 할 수 있다고 믿고 있다. 그러므로 과거에 대한 긍정적인 재검토로 새로운 결단과 변화를 가져올 수 있다고 본다.

즉, 인간은 합리적 존재로서 스스로 새로운 결정을 내릴 수 있고, 과거에 구속되지 않는다. 어린 시절의 결정은 전적으로 타인에 의존할 수밖에 없지만, 이러한 결정이 더 이상 적합하지 않은 것으로 판명되면, 새로운 결정을 내릴 수 있고, 초기의 결정은 수정이 가능하게 된다는 것이다.

→ 교류분석의 주요개념

자아상태

인간의 자아상태는 한 가지 자아상태에서 다른 상태로 변화하여 그들의 행동은 그 순간의 자아상태와 관련되어 있다고 보고, 자아상태를 어린이 자아(Child ego. C), 어버이 자아(Parent ego. P), 어른 자아(Adult ego. A)로 구분한다.

① 어린이 자아상태 : 어린 시절에 실제로 느꼈거나 행동했던 것과 똑같은 감정이나 행동을 나타내는 자아상태이다. 즉 어린이 자아는 상황에 대한 정서적 반응이 특징적인 사고, 감정, 그리고 행동을 말한다. 이러한 어린이 자아는 자기가 의존적이 된다든가 즐거운 생각을 하고 있을 때 잘 작용하는 것이다.

② 어른 자아상태 : 어른 자아는 18개월부터 발달하기 시작하여, 12세경이면 정상적으로 기능하게 된다. 어른 자아는 사고와 합리적 행동이 그 특성으로, 내적 욕구와 외적 욕구를 중재하는 중재자이다. 이러한 어른 자아가 강한 사람은 정서적으로 성숙하고, 행동의 자율성이 있으며, 개인의 행복과 성취뿐 아니라 사회적 문제에도 관심을 갖고 있다.

③ 어버이 자아상태 : 어버이 자아는 6세경부터 발달하기 시작하며, 양육의 종류와 사회문화적 환경에 영향을 받는다. 어버이 자아는 양육적 또는 비판적이고 판단적인 행동으로 표현된다. 어버이 자아는 외부 세계, 특히 부모로부터 얻게 되는 태도나 행동을 말하는 것으로 '해야 한다(shoulds)' 이다.

- 비판적 어버이 : 비판, 질책, 비난을 하며 양심이나 이상과 관련이 있고, 여러 가지 규칙에 엄격한 면이 나타난다.
- 양육적 어버이 : 자녀의 성장을 도와주는 부모와 같은 부분이며, 동정적 보호적 양육적이다.

금지령과 대항금지령

① 금지령(injunction) : 부모의 내면에 있는 어린이 자아에서 자녀에게 내리는 부모의 메시지이다. 이 메시지는 자녀가 무엇을 해야 하며, 무엇이 되어야 하는지를 말해주는데, 대체적으로 부모의 실망, 좌절, 불안, 불행 등 고통을 표현하는 것으로, '하지 말라' 의 내용을 지니고 있다. 이런 메시지는 직접적으로 언어로 전달되는 경우도 있지만, 부모의 행동으로부터 추론되는 경우가 더 많다.

② 대항금지령 : 부모의 내면에 있는 어버이 자아에서 나오는 메시지로 '해야한다, 그리고 하라' 의 내용을 지니며, 문제점은 자녀들이 이러한 대항금지령에 따라 생활하기가 불가능하다는 것이며, 열심히 할지라도 불충분하고 이루기 어렵다

애무

자녀는 부모와 상호작용하는 과정에서 애무(stroke)를 받고자 하는 욕구가 있다. 서로의 대화를 위해 이것을 사용한다. 긍정적 애무('나는 너를 좋아한다')는 아동의 성장을 촉진하는 촉매이며, 애정과 승인의 형태로 표현된다. 부정적 애무('나는 너를 좋아하지 않는다')는 아동의 성장을 후퇴시키며, 아동을 왜소화시키고, 무안을 줌으로써 그의 존엄성을 짓밟게 된다. 교류분석이론에서는 내담자가 생존하는 데 필요한 애무, 서로 주고 받는 애무 그리고 다른 사람들에게 주는 애무를 자각하도록 원조한다.

게임

게임은 초기결정을 지지할 목적에서 이루어지며 유쾌한 감정을 가장하고 인생각본을 추진시키기 위한 교류로 시간구성의 한 방법이다.
① 상보적 교류 : 표면상 유쾌하게 보임
② 이면적 교류 : 숨겨진 의도를 가지고 잇음
③ 결말 : 게임의 결론을 내리고 불쾌감 또는 부정적 평가를 수반

라켓감정

라켓(racket)은 초기 결정을 확증하기 위하여 다른 사람을 조작하는 과정을 말하며, 조작적이고 파괴적인 행동과 연관된 감정을 라켓감정(racket feeling)이라 한다. 즉 내 의사와 다르게 표현되는 감정이다. 사람은 주의를 끌기 위해 불쾌하고, 쓰라린 감정, 위장된 죄의식 또는 위장된 우울한 감정을 발달시킬 수 있다. 이러한 위장된 감정은 불쾌하고 쓰라린 감정을 지속시켜주는 상황(게임)을 개인이 스스로 선택하게 함으로써 계속하여 유지되며, 자신의 지속적인 감정유형이 되고, 이러한 감정유형이 전형적인 행동방식을 만들어내게 된다.

인생태도와 인생각본

① 인생태도 : 자기자신과 타인 그리고 세계에 대해석 갖고 있는 개인의 태도를 통칭하는 것으로 초기경험과 초기결정에 의해 형성된다.

- "I'm OK - You're OK" ; 신뢰성, 개방성, 교환하려는 의지, 타인을 있는 그대로 수용하는 것 승자도 패자도 없다.
- "I'm OK - You're not OK" : 자신의 문제를 타인에게 투사하고 타인을 비난하며 그들을 끌어내리고 비판하며 자신의 우월성을 나타내고, 타인의 열등성을 비난하는 것이 특징
- "I'm not OK - You're OK" : 자신을 무력한 사람으로 생각하고 자신보다 타인의 욕구를 위해 봉사하고 타인의 권력을 지지하고 자신의 권력은 부정하는 것이 특징
- "I'm not OK - You're not OK" : 인생의 모든 희망을 포기, 흥미 상실과 인생이 아무런 가망이 없다고 생각하는 관점으로 자기파괴적이고 극도로 철퇴될수 있으미 유아기적 행동과 타인이나 자신에게 상해를 입히는 공격적 행동을 보임

② 인생각본 : 자신의 욕구를 충족시키기 위하여 초기에 결정한 인생계획으로 부모의 교육, 아동자신이 내린 초기결정, 초기결정을 지속시키기 위한 게임, 결정을 정당화시키기 위한 라켓, 극본이 어떻게 전개되고 끝나야하는지에 대한 자신의 기대 등이 포함된다.

→ 교류분석의 3가지 욕구이론

스트로크

스트로크란 타인의 존재를 인정하기 위한 작용이나 행위를 말한다. 스트로크는 인간에게 기쁨과 희망을 주는 '긍정적 스트로크'와 상처와 좌절감을 주는 '부정적 스트로크'로 구분할 수 있다.

교류분석에서는 긍정적 스트로크가 없으면 부정적 스트로크라도 받는 것이 낫다고 말한다.

시간의 구조화

인간에게 주어진 시간을 어떻게 구조화시키느냐에 따라 삶이 결정된다는 것이다.

에릭 번은 폐쇄, 의례(습관), 잡담 또는 소일, 활동, 게임, 친밀 등 6가지 방법이 있다고 한다.

기본적인 인생태도

어릴 때 부모와 주고받은 스트로크를 기초로 형성된 자기나 다른 사람 또는 세상에 대한 기본적인 태도를 말한다.

2세경 자기부정, 타인긍정(I'm not OK-You are OK)의 인생태도를 확정하며, 3세에 걸쳐 자기부정, 타인부정(I'm not OK-You are not OK), 자기긍정, 타인부정(I'm OK-You are not OK)의 입장으로 바뀌게 되어 어린이의 모든 행동을 지배하게 된다. 나중에 의식적으로 자기

긍정, 타인긍정(I'm OK-You are OK)의 인생태도로 바뀌게 되면서 세상에 대한 합리적이고 객관적인 태도를 가지게 된다.

→ 교류분석의 4가지 분석이론

구조분석

교류분석에서는 인간의 마음을 세 사지의 자아상태로 구성되어 있다고 한다. 즉, 어버이의 마음(P: Parent ego state), 어른의 마음(A: Adult ego state), 아이의 마음(C: Child ego state)이다.

어버이의 자아상태는 자신을 길러준 부모로부터 받아들인 부분으로 타인에 대해 비판적, 보호적 행동으로 표현된다. 어른의 자아상태는 현실에 바탕을 두고 객관적인 정보수집으로 현실을 분석하고, 현실검증에 의하여 적응할 수 있고 지적이며 냉정하게 행동한다. 아이의 자아상태는 유아가 자연스럽게 행동하는 모든 모습을 포함한다.

자아상태는 상황에 따라 서로 자유롭게 이동한다. 두 가지의 자아상태가 서로 섞이거나 혹은 특정 자아에 갇혀 다른 자아상태로 이동할 수 없는 경우가 발생하기도 한다. 이러한 경우를 오염 또는 배타라고 부른다.

- 오염(Contamination) : 하나의 자아상태의 내용이 다른 자아상태와 혼합되는 것
- 배타(Exclusion) : 자아상태의 경계가 벽처럼 두껍게 경직되어 있어 자아상태간의 교류가 차단된 것

교류패턴분석(대화분석)

교류패턴분석은 두 사람의 자아상태가 자극과 반응을 주고받는 상호교류의 과정을 말한다. 상보교류(평행적 교류, 무갈등교류), 교차교류(갈등교류), 이면교류 등 세 가지로 나눈다.

- 상보교류(Complementary Transaction) : 보내는 자아상태의 메시지가 예상되는 반응으로 그 자아상태로 다시 돌아오는 교류
- 교차교류(Crossed Transaction) : 보내는 자아상태의 메시지가 의사소통이 서로 어긋나서 예상외의 반응으로 돌아오는 교류
- 이면교류(Ulterior Transaction) : 표면으로 나타나는 자아상태와 실제의 욕구 또는 진의가 숨겨져 있는 복잡한 교류

게임분석(Game Analysis)

에릭 번은 게임의 공식을 제시하고 31가지 종류의 게임을 분류하였다. 게임은 누군가와 함께 이루어지며(상보성), 숨겨진 의도가 있고(이면성), 적어도 한 사람은 나쁜 감정을 가지게 된다. 그러므로 게임은 친밀성을 방해한다.

카프만은 게임의 연기자는 희생자(Victim), 박해자(Persecutor)와 구원자(Rescuer)의 세 가지 역할을 하며 이 역할은 게임을 진행하면서 자주 앞뒤가 바뀐다고 하는 삼각형을 제시하였다.

게임은 타인과의 상호작용에서 중요한 부분이 된다. 교류분석의 목표는 사람들이 타인을 솔직하게 이해하고 친밀하게 대할 수 있도록 자신과 타인의 이해를 돕는 것이다. 그런 후에 게임은 감소한다.

각본분석(Script Analysis)

에릭 번은 인생각본의 이론을 제시하였다. 각본은 어린 시절에 형성되어 부모에 의해 강화되고, 성인이 되면서 정당화되고 최종적으로 결정되는 것이다. 각본을 파괴적 각본, 평범한 각본, 성공자 각본(자기실현의 각본)으로 구분하였다.

- 파괴적 각본 : 목표를 달성할 수 없거나 마음먹은 대로 되지 않을 때 그 책임을 타인에게 전가하거나 과거의 실패에 연연하는 자세
- 평범한 각본 : 특별한 실패와 성공보다는 평범한 삶을 영위하는 각본
- 성공자 각본 : 인생의 목표를 설정하고 그 목표를 향해 최선을 다하는 자아실현의 각본

제 5 장 서비스 정의

학습내용

1. 서비스의 어원과 정의
2. 서비스의 3단계
3. 서비스의 특징
4. 관광서비스의 개념

학습목표

1. 서비스의 어원을 알고 서비스의 개념을 분명히 정의한다.
2. 서비스 특징을 알아보고 진정한 서비스의 마인드를 구축한다.
3. 서비스의 단계적 실천에 대해 이해한다.
4. 관광서비스의 개념과 특징을 이해하고 관광종사원의 서비스 제공방식을 알아본다.

1. 서비스의 어원과 정의

→ 서비스의 어원

서비스라는 단어는 라틴어의 '노예의 상태'를 의미하는 '세브르스(servus)'에서 유래하였다.
영어의 'serve'는 '시중들다'라는 의미이다.

결국 서비스는 '노예가 주인에게 충성을 바친다.'는 의미에서 출발하였으며, 오늘날의 서비스는 '자기의 정성과 노력을 남을 위하여 사용한다.' 의미로 변화하였다.

→ 서비스의 정의

서비스는 경영학 및 마케팅 분야에서 학문의 대상으로 연구되면서 시장에서 판매되는 무형의 상품이며, 상품판매와 연계해 제공되는 모든 활동과 편익이다.

다양한 서비스의 정의를 보면 다음과 같다.

- 미국 마케팅학회 : '서비스란 판매를 위해 제공되거나 연계되어져 제공되는 제활동, 효익 혹은 만족'
- W.J. Stanton : '서비스란 소비자나 이용자에게 판매될 경우에 욕망에 대한 만족을 가져오는 무형의 활동이며, 반드시 유형재나 타 서비스의 판매와 결부되지 않고 독립적으로 인식되어지는 것'
- 레티넨 : '서비스란 고객만족을 제공하려는 고객접촉 인력이나 장비의 상호작용 결과 일어나는 일련의 활동으로 소비자에게 만족을 제공하는 것'
- 코틀러 : '서비스란 어떤 사람이 상대방에게 제공할 수 있는 활동이나 혜택으로 무형적으로 소유될 수 없는 것으로 물리적 생산물과 결부될 수도 있고 그렇지 않을 수도 있다'
- 라스멜 : '서비스란 시장에서 판매되는 무형의 제품이다. 손으로 만질 수 있는지 없는지에 따라 무형의 상품, 유형의 상품으로 구분한다'
- 레빗(T. Levitt) : '과거의 주종관계에서 하인이 일방적으로 주인에게 충성하는 기존의 통설을 전제하고 현대적 서비스는 이러한 전통적 발상에서 탈피하여 인간이 제공하는 봉사적 서비스를 인간으로부터 분리하여 인간노동을 기계로 대체하는 방법'

SERVICE

S : Sincerity, Speed, Smile, Sale 성실, 신속, 미소, 판매

E : Enthusiasm, Energy 열정, 활기

R : Revolutionary 혁신적

V : Valuable 가치적

I : Impressive 감명적

C : Communication 의사소통

E : Esteem 존중

2. 서비스 3단계

가장 기본적인 서비스는 거래의 현장에서 발생한다.

일반적으로 많은 기업에서 현장에서의 서비스만을 중시하는 경향이 있다. 그러나 거래 전, 거래 후의 서비스가 갈수록 중요한 서비스로 강조되고 있다.

➜ 사전 서비스(Before Service)

사전 서비스는 준비하는 단계의 서비스이다. 판매촉진을 위한 회사의 정책 및 구체적인 판매 계획활동, 사전 고객상담 등의 활동이다.

사전에 잠재고객들과 상담 등을 통해 예약을 받는다든지, 사전의 정보에 의한 수요의 예측이나 맞춤 서비스의 제공이 가능하다.

➜ 현장 서비스(On Service)

고객과 서비스 제공자 사이에 직접적으로 상호 거래가 이루어지는 서비스의 본질 부분이다.

고객과 제공자가 일대일인 경우, 고객은 한 명이고 제공자는 다수인 경우, 고객은 여럿이고 제공자는 한 명인 경우 등 다양한 유형의 서비스가 있을 수 있다.

➜ 사후 서비스(After Service)

기업이 단순히 상품이나 서비스를 제공하는 것 만에 그치지 않고 사후 서비스를 제공하는 것이다.

설치, 보증, 수리, 크레임 처리 등을 말한다.

사후 서비스의 질에 따라 기업이미지에 대한 평가가 달라질 수 있다.

3. 서비스의 특징

➜ 서비스의 분류

미국통계청이 산업분류로 이용하는 기능별 서비스 분류는 다음의 다섯 가지로 나눈다. 이는 세계 각국에서 가장 많이 준용하고 있다.

- 유통 서비스 : 물건이나 사람의 이동을 도와주는 수송서비스와 정보통신 혹은 정보처리산업이 제공하는 서비스이다.
- 도·소매업 서비스 : 생산자와 소비자를 연결하여 장소적 혹은 시간적 편리성을 제공하는 서비스이다.
- 비영리 서비스 : 공공이익을 위한 정부, 비영리단체 또는 공공기관 등이 제공하는 서비스이다.

- 생산자 서비스 : 제조업이나 서비스업에 제공되는 중간재적 성격의 서비스이다. 재무, 보험, 부동산, 법률서비스 등이 해당된다.
- 소비자 서비스 : 사회적, 개인적 서비스로 생활의 질을 높이기 위해 개인에게 제공되는 서비스이다. 의료, 교육, 숙박, 레저 등의 서비스이다.

→ 코틀러(P.Kotler)의 서비스 분류

코틀러는 기업이 시장에 제공하는 것은 순수한 유형재로서의 재화와 순수한 무형재인 서비스까지인데, 이는 유형성과 무형성의 혼합정도로서 다르게 나타나는 바, 마치 스팩트럼의 빛처럼 구분하여 순수 유형재화, 서비스가 수반되는 유형재화, 유형재화와 서비스의 비슷한 혼합, 유형재화와 서비스의 혼합이나 서비스가 주로인 상품, 순수한 서비스 상품으로 구분하였다.

→ 러브록(Lovelock)의 서비스 분류

러브록은 기존의 서비스 분류체계가 서비스 마케팅에 대한 전략적인 시사점을 제시하지 못한다는 비판을 하면서, 보다 포괄적이고 정교한 5가지의 분류체게를 마련하였다.

서비스 행위의 성격에 따른 분류

구 분		서비스의 대상	
		사람	사물
서비스 제공의 성격	유형적	신체 지향적 서비스 의료, 미장원, 호텔, 운송 등	재물 및 물적 소유 지향적 서비스 화물운송, 장비수리, 청소 등
	무형적	정신 지향적 서비스 교육, 방송, 극장, 광고 등	무형자산 지향적 서비스 은행, 법률서비스, 보험 등

고객과의 관계에 따른 분류

구 분		서비스 조직과 고객과의 관계	
		회원관계	무관계
서비스 제공의 성격	계속적 제공	은행, 보험, 전화 등	방송, 경찰, 등대, 고속도로 등
	간헐적 제공	지하철 회수권, 연극회원 등	렌트카, 우편서비스 등

수요와 공급의 관계에 따른 분류

구 분		수요변동의 정도	
		많음	없음
공급의 정도	피크타임 충족 충분	전기, 전화, 소방	보험, 법률, 세탁소
	피크타임 충족 불가능	회계, 호텔, 식당	위와 비슷하거나 기본수준에 모자라는 수용능력을 갖는 서비스

서비스 전달방식에 있어서 종업원에게의 권한위임의 정도에 따른 분류

구 분		고객요구에 대한 댕응 범위	
		넓음	좁음
종업원에게의 권한위임의 정도	넓은 재량권	법률서비스, 병원, 건축설계	교육, 컨설팅
	좁은 재량권	호텔, 식당, 렌터카, 지하철	영화관, 패스트푸드점

서비스 제공방법에 따른 분류

구 분		서비스 창구	
		단일 창구	복수 창구
서비스 조직과 고객과의 서비스 전달방식	고객이 서비스 조직으로 간다	극장, 이발소	버스, 법률서비스
	서비스 조직이 고객에게 간다	잔디깎기, 택시, 방역	우편배달, 자동차긴급수리
	고객과 서비스 조직이 떨어져서 거래한다	신용카드, 지역케이블방송	방송네트워크, 전화

→ 서비스의 기본적 특성

서비스의 기본적인 특성은 다음과 같다.

무형성(Intangibility)

서비스는 유형의 재화가 아니라 형태가 없어 보거나, 만질 수가 없다. 따라서 그 가치를 파악하거나 평가하기가 매우 곤란하다. 서비스 마케팅관리자는 물질적인 증거와 심상을 제시해 주어야 한다.

비분리성(Inseparability)

서비스는 제공자에 의해 제공되는 것과 동시에 고객에 의해 소비되는 성격을 가진다. 비분리성이라는 서비스의 특성을 감안하면 서비스 제공자의 선발 및 교육이 매우 중요함을 알 수 있다.

이질성(Heterogeneity)

서비스는 누가, 언제, 어디서 제공하느냐에 따라 다양하게 나타난다. 종업원에 따라 제공하는 서비스의 내용과 질이 다르게 나타난다. 그러므로 다양한 각도에서 각 고객층에 맞는 개별화 전략을 구축하는 것이 필요하다.

소멸성(Perishability)

서비스는 재고로 저장하거나 보관할 수가 없다. 즉시 사용하지 않으면 사라지고 만다. 서비스의 소멸성을 극복하기 위하여는 수요와 공급의 균형을 잘 맞추어야 한다.

즉흥성 및 불가역성

서비스는 연습이나 취소, 반품이 불가능하다. 납득할 수 있는 방법은 보상, 사죄뿐이므로 서비스 제공자의 교육훈련과 자질개발이 중요하다.

→ **서비스의 확장된 특징**

- 서비스는 무형적 산출물을 생산한다.
- 서비스는 가변적이어서 비표준적인 산출물을 생산한다.
- 서비스는 소멸한다.
- 서비스는 수행과정에서 고도의 고객접촉이 일어난다.
- 서비스는 전달과정에 고객이 참여한다.
- 기술이나 기능이 고객에게 직접 판매된다.
- 서비스는 대량생산이 불가능하다.
- 서비스 기업은 노동집약적 산업이다.
- 서비스 수행에 있어서 고도의 개인적 판단이 개입한다.
- 서비스의 좋고 나쁨에 대한 판단은 주관적이다.
- 분산된 시설물이 고객 주위에 배치된다.

- 품질통제는 서비스 수행과정에 대한 통제로 거의 제한된다.

→ 서비스의 부수적 특징

- 서비스는 물건이 아니라 일련의 행위 또는 과정이다.
- 일반적으로 서비스는 소유권의 이전을 수반하지 않는다.
- 서비스의 주가치는 고객과 서비스 제공자간의 상호작용 가운데 생산된다.
- 서비스는 인력에 의존하는 경우가 많다.
- 서비스의 수요 공급에는 시간적 공간적 조절이 중요한 요소가 된다.
- 서비스는 생산계획이 불확실하다.
- 제품의 품질을 평가하는데 시간이 소요되는데 반해, 서비스 품질의 평가는 즉시 이루어지는 것이 보통이다.
- 제품의 혁신은 소재 및 과정 기술에 민감하고 서비스 혁신은 정보 및 커뮤니케이션 기술에 민감하다.

4. 관광서비스 개념

→ 관광서비스

관광서비스는 고객의 관광을 돕는 활동이다. 즉, 관광과 관련한 만족감과 성취감을 충분히 느낄 수 있도록 하는 서비스 제공자로서의 모든 활동이다.

- 기능적 정의 : 관광기업의 수입증대에 이바지하기 위한 종사원의 헌신, 봉사하는 자세와 업무에 대해 최선을 다한다는 태도 즉 '세심한 봉사정신'을 뜻한다.
- 비즈니스적 정의 : 관광기업의 활동을 통하여 고객인 관광객이 호감과 만족감을 느끼게 함으로써 가치를 낳는 지식과 행위의 총체를 말한다.
- 구조적 정의 : 관광기업이 기업활동을 하면서 관광객의 요구에 맞추어 소유권의 이전없이 제공하는 상품적 의미인 무형의 행위 또는 편익의 일체를 말한다.

→ 관광서비스의 특성

관광서비스는 제품 속성에 따른 구분에 의해 시설에 대한 물적 서비스 의존성과 동시에 무형재 요소인 인적 서비스 의존성이 매우 높은 서비스 영역이며 고급 지향적인 물리적 서비스 특성을 갖는다.

무형성, 동시성, 이질성, 소멸성 등 서비스의 기본적 특성을 가지는 것은 물론, 관광서비스는 주변 환경과의 연결성이 매우 깊은 연계성이 있으며, 전적으로 사람에 의존하므로 인적 의존성이 매우 높다.

→ 관광서비스의 사례

미국의 4대 호텔 컨벤션 산업

미국의 대표적인 컨벤션 마케팅 호텔은 대부분 고객의 요구를 충족 할 수 있는 종합적인 시설을 갖추고 있으며, 전문 인력을 배치하여 컨벤션의 진행을 지원 하고 있다. 더욱이 가장 큰 메리트는 고객이 원하는 상품에 대해서, 실질적으로 싸고 품질이 좋은 곳을 선택하여 지원한다는 점이다. 이 점이 가장 큰 차이점이다. 아무것도 아닌 것 같지만 고객은 느끼는 각도가 다르고 이로 인해 선택을 하게 된다. 즉, 인적자원의 자질 향상 문제, 시설문제, 서비스의 끝없는 개선 정책과 적극적인 마케팅이 성공의 요인이라고 볼 수 있다.

일본의 100년 된 여관의 서비스 정신

고객을 우선 생각하는 서비스 정신이며, 전통적인 문화를 유지하는 것 이다. 시대에 따른 변화를 적절히 받아들이고 전통 문화를 중요시하며, 고객의 불편을 일일이 소화하는데 최고의 중점을 두고 있다. 고용인은 고객의 하인이고, 숙소는 고객의 집이라는 생각을 들게 하는데 집중 하고 있으며, 이를 위해 직원들의 트레이닝을 강도 높게 실시하고 있는 특징이 있다고 볼 수 있다.

세계 각국의 문화 관광 마케팅 전략

대부분의 선진 국가들의 문화 관광 마케팅은 자체적으로 조직한 단체에서 국가와 협의 한 후 국가의 지원을 받아 마케팅을 한다는 점이다. 한때 우리나라에도 말레이지아 관광청이 공격적인 마케팅을 하여 크게 성공 하였으며, 말레이지아 관관청은 각 지역의 자체 단체와 긴밀하게 협조하여 공동의 이벤트를 거국적으로 시행한 바 있다. 태국의 경우, 각 지역, 관광 관련 협회 등이 관광청과 함께 매년 새로운 마케팅 전략과 이벤트 행사를 하고 있다. 우리나라 역시 제대로 된 관광 마케팅을 하려면, 민·관이 함께 진행하는 마케팅을 주도해야 할 것이다.

제 6 장 서비스 리더십

학습내용

1. 서비스 핵심요소
2. 서비스 리더의 역할
3. 서비스의 변화와 경쟁
4. 참여 서비스 리더십
5. 감성 리더십

학습목표

1. 서비스 리더십을 정확히 이해하고 리더십의 목표를 설명할 수 있다.
2. 리더십의 발휘를 통한 관리자의 역할을 안다.
3. 서비스의 변화를 이해하고 경쟁력있는 서비스를 창출할 수 있다.
4. 서비스 창출기법을 습득하고 발휘할 수 있다.
5. 참여리더십, 감성리더십을 이해한다.

1. 서비스 리더십의 핵심요소

→ 리더십의 정의

리더십이란 조직의 목표달성을 위해 리더가 집단구성원들을 자발적으로 움직이게 하는 사회적 영향력 행사과정이다. 달리 표현해보면 어떤 상황하에서 목표달성을 위해 어떤 개인이 다른 개인, 집단의 행위에 영향력을 행사하는 과정이다. 리더십은 영향력이다.

→ 리더십과 영향력

주로 리더가 구성원들에게 영향을 주는 것이 일반적이지만, 구성원들도 리더에게 영향력을 행사하고 있다. 그리고 구성원들 사이에 있어서도 상호 영향력을 주고받는다. 그러므로 영향력이란 리더와 구성원 및 동료들 사이에도 상호보완적으로 이루어지고 있다.

→ 리더십 이론

리더십 특성이론

20세기 초반에서 1950년대에 이르기까지는 리더가 갖춰야 하는 특성과 자질을 찾는데 집중되었고, 초기의 연구자들은 효과적인 리더의 속성을 주로 신체적, 성격적, 사회적인 특성이나 개인 능력 가운데서 찾고 있었다.

리더십 행위이론

20세기 중반을 전후한 시기에 인간의 행동주의와 과학적 방법론에 의거하여 어떠한 리더십 스타일이 가장 효과적인 것인가, 즉 모든 상황에서 가장 효과적일 수 있는 리더십 행위를 밝혀보려는 시도들이 핵심을 이루고 있다.

오하이오 주립대학의 리더십연구팀은 리더십 스타일을 배려(Consideration)와 구조중심(Initiating Strucuture)의 두 가지 차원으로 구분하고 어떤 스타일이 더 효과적인가를 분석하였다. 배려란 리더가 구성원들에게 보내는 우호적인 행동이나 구성원들에 대한 다양한 관심 등을 의미한다. 구조중심은 조직의 공식적 목표를 달성하기 위해서 리더 자신의 역할과 구성원들의 역할을 조직의 구조 속에서 이해하는 것이다.

배려와 구조중심은 서로 독립적인 리더십 스타일처럼 보인다. 과연 어떠한 스타일이 조직의 목표달성에 도움이 되는가를 검증하기 위해서 수백 편의 연구가 이루어졌지만 주목할 만한 결론에 이르지는 못하였다.

미시간 대학에서는 리더십 스타일을 과업지향, 관계지향, 참여형 등의 세 가지 유형으로 구분하였다.

성공적인 리더들은 구성원들에게 작업의 계획과 일정표의 작성이나, 구성원들의 활동을 조정하고 지원해주는 데에 시간과 노력을 기울인다. 이러한 리더십 스타일을 과업지향이라고 하였다.

또 다른 리더들은 대인관계를 손상시켜 가면서까지 무리하게 과업을 지향하지는 않는다. 그보다는 배려적이고 구성원 중심으로 생각하고 이끌어간다. 또한 구성원들을 지원해주고, 세부적인 감독보다는 구성원 개개인이 달성해야 할 목표와 일반적 지침만을 주고, 구체적인 실천은 구성원 자율에 맡긴다.

세 번째 스타일은 참여형 리더십으로 의사결정과정에 구성원을 참여시키거나, 권력을 분권화하고 공유하는 리더십 스타일을 의미한다.

미시간 대학교의 연구에서는 의사결정과정에 구성원들을 참여시킬 때에 구성원들의 성과가 더욱 높아지고 만족감도 커진다는 결과를 얻어내었다.

관리격자이론

실제로 사람들을 보면 서로 다른 스타일들이 섞여있는 경우가 많다. 이러한 점에 초점을 맞추어서 정리된 이론이 Blake와 Mouton의 관리격자이론 (Managerial Grid Theory)이다. 이는 생산에 대한 관심과 인간에 대한 관심을 양축으로 놓고, 마치 바둑판과 같은 9등급의 격자에 각자의 리더십스타일의 정도를 표시한다. 여기에서 가장 바람직한 스타일은 생산과 인간관계를 모두 중시하는 팀형이라고 밝히고 있다.

리더십 상황이론

70년대에 들면서 리더십의 특성이나 행위들이 서로 다른 상황의 리더들에 있어서는 다르게 적용된다는 점에 주목하게 되었다. 상황이론들은 일중심적 스타일이나 관계중심적 스타일중의 어느 하나가 더 효과적이다 라고 주장하는 것이 아니라, 주어진 상황조건에 따라서 리더십의 효과가 다르게 나타난다는 것이다.

피들러는 리더의 성격특성을 구분하기 위하여 같이 일하고 싶지 않은 동료가 누구인지를 조사하는 설문을 만들고, 이 결과에 따라서 과업지향적인 리더와 관계지향적인 리더를 구분하였다. 리더와 구성원간의 관계는 어느 정도 형성되어 있지만, 구성원들에게 주어진 과업이 애매하고, 리더가 별로 권력을 장악하지 못한 상황이라면 리더는 관계중심적 리더십을 발휘하는 것이 가장 바람직하다. 반면에 구성원들과의 관계가 별로 좋지 않고, 과업의 구조도 애매하며, 리더가 권력을 가지지 못한 상황이라고 한다면 분명하게 과업중심 스타일이 효과적이다.

허쉬와 브랜차드 (Herseyt & Branchard)는 상항이론에서 역시 리더십 스타일을 과업지향과 관계지향의 두 축으로 구분하였으며, 구성원들의 성숙도에 따라서 네가지 리더십 상황을 상정하고 있다. 결국 성숙도에 따라서 리더가 발휘하여야 할 리더십 스타일은 다르게 적용되어야 한다는 것이다. 즉, 구성원들의 능력과 의지가 낮은 경우에는 관계지향적인 행위보다는 과업지향적인 행위를 보여주는 구체적인 지시와 감독이 필요하다. 반면에 구성원들의 능력은 별로 없지만 의지는 높은 경우, 또는 능력은 있지만 의지가 약한 경우에는 관계지향적인 행위가 더욱 효과적이다. 능력과 의지가 모두 높은 경우에는 결정과 책임을 구성원들에게 위양하는 리더십의 발휘가 효과적이다.

최근 리더십의 동향

1980년대 이후 리더십 연구에는 주목할 만한 변화가 있었다.

첫째, 기존의 특성이론, 행위이론, 상황이론을 총체적으로 바라보며 리더가 가지고 있는 특성의 의미를 재해석하고, 리더의 행동 및 리더십을 발휘하는 상황과 통합하려는 시도들이 나타나고 있다.

둘째, 새로운 리더십 개념이 등장하게 되었다. 카리스마 리더십, 변혁적 리더십, 슈퍼리더십 등의 신선한 개념들이 새롭게 정의되고 정착되기 시작한 것이다

셋째, 리더십의 발휘가 리더 중심의 시각에서 벗어나 조직 구성원 개개인까지 확대되면서 셀프리더십, 임파워먼트 등의 개념이 등장하게 되었다.

→ 서비스 리더십

서비스 리더십이란 내부고객이 리더에게 고객으로 대접받고 서비스를 받을 때 만족을 느끼며, 그 만족을 토대로 외부고객에게 더 큰 만족의 서비스를 제공한다는 것을 구조화한 이론이다.

서비스 리더십은 삼성애버랜드에서 처음 시도하여 개발된 리더십 모델이다. 삼성애버랜드의 서비스 리더십은 리더와 내부고객 간에 수평적으로 작용하면서 동의와 설득을 통해 이루어지는 내부 서비스인 것이다.

→ 서비스 리더십의 핵심요소(C,M,S)

'삼성애버랜드 서비스 리더십(2011)'에서는 서비스 리더로서 갖추어야 할 세 가지 핵심요소로서 신념(Concept), 태도(Mind), 능력(Skill)을 제시하였다.

- 서비스 신념(Service Concept)은 서비스 리더십의 기초를 세워주는 철학과 전체가 공유해 나가고자 하는 비전을 말한다.
- 서비스 태도(Service Mind)는 파트너십을 형성하고 만족을 주고 싶은 마음 상태나 자세를 말한다.
- 서비스 능력(Service Skill)은 고객의 요구를 파악하고 이를 충족시키는데 필요한 서비스 창조능력, 관리 운영능력, 인간관계 형성 및 개선능력 등을 말한다.

이 세가지는 'C * M * S=고객만족'의 공식으로 표현된다.

→ 서비스 리더십의 특징(Curt Reimann)

커트 라이맨은 우수한 리더십의 특징을 다음의 7가지로 제시하였다.

- 고객에 대한 접근성(Customer Contact)
- 솔선수범과 정확한 지식의 결합(Visible, Committed Knowledge)
- 일에 대한 열정(Missionary Zeal)
- 강력한 추진력(Strong Drives)
- 기업문화의 변화(Communication of Values)
- 조직화(Organization)

→ 서번트 리더십(섬기는 리더의 특징)

서번트 리더십은 1970년대 후반에 그린리프(Robert K. Greenleaf)에 의해 제시된 이론이다. 그는 리더십은 '타인을 위한 봉사에 초점을 두며, 종업원, 고객 및 커뮤니티를 우선으로 여기고 그들의 욕구를 만족시키기 위해 헌신하는 리더십 '이라고 정의하였다. 리더가 부하에게 모든 경험과 전문지식을 제공하면서, 경청하고, 칭찬하고, 격려하는 등 극진히 부하를 섬기는 리더십을 말한다.

그린리프는 서번트 리더십의 특징으로 다음의 10가지를 제시하였다.

- 경청(Listening) : 남의 말을 잘 듣는다.
- 공감(Empathy) : 남에게 동정심을 갖는다.
- 치유(Healing) : 남을 치유한다.
- 인식(Awareness) : 상황을 분명히 인식한다.
- 설득(Persuation) : 설득과 납득에 의존한다.
- 통찰력(Conceptualization) : 개념화능력이 뛰어나다.
- 비전제시(Foresight) : 폭넓은 사고로 미래의 비전을 제시한다.
- 청지기 의식(Stewadship) : 헌신하는 삶을 산다.
- 구성원의 성장(Committment to the growth of people) : 다른 사람을 성장시키는데 몰두한다.
- 공동체 형성(Building Community) : 직장 내에서 공동체를 형성한다.

2. 서비스 리더의 역할

조직의 구성원이 조직의 부속물이 아니라, 한 인간으로서 온전하게 평가 받고, 인정받는 사람으로 거듭나도록 만드는 사람을 리더라고 한다면, 리더는 자기에게 지도의 권한을 부여하는 사람들의 삶에 의미 있는 변화를 가져 다 주는 존재가 되어야 한다. 삶을 통해, 사회적 관계를 통해, 남에게 긍정적인 영향을 줄 수 있고 변화시킬 수만 있다면, 그것이 바로 리더에게 요구되는 덕목인 것이다.

프레드릭 라이할트(Fredrick F. Reichheld)는 충성스러운 리더가 되기 위한 여섯 가지의 원칙을 제시하였다.

- 실천을 통해 설득하라(Preach what you practice)
- 윈윈전략을 사용하라(Play to win-win)
- 고객과 종업원을 신중히 정하라(Be pickly)
- 단순한 조직을 유지하라(Keep it simple)
- 성과에 대해서는 적절히 보상하라(Reward the right results)
- 잘 듣고 분명하게 말하라(Listen hard, talk straight)

➜ 성공하는 서비스 리더의 덕목

1. 리더는 비전과 목표를 정확히 설정하고 공유하고 적극적으로 추진할 수 있어야 한다.

   자신의 서비스 조직이 무엇을 해야 하는가에 대한 답을 찾아야 하며, 조직이 가진 모든 역량을 총동원해서 목표를 가장 효과적으로 달성해 가야 한다. 한 방향을 향해서 나아가기 위해 조직은 비전, 핵심가치 그리고 목표를 설정하고 공유할 수 있어야 한다. '함께 나눈다' 는 것이 말처럼 쉽지 않다. 비전과 목표를 만드는 일을 제대로 하는 것도 중요하지만, 조직 구성원들 사이에 끊임없는 쌍방향 커뮤니케이션이 이루어지지 않으면 공유가 제대로 이루어질 수 없다.

2. 리더는 자신의 소명을 정확히 알아야 한다.

   리더는 자신이 하고 싶은 일을 하는 사람은 아니다. 자신에게 주어진 시대적 소명을 정확히 이해하고 있어야 한다. 그래서 누구든지 새로운 직책에서 리더의 위치를 부여 받게 되면, 스스로 '지금 이 자리는 나에게 어떤 일을 하도록 요구하는가?' 라는 질문을 던질 수 있어야 한다. 새로운 직책을 부여받기 전까지 승승장구하던 사람도 새로운 자리에서 타인을 실망시키는 경우가 종종 발생하게 된다. 여러 가지 이유가 있지만, 이 가운데서도 자주 범하는 실수는 자신의 소명을 정의하는데 실패하는 경우이다.

과거에 어떤 길을 걸어왔던지 새로운 직책이 요구하는 소명을 정확히 파악하는 것이 급선무이다.

3. 리더는 적재적소(適材適所)에 인재를 배치할 수 있어야 한다.

리더는 경영을 진두지휘하는 사람이다. 조직이 갖고 있는 최고의 자원인 인재를 가장 효과적으로 배분함으로써 최고의 성과를 만들어 내야 한다. 인재의 적재적소 배치를 통한 최고의 성과 올리기를 위해선 핵심 인재를 정확하게 파악하고 있어야 하고, 이들의 특성에 대한 정확한 진단을 통해서 그들을 움직일 수 있어야 한다.

조직의 성장에도 불구하고, 자신의 역량에 지나치게 의존한 나머지 몰락의 길로 들어서는 리더의 전철을 밟지 말아야 한다.

4. 리더는 언행의 일치를 보여야 한다.

리더의 신뢰가 실추되는 많은 경우는 말과 행동이 다를 때 일어난다. 리더는 자리에 맞는 언행을 보여야 하며 '내가 이런 이야기를 한다면, 어떤 파급효과가 있을까?' 라는 질문을 스스로에게 던지는 것이 거의 몸에 배어 있어야 한다.

생각나는 대로 말을 던지고, 그것을 번복하는 일이 반복되다 보면 권위의 실추를 피할 수가 없다. 권위란 스스로 만들어 가는 것임을 기억할 필요가 있다.

5. 리더는 솔선수범해야 한다.

부하들의 마음을 잡을 수 있는 것은 달변이 아니라 몸소 자신이 수고를 아끼지 않을 때 사람들의 마음을 얻을 수 있다.

리더가 화려한 미사여구로 한두 번 전체를 속일 수 있으나 오래 오래 그들 모두를 말만으로 속일 수는 없다. 결국 스스로 모범을 보이는 것이 몸에 완전히 익어 있어야 한다.

6. 리더는 불편부당해야 한다.

공과 사를 구분할 수 있어야 하며 자리가 올라가면 자신의 일거수 일투족이 거의 부하 직원들에게 알려진다고 보면 된다. 특히 사적인 목적을 위한 사소한 금전 문제가 이미지와 권위를 실추시키는 경우가 자주 일어남을 명심해야 한다.

7. 리더는 스스로 책임질 수 있어야 한다.

결과를 남의 탓으로 돌리는 언행은 아래 사람들의 신망을 얻을 수 없다. 조직의 과오에 대하여 앞장서서 해결하고 책임지려고 하는 리더가 되어야 한다.

잭 웰치

1981년 그가 GE의 CEO자리를 인계 받았을 때 GE의 시장 총 가치는 130억 달러였다.

웰치 회장은 미국기업 역사상 최고의 CEO로서 가장 큰 영향력을 행사했던 것으로 평가된다.

20세기를 대표하는 경영자로, 전반기는 GM의 슬로언 회장, 후반기는 GE의 웰치 회장이다. 포천誌는 웰치 회장을 「월스트리트의 마이클 조던」으로 칭송했다.

웰치 회장의 리더십에 대해 관심이 집중되고 있는데, 이는 GE가 지난 20년간 탁월한 성과를 올렸기 때문이다. 매출은 1981년 270억 달러에서 2000년 1,290억 달러(4.7배)로, 순이익은 15억 달러에서 127억 달러(8.4배)로 증가, 자본 수익률이 20% 수준을 기록하여 미국 평균 12%를 훨씬 초과했다.

GE를 시장가치 5,300억 달러(41배)의 기업으로 만들었고, 자신의 연봉 역시 9,400만 달러(스톡옵션 포함)로 업계 최고수준을 유지했다.

미국 포천誌와 파이낸셜 타임스는 3년 연속(98~2000) GE를 「세계에서 가장 존경받는 기업」으로 선정하였다.

잭 웰치의 리더십 원칙

1. 축하하는 행사를 많이 만들어라.
2. 부하직원들이 모험을 할 수 있게 하라.
3. 질문을 많이 하십시요.
4. 배짱과 감으로 밀고 나갈 줄 알아야지요.
5. 기쁠 때나 슬플 때나 솔직하세요.
6. 상사와 부하직원도 결국 유유상종이랍니다.
7. '비전'은 그냥 보기만 하는 게 아닙니다.
8. 최고의 선수를 만들어내라.

"당신이 지도자가 되기 전에는, 성공이란 오로지 당신 자신의 성장을 의미했다.

그러나 지도자가 되었을 때, 이제 당신에게 성공이란 다른 사람을 성장시키는 것을 의미한다."

3. 서비스의 변화 및 경쟁

→ 서비스의 변화와 경쟁

21세기 정보화시대는 기업의 서비스 패러다임에 있어서도 많은 변화를 요구하고 있다.

고객중심경영(Customer Driven Management)

고객이익과 기업이익은 서로 상반되는 것이 아니라 일치한다는 생각이다. 고객의 요구를 미리 파악하여 고객이 원하는 서비스를 제공하는 고객을 우선하고 고객을 중심으로 하는 경영이다.

가치중심경영(Value Driven Management)

기업의 목표는 이익창출이요, 기업과 주주의 가치 창출을 위한 서비스가 요구되는 것이다.

인터넷중심경영(Internet Driven Management)

온라인 경영환경에 맞는 고객만족경영으로서 고객과의 커뮤니케이션 및 서비스의 제공방식의 환경변화이다.

경제의 세계화(Globalization)

지구촌의 글로벌 경영환경에서는 국가간의 장벽이나 지리적인 제한이 없는 원활한 소통의 경영환경이다.

관계성(Relationship)

조직 간의 관계가 복잡해지고 다양화하면서 시장에서의 경쟁관계도 그 다양성을 더해가고 있다. 이해집단 등과의 관계에 있어서도 양호한 관계설정을 통하여 조직의 궁극적인 목표를 달성할 수 있도록 하여야 한다.

혁신경영(Breakthrough Management)

안정적인 경영보다 사고의 혁신을 통한 신경향의 경영방식 도입으로 과감한 경영혁신을 도모하여야 한다.

전문지식(Specialized Knowledgement)

리더는 자신이 속한 부서의 전문지식을 이해하고 그 흐름을 정확히 예측할 수 있어야 무한경쟁에서 이길 수 있다.

→ 서비스 기업의 경쟁전략

상품과 시장이 다양화되고 경쟁이 치열해지면서 소비자의 선택의 폭이 확대되어가고 있는 상황에서 서비스의 제공방식도 대폭적인 개선이 요구되고 있다. 고품질, 저가격의 시대에서 고객서비스를 강화하는 시대로의 전환이 이루어지면서, 고객의 욕구를 파악하고 자신의 강점과 약점의 분석을 통해 개선이 이루어져야 하는 것이 기업의 과제가 되었다.

서비스의 경쟁전략으로서 원가우위전략, 개별화전략, 서비스 품질전략을 보자.

원가우위전략

원가우위전략은 경쟁자들보다 더 낮은 가격에 생산하고 공급할 수 있는 경쟁력을 말한다. 이는 고객접점지점의 최소화, 지원지점의 최대화, 서비스절차 표준화, 분업 및 직무 전문화, 직무순환교육, 직무일괄처리, 요소별 아웃소싱전략 병행 등을 통하여 실현될 수 있다.

개별화전략

고객접촉지점은 생산지향이 아니라 고객지향이어야 하며, 고객과의 커뮤니케이션의 중요성을 인식하고, 고객별 DB구축, 전문화 서비스 제공, 분업보다는 전문지식 통합, 지원분야에서 생산성 증가 및 원가절감 등을 통하여 실현될 수 있다.

서비스 품질전략

서비스 품질전략은 서비스의 결과나 서비스가 수행하는 과정을 중시한다. 기능적 측면에서는 서비스 전문화, 고객접촉점에서의 품질이 중요하다. 기술적 측면에서는 지원분야에서 품질개선 및 업무효율의 극대화가 요구된다.

→ 서비스 기업이 주는 교훈

현대경제연구원이 '서비스 기업이 주는 10가지 교훈'이라는 보고서를 통해 서비스 기업의 고객만족경영의 중요성을 지적하고 있다.

- 고객의 욕구와 기대를 바탕으로 근본을 결정하라
- 고객의 총체적 경험을 생각하고 행동하라
- 고객의 총체적 경험을 지속적으로 개선시켜라
- 고객과 우호적인 관계를 구축하는 종업원을 채용하고 보상하라
- 종업원들이 감정을 통제할 수 있도록 교육시켜라
- 강력한 서비스문화를 창출하고 유지하라
- 같은 실수를 반복하지 말라
- 고객의 경험이 효과적으로 반영될 수 있도록 고객을 참여시켜라
- 관리자를 최전선으로 보내라
- 모든 고객을 귀빈으로 접대하라

4. 참여 서비스 리더십

→ 참여적 리더십

참여적 리더십이란 리더는 부하에게 정보를 요구하고 그들의 아이디어를 공유하며, 의사결정과정에서 부하들과 정보를 충분히 교류하여 부하들의 의견을 의사결정에 많이 반영시키는 형태의 리더십을 말한다.

즉, 조직의 구성원들을 조직 운영의 과정 속에서 적극적인 참여를 유도하고, 그들의 의견을 의사결정에 충분히 반영시키면서 동기부여를 일으키며, 발전적인 변화를 가져오게 하는 형태의 리더십을 말한다.

→ 참여적 리더십의 사례연구 _ 세종대왕

우리 역사상 가장 훌륭한 리더십의 전형을 보여준 인물이라고 평가되는 세종대왕의 리더십이 참여적 리더십의 좋은 사례로 꼽히고 있다.

세종이 왕위에 오른 15세기 초는 신생 조선으로서는 창업에서 수성으로 넘어가는 시기였고, 세종은 이 시기에 꼭 필요한 CEO였다. 이 시기 국가 경영을 맡은 세종은 리더십 발휘에서 매우 뛰어났을 뿐만 아니라, 경영을 창조의 과정으로 한층 격상시켰다. 다시 말해, 국가 경영이

란 개념조차 없던 암흑기에 경영이라는 개념을 도입하여 지배와 통제를 '국가 경영'으로 승화시킨 것이다.

세종의 리더십의 특징을 한 마디로 표현하자면, 직접적인 참여와 권한 위임에서 찾을 수 있다. 훈민정음의 창제, 도성 축조, 천문 관측기구 제작, 각종 의학서 편찬, 4군 6진 개척, 신병기 개발, 용비어천가 등 모든 일이 세종의 참여적 리더십을 기초로 이루어졌다.

세종은 창업-수성의 교량 역할을 수행하면서 국가적 프로젝트에 직접 참여했음은 물론, 한편으로 신하들에게 새로운 아이디어와 실행력을 요구하기도 했다. 현대 경영에서 애기하는 '임파워먼트'로 강하게 국가 경영의 드라이브를 걸었다고 할 수 있다. 물론 부지런한 개인적 성향 때문에 상명하달식으로 진행된 과제들이 많았다. 그러나 그것은 참여를 전제로 한 것이었다. 더불어 오랜 시간에 걸쳐 미칠 영향력을 고려해 장기적인 결과에 초점을 둔 정책을 펼쳤다. 그가 훈민정음 및 유학에 기반을 둔 정신/문화적 인프라 영역까지 자신의 역할을 넓혀 나간 것은 그의 리더십이 단순히 당대에 국한된 것이 아님을 짐작케 한다.

이와 더불어 세종은 발전적 전망을 갖게 하는 '관계'의 리더십을 펼쳤다. 어느 시대나, 어느 위치에서든 세상 경영은 혼자만의 힘으로 되는 게 아니다. 다른 사람들로 하여금 일정한 방향으로 생각하고, 느끼고, 행동하도록 하는 것만큼 중요한 것이 없다. 진정한 리더십은 단순히 어떤 분야에서건 상하간의 문제로만 접근하지 않는다. 일방적인 명령과 복종으로는 좋은 결과를 가져올 수 없기 때문이다.

세종 리더십의 또 하나의 특징은 바로 관계 속에서 일을 진척 시켰다는 것이다. 잠든 신숙주에게 임금의 갑옷을 덮어주었다는 일화는 바로 그 특유의 밀도 높은 관계를 스킨십으로 보여주는 좋은 한 예에 해당한다. 나아가 한 나라의 국왕을 친근감의 대상으로 만들기에 충분한 사건이었다.

세종의 책임감 있고 절제된 친근감은 상하 간 솔직하고, 분명한 커뮤니케이션을 가능하게 했으며, 설득력을 강화하는 결과를 가져왔다. 설득력은 리더가 목표를 달성하기 위해 필요한 교류방식이다. 세종은 제왕의 권위로 강제되고, 억지로 숭상되는 그런 종류의 리더십과는 거리가 먼, 매우 민주적 방식에 의한 리더십이었던 셈이다.

5. 감성리더십

→ 감성리더십

감성리더십이란 조직 구성원들의 감성에 집중하고 이를 기반으로 감정적인 공감대를 형성하여 이를 시스템으로 체계화함으로써, 조직의 구성원들이 자신의 능력을 충분히 발휘하여 조직의 목표를 달성할 수 있도록 하는 리더십을 말한다.

다니엘 골맨은 성공적인 리더와 그렇지 못한 리더 간의 기술적 능력이나 지능지수보다 감성지능에 의해 크게 좌우된다는 연구결과를 발표하였다.

약 80%의 감성지능과 20% 정도의 지적 능력이 적절히 조화를 이룰 때 리더는 효과적인 리더십을 발휘한다는 것이다.

그는 감성지능이 다음의 다섯 가지 요소를 가진다고 설명하였다.

요소	정의	특징
자아인식 (Self Awareness)	자기 자신에 대하여 잘 파악하는 정도를 말한다. 자신의 기분, 감정, 가치관, 장단점 등을 객관적으로 명확히 이해하고 인식하는 정도	현실적 자기평가 자기를 낮추는 자세
자기통제 (Self Regulation)	자신의 감정을 적절히 통제하고 관리하는 능력의 정도를 말한다.	자기통제 변화에 대한 개방성
동기부여 (Motivation)	목표를 달성하기 위하여 노력하려는 의지	성취욕구 조직에 대한 헌신 자기주도
감정이입 (Empathy)	타인의 감정을 이해할 수 있는 능력의 정도 타인의 감정상태에 따라 대응하는 능력	타인이해 고객요구에 부응하는 서비스 공감력
대인관계 기술 (Social Skill)	인간관계를 형성하고 관리하는 능력	커뮤니케이션 이해조정력 변화관리 능력

21세기 리더십은 감성지능을 요구한다

미국 조지아 주립대학의 윤리학 교수이자 리더십 전문가인 존 C 냅이 세계적인 석학 및 리더의 글을 엮어서 최근 발표한 『For the Common Good(인류 공동의 이익을 위하여)』은 부제가 '21세기리더십의 윤리'다. 21세기 초의 총체적난국 상황에서 우리에게 필요한 리더는 어떤 사람이며, 그들이 궁극적으로 지향해야할 바는 무엇인지를 설파한다. 편저자는 글로벌 사회 맥락에서 리더십의 도전 과제를 탐구했다. 각계 리더 10여 명의 미래지향적이고 통찰력 깊은 경고와 권고 사항을 들려준다.

먼저 이 책의 서문을 맡은 지미 카터 전대통령은 오늘날의 리더에게 "사회적 용기(social courage), 즉 인류 공동의 이익에 이바지하기 위해 정치·사회적 억압을 딛고 우뚝 서는 강인함을 갖출 것"을 요구했다. 미 글로벌전략연구소 소장인 에릭 피터슨은 현재 인구·자원·기술·정보분야 등에서 일고 있는 일곱 가지 트렌드를 분석했다. 그는 21세기 리더는 장기적인 시각을 갖추고 좀 더 먼 지평을 탐구해야 한다고 강조한다.

하버드대 교수이자 저명한 집필가인 하워드 가드너는 시대를 막론한 성공적 역할모델을 고찰한 뒤 "훌륭한 리더는 탁월성과 윤리성·적극성 등 세 가지 요소에 골몰한다"는 결론을 내린다.

비판적 여론이 리더들의 지속적인 책임을 요구하며 전에는 상상할 수도 없었던 시험대에 올려놓는 현상을 설명한다. 이와 더불어 공공기관 및 기업조직이왜 신뢰를 잃었는지를 살펴본다. 리더의 필수조건으로 높은 수준의 감성지능을 꼽기도 했다.
특히 프랜시스 헤셀바인은 "리더십은 가르칠 수는 없으나 배울 수는 있다"는 피터 드러커의 좌우명을 상기시키고 있다. 그는 "리더십은 어떻게 행동하느냐의 문제가 아니라 어떻게 존재하느냐의 문제"라고 덧붙였다.

그래야 이 시대가 요구하는 생산적인 리더십이 가능해진다는 얘기다. 거의 반세기 전, 마하트마 간디는 이렇게 말했다. "세상에서 보기를 원하는 변화가 있다면, 당신이 먼저 그 변화의 주체가 되어야 한다." 윤리적 리더십에 관심이 있는 개인들에게 실행을 촉구하는 상징적인 표현이 아닐 수 없다.

변화와 우려, 기대가 혼재하는 요즘 그냥 주저앉아 결과만 기다릴 수 없다고 느낀다면, 간디의 이 말은 그가 언급했던 당시보다 오늘날의 리더와 대중에게 더욱 중요한 의미가 있다는 데 동의할 것이다.

출처 : 중앙선데이 2007. 04. 24

CS개론 제1과목

적중 예상문제

01 다음 중 서비스의 특성 중 소멸성의 특징에 해당하는 것은?

① 서비스는 저장할 수 없다
② 서비스 제공과 고객만족은 직원과 고객의 행위에 달렸다.
③ 서비스는 고객이 서로에게 영향을 미친다.
④ 서비스는 가격책정이 어렵다.
⑤ 서비스는 반품되거나 재판매될 수 없다.

✍해설

제품	서비스	관리적 의미
유형성 물건	무형성(Intangibility) 일련의 행위 또는 과정 (Process)	• 서비스는 저장할 수 없다. • 서비스는 쉽게 특허를 낼 수 없다. • 서비스는 쉽게 전시되거나 소통할 수 없다. • 서비스는 가격책정이 어렵다.
동질성 유지 표준화 용이	다양함 이질성(Heterogenity)	• 서비스 제공과 고객만족은 직원과 고객의 행위에 달렸다. • 서비스 품질은 많은 통제 불가능한 요인에 다렸다. • 제공된 서비스가 계획되거나 촉진된 것과 일치하는지를 확실히 알기 어렵다.
분리성	비분리성(Inseparability)	• 서비스는 고객이 거래에 참여하거나 영향을 미친다. • 서비스는 고객이 서로에게 영향을 미친다. • 직원이 서비스 성과에 영향을 미친다. • 서비스는 분산화가 필수적이다. • 서비스는 대량생산이 어렵다.
재고, 보관 가능	소멸성(Perishability)	• 서비스는 수요와 공급을 맞추기 어렵다. • 서비스는 반품되거나 재판매될 수 없다.

02 러브록(Lovelock)의 다차원적 서비스 분류에서 서비스 전달방식에 있어서 고객의 요구에 대응하여 종업원과 상호작용 정도와 고객의 요구에 대하여 권한위임을 행사할 수 있는 정도에 따른 분류에 해당하는 것은?

① 서비스 행위의 성격
② 서비스 기업과 고객과의 관계 유형
③ 수요와 공급의 관계
④ 서비스 제공방식
⑤ 서비스 상품의 특성

✍해설 서비스 전달 방식에 있어서 고객의 요구에 대응하여 종업원과의 상호작용 정도와 고객의 요구에 대하여 권한위임을 행사할 수 있는 정도에 따른 분류이다. 즉, 서비스의 특성에 따라 노동집약도와 고객의 상호작용 정도에 따라 서비스의 개별화와 표준화를 하는 전략이다.

정답 01 ⑤ 02 ⑤

03 서비스를 3단계로 구분할 때 거래 후 서비스(After Service)에 해당하는 고객서비스 요소는?

① 고객이 업장에 들어서는 순간　　　② 명시된 회사의 정책
③ 주문의 편리성　　　　　　　　　　④ 보증 및 변경
⑤ 제품 대체성

> ✐해설
>
> | 거래전 서비스 요소 | 거래시 서비스 요소 | 거래후 서비스 요소 |
> | --- | --- | --- |
> | • 명시된 회사 정책 | • 재고품질 수준 | • 설치, 보증, 변경, 수리, 부품 |
> | • 회사에 대한 고객의 평가 | • 백오더(back-order) 이용가능성 | • 제품추적 |
> | • 회사조직 | • 주문주기 요소들 | • 고객 크레임, 불만 |
> | • 시스템의 유연성 | • 시간 | • 제품포장 |
> | • 기술적인 서비스 | • 환적(transship) | • 수리도중 일시적인 제품대체 |
> | | • 주문의 편리성 | |
> | | • 제품 대체성 | |

04 성공적인 CRM을 구축하기 위해서 기업에서는 기업과 고객과의 상호작용에서 모든 경우를 파악하고 적절한 자료를 수집해야 한다. 다음 중 데이터베이스에서 의미 없는 데이터에 해당하지 않는 것은?

① 평생 단 한 번 구입하는 제품　　　② 상표에 대한 충성심을 거의 보이지 않는 제품
③ 단위 또는 판매가 낮은 경우　　　　④ 정보 수집에 비용이 과다하게 드는 경우
⑤ 최종 소비자에 대한 정보

> ✐해설　최종 소비자에 대한 정보는 의미 있는 데이터이다.

05 다음 그림과 같이 상대방의 하나 이상의 자아 상태를 향해서 현재적 교류와 잠재적 교류의 양쪽이 동시에 작용하는 복잡한 교류이며 표면적으로 당연해 보이는 메시지를 보내고 있는 것 같으나 그 이면에 다른 진의를 가진 교류형태는?

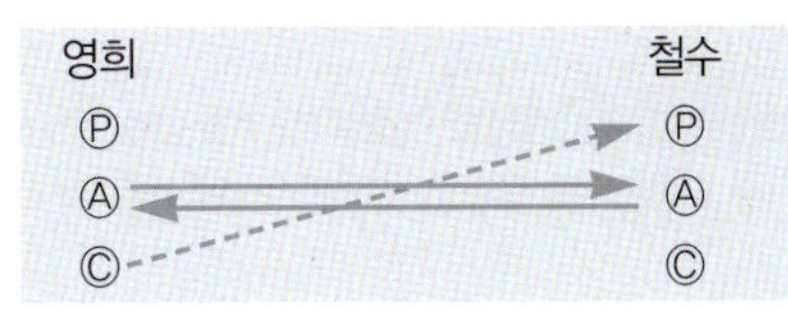

① 평행교류
② 교차교류
③ 일방교류
④ 이면교류
⑤ 상보교류

06 메슬로(Maslow)의 욕구 이론의 위계 중 타인에게 사회에서 높은 지위를 가지고 있다는 인식을 얻기 위해 유명 디자이너의 의류 또는 명품을 소비하려는 욕구로 볼 수 있는 단계는?

① 생리적 욕구　　　　　　　　　　② 안전의 욕구
③ 사회적 욕구　　　　　　　　　　④ 존경의 욕구
⑤ 자아실현의 욕구

✎ 해설

		메슬로우(Meslow)의 욕구 이론
자기 실현	개인적 성장	그 자신의 독특한 자기가 되려 하거나 되기 위해 상품을 소비하려는 욕구
	타인들에 대한 영향	타인의 소비결정에 대한 자신의 영향을 느끼려는 욕구
자기 존중	타인들의 인정	타인에 의해 사회에서 높은 지위를 가지고 있다는 인식을 얻기위해 상품을 소비하려는 욕구(유명 디자이너의 의류, 명품)
소속감	타인들에 의한 수용	의미있는 타인과 관계를 맺거나 특별한 물질적 편안함을 위해 상품을 소비하려는 욕구(사치품, 신상품)

07 다음 예시에서 설명하는 관점으로 보는 고객의 역할로 가장 적절한 것은?

> 경영 전문가들은 '서비스 생성 프로세스의 한 부분으로 고객이 노력, 시간 및 기타 자원으로 공헌하므로 조직의 일부로 포함하여야 한다.' 고 주장한다.
> 서비스에서 고객을 부분직원(Patrial Employee)으로 보는 관점으로 고객에게 중요한 서비스를 스스로 참여하게 함으로써 회사 전체의 생산성을 높이는 결과를 가져다 준다.

① 생산자원　　　　　　　　　　② 공헌자
③ 전문가　　　　　　　　　　　④ 경쟁자
⑤ 촉진자

08 다음 예시에서 가와 나에 해당하는 용어와 학자를 바르게 나열한 것은?

> __(가)__ 은 1980년대 미국의 경영이론가 __(나)__ 에 의해 주장되었다. 의사결정권을 가진 리더(경영층)가 직접 현장을 방문하여 업무수행의 진척도, Neck과제 해결을 위한 의사결정을 현장에서, 현물을 보고, 현상을 파악하여 신속하게 처리하는 현장경영의 도구이자 선진 표준화 활동에 있어 계층 간의 커뮤니케이션을 원활히 하는 효과적인 방법이다.

① (가) – TQM, (나) – 마이클 해머　　　② (가) –CSM, (나) –피터 드러커
③ (가) –BPR, (나) –린 쇼스탁　　　　　④ (가) –MBWA, (나) –톰 피터스
⑤ (가) –MOT, (나) –얀칼슨

09 고객만족경영(Customer Satisfaction Management)의 패러다임의 변화가 과거에서 현재로 연결이 바르게 된 것은?

① 고객 중심→제품 중심
② 총체적 해결 중심→수요창출 중심
③ 예측 가능한 기술적 진보→다양한 기술 혁신
④ 심리적·정적 교감→제품 및 서비스 기능 중심
⑤ 구매자 시장→판매자 시장

✏️해설

기업 환경		
〈 과 거 〉		〈 현 재 〉
단순한 고객요구 국내적 기업경쟁 예측가능한 기술적 진보 기능 중심의 상품 판매자 시장	➡	다양한 고객요구 국제적 기업경쟁 다양한 기술혁신 감성 중심적 상품 구매자 시장
• 제품중심 • 수요창출 중심 • 가격/제품 기능 • 제품판매량	➡	• 고객 중심 • 총체적 해결 증상 • 심리적·정적 교감 • 고객 만족도
	Paradigm Shift 경영 패러다임의 변화	

10 고객만족경영의 중요성에 대한 설명으로 바르지 못한 것은?

① 기업이 제공하는 상품과 서비스에 만족한 소비자는 그 기업의 고정고객이 된다.
② 고객의 기호변화를 예측하여 불필요한 투자를 방지함으로써 마케팅의 효율성을 제고해 준다.
③ 고객이 만족하면 가격우위효과를 가져와 장기적인 관점에서 높은 이윤을 창출할 수 있게 된다.
④ 만족한 고객은 주변 사람들에게 구매를 유도하게 되어 광고효과가 크다.
⑤ 고객 만족은 가격, 후방활동, 전문성에 의해 결정되며 실제 경험을 반드시 요구하게 된다.

✏️해설 서비스 품질은 가격, 후방활동 ,전문성에 의해 결정되고 고객만족은 신속성, 서비스 회복, 물리적 환경에 의해 결정된다고 하였다. 또한 품질에 대한 지각은 고객만족과는 달리 실제 경험을 반드시 요구하지 않는다는 특징이 있다고 하였다.

11 다음 예시는 고객만족에 관련된 이론에 관한 설명이다. 이에 해당하는 이론은?

> 모든 사람의 행동은 개인에게 주어진 상황에서 지출하는 원가나 투자액에 비하여 얼마만큼의 보상과 가치가 돌아오는지를 가려서 이윤을 추구하기를 희망하며, 이러한 상호작용관계에서 사회질서가 형성된다.

① 공정성 이론(Equity Theory)
② 기대-불일치 이론(Expectation-Disconfirmation Theory)
③ 귀인 이론(Attribution Theory)

④ 인지부조화이론(Cognitive Dissonance Theory)
⑤ 교환이론(Exchange Theory)

해설 ① 공정성 이론(Equity Theory) – 기본 명제에서의 비교 기준은 소비자가 지각하는 비율과 타인과의 비율 사이의 공정성에 의한 것으로 만족은 고객의 투입과 산출의 비율이 공정하다고 느끼는 경우에 한해 발생한다.
② 기대–불일치 이론(Expectation–Disconfirmation Theory) – 성과가 기대보다 높아 긍정적 불일치가 생기면 만족이 발생하고 반대로 성과가 기대보다 낮으면 부정적 불일치가 발생하여 불만족을 가져온다.
③ 귀인 이론(Attribution Theory) – 사람들이 자신이 경험한 사건이나 과거의 행동을 묘사하는 과정에서 쉽게 관찰 가능한 인과적 묘사 혹은 정당화는 실제라기보다는 개인의 주관적인 지각이지만 이러한 주관적 지각이 이후의 행동에 영향을 미친다.
④ 인지부조화이론(Cognitive Dissonance Theory) – 사람이 두 가지 모순되는 인지요소를 가질 때 나타나는 인지적 불균형상태를 뜻한다.
⑤ 교환이론(Exchange Theory) – 모든 사람의 행동은 개인에게 주어진 상황에서 지출하는 원가나 투자액에 비하여 얼마만큼의 보상과 가치가 돌아오는지를 가려서 이윤을 추구하기를 희망하며, 이러한 상호작용관계에서 사회질서가 형성된다.

12 높은 고객만족이 기업에게 주는 효과로 보기 어려운 것은?

① 현재고객의 충성도가 증가한다.
② 기존고객의 가격 탄력성이 증가한다.
③ 더 낮은 고객획득 비용을 지불하게 된다.
④ 향후 거래에 대하여 더 낮은 비용을 지불하게 된다.
⑤ 실패 비용이 감소한다.

해설 가격 탄력성의 감소이다. 고객만족은 기존고객의 가격 탄력성을 줄인다(Garvin,1984)29). 만족한 고객은 그들이 제공 받는 편익에 대해 기꺼이 더 지불할 용의가 있고 가격 증가에 대하여 인내하는 경향이 있는데, 이것은 높은 마진과 고객 충성도를 의미한다고 볼 수 있다.

13 다음 중 고객구매행동 분석에 필요한 마케팅 내지는 고객기여도 평가에 영향을 미치는 요소에 속하지 않은 것은?

① 최근성(Recency)   ② 최빈성(Frequency)
③ 소비성(Monetary)   ④ 반품품목(Item)
⑤ 신용도(Trust)

해설 고객구매행동 분석 요인으로 FRM계수 뿐만 아니라 구입품목(Item), 판매촉진 수단(Promotion) 등이 있다.

14 마이클 해머 교수가 '리엔지니어링과 기업혁명'에서 고객만족경영의 새로운 패러다임으로 제시한 3C에 해당되는 것은?

㈎ Customer	㈏ Communication
㈐ Change	㈑ Competition
㈒ Cost	㈓ Confidence

① ㈎, ㈏, ㈐ ② ㈏, ㈒, ㈓
③ ㈏, ㈐, ㈑ ④ ㈐, ㈑, ㈒
⑤ ㈎, ㈐, ㈑

✍해설 마이클 해머 교수는 '리엔지니어링과 기업혁명'에서 고객만족경영의 새로운 패러다임으로 '3C의 시대'에서 말하는 3C는 Customer(고객), Change(혁신), Competition(무한경쟁)이다.

15 소비자 간의 구전은 일반적으로 매우 신뢰성이 높은 정보의 원천이며 일방적이 아니라 쌍방적 의사소통이 이루어지는 특징을 가진다. 다음 중 구전에서 소비자가 얻은 개인적인 정보 원천에 해당하지 않는 것은?

① 친구 ② 이웃
③ 광고 ④ 동료
⑤ 가족

✍해설 구전에서 얻는 정보의 원천은 개인적 원천이다.
• 개인적 정보원천의 예 : 가족, 친구, 이웃, 친지
• 상업적 정보원천의 예 : 광고, 판촉사원, 중간상, 포장, 진열
• 공공적 정보원천의 예 : 신문기사, 뉴스, 소비자 잡지
• 경험적 정보원천의 예 : 시험구매, 제품의 직접사용

16 다음 예시에서 ＿＿＿안에 알맞은 용어는?

> ＿＿＿＿＿의 결과에 의하면 생산성은 종업원의 태도나 감정에 크게 의존하며, 종업원의 태도나 감정은 집단 내의 인간관계에서 영향을 받는다. 또한 공식적 조직 내에 존재하는 자생적인 비공식적인 조직이 만들어 낸 규범에 의해 인간행동이 통제된다는 것이 밝혀졌다.

① 피그말리온 효과 ② 베르테르 효과
③ 로젠탈 효과 ④ 호손실험
⑤ 밀그램 실험

17 대인기술에서 원만한 인간관계 형성에 매우 중요한 역할을 담당하고 있는 언어적 대인기술에 속하지 않은 것은?

① 경청하기
② 공감하기
③ 예측하기
④ 자기공개하기
⑤ 자기주장하기

> ✐해설 **대인기술의 유형**
> 언어적 대인기술 : 원만한 인간관계 형성에 매우 중요한 역할 담당
> • 경청하기 • 공감하기
> • 반영하기 • 자기공개하기
> • 자기주장하기
>
> 비언어적 대인기술 : 비언어적 행동을 통해 자신의 의사와 감정을 표현
> • 얼굴표정, 눈 마주침, 몸동작, 몸의 자세 등과 같은 몸의 움직임
> • 악수, 어루만짐, 팔짱낌, 어깨에 손 얹기 등과 같은 신체적 접촉
> • 머리모양, 장신구, 화장 등과 같은 외모의 치장
> • 만남의 장소, 상황, 분위기 등의 환경적 요인
> • 말의 강약, 완급, 음색, 말하는 방식 등의 부언어의 사용

18 다음 중 고객특성 파악의 기준 중 고객의 성별, 나이, 소득수준, 직업, 교육정도, 가족구성단위, 라이프사이클(Life cycle) 측면에서 고객을 세분화하는 방법은?

① 인구통계학적 특성
② 지리적 특성
③ 구매행동
④ 추구효익
⑤ 고객지위

> ✐해설 • 인구 통계적 정보 : 이름, 주소, 전화번호, 직장명, 직위, 생일, 가족관계, 가입커뮤니티
> • 고객 가치 정보 : 상품구입빈도, 구입 상품명, 고객평생가치, 고객지갑 점유율, 소득수준, 소득원천
> • 고객 니즈, 성향 정보 : 상품에 대한 니즈, 취미, 특기, 고객선호, 기호, 커뮤니케이션 스타일

19 다음 중 고객만족경영의 변화와 흐름 중 완성기(2000년대)에 대한 설명으로 적절하지 않은 것은?

① CRM 경영기법의 보편화
② 고객생애가치(LTV)의 중시
③ 내부고객과 외부고객을 동시에 중시
④ 소비자가 기업에 대해 사회적 책임 요구
⑤ 사이버고객의 만족도에 대한 관심 고조

> ✐해설 사이버고객의 만족도에 대한 관심이 고조된 시기는 고객만족경영의 성장기(1990년대)의 변화와 흐름이다.

정답 17 ③ 18 ① 19 ⑤

20 고객만족경영(Customer Satisfaction Management ; CSM) 도입배경의 요인으로 가장 적절한 것은?

① 소비자 중심에서 판매자 중심의 경제활동 변화　② 공급보다 수요의 증가
③ 시장의 글로벌화　　　　　　　　　　　　　④ 제품과 서비스의 품질의 동질화
⑤ 고객의 니즈의 표준화

✍해설　판매자 중심에서 소비자 중심의 경제활동 변화, 산업기술의 발전으로 제품의 차별화, 고객의 니즈 다양화

21 Schmenner(1986)가 분류한 서비스 프로세스 매트릭스 분류 중 낮은 노동 집약도와 높은 상호작용이 특징으로 높은 개별화 서비스를 제공하지만 높은 자본투자를 필요로 하는 서비스 업종으로 병원, 자동차 정비소, 기타 정비회사 등이 해당하는 것은?

① 차별화 서비스　　　　　　　　　② 대량 서비스
③ 서비스 공장　　　　　　　　　　④ 전문 서비스
⑤ 서비스 샵

22 다음 중 고객만족경영의 중요성을 강조하는 원인으로 적절하지 않은 것은?

① 무한경쟁시대
② 고객 만족이 기업 경쟁력의 핵심
③ 경영의 관심사가 고객중심에서 이익중심으로 변화
④ 고객만족의 궁극적인 목적은 기업이익의 실현
⑤ 정보화 시대의 발달

✍해설　기업들의 경영 관심사는 이익중심에서 고객중심으로 바뀌었다.

23 다음 중 고객만족관리(Customer Satisfaction Management)의 필요성으로 보기 어려운 것은?

① 고객만족향상을 위한 장기적인 거래비용이 증가한다.
② 기존고객을 유지하는 비용보다 신규고객을 창출하는 비용이 크다.
③ 긍정적 구전은 매체광고 효과보다 더 효과적이다.
④ 고객의 거래 가격에 대한 민감도를 약화시켜준다.
⑤ 고객만족과 기업 수익간의 강력한 상관관계가 존재한다.

✍해설　① 고객만족향상을 위한 단기적인 거래비용이 증가하나 장기적인 측면에서는 감소된다.

24 다음 중 서비스의 특성에 관한 설명이 아닌 것은?

① 서비스는 무형의 활동이다.
② 서비스는 생산과 소비가 동시에 일어난다.
③ 서비스는 획일화된 특성을 지닌다.
④ 서비스는 즉흥적이고 순간적이다.
⑤ 서비스는 저장될 수 없다.

25 다음 중 고객만족을 결정짓는 요인으로 해당하지 않은 것은?

① 제품 및 서비스 특징
② 서비스 성공 및 실패의 원인에 대한 귀인
③ 소비체험으로부터 얻은 부정적인 감정과 긍정적인 감정
④ 서비스 제공자의 차별화 서비스 전달
⑤ 다른 고객, 가족, 동료에 의한 구전

✎해설 서비스 전달자의 공평한 서비스 전달은 고객 만족에 영향을 미친다. '다른 고객들과 비교하여 공평한 서비스를 받았는가?' 의 공평성은 만족에 영향을 미친다.

26 서비스의 경영학적 정의에 대한 설명 중 속성론적 정의로 가장 적절한 것은?

① 판매 목적으로 제공되거나 상품 판매와 연계해서 제공되는 모든 활동과 편익 만족
② 인간의 인간에 대한 봉사
③ 시장에서 판매되는 무형의 상품
④ 서비스는 무형적 성격을 띠는 활동으로서 고객과 서비스 종업원의 상호 관계에서부터 발생해 고객의 문제를 해결해 주는 것
⑤ 인간의 노동을 기계로 대치하는 서비스의 공업화를 통해 효율성을 향상시킨 것

27 다음 중 대인기술에서 공감적 이해에 관한 설명이 아닌 것은?

① 과학적 이론으로 인간을 이해하거나 외부로 나타난 행위 그 자체를 이해하는 것이다.
② 인간의 심리적인 세계에서 주관적으로 움직이는 내면의 세계를 이해하는 것이다.
③ 상대방이 한 말이나 얼굴표정 등에 담겨져 있는 중요한 감정이나 생각을 민감하게 알아차리는 것을 감수성 차원이라 한다.
④ 상대방의 감정과 생각을 이해하고 있다는 것을 상대방에게 적절하게 전달해 주는 것을 의사소통 차원이라 한다.
⑤ 공감적 이해 훈련을 위해서 자신의 감정과 정서 그리고 상대방의 감정과 정서를 정확히 분석하는 능력을 가져야한다.

정답 24 ③ 25 ④ 26 ③ 27 ①

28 다음 보기의 ＿＿＿안에 들어갈 말을 고르시오.

> ＿(가)＿는(은) 성공적인 CRM을 위한 필요조건이다. 이 ＿(가)＿는(은) 고객 명단의 수와 개인의 정확한 정보, 즉 양과 질을 모두 갖춰야 한다. CRM만으로 끝나지 않고, 여기에 ＿(나)＿라는 개념이 더해져야 한다. ＿(나)＿란 고객이 한평생 기업에 제공할 이익을 현재가치로 환산한 가치다. 이것을 극대화하면 CRM의 목표를 자동으로 달성하게 된다. 기업의 목표인 장기적 이익 극대화를 실현하는 것이다.

① (가) – 고객 데이터, (나) – 고객 로열티
② (가) – 고객 로열티, (나) – 고객 평생가치
③ (가) – 고객 평생가치, (나) – 고객 충성도
④ (가) – 고객 데이터, (나) – 고객 평생가치
⑤ (가) – 고객 로열티, (나) – 고객 충성도

29 다음 중 우수고객에 대한 그룹핑을 실시해서 얻을 수 있는 고객의 구매 시기, 최근에 구매한 날짜와 구매횟수, 얼마만큼을 이용했는지를 의미하는 용어는?

① RFM
② CIP
③ Blackbox model
④ AIDA
⑤ CPM

30 다음 중 MBTI 4가지 선호성 지표에서 '어떻게 판단하는가'에 해당하는 것은?

① 유보 – 결정
② 감각 – 직관
③ 사고 – 감정
④ 판단 – 인식
⑤ 외향 – 내향

31 다음 중 고객만족관리의 필요성으로 적절하지 않은 것은?

① 고객의 기대 변화를 예측하기 때문에 불필요한 투자를 방지할 수 있다.
② 적정가격유지나 부가가치가 높은 상품 판매에 기반이 된다.
③ 자발적인 의지에 의한 재구매로 인해 판매원의 시간과 노력을 절감할 수 있다.
④ 고객의 제품 또는 선호도가 높아져 기업의 단기성장을 기대할 수 있다.
⑤ 주변사람들에게 구매를 유도하는 구전효과가 있다.

> ✐해설 ① 불필요한 지출이 감소된다.　② 적정 가격을 유지할 수 있다.　③ 판매비용 절감
> ④ 고객의 제품 선호가 높아진다. – 기업의 안정적인 수익확보와 장기적인 성장 기대

32 다음 중 서비스 프로세스(Services Process)의 설계 시 고려해야할 사항에 해당하는 것은?

① 서비스 프로세스의 모든 과정은 서비스 제공자 입장에서 계획하고 운영하여야 한다.

② 서비스 성과 시스템 또는 실제 프로세스와 상호 연계하여 궁극적인 성과를 제고한다.

③ 프로세스의 전체적인 시각 보다는 프로세스 단위별 독립적인 시각에서 설계되어야 한다.

④ 프로세스는 구조화되고 정의된 철차를 따라야 하며 관료적으로 설계되어야 한다.

⑤ 서비스의 무형성을 고려한 주관성, 유연성, 서비스 예측성 등에 의거하여 일반적인 방법론을 제시한다.

✎해설 ① 서비스 프로세스의 모든 과정은 고객 입장에서 계획하고 운영하여야 한다.
　　② 서비스 성과 시스템 또는 실제 프로세스와 상호 연계하여 궁극적인 성과를 제고한다.
　　③ 서비스 프로세스는 전체론(holistic)이며 각각의 개별 활동들은 하나의 시각에서 인식되어야 하고, 프로세스에 규율이 필요한 이유는 창의성을 억제하기 보다는 성과와 효율성을 제고할 수 있고 자율적인 성격을 가져야 한다.
　　④ 프로세스는 구조화되고 정의된 철차를 따르되 지나치게 관료적이지 않도록 한다.
　　⑤ 서비스의 무형성을 고려한 객관성, 정확성, 사실의 근거에 의거한 방법론을 구체적으로 제시한다.

33 다음 보기의 고객만족경영 추진절차를 순서대로 나열한 것은?

(가) 고객만족경영이념의 확립	(나) 제품 및 서비스의 개선·개혁안 수립
(다) 고객만족도 측정시스템의 설정과 측정 해석	(라) 고객만족 기업풍토 개혁
(마) 시행결과의 평가와 행동	

① (가) – (나) – (다) – (라) – (마) 　　② (가) – (나) – (라) – (다) – (마)

③ (가) – (다) – (나) – (마)– (라) 　　④ (라)– (가) – (나) – (다) – (마)

⑤ (나) – (가) – (라) – (마)– (라)

34 다음 중 고객 만족 경영(Customer Satisfaction Management : CSM)에 대한 설명이 아닌 것은?

① 기업이 제공하는 상품, 서비스 및 기업이미지에 관한 고객의 만족도를 정기적으로 측정하여 경영의 지표로 활용하는 것이다.

② 고객 만족 경영은 '고객의 만족을 조직적으로 지속' 하는 경영이다.

③ 고객만족 경영은 생산자와 판매자의 관점에서 적용되는 경영활동이다.

④ 고객만족을 얻기 위한 기업 내 시스템을 구축해 기업 활동을 고객중심으로 재설계하는 경영활동이다.

⑤ 고객의 니즈와 기대에 부응하며, 그 결과로서 상품과 서비스의 재구입이 이루어지고 아울러 고객의 신뢰감이 연속되는 상태를 의미한다.

정답 32 ② 33 ③ 34 ③

35 다음 중 공장·장비와 같은 자본의 가치에 대한 노동 비용의 비율을 이용한 노동집약도와 고객이 적극적으로 서비스 프로세스에 참여할 수 있는 것을 나타내는 고객 상호작용의 정도를 이용하여 서비스 산업을 분류하는 방법을 무엇이라 하는가?

① 서비스 청사진
② 고객 서비스 만족도
③ 서비스 프로세스 매트릭스
④ 고객 유지율
⑤ 서비스 품질

36 기업에서 경쟁기업에 적절히 대처할 수 있는 전략으로 새로운 고객을 유치하는 것이 기존의 고객을 유지하는 것에 비해 매우 높은 투자와 비용을 야기한다. 다음 중 성숙과정에 있는 산업과 경쟁이 치열한 산업에 효과적인 전략은?

① 포위공격전략
② 방어전략
③ 게릴라 전략
④ 시장추종자전략
⑤ 시장도전자전략

✎ **해설** • 선점유지전략은 측면공격의 한 형태이다.
• 시장도전자전략 : 시장선도자 근거지를 획득하거나 심지어는 선도기업을 압도한 시장도전이 많다.
• 시장추종자전략 : 혁신적인 모방, 제품 모방전략이 제품혁신전략 만큼이나 수익성이 있다.
• 포위 공격 전략 : 우선 전략 목표를 시장점유율을 높이기 위한 전략으로 넓은 범위에 걸쳐 전격적으로 공격함으로써 적진지의 전체 면을 장악하기 위한 것이다.
• 측면공격전략 : 경쟁사의 약점이나 틈새시장을 찾아 공격하는 전략
• 전면공격전략 : 자사가 충분한 자원을 가지고 있을 때 이를 총동원하여 공격하는 전략
• 게릴라 전략 : 간헐적 공격을 다양한 영역에 펼쳐 일련의 작은 성공들을 획득하거나 경쟁사의 사기를 저하시키는 전략
• 방어전략 : 새로운 고객을 유치하는 것이 기존의 고객을 유지하는 것에 비해 매우 높은 투자와 비용을 야기하며, 성숙과정에 있는 산업과 경쟁이 치열한 산업에 효과적이다

37 다음 중 관광서비스의 비즈니스적 정의에 해당하는 것은?

① 관광기업의 수입증대에 이바지하기 위한 종사원의 헌신, 봉사하는 자세와 업무에 대해 최선을 다한다는 태도 즉 '세심한 봉사정신'을 뜻한다.
② 관광기업 활동을 통하여 고객인 관광객이 호감과 만족감을 느끼게 함으로써 가치를 낳는 지식과 행위의 총체이다.
③ 관광기업이 기업 활동을 하면서 관광객의 요구에 맞추어 소유권의 이전 없이 제공하는 상품적 의미인 무형의 행위 또는 편익의 일체를 말한다.
④ 관광서비스는 제품속성에 따른 구분에 의해 시설에 대한 물적 서비스 의존성과 동시에 무형재 요소인 인적 서비스 의존성이 매우 높은 서비스 영역이다.
⑤ 관광 서비스는 유형적인 물적 서비스와 무형적인 인적 서비스에 의존적 특성인 동시성도 갖는다.

✎해설 ① 관광기업의 수입증대에 이바지하기 위한 종사원의 헌신, 봉사하는 자세와 업무에 대해 최선을 다한다는 태도 즉 '세심한 봉사정신'을 뜻한다. - 기능적 정의
③ 관광기업이 기업 활동을 하면서 관광객의 요구에 맞추어 소유권의 이전 없이 제공하는 상품적 의미인 무형의 행위 또는 편익의 일체를 말한다. - 구조적 정의
④ 관광서비스는 제품속성에 따른 구분에 의해 시설에 대한 물적 서비스 의존성과 동시에 무형재 요소인 인적 서비스 의존성이 매우 높은 서비스 영역 - 관광서비스의 특징
⑤ 관광 서비스는 유형적인 물적 서비스와 무형적인 인적 서비스에 의존적인 특성인 동시성을 갖고 있다.- 관광 서비스의 특징

38 다음 예시에서 ____안에 알맞은 용어는?

> 심리학자인 다니엘 골맨(Daniel Goleman)은 성공적인 리더와 그렇지 못한 리더 간의 차이는 기술적 능력이나 _(가)_ 보다 _(나)_ 에 의해 크게 좌우된다는 연구결과를 발표한 바 있다. 그가 말한 바로는 약 80% 정도의 감성지능과 20% 정도의 지적 능력이 적절히 조화를 이룰 때 리더는 효과적으로 리더십을 발휘할 수 있다는 것이다.

① (가) - 지능지수(IQ), (나) - 감성지능(EQ)
② (가) - 사회성지수(SQ), (나) -인맥지수(NQ)
③ (가) - 도덕성지수(MQ), (나) - 사회성지수(SQ)
④ (가) - 사회성지수(SQ), (나) -열정지수(PQ)
⑤ (가) - 감성지능(EQ), (나) - 지능지수(IQ)

39 대인지각의 특징에 대한 설명으로 보기 어려운 것은?

① 최초에 얻은 정보에 의하여 강하게 규정되는 초출효과가 현저하다.
② 어떤 측면에 대한 평가가 다른 측면에까지 확대되는 후광효과가 강하다.
③ 자기 자신의 심리적 상태를 인지하는 상대에 투사하는 경향이 있다.
④ 직접적·다양한 정보에 의존하는 경향이 있다.
⑤ 상대를 정확히 인지하는 능력에는 개인차가 있다.

✎해설 ④ 간접적·단편적인 정보에 의존하는 경향이 있다.

40 다음 중 고객만족의 실천과제로 보기 어려운 것은?

① 고객만족을 달성하기 위해 기업 내부 조직구성원과 함께 공유해야 한다.

② 고객만족 성과의 명확한 측정과 철저한 보상을 위한 평가시스템의 운영이 필요하다.

③ 고객만족을 최우선 목표로 하여 고객만족경영 문화를 정착시켜야 한다.

④ 내부고객을 만족시키기 위해서는 먼저 외부고객의 만족이 선행되어야 한다.

⑤ 고객만족도를 지수화하고 이를 통한 지속적인 개선활동을 해야 한다.

해설 고객만족의 실천과제로 "고객만족경영에 관한 연구(최계봉)" 논문에서는 아래와 같이 제시하였다.

- 첫째, 최고경영자는 고객만족을 경영목표로 하는 경영 패러다임을 받아들이며, 고객만족을 달성을 위해 기업 내부 조직구성원과 함께 공유해야 한다.
- 둘째, 모든 조직 구성원들의 적극적인 참여이다. 공적인 고객만족경영은 모든 조직구성원의 적극적인 참여가 있어야 하며, 고객만족 성과의 명확한 측정과 철저한 보상을 위한 평가시스템의 운영이 필요하다.
- 셋째, 고객만족 지향적 기업문화의 구축이다. 모든 구성원들이 고객만족을 최우선 목표로 하여 고객만족경영 문화를 정착시켜야 한다.
- 넷째, 외부고객을 만족시키기 위해서는 먼저 내부고객의 만족이 선행되어야 한다.
- 다섯째, 고객만족도를 지수화하고 이를 통한 지속적인 개선활동이 가능하도록 고객만족 실현을 위한 고객정보관리체제 구축하여야 한다.
- 여섯째, 고객만족경영을 위해서는 조직의 구조를 고객을 가장 중요시하는 역피라미드의 구조가 필요하다. 또한 접점 종업원의 고객의 불만을 신속하게 해결할 수 있는 권한위임과 같은 업무 프로세스가 필요하다.

41 고객행동에서 고객이 제품/서비스를 선택, 결정, 구매하는 방법 중 의사결정 과정으로 구매 후 고객행동과 재구매의도에 중요한 영향을 미치는 요인이 아닌 것은?

① 구전
② 불만족 귀인
③ 긍정적 또는 부정적인 편견
④ 브랜드 애호도
⑤ 정보의 원천

해설 정보탐색 시 영향을 미치는 요인으로 정보의 원천은 인적 정보원, 비인적 정보원이 있다.

42 마이클 해머 교수는 '리엔지니어링과 기업혁명'에서 고객만족경영의 새로운 패러다임으로 '3C의 시대'를 이야기하였다. 다음 중 3C의 설명으로 적절하지 않는 것은?

① 고객이 주도하는 시장 형성으로 고객이 거래회사 또는 상품을 선택하는 시대가 되었다.

② 기업중심에서 고객중심의 패러다임으로 바꾸어야 한다.

③ 기업경영 논리에서 고객, 인간, 고객가치창조 중심으로 변화되어야 한다.

④ 글로벌 경쟁체제로 기업 주권시대가 되었다.

⑤ 무한 경쟁체제에서 공급자 중심에서 수요자 중심으로 시장이 변화하였다.

해설 글로벌 경쟁체제로 소비자 주권시대가 되었다

43 노드스트롬(Nordstrom)의 SWOT을 통해 본 환경 분석의 내용 중 O(Opportunity)로 기회요인에 해당하는 것은?

① 개인별 수첩
② 1인 1착 서비스
③ 종업원 선발과 교육
④ 권한위임
⑤ 전자상거래의 등장

✐해설 정답외 나머지는 SWOT의 분석 중 S(Strength) 즉, 내부환경의 강점요인

44 조직구성원 개개인의 지식이나 노하우를 체계적으로 발굴하여 조직 전체의 문제해결 능력을 비약적으로 향상시키는 경영방식은?

① 지식경영
② 가치창조경영
③ 인적자원경영
④ 감성경영
⑤ 고객만족경영

✐해설 • 지식경영 : 조직구성원 개개인의 지식이나 노하우를 채계적으로 발굴하여 조직내 보편적인 지식으로 공유함으로써, 조직 전체의 문제해결 능력을 비약적으로 향상시키는 경영방식이다. 지식경영의 이론가로서는 피터 드러커 (Peter Drucker)와 노나카 이쿠지로(Nonaka Ikujiro) 등이 있다.
• 가치창조경영 : 모든 의사 결정의 기준을 회계상의 매출, 이익 중심에서 벗어나 경제적 이익에 근거한 기업 가치 중심으로 하는 기업 관리 기법. 컨설팅업계에서는 가치창조경영을 'IMF 기법'이라고 말할 정도로 기업의 체질변화에 많이 활용되고 있다.
• 문화경영 : 비전과 이념에 의한 경영이다.
• 신뢰경영 : 기업 내부구성원들의 신뢰관계를 중시하는 경영의 새로운 조류이다.

45 다음 중 서비스 프로세스 분류에 대한 설명으로 옳은 것은?

① 서비스 프로세스 분류에서 대중 서비스와 서비스 팩토리는 상호작용과 개별화가 높고, 서비스 샵과 전문서비스는 상호작용과 개별화가 낮다.
② 슈메너(Schmenner)는 서비스 프로세스를 서비스 샵, 서비스 차별화, 대중 서비스, 전문 서비스의 네 가지로 분류하였다.
③ 서비스 제공 필요장치나 설비 등 자본에 대한 의존도와 사람에 의존하는 정도인 노동에 대한 의존도의 상대적인 비율이 노동의존도이다.
④ 고객이 서비스 프로세스와 상호작용하는 정도와 서비스가 고객에 의해 개별화되는 정도를 접점서비스와 표준화라고 한다.
⑤ 서비스 프로세스 분류에서 대중 서비스와 전문서비스는 노동집중도가 높고, 서비스 팩토리와 서비스 샵은 노동 집중도가 낮다.

✐해설 ① 서비스 프로세스 분류에서 서비스 샵과 전문서비스는 상호작용과 개별화가 높고, 대중 서비스와 서비스 팩

정답 43 ⑤ 44 ① 45 ⑤

토리는 상호작용과 개별화가 낮다.

② 슈메너(Schmenner)는 서비스 프로세스를 서비스 공장, 서비스 샵, 대량 서비스, 전문 서비스의 네 가지로 분류하였다.

③ 서비스 제공 필요장치나 설비 등 자본에 대한 의존도와 사람에 의존하는 정도인 노동에 대한 의존도의 상대적인 비율이 노동집중도이다.

④ 고객이 서비스 프로세스와 상호작용하는 정도와 서비스가 고객에 의해 개별화되는 정도를 상호작용과 개별화라고 한다.

46 다음 중 고객관계관리(CRM)의 목적으로 적절하지 않은 것은?

① 신규고객유치를 통해서 고객과의 관계를 강화하여 장기적으로 기업의 수익을 극대화하는 것이다.

② 신규고객유치에서부터 고객과의 거래관계를 고객 평생에 걸쳐 유지 관리하는 것이다.

③ 고객과의 관계 강화를 통해 평생고객으로 발전하고자 한다.

④ One to One을 통해 고객과 기업 모두가 상호 가치를 공유하는 것이다.

⑤ 기업이 보유하고 있는 고객 포트폴리오를 통해 고객에게 가장 적합한 제품을 알맞은 시기에 최적의 채널로 제공하여 보다 많은 가치를 창출하는 것이다.

✎해설 고객과의 장기적인 관계를 강화하여 장기적인 고객의 수익을 극대화하는 것이다.

47 리더십 이론으로 리더는 선천적으로 타고나는 것이 아니라 후천적으로 훈련과 개발을 통해 육성될 수 있다는 견해에 해당되는 이론은?

① 특성론 ② 행위론
③ 위인이론 ④ 상황론
⑤ 변혁론

✎해설 1950~60년대에는 인적자원 중시사상으로 행위 중심의 리더십 이론으로 특성론의 경직성을 극복하는 과정에서 행위론이 제시되었다. 특성은 타고나는 측면이 강한 반면, 행위는 후천적으로 훈련과 개발을 통하여 얼마든지 육성될 수 있다는 견해이다.

48 다음 중 서비스의 특성 중 비분리성의 특징에 해당되는 것은?

① 서비스는 저장할 수 없다
② 서비스 제공과 고객만족은 직원과 고객의 행위에 달렸다.
③ 서비스는 고객이 서로에게 영향을 미친다.
④ 서비스는 가격책정이 어렵다.
⑤ 서비스는 반품되거나 재판매될 수 없다.

46 ① 47 ② 48 ③ 정답

📝해설

제품	서비스	관리적 의미
유형성 물건	무형성(Intangibility) 일련의 행위 또는 과정 (Process)	• 서비스는 저장할 수 없다. • 서비스는 쉽게 특허를 낼 수 없다. • 서비스는 쉽게 전시되거나 소통할 수 없다. • 서비스는 가격책정이 어렵다.
동질성 유지 표준화 용이	다양함 이질성(Heterogenity)	• 서비스 제공과 고객만족은 직원과 고객의 행위에 달렸다. • 서비스 품질은 많은 통제 불가능한 요인에 달렸다. • 제공된 서비스가 계획되거나 촉진된 것과 일치하는지를 확실히 알기 어렵다.
분리성	비분리성(Inseparability)	• 서비스는 고객이 거래에 참여하거나 영향을 미친다. • 서비스는 고객이 서로에게 영향을 미친다. • 직원이 서비스 성과에 영향을 미친다. • 서비스는 분산화가 필수적이다. • 서비스는 대량생산이 어렵다.
재고, 보관 가능	소멸성(Perishability)	• 서비스는 수요와 공급을 맞추기 어렵다. • 서비스는 반품되거나 재판매될 수 없다.

출처 : A.Parasuraman, V.A. Zeithaml, L.L. Berry, A Conceptual Model of Service Quality and It's Implication for Future Research," Journal of Marketing 49

49 다음 중 쇼스택(Shostack)이 제시한 유형성 스팩트럼(tangibility spectrum)에서 무형성의 지배가 가장 강한 업종은?

① 패스트푸드점   ② 항공사
③ 화장품   ④ 투자관리
⑤ 교육

📝해설 유형성 스팩트럼(tangibility spectrum)

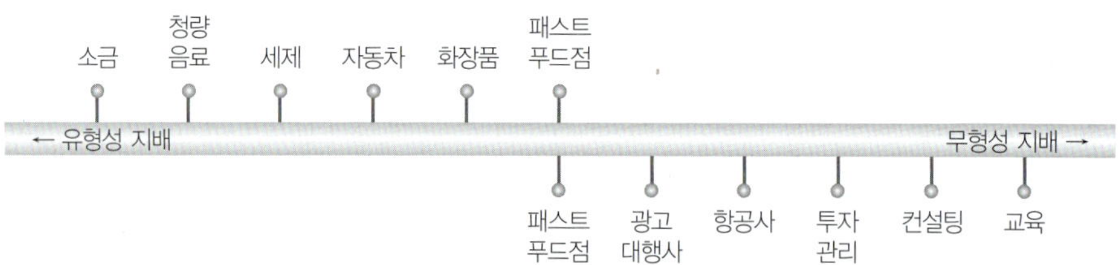

출처 : G. Lynn Shostack, "Breaking Free from Product Marketing", Journal of marketing

50 CRM 분석기법 중 데이터베이스 마케팅에서 매우 유용하게 사용되는 분석방법으로 고객의 거래 자료를 기초로 최근성, 구매빈도, 매출의 3가지 요소를 통해 고객의 수익기여도를 기준으로 고객을 세분화하고자 하는데 1차적인 목적을 가지는 분석기법은?

① RFM   ② CIP
③ TPO   ④ AIO
⑤ CPM

정답 49 ⑤   50 ①

51 Schmenner(1986)의 서비스 프로세스 매트릭스 분류 중 높은 노동 집약도와 높은 상호작용의 특징을 가지며 의사, 변호사, 회계사 등이 해당되는 것은?

① 차별화 서비스 　　　　　　　② 대량 서비스
③ 서비스 공장 　　　　　　　　④ 전문서비스
⑤ 서비스 샵

52 인간관계론은 메이오 등이 실시한 호손실험을 통해 본격적으로 대두되었는데 그 결론과 관련이 없는 내용은?

① 합리화를 지극히 강조하여 인간을 기계부속품으로 취급하고 있다는 비판을 받았다.
② 공식적 조직 내에 존재하는 자생적인 비공식적 조직이 만들어 낸 규범에 의해 인간행동이 통제된다.
③ 조직의 생산성 향상을 위하여 인간의 정서적 요인에 초점을 맞춘 관리기술에 관한 이론이다.
④ 종업원의 태도나 감정은 집단 내의 인간관계에서 영향을 받는다.
⑤ 종업원의 작업시간, 감독 등 물리적·금전적요소보다 종업원에 대한 배려나 관심 등 사회적·심리적 요소가 충족되었을 때 생산성이 향상된다.

　🖉해설　• 호손연구는 인간관계론을 뒷받침하기 위해 Elton Mayo에 의해 시카고의 서부 전기 회사인 호손 공장에서 10년간 실시된 실험 연구이다.
　　　　• 근로자들은 휴식, 짧은 작업시간, 장려금, 감독 등의 물리적, 금전적 요소보다는 근로자에 대한 배려나 관심 등 사회적, 심리적 요소가 충족되었을 때 더욱 동기화가 되어 공장의 생산성이 향상되었다.
　　　　• 과학적 관리론은 작업과정에서 활용되는 지식과 기술을 체계화 하였고 경영과 행정의 발전에 중요한 기초를 제공하였다. 합리화를 지극히 강조하여 인간을 기계부속품으로 취급하고 있다는 비판받기도 하였다.

53 다음 중 고객의 계층 중 상품을 구매하는 정도가 가장 높은 순으로 나열된 것은?

① 골수 단골고객 – 단골고객 – 고객 – 손님 – 가망고객 – 잠재고객
② 골수 단골고객 – 단골고객 – 손님 – 고객 – 잠재고객 – 가망고객
③ 단골고객 – 골수 단골고객 – 고객 – 손님 – 잠재고객 – 가망고객
④ 단골고객 – 고객 – 손님 – 잠재고객 – 가망고객 – 골수 단골 고객
⑤ 고객 – 단골고객 – 골수 단골고객 – 가망고객 – 잠재고객 – 손님

　🖉해설　**고객계층별 종류**
　　　　• 잠재고객 : 해당 기업의 상품이나 서비스를 구매할 가능성이 있는 모든 사람
　　　　• 가망고객 : 해당 기업의 상품이나 서비스를 필요로 하고 , 그것을 구입할 능력이 있는 한정된 사람
　　　　• 손님 : 해당 기업의 상품이나 서비스를 구매한 사람
　　　　• 고객 : 해당기업의 상품이나 서비스를 2번 이상 구매한 사람
　　　　• 단골고객 : 손님이 사용할 상품이나 서비스는 무엇이든지 해당 기업에서 구매하는 손님
　　　　• 골수 단골고객 : 구매활동은 단골손님과 유사하나 특히, 심리적으로 깊이 반해버린 상태에 있는 손님

54 다음 중 한국기업 경영의 패러다임 전환 방향이 올바른 것은?

① 네트워크 조직 → 내부통합 조직
② 기술경쟁 → 가격경쟁
③ 혁신능력 → 생산능력
④ 관리의 조직 → 학습의 조직
⑤ 팀 조직 → 관료조직

해설	과거의 패러다임	21세기 패러다임
	확장 위주	핵심능력 위주
	가격경쟁	기술경쟁
	단순모방	창의적 모방
	국내 위주 사고	세계화 전략
	전통적 중소기업	기술 집약형 중소기업
	생산능력	혁신능력
	군대식 관료조직	유지적 팀 조직
	내부통합조직	네트워크 조직
	관리의 조직	학습의 조직
	제도의 인사관리	조직문화의 인사관리
	안정적 인사관리	역동적 인사관리

55 다음 중 서비스 접점의 특성을 바르게 설명한 것은?

① 서비스 접점은 양쪽의 쌍방의 관계가 아닌 고객이 참여할 때 성립된다.
② 서비스 제공자와 고객 간의 커뮤니케이션은 상호 독립적이다.
③ 서비스 제공자는 특정 상황에 맞는 직무훈련을 통해 성과지향적인 역할을 수행한다.
④ 서비스 접점의 가장 중요한 목적은 제품교환에 있다.
⑤ 제공되는 서비스의 내용과 특성에 따라 서비스 접점 범위가 제한된다.

해설 ① 서비스 접점은 한쪽의 일방적인 관계가 아닌 서비스 제공자와 고객이 모두 참여할 때 성립된다.
② 서비스 제공자와 고객 간의 커뮤니케이션은 상호작용적이다.
③ 만족된 서비스를 제공하기 위해서 서비스 제공자는 특정 상황에 맞는 직무훈련을 통해 목표성취를 위한 목표지향적인 역할을 수행한다.
④ 서비스 접점은 서비스 제공자와 고객간의 제공 중인 서비스의 정보를 교환하는 커뮤니케이션 과정으로 이루어진다.

56 다음 중 특성요인분석기법에 대한 설명으로 올바른 것은?

① 특성요인기법은 '중심체로부터 사방으로 뻗어나간다' 는 의미를 지닌 방사사고의 표현이다.
② 수직적으로 현상과 결과에 대한 근본적인 원인과 이유를 시각적으로 분석·정리하는 분석 기법이다.
③ 프로세스 설계의 문제점을 만족시키고 이러한 문제를 확인하고 시정하기 위해 고안되었다.
④ 기업이 고객의 만족을 직접 추적하여 만족이 품질에 끼치는 영향 요인을 검토한다.
⑤ 일본의 품질 전문가인 다구찌 겐이치(田口玄一) 박사에 의해서 개발되었다.

정답 54 ④ 55 ⑤ 56 ③

✎해설 ① 특성요인분석 기법은 물고기의 뼈 모양과 같이 수평적으로 현상과 결과에 대한 근본적인 원인과 이유를 시각적으로 분석·정리하는 분석기법이다.
② 수평적으로 현상과 결과에 대한 근본적인 원인과 이유를 시각적으로 분석·정리하는 분석 기법이다.
③ 프로세스 설계의 문제점을 만족시키기 위해 고안한 방법으로 이러한 문제를 확인하고 시정하기 위해 고안되었다.
④ 기업이 고객의 불만을 직접 추적하여 품질 문제를 일으킨다고 의심이 되는 요인을 검토한다.

57 수요와 공급이 일치하지 않을 경우의 대기관리 전략으로, 병원 응급실이나 일상적인 유지가 아니라 고장난 에어컨을 우선적으로 보수하는 유지보수업에서 사용하는 대기고객의 차별화 원칙은?

① 서비스의 공정성　　　　　　　　　② 업무의 긴박성
③ 부가적인 편익 추가　　　　　　　　④ 고객의 중요성
⑤ 서비스 제공자의 선택

✎해설 ① 서비스의 공정성 – 선착순 대기열의 단일대기열의 원칙
③ 부가적인 편익 추가 – 선착순 대기열의 번호표 대기열의 원칙
④ 고객의 중요성 – 차별화 원칙으로 단골 고객 혹은 조직의 공헌도가 높은 고객에게 남다른 대기 장소나 분리된 대기열을 제공하여 서비스의 우선권 부여
⑤ 서비스 제공자의 선택 – 선착순 대기열에서 서비스 제공자의 서비스를 받을 수 없을 경우 서비스를 선택 유무

58 다음 중 교류분석(TA)의 성격이론 중 4대 분석이론에 포함되지 않는 것은?

① 구조기능 분석　　　　　　　　　　② 교류패턴 분석
③ 스트로크 분석　　　　　　　　　　④ 게임 분석
⑤ 각본 분석

✎해설 3소 이론으로 스트로크, 인생의 구조화, 인생태도가 있다.

59 "인간은 이성에 호소함을 한계가 있고 감성, Feeling에 호소해야 변할 수 있다."라며 고객만족경영을 한 단계 발전시킨 감성경영기법을 주장한 사람은?

① 다니얼 골먼(Daniel Goleman)　　　② 토마스 쿤(Thomas Kuhn)
③ 톰 피터스(Tom Peters)　　　　　　④ 엘빈 토플러(Alvin Toffler)
⑤ 피터 드러커(Peter F. Drucker)

✎해설 기업이 소비자가 지닌 감성의 요소와 특성을 전략적으로 활용하여 제품 및 서비스, 조직관리, 리더십 등에 활용하여 궁극적으로는 고객만족을 극대화 하고자하는 감성경영기법으로 감성리더십과 함께 다니얼 골먼에 의해 주장되었다.

60 다음 중 고객만족을 처음 도입한 미국 연구 관점에 따른 1970년대의 고객만족 개념에 해당되는 것은?

① 불일치와 지각된 성과 등을 포함한 일종의 경험에 대한 평가의 결과로 유발되는 정서이다.
② 소비자 만족은 지각된 제품 퍼포먼스가 기대 이상의 경우에 발생하는 것이다.
③ 만족은 흥미, 기쁨, 유쾌함 등이라고 하는 긍정적인 정서 요인이다.
④ 선택된 안이 그 대안에 대해 사전에 품었던 신념과 일치하는가 어떤가에 대한 평가이다.
⑤ 만족은 제품 및 서비스의 경험에 대한 정서적 반응으로 감정적 상태이다.

✎해설 ① 불일치와 지각된 성과 등을 포함한 일종의 경험에 대한 평가의 결과로 유발되는 정서이다.–1998, J.Bavin and M. Griffin
② 소비자 만족은 지각된 제품 퍼포먼스가 기대 이상의 경우에 발생하는 것이다.–1979, L. Lchins
③ 만족은 흥미, 기쁨, 유쾌함 등이라고 하는 긍정적인 정서 요인이다.–1980, A. Westbrook
④ 선택된 안이 그 대안에 대해 사전에 품었던 신념과 일치하는가 어떤가에 대한 평가이다.–1982, Engel and Blackwell
⑤ 만족은 제품 및 서비스의 경험에 대한 정서적 반응으로 감정적 상태이다.–1996, A. Spreng, S.B. Mackenzie and R. W. Olshavsky

61 다음 중 CRM의 전략 수립 단계의 대화설계에서 효과적인 Communication을 위해서 고려해야할 두 가지 요소는?

① 고객채널, 포장　　　　　　　　② 표현, 포장
③ 고객접점, 포장　　　　　　　　④ 고객분류, 표현
⑤ 포장, 고객분석

✎해설 대화방법은 주로 우편, 전화, 메일, 문자, 웹 컨텐츠 등을 활용하게 되는데 여기에 고려할 것은 대화의 적절하고 올바른 표현과 전달하고자하는 메시지의 내용을 호감이 가도록 특별하게 포장하는 것이다.

62 성격유형지표라 불리는 MBTI에 대한 설명으로 가장 적절한 것은?

① 심리학자 프로이드의 심리학을 근거로 한 심리검사이다.
② 인식과정을 사고와 감정으로 구분하고 판단과정을 감각과 직관으로 구분한다.
③ 교육이나 환경의 영향을 받기 이전에 이미 인간에게 잠재되어 있는 선천적 심리 경향을 말한다.
④ MBTI의 테스트는 전문가의 도움없이 누구나 쉽게 할 수 있으므로 다양한 영역으로 활용되고 있다.
⑤ 4가지 정신기능에 의한 18가지 성격유형의 기능적 특성에 대한 해석이다.

✎해설 • 심리학자 칼융의 심리유형론에 근거
• MBTI에서는 인식과정을 감각과 직관, 판단과정은 사고와 감정으로 구분
• 개인은 자신의 기질과 성향에 따라 4가지 이분척도에 따라 둘 중 하나의 범주에 속하게 된다.
• 4가지 정신기능에 의한 16가지 성격유형의 기능적 특성에 대한 해석이다.

정답 60 ② 61 ② 62 ③

- MBIT는 실시방법과 절차가 그 목적과 응답방법이 실시 전에 충분히 안배되어야 한다. 그러기 위해서 검사를 잘 이해하고 있는 전문가와 함께 검사를 실시한다.

63 고객의 역할을 생산자원으로 인식하여 조직의 생산역량을 키워주는 인적자원의 한 부분으로 보고 서비스 생산 프로세스에 고객을 참여시켰을 때 단점에 해당되는 것은?

① 인건비 증가　　　　　　　　　② 생산의 효율성 감소
③ 기업의 이득 감소　　　　　　　④ 고객과 직접적인 접촉의 증가
⑤ 고객 불만의 원천

✎ 해설　생산자원으로서 고객의 역할
- 장점 : 인건비 감소, 생산성 및 효율성 향상, 기업의 이득 증가, 고객과의 직접적인 접촉 감소
- 단점 : 고객불만의 원천

64 신경제혁명으로 경영전략가인 돈 댑스콧(don tapscott)이 웨버노믹스에 21세기 경제의 기본 틀로 12가지 테마를 제시했다. 다음 중 웨버노믹스에 제시된 12가지 테마가 아닌 것은?

① 지식(Knowledge)
② 아날로그화(Analogue)
③ 중간기능의 축소(Reduction of middle function)
④ 혁신(Innovation)
⑤ 소비자 대전제(Prosumption)

✎ 해설
1. 지식(Knowledge)	2. 디지털화(Digitalization)	3. 가상화(Virtualization)
4. 분자화(Molecularization)	5. 통합인터넷(Integrated Internet)	
6. 중간기능의 축소(Reduction of middle function)		7. 집중(Concentration)
8. 혁신(Innovation)	9. 소비자 대전제(Prosumption)	10. 동시성(Immediacy)
11. 글로벌화(Globalization)	12. 불일치(Discordance)	

65 대기관리 방법 중 기업이 수행하는 서비스의 방법을 변화시켜 고객의 기다림을 효율적으로 관리하는 생산 관리기법의 사례는?

① 공정한 시스템을 위한 번호표 활용
② 접수 대행 및 상담제도 운영
③ 고객 상호작용이 없는 활동은 보지 않는 곳에서 수행
④ 예상 대기시간에 대한 정보 제공
⑤ 고객 업무를 유형별로 처리

✎해설

생산관리(기업이 수행하는 서비스의 방법 변화)	
예약 활용	• 병원, 항공사, 극장
커뮤니케이션 활용	• 혼잡시간/적정시간의 안내 • 업무 프로세스 E-mail 또는 SMS 안내
공정한 대기시스템을 구축	• 단일 VS 복수 대기선 활용 • 번호표 활용 • Express Line 활용
대안 제시	• 은행을 예로 들면, ARS, ATM, 자동이체, 전화, 인터넷 뱅킹등으로 활용, 내방고객에게 인터넷 등록 및 사용안내

고객인식관리(고객의 지각 변화)	
서비스가 시작되었다는 느낌을 주어라	• 도우미 활용 안내 • 접수 대행 및 상담
예상 대기시간을 알려 주어라	• "잠깐 기다리세요" 대신 "앞의 대기 손님이 00명입니다. 00분만 기다리십시오" 정보제공으로 고객이 선택할 수 있는 기회를 제공한다.
고객을 유형별로 대응하라	• 고객창구 업무별로 처리
이용되지 않는 자원은 보이지 않도록 하라	• 고객과 상호작용하지 않는 활동은 고객이 볼 수 없는 곳에서 수행 • 일하지 않고 있는 직원은 보이지 않게 하라 • 사용되지 않는 물리적 시설은 보이지 않게 하라

66 다음 중 David Maister가 제시한 고객의 대기를 효과적으로 관리하여 만족을 주는 8가지 원칙에 해당되지 않는 것은?

① 불확실한 기다림이 더 길게 느껴진다.
② 프로세스 후 대기시간이 프로세스 전 대기시간 보다 더 길게 느껴진다.
③ 근심은 대기시간을 더 길게 느껴지게 한다.
④ 불공정한 대기시간은 더 길게 느껴진다.
⑤ 서비스가 더 가치 있을수록 사람들은 더 오랫동안 기다린다.

✎해설 • 아무 일도 하지 않고 있는 시간(Unoccupied Time)이 뭔가를 하고 있을 때(Occupied Time)보다 더 길게 느껴진다.
• 프로세스 이전의 기다림이 프로세스 내의 기다림 보다 길게 느껴진다.
• 근심(Anxiety)은 대기시간을 더 길게 느껴지게 한다.
• 불확실한 기다림이 더 길게 느껴진다.
• 원인이 설명되지 않은 대기시간이 더 길게 느껴진다.
• 불공정한 대기시간은 더 길게 느껴진다.
• 서비스가 더 가치 있을수록 사람들은 더 오랫동안 기다릴 것이다.
• 혼자 기다리는 대기시간이 더 길게 느껴진다.

67 프로세스 개선 기법으로 자원의 낭비를 극소화하는 동시에 고객만족을 증대시키는 방법으로 일상적인 기업 활동을 설계하고 관리하여 수익을 향상시킨다. 설계에서부터 결함과 오류를 줄이기 위해 process를 재창조하는 이 기법은?

정답 66 ② 67 ①

① 6 Sigma
② BPR(Business process reengineering)
③ 아웃소싱(Outsourcing)
④ 가치공학(VE : Value Engineering)
⑤ TQM(Total Quality Management)

해설
- BPR(Business process reengineering) : 경영혁신기법의 하나로서, 기업의 활동이나 업무의 전반적인 흐름을 분석하고, 경영 목표에 맞도록 조직과 사업을 최적으로 다시 설계하여 구성하는 것이다.
- 아웃소싱(Outsourcing) : 시장경쟁이 심해지고 기업의 특화의 정도가 고도화됨에 따라 핵심능력이 없는 부품이나 부가가치활동은 자체 내에서 조달하는 것보다 외부의 전문업체에 주문하여, 더 좋은 품질의 부품이나 서비스를 더 값싸게 생산 또는 제공받는 기법이다.
- 가치공학(VE : Value Engineering) : 원가절감과 제품가치를 동시에 추구하기 위해 제품개발에서부터 설계 생산유통서비스 등 모든 경영활동의 변화를 추구하는 경영기법이다.
- TQM(Total Quality Management) : 전사적 품질경영이란 고객만족을 목표로 전사적인 참여를 통하여 조직 내 업무프로세스와 시스템을 지속적으로 개선시키고자 하는 통합적인 기법이다

68 다음 중 서비스 프로세스(Services Process)의 설계 시 고려해야할 사항으로 보기 어려운 것은?

① 서비스 프로세스의 모든 과정은 고객 입장에서 계획하고 운영하여야 한다.
② 서비스 성과 시스템 또는 실제 프로세스와 상호 연계하여 궁극적인 성과를 제고한다.
③ 프로세스의 전체적인 시각 보다는 프로세스 단위별 독립적인 시각에서 설계되어야 한다.
④ 프로세스는 구조화되고 정의된 절차를 따르되 지나치게 관료적이지 않도록 한다.
⑤ 서비스의 무형성을 고려한 객관성, 정확성, 사실의 근거, 방법론을 구체적으로 제시한다.

해설 서비스 프로세스는 전체론(holistic)이며 각각의 개별 활동들은 하나의 시각에서 인식되어야 하고, 프로세스에 규율이 필요한 이유는 창의성을 억제하기 보다는 성과와 효율성을 제고할 수 있고 자율적인 성격을 가져야 한다.

69 다음 중 고객만족경영(Customer Satisfaction Management ; CMS)의 도입배경으로 보기 어려운 것은?

① 글로벌화·정보화·네트워크화는 글로벌 시장을 형성시키면서 기업들의 초경쟁시대가 되었다.
② 고객만족은 기업이 추구해야 할 행동목표인 동시에 기업이 실현해야 할 경영 이상으로 부각되었다.
③ 시장개방과 시장포화, 그리고 산업의 성장률 둔화 등의 기업 환경 변화에 따라 기업 경영에 새로운 방안으로 모색되었다.
④ 고객만족을 통해 구매자들의 가격민감도를 높일 수 있는 방안을 확보하는 것이 기업 생존 및 성장 경쟁력을 좌우하는 최우선 요인으로 부각되었다.
⑤ 일류기업이 되기 위해서는 우선 경쟁기업보다 우수한 제품 및 서비스를 고객에게 제공할 수 있는 고객중심 경영이 기본이 되었다.

해설 고객만족은 고객의 가격민감도를 낮출 수 있다.

70 고객만족은 "고객의 욕구와 기대에 부응하여 그 결과로서 상품, 서비스의 재구입이 이루어지고 아울러 고객의 신뢰감이 연속되는 상태"라고 정의한 경영학자는?

① 톰 피터스(Tom Peters,)
② 아담 스미스(Adam Smith)
③ 굿맨(Goodman)
④ 짐 콜린스(James C. Collins)
⑤ 피터 드러커(Peter F. Drucker)

71 현대 경영학의 아버지라 불리는 피터 드러커(Peter Drucker)는 생산판매지향의 마케팅 핵심인 4P 관점에서 고객서비스 지향 관점인 4C를 강조하였다. 다음 중 4C에 해당하지 않는 것은?

① Community
② Concept
③ Cost
④ Convenience
⑤ Communication

✐해설 피터 드러커 박사가 내놓은 개념으로 고객의 가치(Customer value), 고객의 비용(Cost to the customer), 편의성(Convenience), 커뮤니케이션(Communication) 4가지 요소를 지칭한다.

72 MBIT의 활용에 대한 설명으로 적절하지 않은 것은?

① MBIT는 그 실시와 해석에 분명한 목적을 가져야 한다.
② MBIT는 실시방법과 절차가 자유롭고 쉬우며 일상생활에 유용하게 활용할 수 있다.
③ MBIT는 실시 후에는 반드시 전문적인 해석이 이루어져야 한다.
④ 유형에 대한 잘못된 인식과 선입견을 방지해 주어야 한다.
⑤ 성격유형을 진단하는 것이 아니라 자기의 타고난 성향을 찾는 것이다.

✐해설 MBIT는 실시방법과 절차가 그 목적과 응답방법이 실시 전에 충분히 안배되어야 한다. 그러기 위해서 검사를 잘 이해하고 있는 전문가와 함께 검사를 실시한다.

73 스페인의 투우 용어인 'Moment De La Verdad'를 영어로 옮긴 것으로 '고객이 종업원이나 기업의 특정 자원과 접촉할 때, 서비스 품질에 대한 고객의 인식에 결정적인 영향을 끼치는 상황'을 일컫는 MOT이론을 개발한 스웨덴의 마케팅 이론가는?

① 톰 피터스(Tom Peters)
② 얀 칼슨(Jan Carlzon)
③ 마이클 해머(Michael Hammer)
④ 리처드 노먼(Richard Norman)
⑤ 피터 드러커(Peter Ferdinand Drucker)

✐해설 • 톰 피터스(Tom Peters) : 경영학자, 경영컨설턴트로 저서로 '미래를 경영하라' 등이 있다.

정답 70 ③ 71 ② 72 ② 73 ④

- 얀칼슨((Jan Carlzon) : 스칸디나비아 항공사의 사장인 얀 칼슨(Jan Carlzon)이 'Moments of Truth'라는 책을 펴낸 이후 널리 알려졌다. 조사 결과에 따르면 스칸디나비아 항공에서는 대략 한 해에 1000만 명의 고객이 각각 5명의 직원들과 접촉했으며, 1회 응대 시간은 평균 15초였다고 한다. 고객의 마음속에 1년에 5000만 번 회사의 인상을 새겨 놓게 된다는 것이다.
- 마이클 해머((Michael Hammer) : 비즈니스 프로세스를 '고객을 위한 결과물 또는 고객을 위해 가치를 창출하는 모든 관련된 활동의 집합'이라고 정의하였다.
- 피터 드러커(Peter Ferdinand Drucker) : 경영 상담가, 대학 교수였다. 그의 저서로는 자본주의 이후의 사회, 미래의 결단, 경영인의 조건, 지식경영, 미래의 조직, 21세기 지식경영, 비영리단체의 경영, 지식자본주의 혁명, 성과 측정, 미래경영, next society, 프로페셔널의 조건, 피터 드러커 평전, 변화 리더의 조건, 이노베이터의 조건 등이 대표적이다

74 다음 중 서비스 프로세스 구매 후 고객에게 해피콜, 메일발송 등 만족 확인 및 사후 관리를 실시한다. 이는 서비스 제공 업체 자체에서 문제점을 확인하고 시정하기 위한 방법으로 물고기의 가시 모양을 연상하여 만든 이 기법에 해당하는 것은?

① 파레토 차트 기법
② 역장 분석
③ 의사결정 매트릭스 기법
④ 인과관계 도표
⑤ 연관도 기법

✎해설 • 파레토 차트 기법 : 빈도수 또는 문제점에 대한 서로 다른 유형의 영향이나 원인을 비교하여 우선적으로 고려하여야 할 중요한 요인을 찾는 데 사용되는 기법이다.
- 역장 분석(Force Filed Alalysis) : 사용하는 목적은 전향적으로 해결 방안에 대한 지지 세력을 형성하고, 곧 다가올 변화에 방해가 되는 요소들을 무력화하기 위함이다.
- 의사결정 매트릭스 기법 : 여러 대안들 가운데서 아이디어와 해결책을 선택하기 위해 사용함이며, 이 기법은 팀 내에서 다음과 같은 경우에 활용하면 많은 효과를 거둘 수 있다.
- 연관도 기법 : 복잡한 문제점의 근본 원인들을 파악하기 위한 것으로서, 연속적 사고 툴(인과 관계 도표와 같은)을 사용해서는 분석할 수 없는 복잡한 관계들을 이해할 수 있다.

75 다음 중 성숙한 사람들이 나타내는 인간관계의 특징으로 보기 어려운 것은?

① 인간관계에 대한 현실적인 욕구와 동기를 가지고 있다.
② 인간관계에 대해 현실적이고 유연한 신념을 가지고 있다.
③ 효과적이고 원활한 대인기술을 가지고 있다.
④ 인간관계에서 주관적이고 정확한 지각능력과 판단능력을 가지고 있다.
⑤ 안정된 감정 상태를 유지한다.

✎해설 성숙한 사람들이 나타내는 인간관계의 특징
첫 째, 인간관계에 대한 현실적인 욕구와 동기를 지님. 현실적인 동기라 함은 현실상황에 맞추어 조절된 동기, 이를 위해선 동기조절능력이 필요. 대인동기와 현실적 환경을 잘 조화시키는 사람.(자신의 내면적 욕구를 깊이 관찰하고 이를 적절하게 조절하는 노력)

둘　째, 인간관계에 대해 현실적이고 유연한 신념을 지님. 인간은 무한히 선하고 이타적인 속성을 지니는 동시에 무한히 사악하고 이기적인 속성을 지닌 존재라는 사실을 깊이 인식
셋　째, 효과적이고 원활한 대인기술을 지님. ex) 경청, 표현, 존중, 타협과 절충 능력
넷　째, 인간관계에서 객관적이고 정확한 지각능력과 판단능력을 지님. 왜곡이나 편견을 개입시키지 않음. 타인을 신중하게 관찰, 타인의 의도나 감정을 객관적으로 정확하게 파악하는 능력 지님
다섯째, 안정된 감정상태를 유지. 타인과의 관계를 조화롭게 유지하기 때문에 불필요한 부정적인 대인감정을 경험하지 않음. 인간관계에 대해서 현실적이고 유연한 대인신념을 가지고 있는 사람은 타인의 부당한 행동에 대해 불필요한 감정적 반응을 나타내지 않음

76 다음 중 고객과 서비스 제공자 사이에 직접적으로 상호거래가 이루어지는 서비스의 본질 부분인 On Service에 속하는 것은?

① 주차 유도원
② 고객 불평처리 부서
③ 수선, 유지 서비스
④ 고객 서비스 부서
⑤ 고객이 업장에 들어서는 순간

✎해설　사전서비스는 주차 유도원, 사후 서비스 즉 판매 후 서비스는 고객 불평처리부서, 수선, 유지 서비스, 고객 서비스 부서이다.

77 "인간은 이성에 호소함은 한계가 있고 감성·Feeling에 호소해야 변할 수 있다."라며 고객만족경영을 한 단계 발전시킨 감성경영기법을 주장한 사람은?

① 다니얼 골먼(Daniel Goleman)
② 토마스 쿤(Thomas Kuhn)
③ 톰 피터스(Tom Peters)
④ 엘빈 토플러(Alvin Toffler)
⑤ 피터 드러커(Peter F. Drucker)

✎해설　기업이 소비자가 지닌 감성의 요소와 특성을 전략적으로 활용하여 제품 및 서비스, 조직관리, 리더십 등에 활용하여 궁극적으로는 고객만족을 극대화하고자하는 감성경영기법으로 감성리더십과 함께 다니얼 골먼에 의해 주장되었다.

78 그레고리스톤(Gregory Stone)의 기대와 태도를 관점으로 분류한 고객으로 경제적 고객에 해당되는 것은?

① 사회적 마케팅 활동을 중요시하는 고객
② 자기를 인정해주는 서비스를 원하는 고객
③ 추가비용에 상관없이 맞춤 서비스를 중요시하는 고객
④ 자신이 투자한 시간, 돈, 노력에 대해 최대의 효용을 얻으려는 고객

⑤ 기업의 사회적 이미지를 중시하는 고객

🖉해설 ① 사회적 마케팅 활동을 중요시하는 고객 – 윤리적 고객
② 자기를 인정해주는 서비스를 원하는 고객 – 개인적 고객
③ 추가비용에 상관없이 맞춤 서비스를 중요시하는 고객 – 편의적 고객
④ 자신이 투자한 시간, 돈, 노력에 대해 최대의 효용을 얻으려는 고객 – 경제적 고객
⑤ 기업의 사회적 이미지를 중시하는 고객 – 윤리적 고객

79 서비스 프로세스 구매 후 고객에게 해피콜, 메일발송 등 만족 확인 및 사후 관리를 실시한다. 이는 서비스 제공 업체 자체에서 문제점을 확인하고 시정하기 위한 방법으로 물고기의 가시 모양을 연상하여 만든 이 기법에 해당되는 것은?

① 파레토 차트 기법   ② 역장 분석
③ 의사결정 매트릭스 기법   ④ 특성요인분석 기법
⑤ 연관도 기법

🖉해설 • 파레토 차트 기법 : 빈도수 또는 문제점에 대한 서로 다른 유형의 영향이나 원인을 비교하여 우선적으로 고려하여야 할 중요한 요인을 찾는 데 사용되는 기법이다.
• 역장 분석(Force Filed Alalysis) : 사용하는 목적은 전향적으로 해결 방안에 대한 지지 세력을 형성하고, 곧 다가올 변화에 방해가 되는 요소들을 무력화하기 위함이다.
• 의사결정 매트릭스 기법 : 여러 대안들 가운데서 아이디어와 해결책을 선택하기 위해 사용하며, 이 기법은 팀 내에서 다음과 같은 경우에 활용하면 많은 효과를 거둘 수 있다.
• 연관도 기법 : 복잡한 문제점의 근본 원인들을 파악하기 위한 것으로서, 연속적 사고 툴(인과 관계 도표와 같은)을 사용해서는 분석할 수 없는 복잡한 관계들을 이해할 수 있다.

80 매슬로우(Maslow)의 욕구 5단계 중 자신의 잠재력을 충분히 이용하고 자아실현을 충족시키기 위해 가령 그림 그리기, 시 쓰기 수업을 통해 일상 삶의 기본적인 욕구와 관계없는 느낌과 의미를 표현하려는 욕구에 해당되는 것은?

① 생리적 욕구   ② 안전 욕구
③ 소속 욕구   ④ 자아실현의 욕구
⑤ 사회적 욕구

🖉해설 • 생리적 욕구 – 가장 기본적이고 강한 욕구(음식물, 물, 산소 등)
• 안전욕구 – 안정감, 보호, 의족, 공포나 불안, 위험으로부터 자유
• 소속과 사랑의 욕구 – 사랑, 애정, 소속감, 우정, 사람들과 시간을 함께 보내는 것
• 존경욕구 – 자기에 대한 존중, 타인으로부터의 존경
• 자아실현 욕구 – 자아증진을 위한 개인의 갈망, 자신이 잠재적으로 지닌 것을 실현하려는 욕망

81 다음 중 고객관계관리의 실패요인으로 볼 수 없는 것은?

① 교차 기능 기획 부족
② 영업, 마케팅 프로세스의 변화부족
③ 다양한 채널을 통한 고객과의 상호작용
④ 부적합한 벤더 선정기준
⑤ CEO의 CRM전략 미흡

> 해설 통합 채널을 통한 고객과의 상호작용은 콜센터, 유선 인터넷, 무선 인터넷 등 고객과의 접촉 채널은 다양화되고 있다. 이 채널들의 각 특성을 최대한 활용함과 동시에 여러 채널에 걸쳐있는 기능들을 통합적으로 관리, 운영하는 것도 중요하다. 고객들에게는 채널의 종류와는 관계없이 일관된 경험을 제공하는 것이 중요하다.

82 다음 중 고객만족관리의 필요성으로 기업적 측면으로 가장 적절한 것은?

① 시장개방화 및 경쟁의 가속화
② 고객불만의 구전효과
③ 고객의 자각
④ 사내직원의 불만감소 및 일에 대한 자긍심 고취
⑤ 고객만족된 제품을 생산함으로써 궁극적으로 사회에 공헌

> 해설 **왜 고객만족인가?**
> ··· 주변 환경 변화
> · 시장의 OPEN 및 경쟁의 가속화 시대 (고객의 선택폭이 넓어짐)
> · 고객의 자각 (고객 스스로가 권리를 자각하기 시작함)
> : 고객 만족은 기업의 생존 수단
> ··· 기업의 측면
> · 고객불만의 구전효과
> · 신규고객창출과 기존 고객유지의 비용
> ··· 인류사회의 측면
> · 고객만족된 제품을 생산함으로써 궁극적으로 지역사회, 인류사회에 공헌
> ··· 개인의 측면
> · 사내직원의 불만 감소 및 일에 대한 자긍심 고취
> · 믿고 사는 신용사회의 밑거름

83 다음 중 고객만족경영의 생존과 성장을 결정짓는 고객만족 결정 3요소가 바르게 연결된 것은?

① 기업 이미지, 서비스, 제품
② 기업 이미지, 고객, 제품
③ 제품, 서비스, 고객
④ 경영전략, 제품, 서비스
⑤ 경영전략, 고객, 서비스

> 해설 · 기업이미지 – 기업이 지니고 있는 평판, 신뢰성, 이미지가 나쁠 경우 고객만족도에 영향을 미친다.
> · 제품 – 고객만족의 기초 요소이다. 고객은 제품을 통해 그 기대가치를 인식하고 구매 후 사용함으로써 실제 사용 가치에 대한 만족도를 표시한다.
> · 서비스 – 서비스는 무형의 속성을 가지지만 고객은 기업이 제공하는 서비스에 대한 만족도를 평가한다.

정답 81 ③ 82 ② 83 ①

84 서비스의 경영학적 정의에 대한 설명이다. 다음 중 속성론적 정의로 가장 적절한 것은?

① 판매 목적으로 제공되거나 또는 상품 판매와 연계해 제공되는 모든 활동, 편익, 만족
② 인간의 인간에 대한 봉사
③ 시장에서 판매되는 무형의 상품
④ 고객과 서비스 종업원의 상호 관계에서부터 발생해 고객의 문제를 해결해 주는 것
⑤ 인간의 노동을 기계로 대치하는 서비스의 공업화를 통해 효율성을 향상 시킨 것

✐해설 라스멜은 서비스를 "시장에서 판매되는 무형의 상품"으로 정의 하고 무형과 유형의 구분은 손으로 만질 수 있느냐의 여부에 따라 구분한다.

85 감성경영에서 '긍정적인 감정이 긍정적인 결과를 가져다준다.' 라는 의미로 감성리더십을 통해 임직원들의 기업 충성도 강화와 핵심 인재양성 촉진 효과를 가져다주는 효과는?

① Hawthorne Effect
② Pygmalion effect
③ Zeigarnik Effect
④ Stigma Effect
⑤ Ripple Effec

✐해설
• 호손 효과(Hawthorne Effect) : 사람들은 누군가 관심을 가지고 지켜보면 더 분발한다. 그런 현상은 할 수 있다고 믿으면 잘하는 피그말리온 효과와도 비슷하지만, 여럿이 함께 일하면 생산성이 올라가는 사회적 촉진 현상과도 관련있다.
• 피그말리온효과(Pygmalion effect) : 타인의 기대나 관심으로 인하여 능률이 오르거나 결과가 좋아지는 현상.
• 자이가르닉 효과(Zeigarnik Effect) : 업무가 완성되지 않으면 심리적으로 압박을 받기 때문에 그것을 기억하지만, 일단 업무가 완성되면 그 업무와 관련된 기억이 사라지는 현상을 말합니다.
• 낙인효과(stigma Effect) : 피그말리온 효과와는 반대로 나쁜 사람이라고 부정적인 낙인이 찍히면 그 낙인에 걸맞은 행동을 한다는 것.
• 잔물결 효과(Ripple Effect) : 조직 구성원의 일부를 야단쳤을 때 다른 구성원들에게 미치는 부정적 영향을 '잔물결 효과' 라고 한다.

86 업무상 요구되는 감성지능의 5가지 요소 중 한 요소에 관한 설명이다. 다음 중 관련성이 가장 깊은 요소는?

• 성취를 위한 강력한 추진력
• 조직에 대한 헌신
• 실패 앞에서도 낙천적으로 생각함

① 자아 인식(Self awareness)
② 자기 조절(Self regulation)
③ 동기 부여(Motivation)
④ 감정이입(Empathy)
⑤ 대인관계기술(Social skill)

해설	동기 부여 (Motivation)	• 부와 지위를 넘어서는 목표를 위해 일하려는 열정, 에너지와 끈기를 가지고 목표를 추구하는 성향	• 성취를 위한 강력한 추진력 • 실패 앞에서도 낙천적으로 생각함 • 조직에 대한 헌신

87 다음 중 ___에 들어갈 알맞은 용어는?

> 미국 예일대학교 심리학 교수 피터 샐로베이(Peter Salovey)와 뉴햄프셔대학교 심리학 교수 존 메이어(John D. Mayer)가 이론화한 개념으로 ________은(는) '자신의 한계와 가능성을 객관적으로 판단해 자신의 감정을 통제할 수 있는 능력, 타인의 감정에 공감할 수 있는 공감능력, 집단 내에서 조화를 유지하고 다른 사람과 협력할 수 있는 사회적 능력'이라 하였다.

① EQ(emotional quotient)
② SQ(spiritual quotient)
③ IQ(intelligence quotient)
④ MQ(moral quotient)
⑤ BQ(briliant quotient)

해설 ① EQ – 감성지수 또는 감정적 지능지수라고도 한다. 지능지수(IQ)와는 질이 다른 지능으로, 마음의 지능지수라고 할 수 있다. 심리학 저술가인 대니얼 골맨(D.Goleman)이 저서 「감성지능(Emotional Intelligence)」에 제시하면서 대중화되었다. 미국 예일대학교 심리학 교수 피터 샐로베이(Peter Salovey)와 뉴햄프셔대학교 심리학 교수 존 메이어(John D. Mayer)가 이론화한 개념이다.
② SQ – 영성지수(spiritual quotient)로 IQ(지능지수)와 EQ(감성지수)에 대응하는 새로운 개념으로 영성지수라고도 한다. 의미와 가치의 문제를 다루고 해결하기 위한 지능을 표현하는 용어이다. 영국의 옥스퍼드 브룩스대학교 교수인 도너 조하와 정신과 의사 이언 마셜이 처음 사용하였다.
③ IQ – (intelligence quotient)지능지수
④ MQ – moral quotient, 도덕지수. 아이들의 도덕심 형성에 밑거름이 되는 MQ는 규칙적인 암기나 추상적인 토론, 가정에서의 순응교육만으로는 길러지지 않고 아이들 스스로 다른 사람들과 어떻게 하면 잘 지낼 수 있는가를 보고 듣고 겪는 과정에서 길러지고 변화된다.
⑤ BQ – 명석지수(Briliant quotient, 明晳指數)라고도 한다. 지능(Brain)과 아름다움(Beauty)·행동력(Behavior) 등 3B를 합하여 수치화한 것으로, IQ와 EQ에 이어 사람의 능력을 나타내는 용어로 자리 잡았다.

88 의사소통의 유형으로 하향적 의사소통에 해당하는 것은?

① 편람
② 제안제도
③ 의견조사
④ 위원회
⑤ 회람

해설 • 하향적 의사소통은 편람(Handbook, manual), 뉴스레터(Newsletter), 게시, 기관지, 구내방송, 강연 등이 있다.
• 상향적 의사소통은 계층의 하부에서 상부로 정보와 의사가 전달되는 것으로 보고, 제안제도, 의견조사, 면접 등이 있다.
• 수평적 의사소통은 횡적 의사소통이라고도 하며 동일한 계층 간에 또는 상하관계에 있지 않는 사람들 간에 이루어지는 의사소통으로 사전심사제도, 회의, 위원회, 회람, 통보 등이 있다.

정답 87 ① 88 ①

89 조선시대에 관리를 선발하는 요건으로 '신언서판(身言書判)'이라 하여 그 재능을 보고 선발하였다고 한다. 이때 관리를 선발하는 요건으로 적용한 리더십의 이론은?

① 상황론
② 변혁론
③ 특성론
④ 행위론
⑤ 비전론

✍ 해설 리더의 특성으로 신장, 체중, 지구력, 건강, 외모, 지능, 자신감, 사교성, 의지력, 우월감, 외향성, 분석력, 판단력, 열의, 자제력 등이 고려대상이다. 우리나라의 예를 찾아볼 수 있는데 조선시대에 관리를 선발하는 요건으로 '신언서판(身言書判)'이라 하여 풍채, 언변, 문필, 판단력의 재능을 보았다.

90 서비스 접점유형에 대한 특징으로 대면접점에 해당하는 것은?

① 다른 유형에 비해 서비스 품질을 파악하고 판단하기가 가장 복잡하다.
② 서비스의 품질 평가가 서비스의 물리적 증거, 기술적 프로세스, 시스템이 품질 판단의 근본이 된다.
③ 다른 유형과 다르게 상호작용에서 잠재적인 가변성이 존재한다.
④ 운영예로 은행의 ATM을 이용한 고객의 직접 거래, 자동티켓 발매기 등이 있다.
⑤ 기업에서 고객센터, 콜센터 등의 형태로 운영한다.

✍ 해설 ② 서비스의 품질 평가가 서비스의 물리적 증거, 기술적 프로세스, 시스템이 품질 판단의 근본이 된다. – 원격
③ 다른 유형과 다르게 상호작용에서 잠재적인 가변성이 존재한다. – 전화
④ 운영예로 은행의 ATM을 이용한 고객의 직접 거래, 자동티켓 발매기 등이 있다. – 원격
⑤ 기업에서 고객센터, 콜센터 등의 형태로 운영한다. – 전화

CS전략론 제2과목

검정기준의 세부 항목에 맞춘 **핵심요약**

서비스 기법 **제1장**

서비스 차별화 **제2장**

서비스 차별화 사례연구 **제3장**

서비스 품질 **제4장**

CS 평가 조사 **제5장**

CS 컨설팅 **제6장**

CS 혁신전략 **제7장**

제2과목 CS 전략론 검정기준(주요 과목 및 상세 검정내용)

시험 종목	주요 과목(배점비율)	세부 항목	내용
CS 전략론 (30문항)	서비스 분야 (50%)	가. 서비스 기법	① 서비스 청사진 ② 서비스 모니터링 ③ MOT 사이클 차트
		나. 서비스 차별화	① 시대변화와 틈새시장 ② 서비스 패러독스 ③ 서비스 포인트 ④ A/S의 중요성
		다. 서비스 차별화 사례 연구	① 고객인지 프로그램 ② 서비스 수익 체인 ③ 토털 서비스 ④ 고객위주의 제품 차별화 ⑤ 미래 지향적 서비스 ⑥ 병원의 환자 맞춤 서비스 ⑦ 극장의 차별화 서비스
		라. 서비스 품질	① 서비스 품질의 개념 ② 서비스 품질 결정 요인 ③ 서비스 품질 향상방안 ④ 서비스 품질과 종사원
	CS 활용 (50%)	마. CS 평가 조사	① 고객 만족도 측정 방법 ② 고객 만족도 사례 연구 ③ CS 평가 시스템 구축 ④ CS 평가 결과의 활용 ⑤ 고객 만족도 향상 전략 ⑥ 고객 충성도 향상 전략
		바. CS 컨설팅	① 서비스 품질관리 컨설팅 ② CS 트렌드 ③ CS 플래닝 ④ CS 우수사례 벤치마킹
		사. CS 혁신 전략	① 고객 분석 및 기획 ② 고객 경험 이해 및 관리 ③ 고객 가치 제인 전략 ④ 고객 관리 활동 모델 ⑤ CS 성과향상 전략 스킬 ⑥ CS 전략 수립 사례 분석
	문제유형		5지선다형

제 1 장 서비스 기법

학습내용

1. 서비스 청사진
2. 서비스 모니터링
3. MOT 사이클 차트

학습목표

1. 서비스 청사진의 개념을 이해하고 서비스 청사진을 작성할 수 있다.
2. 서비스 모니터링의 개념을 이해하고 모니터링의 목적을 안다.
3. 서비스 모니터링의 유형을 이해하고 유형별 장단점을 안다.
4. 고객접점의 업무흐름을 이해하고 MOT 사이클 차트를 작성할 수 있다.

1. 서비스 청사진

→ 서비스 청사진의 개념

서비스 청사진이란 서비스를 생산하고 제공하는데 필요한 모든 활동과 절차를 망라하여 묘사하고 설명해 놓은 것을 말한다.

린 쇼스텍(Lynn Shostack)은 시각적인 기법을 이용하여 서비스 프로세스를 2차원적으로 가시화하였다.

서비스 청사진은 서비스 프로세스의 특성이 나타나도록 알아보기 쉬운 방식의 그림으로 나타낸 것이다.

서비스 청사진은 기업, 종업원, 고객 측에 서비스 전달과정에서 해야 하는 각자의 역할과 서비스 프로세스와 관련된 단계와 흐름 등 서비스 전반을 이해하도록 묘사해 놓은 것으로, 특히 서비스 상품 개발의 설계단계에서 유용하다.

서비스 청사진의 구성요소

서비스 청사진은 고객의 행동, 일선 종업원의 행동, 후방 종업원의 행동, 지원 프로세스의 네 가지 행동요소를 상호작용선, 가시선, 내부 상호작용선의 세 개의 수평선으로 구분한다.

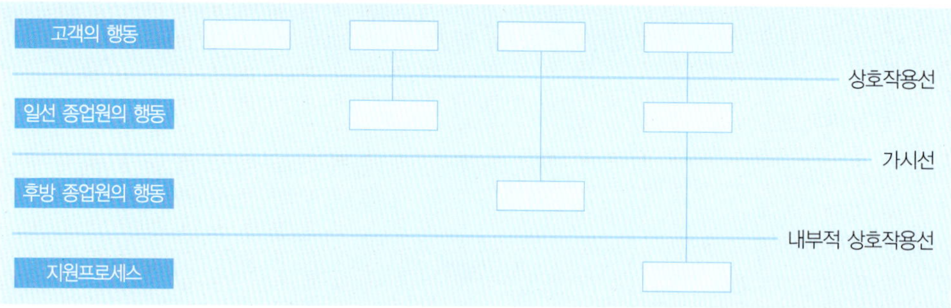

서비스 청사진의 작성 기법

서비스 청사진은 서비스의 프로세스를 정확히 파악한 후 고객의 관점에서 작성되어야 한다. 서비스 청사진은 다음의 다섯 단계를 거쳐 작성된다.

- 과정의 도식화 : 서비스가 고객에게 전달되는 과정을 염두에 두고 아를 도식화된 그림의 형태로 나타낸다.
- 실패 가능점의 확인 : 전체 단계 중에서 서비스 실패가 일어날 가능성이 큰 지점을 찾아 표시해둔다.
- 경과시간의 명확화 : 각 단계별 표준 작업시간과 허용 작업시간을 명확히 적는다.
- 수익성 분석 : 실수가 발생하거나 작업이 지연될 경우의 시뮬레이션을 통해 수익성을 분석하고, 그 결과를 토대로 표준 서비스 청사진을 확정한다.
- 청사진 수정 : 사용 목적별로 서비스 청사진을 해석하고 대안을 도출한 후, 청사진을 새로 수정하여 서비스 실패 가능성을 줄인다.

서비스 청사진의 효과

- 종업원에게 자신의 일에 대한 전체 과정을 연결해서 볼 수 있도록 하여 고객지향성을 강화시켜준다.
- 서비스 실패점을 파악하여 문제점를 개선할 수 있도록 해준다.
- 상호작용선, 가시선, 내부적 상호작용선은 서비스설계와 품질개선에 기여한다.
- 서비스 구성요소와의 연결을 명확히 하며, 전략적 토의를 원활하게 진행할 수 있도록 해준다.

- 서비스 요소의 손익 분석 및 평가가 가능하도록 자료를 제공해준다.
- 내부 및 외부 마케팅을 위한 합리적인 기반을 조성해준다.
- 품질개선을 위한 커뮤니케이션을 촉진한다.

2. 서비스 모니터링

→ 고객만족도 조사와 서비스 모니터링

고객만족경영과 관련하여 일반적으로 활용되는 리서치 방법론으로 고객만족도 조사와 모니터 링이 있다.

고객만족도 조사는 고객으로부터 직접 만족도에 대한 가치를 측정받는 것으로, 조사결과 드 러난 고객의 소리(VOC)를 내부에 접목하여 문제점을 파악하고 서비스 품질을 개선하고자 하 는 것이다.

서비스 모니터링은 현장방문 혹은 전화통화 등을 통하여 고객을 가장하여(Mystery Customer) 접점 종업원의 태도, 능력, 충성도 등을 파악하는 서비스 품질 측정 방안이다.

→ 서비스 모니터링의 목적

서비스 모니터링의 목적은 서비스 제공자로서의 종업원의 서비스 품질을 평가하고, 종업원의 능력개발을 통한 전문적 서비스 응대 및 상담기술을 향상시키고 질적 개선을 통한 고객만족 을 극대화하기 위한 것이다.

서비스 모니터링은 접점 종업원의 접객태도, 직무능력 등 고객만족과 고객충성 그리고 수익 성 향상을 위한 효과적 관리수단으로 고객접점의 서비스 품질 수준을 향상시키고 유지하는 것이다.

→ 서비스 모니터링의 요소

성공적인 모니터링을 위한 6가지 요소로서 대표성, 객관성, 차별성, 신뢰성, 타당성, 유용성 이 있다.

- 대표성 : 모니터링은 표본을 추출하여 이루어지기 때문에 모니터링 대상이 전체 모집단의 서비스 수준을 측정할 수 있는 대표성이 있어야 한다.
- 객관성 : 누구나 인정할 수 있는 객관적인 기준에 따른 평가, 측정이 이루어져야 한다. 모니

터링은 종업원의 평가, 통제의 수단이 아니라 종업원의 장단점을 발견하고 능력을 향상시키는 수단으로 활용되어야 한다.

- 차별성 : 모니터링 평가는 서로 다른 스킬 분야의 차이를 반드시 인정하고 반영하여야 한다.
- 신뢰성 : 모든 평가는 동일한 방법으로 모니터링하여야 하며, 누가 하더라도 동일한 결과가 나오는 신뢰성을 확보할 수 있어야 한다.
- 타당성 : 모니터링의 결과가 실제 고객이 받은 만족도와 동일하게 일치하는지, 평가의 타당성이 보장되어야 한다.
- 유용성 : 위의 다섯 가지 요소들은 대표적이고 객관적이며 신뢰할 수 있는 유용한 데이터를 만들기 위한 것이다. 모니터링을 통하여 가치있는 정보가 확보되어야 하는 것이다.

→ 모니터링의 기본 프로세스

모니터링의 기본 프로세스는 목표 설정 ▷ 평가척도 구성 ▷ 실행 평가 및 분석 ▷ 상담원 피드백의 과정을 거친다.

모니터링은 먼저 모니터링의 목표를 명확히 설정하고, 이를 평가하기 위한 평가척도를 구성하며, 평가척도를 기준으로 모니터링을 실행하고, 평가 결과를 분석하며, 분석 결과를 상담원에게 피드백하는 과정으로 진행한다.

→ 모니터링의 방법

서비스 모니터링의 다양한 방법들의 장단점을 보면 다음과 같다.

모니터링 방법	장점	단점
Silent Monitering 상담원과 떨어진 장소에서 통화 모니터링	• 랜덤한 콜이므로 샘플로 용이 • 상담원이 모니터링되고 있는지 모름 • 고객과 상담원 간의 자연스러운 상호작용 관찰	• 즉각적 피드백 어려움 • 감시당하는 느낌 • 콜대기 비생산적 시간 생길 가능성
Call Taping 콜을 녹음한 것을 랜덤으로 듣고 상담원 평가	• 자신의 콜을 듣고 객관적 판단 가능 • 성과와 피드백간의 즉각적인 연결 가능	• 즉각적인 피드백 어려움
Side by side Monitering 상담원 근처에서 직접 콜을 듣는 방법	• 즉각적인 피드백 가능 • 신규 상담원에게 좋음 • 상담원과 관계구축 • 질문에 답변 가능	• 상담원이 통제받는 느낌 • 상담원의 과잉충성
Peer Monitering 콜센터 상담사가 동료의 콜을 모니터 피드백	• 상담사 참여 • 코칭이 이루어짐 • 관리자의 시간 절약 가능	• 콜수행자 신중히 선별해야 함 • 우수 수행자들의 고객 응대시간 감소 • 상담사에 대한 보상 필요
Mystery Call 지정된 미스터리 샤퍼가 콜센터에 콜을 해서 모니터링	• 무작위 콜 선택, 샘플 양호 • 모니터된다는 것을 모르므로 자연스러운 업무수행 • 구체적인 콜의 형태나 기능 테스트 가능 • 모니터링 소요시간 감소	• 상담사에게 즉각 피드백 할 수 없음 • 피드백이 QAA를 거쳐 상담사에게 전해지므로 평가의 왜곡 가능성 • 미스터리 샤퍼 선출, 훈련에 시간과 비용이 듦

➜ 모니터링 평가

모니터링은 계량성, 공정성, 유용성이 확보되어야 한다. 즉, 계량성은 누가 평가하더라도 동일한 결과가 나오도록 기준이 명확하고 객관적이어야 한다는 것이다.

공정성이란 평가항목이 보편적이며, 어떤 고객이나 어떤 상황에서도 공정성을 유지할 수 있어야 한다는 것이며, 유용성은 불필요한 항목이 없어야 하고, 중요성에 따라 배점이 적절하여야 한다는 것이다.

모니터링 결과의 분석 방법으로는 항목분석, 편차분석, 중요도분석, 대상분석, 미래분석, 추이분석, 상관분석 등 다양한 분석방법들이 있다.

➜ 피드백(Feedback) 및 모니터링 결과의 활용

피드백(feedback, 되먹임, 되알림, 환류, 송환)은 어떤 일로 인해 일어난 결과가 다시 원인에 영향을 미치는 자동 제어 원리이다. 즉 어떤 원인에 의해 나타난 결과가 다시 원인에 작용해 그 결과를 줄이거나 늘리는 자동조절원리를 말하며, 이러한 피드백 과정을 통해 인체의 항상성이 유지된다. 이 원리를 조직이 어떤 활동을 하고 그 결과가 초기의 목적과 어떻게 차질이 있는가를 조사하여 그 오차의 크기에 따라 활동 방법을 일정한 방식에 따라 바꾸어 가는 것을 피드백이라 한다.

 모니터링 활동에서의 피드백은 구성원이 어떻게 행동해야 하는지 알 수 있도록 해주는 긍정적 또는 부정적 정보를 주고받는 행위를 의미한다. 구성원들은 피드백을 주고받음으로써 자신이 무슨 행동을 했는지 그리고 그것이 상대방에게 어떤 영향을 주었는지 명확히 이해하게 된다.

모니터링의 결과 얻어지는 데이터는 서비스 품질 측정, 개별적 코칭, 보상과 인정, 교육 Needs 파악, 상담원 선발 방식 개선, 업무 프로세스 개선 등에 유용하게 활용될 수 있다.

➜ 고객의 소리(VOC : Voice Of Customer)

'고객의 소리'란 고객이 기업에게 보내는 커뮤니케이션을 총칭하는 말로서 고객의 방문, 문의, 상담, 항의, 건의, 제안, 거래 등 고객과 기업 간의 커뮤니케이션을 통해 습득한 모든 데이터를 말한다.

VOC시스템은 온라인과 오프라인으로 들어오는 모든 고객의 소리를 통합적으로 접수하고 그 처리 결과를 저장하여 고객의 불만사항, 칭찬사항, 성향, 만족도 등을 측정하여 서비스 품질 관리 활동으로 연결시킬 수 있는 보다 포괄적인 고객관계 관리시스템이다.

또한 VOC시스템은 우수사례 선정, 불만사항 추출, 고객성향 및 분석, 설비개선, 서비스 품질 관리 활동 등 다양한 내부 업무지원 시스템들과의 연계를 통하여 전사적인 CRM 추진 활동을 지원한다.

VOC 관리의 목적은 다음과 같이 요약해 볼 수 있다.
① 고객의 이해 : 회사의 제품, 서비스에 대한 만족여부 파악
② 시장에 대한 주시 : 변화하는 고객의 니즈 및 기대를 파악
③ 새로운 아이디어 발굴 : 신제품 개발 및 서비스 개선
④ 고객밀착경영 : 장기적 차원에서 회사와의 유대강화를 위한 시발점

고객의 소리(VOC)는 다양한 형태로 나타나는 바,
① 불만형 VOC의 경우는 신속한 대응으로 불만족을 만족으로 전환시키는 한편 재발하지 않도록 구조적인 해결이 필요하다. 이는 고객의 이탈을 방지하는 것이다.
② 만족형 VOC는 서비스 및 상품의 우위성을 객관적으로 평가할 수 있으며 우수사례로 활용하면 좋다.
③ 제안형 VOC는 상품 개발 및 서비스 개선에 중장기적으로 적용할 수 있다.
④ 임의적 VOC는 대화, 행동 등 무의식적으로 튀어나오는 고객의 선호도, 취향 등으로 1:1 고객서비스에 활용하면 유용하다.

VOC 시스템은 고객이 욕구와 기대의 변화를 파악하고, 고객의 입장에서 서비스 프로세스의 문제점을 파악할 수 있으며, 예상 밖의 아이디어를 고객의 소리에서 얻을 수 있다. 또한 고객과의 관계를 개선하고 유지할 수 있으며, 표준화된 서비스 응대로 고객의 기대를 충족시킬 수 있다. 반면에 단점으로는 고객의 소리가 너무 다양하여 기업에 영향을 주는 적합한 정보분석이 어려울 수 있다. 또한 고객을 응대하는 접점종업원의 처리부서의 불명확과 신속한 처리가 이루어지지 않는 고객의 입장의 문제점이 있다.

→ 미스테리 쇼핑(Mystery Shopping)

미스테리 쇼핑이란 기업이 고용한 사람이 그 회사의 상품을 구입하는 것을 말한다. 그 과정에서 판매원의 소양, 서비스 수준, 그리고 판매전략/전술 등을 파악하고 평가하는 마케팅 리서치의 한 방법이다.

예를 들어 어떤 백화점에서 미스테리 쇼퍼를 고용한다면 그 사람은 그 백화점의 가장 보편적인 마케팅 타겟 중 한 명이거나 혹은 새로 진입하고자 하는 또는 강화하고자 하는 마켓팅 타겟 중 매우 보편적인(주거지역/환경, 나이, 가족상황, 수입 등의 면에서) 사람이다.

이 사람은 백화점을 돌아다니며 물건들을 구입하게 되는데, 이 때 직원의 친절도, 제품에 대한 지식, 업무능력 등을 체크하며 동시에 상품의 진열이나 준비된 품목의 완성도 등을 체크한다. 원하는 제품이 판매 중인지, 판매 중이라면 얼마나 빨리 그리고 편하게 찾을 수 있는지 등을 체크하는 것이다.

이 쇼핑의 결과는 보고서로 제출되거나 혹은 백화점 마케팅 관련 직원과의 인터뷰를 통해 정리되고 이 자료는 이후 마케팅 계획의 수립이나 변경에 이용하게 된다.

본래 '미스테리 쇼퍼'는 20세기 초 은행이나 소매점에서 종업원들이 물건을 빼돌리는 것을 감시하던 것에서 출발했다. 그러던 것이 1940년대 Wilmark사가 처음으로 직원 감시 이외의 목적으로 활용하면서 '미스테리 쇼핑'이라는 단어가 도입된 것이다.

'미스터리 쇼핑' 기법은 최근 들어 여러 분야에서 활용되고 있는데, 매장이나 식당, 병원, 은행 등의 서비스를 평가하는 데 특히 활발하게 이용되고 있다.

'미스테리 쇼퍼'란 전문 평가자가 일반 고객으로 가장해 물건을 사거나, 매장을 몰래 돌면서 서비스를 평가하는 '서비스업계의 암행어사'를 말한다.

이들은 비디오를 녹화하거나 전화 상담을 녹음하는 한편, 점수를 체크하는 방식으로 점원의 친절도, 외모, 사업장 내 제품 품질 그리고 청결도 등 다양한 항목을 평가하는데, 이들의 평가는 DB화 되어 서비스 품질을 총체적으로 평가, 개선하는 기초 자료로 활용된다.

3. MOT 사이클 차트

→ MOT 사이클 차트

MOT 사이클 차트란 고객이 처음으로 접촉해서 서비스가 마무리될 때까지 서비스 행동의 전체 과정을 시계모양의 원형차트로 그려놓은 도표를 말한다. 즉, 고객이 경험하는 MOT들을 시계모양의 1시 방향에서 시작하여 순서대로 표시해나간다. 예약, 방문, 접수 및 대기, 상담,

처리, 계산, 사후서비스 등의 일련의 서비스 과정을 한 눈에 볼 수 있도록 도식화하는 것이다.

→ MOT의 통나무 물통법칙

통나무 물통은 여러 조각으로 만들었기 때문에 어느 한 조각이 깨지거나 높이가 낮으면 그 낮은 만큼 밖에 물을 채울 수 없다. 고객 서비스에 있어서도 마찬가지이다. 고객은 고객 접점에서 경험한 여러 서비스 중 가장 나빴던 서비스를 가장 잘 기억하고 그 기업을 평가하는데 중요한 잣대로 삼는다.

100가지 서비스 접점 중 어느 한 접점에서 불만을 느끼면 그 서비스 전체에 대하여 불만족을 느낀다는 것이다.(100-1=0의 법칙)

→ MOT 사이클 차트의 분석

MOT 사이클 차트는 철저히 고객의 입장에서 분석되고 정리되어야 한다. 사이클 차트의 단계적 분석을 보면 다음과 같다.

제1단계	고객입장에서 걸어보라	고객의 관점에서 서비스 시작부터 끝까지의 접점을 찾음
제2단계	고객접점 유니트를 설계하라	서비스 단위별 고객접점의 특징 파악, 유니트 정리
제3단계	고객접점 사이클을 찾아라	고객관점에서 만나지는 서비스의 고객접점 사이클 정의
제4단계	고객접점 시나리오를 만들어라	사이클 중 나의 사이클을 찾아 시나리오 만들기
제5단계	새로운 표준안대로 행동하라	각 접점 단위별로 표준안 만들고 표준안 대로 행동

→ MOT평가 및 관리 매뉴얼

고객 접점의 MOT들을 평가하는 차트로는 일반적으로 T차트를 활용한다. 중앙에는 고객의 표준적인 기대 서비스를 기록하고, 오른쪽에는 서비스의 불만족 요인(마이너스 요인)을, 왼쪽에는 서비스의 만족을 높이는 요인(플러스 요인)을 적는다.

MOT를 효과적으로 활용하려면 MOT관리 매뉴얼을 만들어 종사원들이 공유하도록 하여, 서비스 접점관리의 표준화 및 전체적인 상향 평준화를 가져올 필요가 있다.

→ 호텔 서비스의 MOT 사례

- 호텔에 예약전화를 한다.
- 교환이 프런트를 연결한다.

- 예약을 한다.
- 도어맨 영접, 짐을 운반한다.
- 자동차 열쇠를 도어맨에게 건네준다.
- 프런트에서 체크인을 한다.
- 벨보이가 방으로 안내한다.
- 숙박
- 체크아웃을 위해 벨보이를 호출한다.
- 짐을 운반한다.
- 청구서를 확인한다.
- 지불 및 영수증 처리한다.
- 차량 준비한다.
- 탑승한다.

→ 항공서비스의 MOT 사례
- 정보를 얻기 위해 전화했을 때
- 예약할 때
- 공항 카운터에 다가갔을 때
- 순서를 기다리고 있을 때
- 탑승권 판매직원과 카운터에서 만났을 때
- 요금을 지불하고 탑승권을 받을 때
- 출발입구를 찾고 있을 때
- 보안검사대를 통과할 때
- 출발라운지에서 출발을 기다릴 때
- 티켓을 건네고 탑승할 때
- 탑승하여 승무원의 환영을 받을 때
- 좌석을 찾고 있을 때
- 수화물보관소를 찾고 있을 때
- 좌석에 앉았을 때

제 2 장 서비스 차별화

학습내용

1. 시대변화와 틈새시장
2. 서비스 패러독스
3. 서비스 포인트
4. A/S의 중요성

학습목표

1. 서비스 경영환경의 시대적 변화를 이해하고 설명할 수 있다.
2. 틈새시장을 이해하고 적용 사례들을 통해 마케팅 시장의 공략방안을 모색한다.
3. 서비스 패러독스의 개념을 이해하고 서비스의 실패원인과 회복 전략을 설명할 수 있다.
4. A/S의 정확한 이해 및 고객만족에 미치는 영향을 설명할 수 있다.

1. 시대변화와 틈새시장

➜ 마케팅의 시대변화

마케팅의 개념은 시대적 흐름에 따라 생산자 중심의 마케팅에서 판매자 중심으로, 다시 소비자 중심의 마케팅으로 변화하고 발전하여 왔다.

➜ 서비스 마케팅의 발전

서비스 마케팅이란 서비스를 통해 고객의 필요와 욕구를 충족시키려는 개인 및 조직의 활동을 말한다. 과거 공급자 중심의 마케팅에서 소비자 중심(고객지향)의 마케팅, 즉, 서비스 중심의 고객만족경영의 시대가 된 것이다.

➜ 서비스 삼각형(Service Triangle)_ Karl Albrecht

삼각형의 세 꼭지점에 기업, 서비스 제공자, 고객을 위치시키고, 성공적인 서비스를 위해서는 외부 마케팅, 상호작용 마케팅, 내부 마케팅을 잘 수행하여야 한다는 것이다.

기업, 직원(종업원), 고객 3자간에 이루어지는 마케팅으로서, 기업과 직원(종업원)간의 내부마케팅은 서비스 종업원들이 약속된 서비스를 제공하기 위해서는 기술, 능력, 도구, 동기부여를 갖고 있어야 하며 적절한 훈련이 필요하다.

그리고 기업과 고객간이 외부마케팅은 기업이 고객에게 제공될 서비스에 대해 약속을 하는 것이다. 직원(종업원)과 고객간의 상호작용 마케팅은 고객과의 관계구축에서 가장 중요한 역할을 하며, 생산과 동시에 소비되는 결정적 순간(MOT)에 발생하는 것이다.

➜ 서비스 마케팅 전략_STP 전략

마케팅에 있어서 STP전략이란 시장세분화(Market Segmentation)를 통하여 표적시장(Market Tarketting)을 정한 다음 고객이나 잠재고객에게 경쟁사와 자사를 구분할 수 있는 자리매김(Market Positioning)하려는 전략이다.

결국 자사 제품이나 서비스에 맞는 소비자군을 찾아내는 과정이고, 그러한 소비자들에게 소구할 수 있는 이미지를 갖추어가는 과정인 것이다.

일정한 기준에 의해 전체 시장을 나누고 그렇게 나누어진 시장 안에서 제품과 서비스에 적합한 시장을 타겟으로 하여 소비자에게 다가가는 과정을 말한다.

시장세분화

시장세분화는 다양한 방법이 있을 수 있으나, 가장 간편한 방법은 인구통계학적 기준에 의해 분류하는 방법이다. 즉, 인구통계학적 기준에 따라 소비성향이 다르다는 것이다.

분류가 편리한 점은 있으나 정확하지 못하다는 단점이 있다. 그러므로 소비성향에 따른 분류, 가치관에 따른 분류, 라이프 스타일에 따른 분류 등 다양한 시장세분화가 이루어지고 있다.

코틀러는 효과적인 시장세분화를 위해 다섯 가지의 기준으로 측정 가능성(Measurability), 접근 가능성(Accessibility), 실질성(Substantiality), 행동 가능성(Actionability). 차별화 가능성을 제시하였다.

목표시장의 설정

기업의 모든 마케팅 역량을 다양한 시장에 적용하기에는 비용과 노력의 측면에서 한계점을 가지고 있다. 제품의 특성에 따라 목표된 시장의 범위가 달라져야 하는 것이다.

목표시장이 너무 광범위하면 기업의 역량이 분산되어 비효율적일 수 있다. 목표시장이 너무 좁을 경우는 제품의 성장에 한계가 있을 수 있다. 따라서 목표시장을 선정할 때에는 자사의 역량을 감안하여 성장 가능성과 수익성 그리고 마케팅 비용까지 폭넓은 고려가 필요하다.

포지셔닝 전략

포지셔닝이란 '상품에 대한 총체적 개념으로서 경쟁자에 비교되는 상품의 가격, 형태, 규모 등을 의미하며, 상품의 이미지, 소비자 자각 등에 관한 의미를 확대하여 경쟁자에 대하여 상품이 가지는 주관적인 속성이다' 라고 정의한다.(Al Ries & Jack Trout)

포지셔닝(Positioning)은 소비자의 인식 속에 우리 브랜드를 위치시키는 것이다. 실제로 그 제품이나 서비스가 어떠한가? 보다 실상이 어떠하든 소비자가 어떻게 인식하고 있느냐가 중요한 것이다.

새로운 제품으로 시장에 뛰어들 때, 이미 경쟁제품이 있는 브랜드와 동일한 포지션에 뛰어들면 실패할 확률이 높다. 더 나은 어떤 것을 만들려 하기보다 최초가 될 수 있는 새 포지션 영역을 구축하는 것이 성공 확률이 높은 것이다.

소비자들은 이미 정보의 홍수 속에 시달리고 있기 때문에 부가적인 정보를 제공하며 막대한 광고비를 쏟아 붓는 것은 큰 효과가 없다. 그러므로 단순하고 쉽게 인식되는 확실한 홍보와 포지션 전략으로 자기 브랜드만의 위치를 잡아 나가는 것이 중요하다.

➡ 서비스 마케팅 믹스 전략

마케팅믹스(marketing mix ; 4Ps)란 표적시장에서 마케팅 목표를 달성하기 위해 필요한 요소들의 조합을 말한다. 마케팅믹스는 크게 제품(Product), 가격(Price), 유통(Place), 촉진(Promotion) 등의 4P라고 부르는 요소로 구성되는데, 이 요소들을 조합해서 마케팅 목표를 달성하는 것이 마케팅믹스의 핵심이다.

제품 차별화(Product)

제품 관련 결정 중 가장 중요한 것은 어떻게 차별화(differentiation)할 것인가 이다. 차별화란 소비자가 가치있게 생각하는 어떤 것을 제공하기 위하여 독특한 특성을 갖추는 것을 말한다. 제품 차별화 방법에는 제품에 새로운 특징을 첨가하기, 소비자의 특성에 맞게 제품을 맞춤화하기, 품질보증제도를 강화해 신뢰도를 높이기, 포장이나 외장의 색깔, 모양, 재질을 바꾸기, 부가 서비스를 첨가하는 등 다양한 방법이 있다.

차별화에 있어서 주의해야 할 점은 마케터가 생각할 때 아무리 가치있는 것이라도 소비자가 그렇게 느끼지 않으면 아무 의미가 없다는 것이다. 또한 차별화를 통해서 높은 가격을 받거나 더 많이 팔릴 수 있어야지 그렇지 않은 차별화는 경쟁전략상 아무 의미가 없다.
그리고 제품차별화가 반드시 제품 자체의 변화를 얘기하는 것은 아니라는 점이다. 제품 고유의 특성은 그대로 둔 채 이를 어떻게 포장하여 제공하느냐에 따라 같은 제품도 전혀 다르게 차별화할 수 있다. 중요한 것은 고객이 어떻게 인식하느냐에 달려있다.

유통 채널 결정(Place)

제품을 어디서 팔 것인가를 결정해야 한다. 제품을 특별한 매장에서만 배타적으로 판매할 것인지, 몇몇 대리점에서만 판매할 것인지, 아니면 시장에 대량으로 배포할 것인지, 특히 할인점이나 홈쇼핑, 인터넷 쇼핑몰이 성장하면서 유통 채널의 결정은 점점 더 중요한 요소로 떠오르고 있다. 유통 채널은 소비자가 제품을 어떻게 인식하는 지에 막대한 영향을 미친다. 같은 옷이라도 백화점 명품 매장에서 파는 경우와 할인 매장에서 파는 경우 전혀 다르게 받아들여진다.

판매 촉진(Promotion)

판촉(프로모션) 결정에 있어서 가장 중요한 것은 확실한 목표 설정이다. 판촉을 통해 소비자가 어떤 행동을 해줬으면 좋겠다는 것이 구체적으로 그려져 있어야 한다. 소비자의 구매 과정의 어떤 단계에 어떻게 영향을 미치고 싶은지를 미리 생각하고 있어야 합니다. 소비자의 인지 단계에 영향을 미치고 싶다면 제품 정보를 어떻게 제공할 것인지를 생각해야 하고, 브랜드 충성도를 높여서 구매 후 강화 과정에 영향을 미치고 싶다면 브랜드 이미지 광고나 사후 서비스 안내 광고에 주력할 수 있다.

가격 결정(pricing decision)

마케팅 믹스 수립의 마지막 단계는 가격 결정이다. 가격은 그 자체가 제품차별화를 해주는 요소이다.

가격 결정 방법에는 몇 가지가 있다. 먼저 원하는 마진을 원가에 더해서 가격을 책정하는 방식이다. 그 다음으로 스키밍가격(skimming)과 침투가격(penetration) 이 있다. 스키밍 전략은 초기에 고가정책을 취함으로써 높은 가격을 지불할 의사를 가진 소비자로부터 큰 이익을 흡수한 뒤 제품 시장의 확장에 따라 가격을 조정해 가는 방식이다. 반대로 침투가격 전략은 어떤 시장을 선점하기 위해서 또는 시장점유율 확보를 일차적 목표로 저가 정책을 펴는 것이다.

→ 새로운 마케팅 믹스

전통적인 상기의 4Ps 마케팅 믹스는 판매자 중심에서의 전략이며, 로버트 로터본(Robert Lauterborn) 교수는 고객의 측면을 보다 강조한 새로운 마케팅 믹스로 4Cs를 제시하였다. 즉, 고객 가치(Customer Value), 고객측의 비용(Cost to the Customer), 편리성(Convenience), 그리고 고객과의 커뮤니케이션(Communication)이다.

→ 틈새시장(Niche Marketing)

일반적으로 틈새 시장은 경쟁이 심한 산업분야나 남이 미처 알지 못하는 시장 또는 남이 알고 있더라도 아직 공략이 되지 않은 시장에서 시장 세분화를 거쳐 틈새를 공략하는 것을 말한다.

니치(Niche)는 틈새를 뜻하는 말로서 (시장의 비어있는 공간을 의미하는 용어로, '남이 모르는 좋은 낚시터' 라는 은유적인 뜻도 가지고 있음) 소규모의 시장에 대한 특화된 상품을 가지고 시장 영역을 만드는 것을 뜻한다.
니치 마켓은 결국 틈새시장으로서 우리나라에서 대부분의 사람들이 오른손잡이이지만 10% 정도의 사람들은 왼손잡이 이다. 이들 왼손잡이들의 시장은 블루오션지역이면서 틈새시장, 즉 Niche시장이 되는 것이다. 니치 상품은 위에서 언급한 것처럼 이들 왼손잡이를 위한 상품들이라고 보면 이해하기 쉽다. 니치마케팅은 이런 상품의 제조에서부터 판매, 사후 서비스, 폐기에 이르는 전 과정에 대한 마케팅 활동과 방법을 뜻한다.

결국 틈새시장은 다른 기업이 포지셔닝한 시장에서 놓치고 있는 시장으로 이 분야를 적극 공략하는 마케팅 기법이며, 세분화된 시장에서 또 다른 시장을 만듦으로써 그 시장에 집중하고 작지만 경쟁우위를 차지하기 위한 기업전략인 것이다. 틈새마케팅의 핵심은 차별화, 전문화, 집중화에 있다.

→ 틈새시장과 블루오션

틈새시장과 블루오션은 아직 공략되지 않은 시장을 세분화하여 공략하는 것은 동일하다. 어쩌면 틈새시장 전략은 블루오션 전략에 포함된다고도 볼 수도 있다.

블루오션은 제품의 성능이나 특성이 다른 어떠한 상품으로 대체되기 어려운 독특한 특성을 갖고 있어 수요자의 필요에 의해 구매하게 되는 것 즉, 대체할 수 없는 독보적인 제품이거나 다른 여러 제품의 종류가 있을지라도 그 무엇보다도 우선적인 가치를 갖는 것이라 할 것이다.

한편 틈새시장은 다른 여러 상품으로 대체될 수 있으나 그들 중 특정계층 또는 사양의 상품을 해당 수요자가 선택토록 하는 것 즉, 상품은 그 필요성을 기준으로 놓고 볼 때 1~10가지 제품 중 어느 하나로서 선택되어 질 수 있도록 하는 것이다.

말할 것도 없이 블루오션은 수요자의 필요에 직결되는 상품으로서 특별히 영업을 하지 않아도 공급을 요청받는 사례가 발생할 수 있고, 상대적으로 틈새시장의 상품은 다양한 다른 제품들 보다 선택되어질 확률을 높이기 위해 보다 많은 노력(영업, 광고 등)을 필요로 하게 된다.

→ 파레토법칙과 롱테일법칙

파레토법칙(Pareto' Law)

1897년 이탈리아 경제학자 빌프레도 파레토(Vilfredo Pareto)가 발견한 파레토 법칙은 백화점의 하루 매상 중 80%는 그 백화점의 단골인 20%의 손님이 올린다는 것을 발견하면서, 이를 20대 80원칙이라고 명하였다.

인간사의 다양한 경제 통계 자료를 분석하면 20대 80원칙이 여러 분야에서 나타나고 있다. 20%의 인구가 80%의 돈을 가지고 있고, 20%의 근로자가 80%의 일을 하였으며, 20%의 소비자가 전체매출액의 80%를 차지하고 있었다는 것이다. 이는 어느 시대, 어느 국가를 막론하고 나타나는 현상이다. 파레토 법칙에 따르면 많은 기업가들이 생각하는 것과는 달리 "모든 제품과 고객은 똑같지 않다. 그러므로 모든 제품과 고객에게 똑같은 만큼 투자하는 것은 낭비이다. 중요한 20%를 찾아내어 그들에게 투자해야 최대의 효과를 얻을 수 있다."는 사실을 발견할 수 있는 것이다.

이 용어를 경영학에 처음으로 사용한 사람은 조셉 주란(Joseph M. Juran)이다. '80/20법칙', '파레토 원리'를 발표하였으며, 파레토법칙을 '중요한 소수(Vital Few)', '사소한 다수(Trivial Many)'의 이론으로 경영학에 적용한 것이다.

20대 80법칙
- 20%의 구매자가 전체 매출액의 80%를 차지한다.
- 20%의 인구가 80%의 돈을 가지고 있다.
- 20%의 근로자가 80%의 일을 한다.
- 수신되는 이메일의 20%만 필요하고 나머지 80%는 스팸메일이다.
- 통화한 사람 중 20%와의 통화시간이 총 통화시간의 80%를 차지한다.
- 즐겨 입는 옷의 80%는 옷장에 걸린 옷의 20%에 불과하다.
- 전체 주가상승률의 80%는 상승기간의 20%의 기간에서 발생한다.
- 20%의 운전자가 전체 교통위반의 80% 정도를 차지한다.
- 20%의 범죄자가 80%의 범죄를 저지른다.
- 성과의 80%는 근무시간 중 집중력을 발휘한 20%의 시간에 이뤄진다.
- 두뇌의 20%가 문제의 80%를 푼다.
- 운동선수 중 20%가 전체 상금 80%를 싹쓸이한다.

롱테일법칙(Long Tail)

그간 비즈니스 세계에서는 20대 80법칙으로 유명한 파레토 법칙이 진리로 여겨졌다. 돈이 되는 20%의 고객과 상품만 있으면 80%의 수익이 보장된다는 법칙이었다. 그런데 온라인 세계에서는 이 법칙이 잘 통하지 않는 모양이다. 온라인 비즈니스를 중심으로 이 법칙에 반하는 새로운 개념이 자리잡고 있다. 바로 꼬리의 반란이라 불리는 롱테일 법칙(long tail)이다.

롱테일 법칙은 하찮은 80%가 상위 20%보다 더 많은 수익을 낸다는 개념이다. 파레토 법칙과 반대되기 때문에 '역파레토의 법칙'으로 불리기도 한다. 이 말은 미국의 인터넷 비즈니스 잡지 '와이어드'의 크리스 앤더슨 편집장이 인터넷 서점 아마존닷컴'에서 일 년에 몇 권 안 팔리는 80%의 소외 받던 책들의 매출 합계가 20%의 베스트셀러들의 매출을 능가하는 의외의 결과를 발견하고 만든 것이다. '롱테일'은 여기서 판매곡선에서 불룩 솟아오른 머리부분(소수)에 이어 길게 늘어지는 꼬리부분(다수)을 가리킨다. 이는 사소한 다수가 만들어 내는 새로운 시장과 지식의 힘을 보여주는 정확한 사례라 할 수 있다.

2. 서비스 패러독스(Service Paradox)

→ 서비스 패러독스

서비스 패러독스란 과거보다 경제적으로 윤택해지고 서비스가 다양해지고 좋아졌는데도 오히려 소비자의 만족도는 낮아지고 불만이 커지는 현상을 말한다.

→ 서비스 패러독스의 원인

서비스 패러독스의 원인은 서비스의 표준화와 동질화이다. 기술의 발달로 서비스가 획일화되고 표준화되면서 서비스의 핵심인 개별성을 상실하게 되었다. 그리고 셀프 서비스, 서비스의 과정의 자동화, 기계화 등 인간성이 결여되는가 하면, 서비스 종사원의 인력수급의 어려움과 충분한 교육훈련 없이 현장에 투입하는 등의 원인들이 서비스 패러독스를 가져온다고 볼 수 있다.

→ 서비스 패러독스를 탈피하는 방법

서비스 패러독스를 탈피하고 보다 높은 수준의 서비스를 제공하기 위해서는 고객의 입장에서 고객의 만족도에 관심을 집중하여야 한다.

- S(sincerity, speed, smile) : 성의있고 신속한 대응뿐만 아니라 미소가 서비스를 결정한다.
- E(energy) : 걸음걸이나 표정이 밝고 힘찰 때 고객과의 대화나 접촉이 활기를 띤다.
- R(revolutionary) : 서비스는 신선하고 혁신적이어야 한다.
- V(valuable) : 서비스는 어느 한쪽의 희생이 아니라 상호 이익이 되고 가치가 있는 것이다.
- I(impressive) : 기쁨과 감동이 없으면 서비스가 아니다.
- C(communication) : 서비스는 일방적이 아니라 상호간의 커뮤니케이션이다.
- E(entertainment) : 서비스는 눈앞의 형식이 아니라 진심어린 환대이어야 한다.

3. 서비스 포인트(서비스 실패와 서비스 회복)

➜ 서비스 실패

서비스 실패란 고객과 접점하는 과정에서 일어나게 되는 고객의 불만족을 초래하는 유쾌하지 못한 경험으로 서비스 오류이다.

서비스 과정이나 결과에 대하여 서비스를 경험한 고객이 좋지 못한 감정을 갖는 것은 문제의 원인이 무엇이든 서비스 제공자가 서비스 실패에 대해 회복하여야 한다.

책임이 분명한 과실로 인하여 초래된 서비스 과정이나 결과에 대한 과실이 아닌 천재지변과 같은 불가항력적 문제는 서비스 제공자의 과실이 아니므로 서비스 실패가 아니다.

➜ 서비스 회복

서비스 회복이란 고객의 불만족을 해소하기 위해 공급자가 취하는 행동으로 잘못된 서비스를 수정하거나 이를 회복하는 것을 말한다.

서비스 회복은 일반적으로 사과와 공감으로 이루어진 심리적 회복과 금전적 손실과 불편함에 대해 보상하는 물질적 회복으로 나눈다.

➜ 회복 패러독스

서비스 실패가 일어나더라도 그것이 효과적으로 회복만 된다면 실패 발생 전보다 고객에게 더 큰 만족을 줄 수 있는 기회가 될 수 있다는 이론으로, 맥컬로(McCollough)와 브하라드워지(Bharadwaj)가 처음 만들어 사용한 용어이다.

4. A/S의 중요성

➜ A/S

A/S란 제품의 판매 후 제공되는 설치 서비스, 이용방법에 관한 기술적 상담, 유지보수, 수리, 부품의 운반, 제품 업그레이드 등의 서비스를 하는 것을 말한다.

고객이 제품을 구매할 때에는 제품 자체만이 아니라 사후의 A/S까지 염두에 두고 결정한다.

또한 A/S는 재구입과 재거래로 이어지는가 하면, 고객만족도와 제품 및 기업에 대한 충성도와 직결되므로 판매 이상으로 그 중요성이 매우 크다.

위키백과에서는 애프터서비스를 다음과 같이 정의하고 있다. 고객 서비스(영어: customer service, 줄여서 CS)는 재화나 서비스 상품을 구입한 고객에게 제공하는 사후 관리 서비스를 말한다. 대한민국에서는 흔히 한국어식 영어 "애프터 서비스(After-Sales Service, 줄여서 A/S, 에이에스)"라고도 부른다.

2002년 Turban 등에 따르면 "고객 서비스는 고개 만족 수준을 강화시키는 일련의 활동이다. 다시 말해 이는 제품이나 서비스가 고객의 예측을 만족시키는 느낌을 말한다."고 밝혔다.

일반적으로 기업은 "고객 서비스 센터"를 운영함으로써 상품을 구입한 고객에게 지속적인 서비스를 제공한다. 구입한 상품의 사용법을 알려 주거나 구입한 상품에 문제가 생겼을 경우 교환, 또는 잘못된 부분을 시정하는 서비스가 대표적이다

→ A/S의 5단계

- 1단계 : 고객이 요구하는 조건에 따라 상품과 서비스를 확실히 제공하여 고객을 안심시킨다.
- 2단계 : 상품과 서비스의 만족도 확인을 위한 전화 또는 방문한다.
- 3단계 : 신속하고 확실하게 불만을 처리해준다.
- 4단계 : 특별한 용건이 없더라도 친밀감 유지 및 정보탐색을 한다.
- 5단계 : 고객이 기뻐할 만한 정보와 아이디어를 제공하여 신뢰를 구축한다.

애프터 서비스의 사례

GM대우 A/S사업본부 OOO 본부장은 공신력 있는 한국소비자원의 조사 결과는 고객만족을 향한 GM대우 전임직원들의 노력이 있었기에 가능했다며, GM대우 정비 서비스에 대한 고객들의 좋은 평가가 럭셔리 세단 알페온의 성공적인 출시에도 크게 기여할 것으로 확신한다고 말했습니다.

GM대우가 경쟁사 대비 우수한 경정비 서비스 만족도를 보일 수 있었던 데에는 참~서비스와 참~클럽 등 그동안 펼쳐온 차별화된 고객 만족 프로그램과 제품 경쟁력이 있었기에 가능한 것으로 풀이된다고 하네요.
GM대우의 참~서비스는 상시적, 지속적으로 고객에서 혜택을 제공하는 애프터서비스 프로그램인데요. 또한 참~클럽은 GM대우 차량 보유 고객을 대상으로 진행되는 것으로 GM대우 제품 재구입 시 다양한 할인혜택, 차량관리 서비스, 맞춤 생활/문화 서비스로까지 진일보하는 등 체계적인 고객 로열티 마케팅의 대표적이고 모범적인 프로그램으로 평가 받고 있습니다.

GM대우 제품의 뛰어난 안전성도 대고객 서비스 만족도를 높이는 중요한 요인이 되고 있다는데요. 특히, 지난해 보험개발원이 발표한 국산 승용차량 모델별 차량 수리비 평가 결과에서 저속 충돌 시 라세티 프리미어와 마티즈 크리에이티브는 손상 정도와 파손 부위의 수리비용이 유수의 경쟁 차량 대비 가장 낮은 것으로 나타났습니다.   (출처 : NATE 지식 2010.8.16 been2010)

제3장 서비스 차별화 사례연구

학습내용

1. 고객인지 프로그램
2. 서비스 수익 체인
3. 토털 서비스
4. 고객위주의 제품 차별화
5. 병원의 환자 맞춤 서비스
6. 극장의 차별화 서비스

학습목표

1. 고객인지 프로스램의 시스템을 이해하고 사례를 통해 설명할 수 있다.
2. 서비스 수익체인을 이해하고 수익모델을 구축할 수 있다.
3. 고객차별화, 제품차별화의 이해 및 설명이 가능하다.
4. 병원 및 극장에서의 차별화된 서비스에 대한 이해 및 전략을 수립할 수 있다.

1. 고객인지 프로그램

→ 고객인지 프로그램

고객인지 프로그램이란 서비스 기업에서 최고의 고객을 식별하는 수단으로 사용하는 충성도 프로그램의 형태로 기업에서 고객을 인식하고 그 고객에게 보상을 가능하게 하는 일종의 시스템이다.

예를 들면 호텔에서 고객의 예약을 접수하면, 고객인지 프로그램에 저장된 고객의 데이터베이스를 활용하여, 고객의 특징 및 취향 등에 대한 정보를 검색하여, 그 고객에 맞는 서비스를 맞춤으로 제공할 수 있도록 하는 시스템의 활용인 것이다.

→ 리츠칼튼 호텔의 고객정보관리시스템

차별화된 개별 서비스의 제공으로 유명한 리츠칼튼 호텔의 고객정보관리시스템이 바로 고객인지 프로그램의 대표적 사례이다. 리츠칼튼 호텔의 모든 체인점에는 한두 명의 고객 코디네이터가 근무를 하고 있는데, 그들이 하는 일은 호텔에 머무르는 고객의 개인적 취향에 대해 철저히 파악하고 체크하여 정보로서 활용할 수 있도록 하는 것이다.

리츠칼튼 호텔은 고객인지 프로그램을 철저히 활용하여 고객이 특별히 신청하지 않아도 미리 알아서 챙겨주는 서비스를 제공하고 있다. 과거 투숙했던 기록에 의한 정보로 저장된 고객의 구독 신문의 정보를 미리 파악하여, 신청하지 않았지만 해당 신문을 넣어주는 서비스, 심지어 손님이 좋아하는 캔디나 초콜릿까지 객실에 미리 넣어주는 정도의 개별적 차별화의 맞춤 서비스를 제공하고 있다.

리츠칼튼 호텔

리츠칼튼 호텔의 역사는 '호텔의 아버지'라 불리는 세자르 리츠(1850~1918)가 1898년 파리에 최고급 호텔을 지향한 호텔 리츠를 세우면서 시작됐다. 호텔 리츠는 지금도 전세계에서 가장 고급스런 호텔로 꼽히는데, 세계의 저명인사들도 이곳에서 묵는 것을 영광으로 여길 정도. 이 리츠 호텔과 영국 칼튼 호텔의 장점만을 혼합해한 미국인이 1927년 미국 보스턴에 만든 호텔 리츠칼튼이 바로 리츠칼튼 체인점의 시조다.

그후 75년이 지난 오늘날, 미국 조지아주 애틀랜타시에 본사를 둔 리츠칼튼은 미국내 주요 27개 도시를 비롯해 유럽, 멕시코, 홍콩, 싱가포르, 인도네시아 발리, 일본, 말레이시아, 중국 상하이, 버진 아일랜드, 캐나다, 푸에르토리코, 아랍 에미리트 등지에 총 42개 체인점을 열어놓고 있다.

리츠칼튼의 전통은 '작지만 아름답게', 그리고 '신사숙녀를 모시는 신사숙녀들'이다. 객실수를 300~400개 정도로 제한하고, 상위 5% 안에 드는 저명하고 고급스런 손님들을 유치해 최고급 서비스를 하고 있다.

18세기 베르사이유 궁전의 양식을 본따 고풍스럽고 고급스러운 내부 장식과 분위기를 현대 감각에 맞춰 설계한 리츠칼튼 호텔이 세계 정상을 유지하고 있는 비결은 이렇듯 최고의 고객을 극진한 서비스로 모신다는 정신. 이와 같은 '고객 절대만족' 정신은 리츠칼튼 호텔의 으뜸가는 경영철학이다. 이러한 서비스 마인드로 호텔 업계에서는 최초로 모든 기업이 갈망하는 최고 권위의 맬컴 볼드리지상(Malcolm Baldrige National Quality Award)을 1992년과 1999년 두 차례나 수상했으며, 1993년에는 호텔 및 리조트 전문조사기관인 자가트(Zagat US)사가 고객과 호텔 전문가를 대상으로 실시한 조사에서 전세계 최우수 호텔 체인상을 수상하는 영예를 안기도 했다.

리츠칼튼의 독특한 서비스 상품은 권한이임과 철저한 개별서비스로 대별된다. 개별서비스란 고객이 리츠칼튼 호텔을 방문할 때 그 고객의 취향과 기호를 파악해 기록으로 남겨 공유함으로써 고객이 전 세계의 어느 리츠칼튼 호텔이라도 다시 찾게 되면 직원들이 그 고객의 데이터에 입각한 서비스를 제공하는 것이다. 이 때문에 리츠칼튼은 세계에서 단골을 가장 많이 확보하고 있는 호텔로 손꼽힌다.

2. 서비스 수익 체인

→ 서비스 수익 체인

서비스 수익 체인이란 하버드 대학의 헤스켓(Heskett)과 사서(Sassar) 그리고 슐레징거(Schlesinger)에 의해 제창된 서비스 경영의 개념으로서, 고객 서비스가 수익의 원천이 되는 논리적 구조를 말한다. 즉, 서비스 수익 체인은 수익성, 고객 충성도, 직원 만족도, 생산성을 연결시키는 일련의 관계를 말하는 것이다.

기업이 제공하는 서비스의 가치는 최종적인 상품뿐만이 아니라 그것을 제공하는 프로세스 자체의 품질도 포함한다는 의미이다.

→ 서비스 수익 모델

- 운영전략과 서비스 전달 시스템 : 내부고객은 접점 종업원이다. 내적 품질은 종업원의 만족을 가져오고, 종업원의 만족은 낮은 이직율과 높은 생산성을 가져온다. 종업원의 안정과 생산성은 서비스 가치를 창출한다.
- 서비스 가치 ; 종업원의 생산성은 서비스 가치의 창출을 가져오고 이것이 고객만족을 낳는다.
- 외부고객 ; 서비스 가치는 고객만족을 가져오고, 고객만족은 고객의 충성도를 높인다. 고객의 충성도는 수익성, 성장률을 높인다.

→ 만족거울 이론

서비스 수익체인의 구조를 이해하면서 종업원의 만족도가 고객의 만족도로 연결되어 자연스럽게 매출도 증가한다는 이론을 벤자민 슈나이더(Benjamin Schneider)와 데이빗 보웬(David Bowen)은 만족거울 이론으로 설명하였다.

이들은 은행, 보험사, 병원 등에서의 조사를 통하여 고객과 종업원 만족의 수준 사이에 밀접한 관계가 있다는 보고서를 1985년 발표하였다. 접점의 고객을 응대하는 종업원의 수준이 떨어지면 그 회사에 대한 고객의 만족도가 낮아지며, 매상이 하락한다는 것이다.

리츠칼튼 호텔은 고객에게 진심과 정성을 바탕으로 서비스를 제공함으로써 고객만족도를 극대화하고 있다. 이를 요약하면 전담 인력 고객 코디네이터, 고객 이력 데이터베이스 작성, 개인적인 취향에 관한 정보 관리 등 3가지로 요약된다.

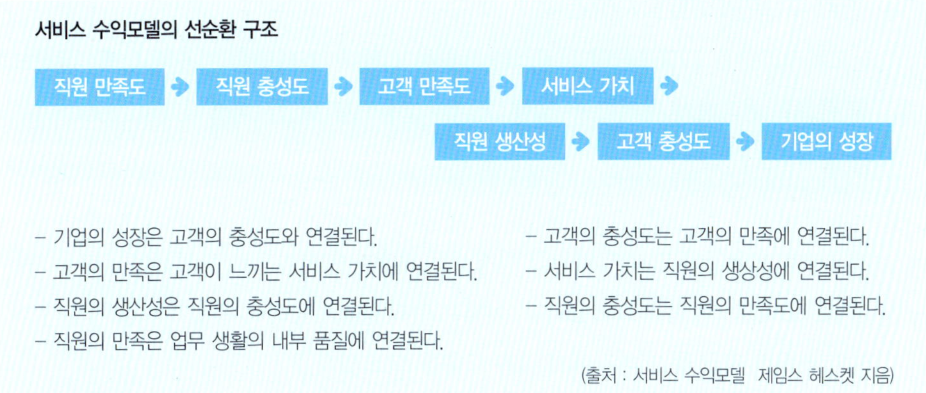

- 기업의 성장은 고객의 충성도와 연결된다.
- 고객의 만족은 고객이 느끼는 서비스 가치에 연결된다.
- 직원의 생산성은 직원의 충성도에 연결된다.
- 직원의 만족은 업무 생활의 내부 품질에 연결된다.
- 고객의 충성도는 고객의 만족에 연결된다.
- 서비스 가치는 직원의 생상성에 연결된다.
- 직원의 충성도는 직원의 만족도에 연결된다.

(출처 : 서비스 수익모델 제임스 헤스켓 지음)

3. 토털 서비스

➜ 토털 서비스

토털 서비스는 기업이 다른 경쟁기업과 차별화된 서비스로 고객의 긍정적인 평가를 받아 이익을 극대화하려는 것으로, 서비스 운영시스템, 서비스 전달시스템, 서비스 마케팅시스템을 총체적 관점에서 고객에게 차별화된 서비스를 제공하기 위한 마케팅 전략이다.

토털 서비스의 목표는 기업의 차별력이나 특징이 고객이나 사회 전체로부터 훌륭한 평가를 받는 기업이 되는 것이다. 이는 기업의 이미지마케팅, CI(Coperate Idendity)의 확립, 더 나아가 고객의 구매심리를 개발 및 창조하는 것까지 포함한다.

➜ 아시아나항공의 예

'고객의 가려운 곳을 긁어주는 토털서비스'를 목표로 국제선 고객 대상으로 에쿠스 유료의전 서비스, 유명인사 경호 서비스, 외국인 전문통역 서비스 등이 있다.

➜ 대한항공의 예

'고객은 단순히 비행기를 타고 내리는데 만족하지 않는다' 라는 방침으로 고객에게 개별적인 맞춤서비스를 제공한다. 예를 들면, 임산부, 노약자, 환자, 기족승객 등 전동차 서비스라든가, 각종 이벤트와 사은행사, 코트룸 서비스 등 고객감동을 유도하고 있다.

→ 근로복지공단의 토탈서비스

근로복지공단은 고객중심의 서비스를 제공하고 있다. 인터넷을 이용해 산재ㆍ고용보험 업무를 빠르고 편리하게 처리할 수 있는 '산재ㆍ고용보험 토탈서비스'(http://total.welco.or.kr)를 실시하고 있다.

지금까지 보험급여 및 재활지원금 신청서는 재해자가 서면으로 작성하여 공단을 방문하거나 우편으로 제출, 불편을 겪어왔지만, 이제는 인터넷을 이용하여 손쉽게 제출할 수 있어 보험급여의 신속한 지급 등 재해자에게 많은 도움을 주고 있다.

또한 보험료 납입증명원, 보험급여 지급확인원 등 민원증명원을 토탈 서비스에서 직접 발급하고, 전자고지를 신청한 사업주에게 고지 사실을 휴대폰으로 알려주는 SMS 안내도 실시한다.

근로복지공단의 토탈서비스는 시행초기 징수업무 위주에서 보험사무대행ㆍ요양업무, 진료비 청구업무, 보상ㆍ재활업무로 지속적으로 확대해 왔다. 공단은 이 서비스 이용율을 제고하기 위해 토탈서비스를 통해 보험료 신고서를 제출한 경우 보험료의 일정액을 공제해주는 방안을 노동부와 협의하여 법적근거를 마련하는 것까지 검토하고 있다.

4. 고객위주의 제품 차별화

→ 제품 차별화 전략(differentiation strategy)

마케팅에서 차별화 전략은 가격 이상의 가치로 브랜드 충성심을 이끌어 내는 전략이다. 소비자들이 널리 인정해주는 독특한 기업의 특성을 내세워 경쟁하는 경쟁전략을 말한다.

차별화 전략을 펴려면 고품질, 탁월한 서비스, 혁신적 디자인, 기술력, 브랜드 이미지 등 무엇으로든 해당 산업에서 다른 경쟁기업들과 차별화하면 된다. 단, 차별화에 드는 비용을 감당하고도 남을 만큼 제품이나 서비스의 판매가격 면에서 프리미엄을 인정받을 수 있어야 한다. 이를테면 높은 가격이라도 고객이 즐겁게 살 수 있도록 제품과 서비스에 가치를 제공하면 되는 것이다.

그렇다고 해서 반드시 제품ㆍ서비스의 판매가격을 높여야만 하는 것은 아니다. 차별화를 추구하면서 판매가를 낮추는 원가우위 전략을 쓸 수도 있다. 버거킹, 맥도널드 같은 햄버거 체인은 값싼 규격품 햄버거를 판매하는 원가우위 전략을 쓰면서도 경쟁사들과의 확실한 차별화를 이루어낸 사례다.

실제 시장은 동질적 시장이 아니라 이질적 시장이고 고객도 소득이나 기호가 다르고 독특한 욕구를 가지고 있다. 기업은 다른 욕구를 가진 고객에게 알맞은 다른 제품을 제공하여 개별적 유리성을 확보하기 위하여 차별화가 필요하다.

→ 제품 차별화의 요소

제품 차별화의 중요한 요소로는 눈으로 관찰이 가능한 제품 특성인 유형적 요소와 제품에 대해서 느끼는 감정적인 무형의 요소가 있다. 또한 제품의 형태, 특성, 성능품질, 내구성, 신뢰성, 수선 용이성, 스타일, 디자인 등 다양한 요소들로 차별화 된다.

→ 고객위주의 제품 차별화 전략

오늘날 제품의 기술적 품질수준은 거의 차이가 없는 상황에서, 고객의 요구조건은 매우 다양화됨에 따라 고객위주의 제품 차별화 전략이 매우 중요해졌다.

고객위주의 제품 차별화 전략으로는 고객의 집단을 고객의 기호나 성향, 생활방식 등에 따라 구분하는 고객 세분화 전략이 필요하다. 그리고 개성화되고 다양화되는 복잡한 형태의 사회에서 소비자들의 변화에 신속히 대응할 수 있는 모델고객 다원화 전략이 필요하다.

또한 개인화의 성향은 소비문화에서도 양극화를 가져왔다. 고객의 개인화 성향에 부응하는 마케팅 전략이 요구된다.

마지막으로 앨빈 토플러가 '미래의 충격'에서 이미 예견했던 것처럼 생산효율화로 원가를 낮추고 규모의 경제로 이윤을 가져가던 시대는 끝났다.

이런 시장에 대한 인식 변화는 스탠 데이비드(Stan David)가 저서 '완벽한 미래(Futer Perfect)'에서 '대량 맞춤 서비스(Mass Customization)'라는 용어로 체계화시켰다.

→ 제품 차별화의 방법과 원리

제품 차별화 이론을 처음 도입한 학자는 체임벌린(E. H Chamberrlin)이며 기업이 제품 차별화를 하는 이유는 실제 시장이 동질적이 아니라 이질적인 시장이고, 소비자인 고객도 소득이나 기호가 각각 달라 독특한 욕구를 가지고 있으므로, 서비스 제공자인 기업은 다양하게 다른 고객에게 알맞은 서비스 제품을 제공하여 개별적 유리성을 확보하려고 하기 때문이다.

'전략적 마케팅 플랜(Strategic Marketting Planning : DIY Consulting Guide)'에서 소개된 제품 차별화의 방법과 수단 및 사례를 몇 가지 살펴보면 다음과 같다.

제품 차별화 방법	차별화 수단	적용 사례
동일한 제품이라도 선택의 폭을 넓혀 줌	소포장, 분할판매, 묶음판매	낱개판매, 묶음판매 세트제품 낱개판매
보다 많은 양의 구매를 유도함	원플러스원, 이중가격제도	대량생산으로 생산이 증가에 따른 원가의 증가가 적은 제품들에 적용
대형제품 소형화 소형제품 대형화 고가제품 염가화	소형 제품화, 대형 제품화, 염가 제품화	고소득 계층만의 이용 상품을 소형화하고 저가화하여 중산층 계층들도 구입이 가능하도록 함 제품의 크기를 줄이거나 가격을 대폭 낮추어 수요를 늘림
개별적 고객요구 충족	틈새시장, 경쟁제품 분석, 제품 개선	일반 표준형만의 제품을 특정 계층의 고객을 위한 제품으로 개선
기본적인 성능 외에 하이터치 요소 강화	디자인 개선, 서비스 보강	기본 기능의 개선 이외에 외형을 개선한다거나, 무상 서비스의 강화 등을 적용
친환경제품의 개발	유기농제품, 무공해제품, 웰빙제품	건강에 도움이 되는 요소들에 대한 개선 웰빙과 관련한 사회적 이슈 및 트랜드를 적용
고객문제에 대한 새로운 해결방법 제시	기능요소 차별화	혁신적인 기술에 의한 혁신이 아니라 보다 적은 노력의 투입으로 경제적으로 해결하는 기능요소의 차별화
다른 사람과 차별화되는 의미와 가치 제시	상징요소의 차별화	고급 골프웨어 브랜드, 고급 승용차 브랜드
독특한 감성, 개성, 이미지 브랜드 이용	감성요소 차별화	제품의 기능적 요소의 개선이 어려운 경우 감성 마케팅 적용

5. 병원의 환자 맞춤 서비스

→ 의료 서비스 환경 변화

의료 경영환경의 변화

급속한 기술혁신, 고도 정보화, 국제화 및 세계화, 고령화, 여성의 사회진출 확대, 가치관의 다양화 등의 의료 환경이 변화하였다. 이는 바로 의료 경영환경의 변화를 가져왔다. 즉, 고령화 사회, 수요의 다양화, 질병구조의 변천, 개업 병원수의 증가, 개인병원의 증가, 대형병원 선호, 의사인력의 증가 및 임금상승, 진료비 심사강화, 전문병원제도 등이다.

의료 소비자들은 소득수준의 향상과 권리의식의 확산으로 의료서비스의 특성화, 차별화가 보다 중요시되었다. 또한 인구의 고령화로 인한 의료수요의 증가, 의료수요의 다양화 등은 병원의 선택에 많은 영향을 미쳤다.

의료 소비자가 병원을 선택함에 있어서 병원의 이미지와 의사의 선택을 비롯하여 의료장비나 시스템, 병원 직원의 친절도, 환자에 대한 예절 등을 포함한 모든 의료서비스를 비교하여 선택한다.

삼성경제연구소의 한 보고서는 향후 의료산업의 5대 메가트랜드를 다음과 같이 제시하였다. 의료산업을 주도할 첫 번째 메가트랜드는 맞춤의료의 발전이다. 환자의 질병상태를 감지할 수 있는 기술이 발달하면서 개별 환자에 대한 특성화된 치료와 처방이 가능해지고 있다. 두 번째 메가트랜드는 바이오 신약의 대두이다. 앞으로는 바이오 신약이 제약산업을 주도할 것으로 전망하고 있다. 세 번째는 u-Health의 보편화이다. u-Health란 정보통신기술을 의료기술에 접목하여 언제 어디서나 의료서비스를 받을 수 있는 상황을 말한다. 개인의 전 생애에 걸친 건강정보가 축적되어 의료서비스가 단발성 치료가 아닌 평생치료의 개념으로 확장되면서 u-Health 시장규모가 엄청나게 성장될 것으로 예상된다. 네 번째 메가트랜드는 의료서비스의 글로벌화이다. 의료서비스 시장의 개방이 가속화되고 있고, 의료 소비의 국제화가 더욱 확대될 전망이다. 다섯 번째 메가트랜드는 소비자주의 확산이다. 소비자에게 건강과 병원 및 의사에 대한 정보를 제공하는 인터넷 매체, 의료광고 사업이 급격히 성장하고 있어 소비자의 알 권리가 더욱 충족될 전망이다.

이러한 트랜드의 변화가 가져다주는 의료경영에의 시사점은 헬스와 바이오에서 많은 기회가 열린다는 시장규모의 측면이 있는가 하면, 이제 의료서비스와 상품을 헬스와 웰빙의 개념으로 다시 디자인하여야 한다는 점이다.

→ 병원경영의 뉴 패러다임과 고객만족 병원

의료서비스 환경의 변화와 더불어 오늘날 병원경영은 패러다임의 변화를 가져왔다.

공급자 중심에서 수요자 위주의 의료정책, 양적 위주에서 업무의 질 위주로, 고객만족을 넘어 고객감동 서비스, 유연한 병원 내 노사문화, 구태의연한 고객(환자)과의 관계에서 인간관계적 관계마케팅으로의 변화이다.

이제 병원에서도 환자의 동선에 맞춘 인테리어, 병원 내 CS전문가의 참여, 환자의 권리 찾아

주기, 의료인과 환자사이 균형 잡아주기 등 고객의 중심에서 고객만족을 위한 병원으로 거듭
나고 있다.

뉴 패러다임에 의한 병원에서의 고객만족을 위한 점검 사항들을 나열해보면 다음과 같다.
- 의료시장 개방에 따른 경쟁력 강화
- 병원의 영리법인화에 대한 준비
- 인적자원의 가치 증대
- 서비스 마케팅 적용
- 내부고객인 종업원들에 대한 충분한 대우
- 병원경영자의 미래예측능력과 의식 전환
- 유능한 인력 확보 방안
- 지식정보화시스템 구축
- 권위주의 리더십 타파
- 업적평가시스템 과학화
- 경영성과 지표의 개발과 지속적 경영혁신 활동

→ 병원 코디네이터

코디네이터(coodinater)란 조정자의 의미가 있다. 병원 코디네이터는 병원에서 원장과 환자,
환자와 직원, 원장과 직원의 관계를 원활하게 조정하고 최적의 시너지 효과가 나도록 역할을
한다.

병원 코디네이터는
① 병원의 중간관리자
② 원내의 근무 분위기 조성과 차별화 된 서비스의 제공
③ 환자와의 유대를 통하여 병원과 환자의 신뢰감을 구축
④ 병원 이미지의 홍보에 일익을 담당
⑤ 뿐만 아니라 접수, 수납 및 병원의 약속 관리 담당, 인사담당
⑥ 환자와 병원간의 친밀함을 더하여 밝은 병원 분위기를 연출
⑦ 병원 실내, 외 환경 조성은 물론 환자로 하여금 편히 찾을 수 있는 병원 분위기를 조성한다.

현재의 의료시장은 의료서비스에 대한 요구도 상승, 인터넷을 포함한 Megatrend등 이제 병원도 기업의 경영마인드가 없으면 경쟁력을 갖기 힘든 시대이다.

이러한 환경에서 태어난 신종 직업인 병원코디네이터는 단순히 의사와 환자간의 조정자 역할만을 하는 것이 아니라, 병원경영의 주체로서 환자관리, 병원마케팅, 조직관리 등을 창의적으로 할 수 있는 Partnership과 Leadership을 겸비한 21세기 新인재상이라 정의할 수 있다.

이들은 의료서비스 전문가로서 병원의 분위기를 밝게 연출하고, 차별화된 서비스를 제공함으로써 병원 이미지를 홍보하여 환자가 편한 마음으로 병원을 찾을 수 있도록 한다. 또한, 고객 상담, 접수·수납 및 예약 관리, 병원 마케팅, 직원교육 등의 업무도 맡는다.

의료 선진국에서는 오래 전부터 이 직업이 일반화되어 있어서 많은 병원에서 병원코디네이터를 두고 있다. 한국에 병원코디네이터가 처음 도입된 것은 1994년 미국의 병원경영 사례를 벤치마킹한 한 치과병원에 의해서였다. 그 후 국내의 경기침체로 병원경영도 위기를 맞게 되면서 경쟁력 강화 차원에서 성형외과, 피부과, 한방병원, 치과, 비만 클리닉 등을 중심으로 병원코디네이터를 두는 병원이 늘어났다. 최근의 의료시장 개방과 병원의 체인화 추세로 병원 간의 경쟁이 치열해지면서 의료계에 고객 중심의 서비스 개념이 확산되어 병원코디네이터의 필요성이 더욱 커졌다.

6. 극장의 차별화 서비스

→ CGV의 Only One 전략

CGV는 최적의 극장 입지 선점을 통한 전국 체인화와 서비스를 위한 시스템을 구축하고 네트워킹 강화 및 CRM을 통한 차별화된 전략을 구사하고 있다.

One Stop Srvice

CGV의 차별화된 서비스는 One Stop Srvice이다. 영화관을 단순히 영화 관람만을 하는 곳으로 생각하지 않는다. 조조 및 심야에 이르는 상영시간의 유연한 운영, 인터넷, 전화, 휴대폰을 통한 티켓예매방법, 장애인 영화관람을 위한 별도 서비스 등을 강화하였다.

All-New-One

티켓 매표소의 유리 차단벽을 없애서 고객들의 거부감을 줄였고, 모든 매표창구의 직원들을 일으켜 세워 고객과 적극적이고 편안하게 대화를 나눌 수 있도록 데스크를 디자인하였다.

서비스 리콜제도

영화를 보러 극장을 갔다가 불만족스러운 서비스를 받은 고객이 합리적인 항의를 할 경우, 그 고객을 미개봉 영화 시사회에 초대하는 서비스이다.

Only One 전략

Only One 전략은 CGV의 차별화 전략이다. 그 예를 들면 다음과 같다. 항공기 1등석 같은 고급 극장을 추구하는 골든 크래스, 여성들을 위한 프리미엄 서비스로 파우더 룸, 유아들을 위한 공간인 유아놀이방, VIP고객용 라운지 서비스, 휴대전화 티켓팅 서비스, 티켓발권에 순번 번호표 발행, 공기 청향 시스템, 개인별 맞춤형 서비스인 프라이빗 시네마 등이다.

➡ 롯데시네마의 샤롯데관

롯데시네마의 샤롯데관은 특별한 서비스를 위해 특별히 제작된 영화관이다. 좌석수가 일반관에 비해 적고, 영화 상영 1시간 전부터 샤롯데 라운지의 커피 및 음료수 서비스가 제공된다. 샤롯데의 좌석은 더욱 편안한 관람을 할 수 있도록 120도까지 젖혀지도록 설계되어 있다.

➡ 메가박스 코엑스점

오리온그룹과 미국 Loews Cineplex Entertainment Corporation사의 합작으로 설립된 메가박스는 2000년 5월 13일 코엑스점을 출발점으로 하여 최고의 시설과 최고의 서비스로 멀티플렉스 영화관 사업을 시작하였다.

기존의 영화 상영만을 목적으로 하는 극장의 획일화 된 컨셉에서 벗어나 차별화된 전략과 서비스로 단기간 내에 대한민국을 대표하는 최고의 영화관 체인으로 자리 매김 하였다.

연관객수 600만명을 자랑하는 코엑스점은 세계최고의 극장으로 손꼽힐 만큼 국제적 관심을 받고 있으며, 국내 최초로 도입한 영화관 고객 대상 마케팅 서비스와 인터넷예매 시스템은 한국 영화관람 문화를 한 차원 더 발전시키는데 공헌하였으며, 보다 편리하고 보다 차별화 된 서비스를 제공하기 위하여 메가박스는 지속적인 연구개발에 힘쓰고 있다.

⇢ CGV 압구정점 '씨네 드 쉐프(Cine de Chef)'

영화표 한 장에 10만원이다. 일반 영화가격의 최고 14배나 비싼 '초고가 영화관'이다. 강남구 압구정에 개관한 국내 최대 멀티플렉스 CJ CGV(www.CGV.co.kr) 명품 영화관 '씨네 드 쉐프(Cine de Chef)'이다.

프랑스어로 '요리사가 있는 영화관'이라는 의미의 '씨네 드 쉐프'는 CGV 압구정 신관 지하에 매장 면적 250평, 복층 형태로 이루어져 있으며, '영화관'과 '레스토랑'이 결합한 신개념 영화관이다.
이곳에서는 5성급 호텔 레스토랑 수준의 최고급 음식을 즐길 수 있을 뿐만 아니라, 최고시설을 갖춘 30석 규모의 '전용 영화관'에서 개봉 영화도 함께 관람할 수 있다.

영화관람과 고품격 요리(모던 아시안 다이닝; Nouv' Oriental Fine Dining)를 함께 제공하는 '씨네 드 쉐프'의 입장료는 1인당 6~10만원이다. 점심식사(상영 1, 2, 3회차)의 경우 주중 6만원/ 주말 8만원, 저녁식사(상영 4, 5회차)는 주중 8만원/ 주말 10만원이다.

고소득층을 타겟으로 세워진 영화관인 만큼 모든 인테리어와 시설 역시 일반 영화관과 차별된다.
이 영화관은 일반 좌석 가격의 약 70배에 달하는 800만원 상당의 명품 전동식 의자를 완비되어 있으며, 최고급 스크린도 들여왔다. 또한 방송 스튜디오와 공연홀에서 사용되던 '하이파이(Hi-Fi) 음향시스템'과 '11.1채널 사운드 시스템'을 영화관에 처음으로 도입했다. 특히 영화관 벽면과 천정을 비롯하여 바닥까지 스피커로 채워져 360도 입체음향 효과를 완벽히 구현했다. 이는 전 세계에서도 유래가 없는 시설이다.

레스토랑 역시 르 꼬르동 블루(Le Cordon Bleu)등 세계 명문 요리학교 출신의 요리사 7명이 정성스럽게 준비한 고급요리를 선보인다.

이 밖에도 발렛파킹(Valet Parking) 서비스, 1:1 에스코트 서비스, 고객전용 엘리베이터 운영 등 품격 높은 서비스를 다양하게 준비했다.

제 4 장 서비스 품질

학습내용

1. 서비스 품질의 개념
2. 서비스 품질 결정 요인
3. 서비스 품질 향상방안
4. 서비스 품질과 종사원

학습목표

1. 서비스 품질의 개념을 이해하고 설명할 수 있다.
2. 서비스 품질을 결정짓는 요인들을 기존 문헌연구를 통해 이해한다.
3. 서비스 품질의 개선방안을 모색하고 설명할 수 있다.
4. 내부마케팅을 이해하고 서비스 종사원이 역할과 서비스 품질의 관계를 설명할 수 있다.

1. 서비스 품질의 개념

→ 서비스 품질

서비스 품질은 고객이 제공받은 서비스에 대한 기대(expectation)에 대해서 그 서비스를 제공받아 지각한 성과(performance)를 말한다. 즉, 고객의 서비스에 대한 지각(perception)과 기대(expectation)로 결정되는 고객의 지각된 서비스 품질이다.

다시 말하면 서비스 품질이란 서비스 고객의 기대에 부응하는 인적, 물적, 시스템적 서비스의 전체적 특성이며, 이를 표준화하여 제어해 나가는 것이 서비스 품질관리이다.

경제의 서비스화 시대, 서비스산업에 대한 일반적인 평가는 다른 산업에 비해 매우 뒤떨어져 있으며, 세계 경제의 국제화, 개방화에 대응하기 위하여 서비스산업의 전반적인 경쟁력 수준 파악이 필수적이다.

서비스품질의 측정과 향상은 기업 및 국가의 경쟁력을 결정하는 요인으로서 경제적 측면에서는 국가경제의 지표 활용 및 경쟁력 강화, 기업 측면에서는 기업경쟁력 향상, 또한 국민·소비자 측면에서는 삶의 질 향상을 통한 국민행복 추구에 궁극적인 목적을 두고 있다.

서비스 품질은 학자들 간의 다양한 분류가 있다. 2차원적인 분류로서 객관적 품질과 인식된 품질, 결과(기술) 품질과 과정(기능) 품질의 구분이 있다.

→ 서비스 품질의 측정 도구(SERVQUAL모델)

SERVQUAL은 미국의 파라수라만(A. Parasuraman), 자이다믈(V. A, Zeithaml), 베리(Leonard L. Berry) 등 세 사람의 학자(PZB)에 의해 개발된 서비스 품질 측정도구로서 서비스 기업이 고객의 기대와 평가를 이해하는 데 사용할 수 있는 다문항 척도이다.

서비스 품질의 10가지 차원과 SERVQUAL의 5개 차원

서비스 품질 10개 차원	SERVQUAL 5개 차원	정의
유형성	유형성	물리적 시설, 장비, 직원, 커뮤니케이션 자료의 제공
신뢰성	신뢰성	약속한 서비스를 믿을 수 있고 정확하게 수행할 수 있는 능력
응답성	응답성	고객을 도와주고 신속한 서비스를 제공하려는 의지
능력, 예의, 신용성, 안전성	확신성	종업원의 지식 및 공손함, 신뢰성과 안전성을 유발시키는 능력
접근성, 커뮤니케이션 고객이해	공감성	쉽게 접근 할 수 있고 의사소통이 잘 되고, 고객을 제대로 이해하려는 관심과 애정

→ 서비스 품질의 측정 도구(Garvin 모델)

Garvin이 제시한 품질의 8가지 범주

범주	개념
성과	제품이 가지고 있는 특징
특징	특정의 제품이 가지고 있는 경쟁적 차별성
신뢰성	잘못되거나 실패할 가능성 정도
적합성	고객의 세분화된 요구를 충족시킬 수 있는 능력
지속성	지속적으로 가치를 제공할 수 있는 기간
서비스 제공능력	기업의 경쟁력 : 속도, 친절, 경쟁력, 문제해결 능력
심미성	사용자의 감각에 소구할 수 있는 내용
인지된 품질	기업 혹은 브랜드의 지명도

→ 한국의 서비스품질지수(KS-SQI)

한국표준협회와 서울대학교 경영연구소가 우리나라 서비스산업과 고객 특성을 반영하여 공동 개발한 서비스산업 전반의 품질에 대한 소비자의 만족 정도를 나타내는 종합 지표이다. 구매 가능한 모든 서비스산업의 질수준을 매년 정기적으로 조사·발표하는 국가 및 전 산업의 통일된 지표로써 서비스품질 향상을 이룩하여 기업 및 국가의 경쟁력 제고와 삶의 질 향상으로 국민의 행복을 추구한다.

평가 항목은 기초적인 서비스와 예상외의 혜택, 약속 이행, 창의적 서비스, 고객 응대 등 크게 여덟 가지로 나눈 뒤 각 항목에 대해 세부적으로 고객들의 반응을 측정하는 식으로 조사했다. 조사 결과는 100점 만점에 얼마를 받았는지로 표시된다.

→ 서비스 품질의 분류(J. M. Juran)

사용자의 눈에 보이지 않는 내부적 품질 Internal Quality	항공, 철도, 호텔, 백화점, 유원지 등의 설비나 시설 등의 유지관리가 잘 되고 있는지 여부
사용자의 눈에 보이는 품질 Hardware Quality	레스토랑의 요리, 호텔의 실내장식, 조명의 밝기 등
사용자의 눈에 보이는 소프트적 품질 Software Quality	전화 고장, 상품의 매진, 배달사고, 청구금액의 착오 등
서비스 시간, 신속성 Time Quality	열을 지어 기다리는 시간, 수리를 요하는 시간 등
심리적 품질 Psychological Quality	친절, 미소, 환대 등

2. 서비스 품질의 결정 요인

→ 서비스 품질의 결정요인에 관한 연구

서비스 품질에 대한 다음과 같은 다양한 접근방법에 의한 연구들이 있다.

접근방법	내용
2차원적 접근	기술 품질, 기능 품질
	결과 품질, 과정 품질
3차원적 접근	물리적 품질, 상호작용 품질, 기업이미지 품질
	성과 품질, 적합 품질, 의사소통 품질
다차원적 접근	신뢰성, 유형성, 대응성, 확신성, 공감성
	접근, 심미, 관심, 도움, 기용, 배려, 청결, 단정, 편안, 몰입, 의사소통, 역량, 친절, 기능성, 친근감, 유연성, 고결함, 신뢰성, 대응, 안전

→ 서비스 품질의 두 범주

소비자는 제품이나 서비스의 품질을 평가하는데 있어서 두 범주의 품질을 사용한다.

탐색품질은 제품을 구매하기 전에 결정할 수 있는 제품의 속성, 색채, 스타일, 가격 등을 말한다.

경험품질은 구매하는 기간 중이나 구매한 후에 판단할 수 있는 속성, 맛, 착용 가능성, 확실성 등의 특성을 말한다.

3. 서비스 품질 향상방안

좋은 품질은 높은 고객만족을 유발, 반복구매를 촉진하고, 신규고객을 창출하여 시장점유율을 증대시킨다. 또한 좋은 품질을 유지하는 기업은 낮은 품질로 야기되는 실패비용을 절감하게 하여 기업의 수익성을 증대시킬 수 있다.

그러나 서비스 품질이 나빠지는 기업 내부의 요인을 분석해 보면 서비스는 노동집약적이어서 표준화되기가 어려우며, 직원에 따라 서비스의 편차가 매우 크게 나타난다. 직원에 대한 부적절한 서비스는 서비스 품질의 직접적인 문제가 되는 것이다. 그리고 고객을 수치로 보거나 단기적인 기업 이익에 급급하다 보면 고객의 입장을 도외시하여 서비스 품질이 급격히 저하되는 경향이 있다.

→ 서비스 품질의 개선방안

서비스 품질의 개선은 고객에게 서비스 품질의 중요한 결정요소를 파악하는 것에서부터 출발한다. 서비스 품질은 고객이 지각하는 것이다. 서비스 품질은 일련의 서비스 접점, 즉 서비스 제공자와 고객 간의 상호작용에 의하여 생산된다.

서비스의 일부를 고객 스스로 수행할 수 있게 한다든지, 서비스 사용의 적절한 시기, 방법 또는 서비스가 수행되는 과정을 잘 설명해 줌으로써 고객의 지식을 증대시키는 것이 고객 만족을 증대시킬 수 있다.

지속적으로 높은 서비스 품질을 유지하기 위해서는 기업 문화 내에 품질 개념이 시스템으로 정착될 수 있도록 하여야 한다.

4. 서비스 품질과 종사원

서비스 종사원의 태도는 서비스접점의 중요한 요소로서 서비스 품질에 대한 고객지각에 영향을 주며, 고객의 가치지각과 고객만족, 더 나아가 조직성과에 영향을 미친다.

고객과 접촉하는 종사원은 기업과 고객을 연결하여 양자의 요구를 만족시켜야 하므로 종사원이 담당하는 직무에서 역할갈등을 느낄 때 서비스 조직은 이와 같은 역할갈등을 제거시켜야만 갭(GAP)을 감소시킬 수 있다.

→ 내부 마케팅

서비스 마케팅은 고객과 직접 접촉하여 서비스를 제공하는 직원과 고객 간의 '상호작용 마케팅'이며, 외부고객에게 서비스를 제공하는 내부고객인 종업원을 내부제품으로 인식하고 그들이 고객에게 최상의 서비스를 제공할 수 있도록 교육하고 지원하는 기업과 종업원 간의 '내부 마케팅'이다.

→ 서비스 종사원의 역할모호성

서비스 종사원의 역할에 대한 갈등은 개인이 역할과 관련된 충분한 정보를 가지고 있지 못할 때, 즉 성과에 대한 기대를 분명히 모르거나, 기대를 충족시킬 방안을 모르거나, 직무행위의 결과를 모를 때 발생한다.

서비스 종사원의 역할 모호성의 발생원인을 보면 서비스 표준이 없을 때, 우선순위 없이 너무 많은 표준이 존재할 때, 서비스 표준이 제대로 커뮤니케이션되지 못했을 때, 서비스 표준이 평가 및 보상시스템과 연결되어 있지 않을 때 나타난다.

조직 내에서 원활한 의사소통, 권한 위임, 학습조 활동, 교육훈련 등을 통해 서비스 종사원의 역할을 분명히 확립하면 역할모호성은 해소될 수 있다.

제5장 CS 평가 조사

학습내용

1. 고객 만족도 측정 방법
2. CS 평가 시스템 구축
3. CS 평가 결과의 활용
4. 고객 만족도 향상 전략
5. 고객 충성도 향상 전략

학습목표

1. 고객만족도 측정 방법을 이해하여 활용할 수 있다.
2. 고객만족지수(CSI)에 대하여 정확히 이해하고 실제 측정할 수 있다.
3. CS 평가시스템을 이해하고 스스로 구축할 수 있다.
4. 고객만족도 향상을 위한 전략을 수립할 수 있다.

1. 고객만족도 측정 방법

→ 고객만족과 고객만족도

고객만족이란 인지적 상태의 관점에서 보면 구매자가 치른 대가의 보상에 대한 소비자의 판단이다. 고객만족을 고객의 평가로 보는 관점에서 보면 고객이 욕구 및 요구를 충족시키는 정도에 대한 평가이다.

고객만족도란 고객의 만족도를 측정하여 시간의 경과에 따라 비교할 수 있도록 한 것으로, 고객의 다양한 욕구에 대하여 고객이 기대한 만큼 기업이 어느 정도 충족시키고 있는가를 객관적인 평가를 통해 지표화하는 것이다.

→ 고객만족지수(CSI)

고객만족지수는 현재 생산, 판매되고 있는 제품 및 서비스의 품질에 대하여 해당 제품을 직접 사용해보고 이 제품과 관련된 서비스를 받아 본 고객이 직접 평가한 만족 수준의 정도를 모델링에 근거하여 측정, 계량화한 지표이다. 이는 전반적인 만족도, 사전기대에 대비한 만족도, 이상적 서비스 대비 만족도의 가중 평균으로 나타낸다.

➔ 고객만족지수 측정의 필요성

일반적으로 CSI의 측정의 목적은 고객만족도의 수준을 파악하고, 이의 변동성을 관리함으로써 고객의 유지율을 제고하는 데 있다. 그리고 고객만족지수는 서비스 품질을 개선하기 위한 기업내부의 프로세스 개선의 지표가 된다.

CSI 측정의 필요성은 다음과 같다.
- 자사의 경쟁 관련 품질성과의 연구
- 자사 및 경쟁사의 고객충성도 분석
- 고객기대가 충족되지 못하는 영역 평가
- 고객의 제품 및 서비스 가격 인상의 허용 폭 결정
- 경쟁사의 고객만족 강 · 약점 분석
- 잠재적인 시장진입 장벽 규명
- 효율성 평가 및 불만해소의 영향 분석
- 고객유지율의 형태로서 예측된 투자수익률(ROI) 예측

➔ 고객만족도 측정의 3가지 원칙

고객만족도 측정의 원칙에는 계속성의 원칙, 정량성의 원칙, 정확성의 원칙 세 가지가 있다.
- 계속성의 원칙 : 고객의 만족도를 과거 · 현재 · 미래와 비교할 수 있도록 하는 것이다.
- 정량성의 원칙 : 항목별로 정량적 비교가 가능하도록 조사하는 것이다.
- 정확성의 원칙 : 정확한 조사와 정확한 해석을 가능하게 하여야 한다.

➔ 고객만족 측정 모형

NPS(Net Promoter Score : 순 추천 고객지수)

베인 컨설팅(Bain Consulting)이 2004년 하버드비즈니스 리뷰에 처음 소개한 NPS(Net Promoter Score)는 어떤 기업이 충성도 높은 고객을 얼마나 보유하고 있는지를 측정하는 지표이다.

NPS는 "당신은 우리 회사를 다른 사람에게 추천할 의사가 있습니까?" 라는 질문을 통해 적극적인 추천고객과 부정적인 비추천고객으로 구분하여, 응답자 중 추천 고객에서 비추천 고객을 뺀 응답자 비율을 말한다.

추천고객일수록 비추천고객에 비해 더 많이, 더 자주 구매를 하며, 자신의 만족을 주변에 적극적으로 퍼트리는 충성고객이 되어, 기업의 이익실현에 기여하게 된다.

ACSI(American Customer Satisfacton Index)

미시간 대학의 클라스 포넬(Claes Fornell) 이 개발한 지표이다. 고객만족의 선행변수로 지각된 전반적인 품질과 고객의 기대가 지각된 가치에 영향을 미쳐 고객만족으로 이어지기 때문에 소비자의 불만은 감소하고 고객충성도는 증가한다는 것이다.

KCSI

우리나라 산업의 상품과 서비스에 대한 고객들의 만족 정도를 수치로 나타낸 지수를 말한다. 한국능률협회컨설팅이 1992년부터 매년 발표하며, 해외의 고객만족도를 참조해 자체적으로 만든 이 지수는 경제의 양적 성장을 나타내는 국민총생산(GNP)이나 국내총생산(GDP) 등의 생산성 지표와는 달리 국가 산업의 질적 성장을 평가하는 지표로 사용된다.

 이 지수는 우리나라 전체 산업의 만족수준을 나타내는 한국산업의 고객만족지수, 이를 구성하는 각 산업부문 고객만족지수, 개별산업 고객만족지수, 개별기업 고객만족지수 등 총 4개의 계층구조로 되어 있다.

2. CS 평가시스템 구축

→ CS 평가시스템

CS 평가시스템이란 고객만족에 기여한 내부 경영활동의 과정과 결과를 고객 관점에서 평가하는 기법이다. 이는 고객의 서비스 만족도를 측정하는 것은 물론, 일상의 경영활동 속에서 고객만족을 위해 노력하는 기업의 경영활동에 대한 평가를 할 수도 있다.

→ CS 평가시스템의 필요성

CS 평가시스템의 필요성은 평가시스템을 통해 CS를 조직문화로 정착하고 실천을 유도하고자 할 때, 혹은 매출성과와 효율성 위주의 기존 평가에 고객관점의 평가요소를 반영하고자 할 때, 그리고 CS에 대한 원인, 과정, 결과 등을 체계적으로 관리하여 서비스 개선을 기하고자 하는 경우에 필요하다.

→ CS 평가시스템의 프로세스

- 1단계 : 고객요구의 정의(고객, 고객 요구)
- 2단계 : 고객 조사(내부고객, 외부고객, 협력고객)
- 3단계 : CS 평가지표 개발(CS 지표)
- 4단계 : CS 평가 실행체계 구축(실행전략)
- 5단계 : 실행(목표설정, 활동전개, 평가 및 보상)

3. CS 평가 결과의 활용

평가의 결과가 서비스 개선에 활용되기 위해서는 무엇보다도 올바른 CSI의 측정이 중요하다. 고객만족도의 평가 결과가 산출되면 그 결과의 분석이 이루어져 고객만족에 영향을 미치는 구체적인 원인과 실행방안을 도출하여야 한다.

결과로 나타난 지표에는 고객의 불평과 충성도가 나타나 있다. 결과 지표 개선을 위한 활동을 설계하여 서비스 개선으로 이어져야 할 것이다.

→ CS 평가 결과의 활용

CS 평가 결과는 고객의 인지 가치 및 요구를 파악할 수 있으며, 고객의 만족 정도를 측정할 수 있다.
고객의 만족 정도 측정결과에 대한 활용과 조직 내 피드백을 얻을 수 있다.
고객만족평가 시스템 업그레이드 및 관리를 지속적으로 활용할 수 있다.

4. 고객만족도 및 고객충성도 향상 전략

→ 고객만족도와 고객충성도

고객만족도란 기업이 제공한 서비스에 대한 고객의 인식과 기대치 간의 차이를 말한다. 고객충성도는 고객만족의 개념보다 포괄적인 개념으로서 기업이 지속적으로 고객에게 탁월한 가치를 제공해 줌으로써 그 고객으로 하여금 해당 기업이나 브랜드에 호감이나 충성심을 갖게 하여 지속적인 구매활동이 유지되도록 하는 것이다.

→ 고객의 소리(VOC : Voice OF Customer)를 통한 고객관리

VOC란 고객의 소리에 귀를 귀울여 그들의 욕구를 파악하고 이를 수용하여 경영활동을 함으로써 고객만족을 추구하는 제도이다.

기업에서는 경영활동의 하나의 제도로서 고개만족을 위한 VOC시스템을 구축하여야 한다. 즉, 고객이 쉽게 의견을 제시할 수 있는 창구를 개설하고, 체계적인 고객의 소리를 수렴하여 분석하고, 이를 신속히 해당 부서에 피드백하여 문제를 해결하여야 한다. 처리 결과를 고객에게 통보하는 것은 물론, 내부 경영활동에 반영하여야 한다.

→ 고대 안암병원의 VOC 사례

고려대 안암병원은 VOC System을 가동하여 고객서비스 만족을 위한 친절병원으로 도약하고 있다.

안암병원은 VOC System을 설치 운영하면서 병원을 찾는 환자 및 내원객 등의 불편 및 칭찬 사항 등을 고객소리함, 전화, 인터넷, 현장질문 등을 통해 접수하면 병원에서 즉시 해당 문제를 개선 조치하고 있다. 또 고객의 다양한 의견을 병원경영에 반영시켜 고객만족 서비스를 강화해 고객중심의 경영활동 활성화를 도모하고 있다.

VOC System은 각종 VOC 채널을 통해 고객의 요구가 수집되면 각종 고객정보를 축적 및 통합한 후 이를 분석하는 것이다. 이를 통해 진료서비스 개선 및 개발에 적극 활용할 수 있을 뿐만 아니라 환자 및 내원객의 요구를 통계분석을 통해 파악할 수 있어 CRM차원에서도 유용하다.

안암병원은 고객의 제안이 병원운영에 적극 반영될 수 있도록 원내 27개소에 설치된 고객소리함을 비롯하여 인터넷, 설문지 등을 통해 각종 개선사항을 접수 받고 있으며, 매달 친절직원을 추천 받아 포상하고 있다.

또한 고객만족을 넘어 고객감동을 실현하기 위해 정보수집 경로의 다양화를 꾀하는 한편, VOC 채널을 통해 접수된 통계자료를 DB로 구축함으로써 다양한 분석과 예측이 가능토록 "통합관리 운영 VOC 프로그램"을 활용하고 있으며, 국내 대학병원 최고의 수준으로 평가받고 있다.

VOC 시스템은 환자가 쉽게 의견을 제시할 수 있는 경로를 제공하여 체계적으로 고객의 소리를 분석한 후 각 부문에 신속한 피드백을 통한 문제해결이 가능한 고객감동 관리체계이다.

의료시장이 개방됨에 따라 병원의 경쟁력 제고의 필요성이 제기되고, 보건복지부 등을 통한 의료기관의 평가가 고객들의 병원 선택 기준이 되는 만큼, 친절 서비스 및 고객만족도 향상을 위한 병원의 지속적인 노력은 꾸준히 필요하다.

➔ 고객충성도의 분류

라파엘(Raphael)과 레이퍼(Raphe)는 고객충성도를 고객에게 초점을 맞추어 단계적으로 다음과 같이 분류하였다.

- 1단계(예비고객) : 특정 제품이나 서비스의 구매에 관심을 보일 수 있는 계층이다.
- 2단계(단순고객) : 특정 제품이나 서비스에 대해 관심을 가지고 적어도 한 번 정도 가게를 방문하는 계층이다.
- 3단계(고객) : 특정 제품이나 서비스를 빈번하게 구매하는 계층이다.
- 4단계(단골고객) : 특정 제품이나 서비스를 정기적으로 구매하는 계층이다.
- 5단계(충성고객) : 지속적인 구매는 물론, 주변 사람들 누구에게나 특정 제품이나 서비스에 대한 칭찬과 추천을 아끼지 않는 계층이디.

➔ 고객충성도 향상 정략

고객충성도를 높이기 위해서는 철저한 고객관리로 개별 고객의 기호와 특성을 찾아내고 서비스의 차별화를 기하여야 한다. 그리고 꾸준히 우량고객을 발굴하고, 단골고객에게 우선 혜택을 주는 등 서비스 경쟁력을 제고를 위해 노력하여야 한다.

이제는 단순히 상품만의 판매가 아닌 다양한 정보제공 및 이벤트 등이 필요하며, 정보화 사회에 맞게 고객정보의 데이터베이스화, 매출정보 이외에 고객의 특성 관리, DM, 이메일, SNS 등의 활용이 요구된다.

→ 고객충성도

일반대중 ➡ 잠재고객 ➡ 고객 ➡ 단골고객 ➡ 평생고객 ➡ 충성고객

→ 고객충성도 4가지 유형

- 비충성 : 가격과 시간이 맞으면 어느 곳에서나 구매
- 타성적 충성 : 낮은 반복 구매, 동네 주유소 이용 등
- 잠재적 충성 : 높은 수준의 선호도, 상황적 요소에 따라 결정
- 최우량 충성 : 높은 수준의 애착, 반복 구매, 추천고객

→ 충성고객과 수익 창출(베인&컴퍼니)

- 기본수익 발생 : 지속적 구매
- 추가수익 발생 : 교차 구매, 추가 구매
- 비용절감 : 고객 1명 이탈방지 신규고객 확보비용의 80%
- 신규 고객 확보 : 신규고객 1명 추가비용의 20%
- 프리미엄 충성 : 가격의 변동에도 이탈하지 않음

→ 고객이탈, 비활동 고객

불만족 고객의 4%만 고충을 판매사에 전달, 96%는 이탈, 91%는 다시 돌아오지 않는다.
- 불만사항이 있으나 표현하지 않고 재구매 의향률 : 약9%
- 불판표현하고 결과에 상관없이 재구매하는 의향률 : 약 19%
- 자신이 문제가 잘 해결된 고객들의 재구매 의향률 : 약 54%
- 자신의 문제가 아주 신속하게 해결된 경우 재구매 : 약 82%

제6장 CS 컨설팅

학습내용

1. 서비스 품질관리 컨설팅
2. CS 트렌드
3. CS 플래닝
4. CS 우수사례 벤치마킹

학습목표

1. 서비스 품질의 Gap모델 분석을 이해하고 이를 실무에 적용할 수 있다.
2. 고객만족의 트랜드를 이해하고 이를 실무에 응용할 수 있다.
3. 고객만족의 우수사례를 연구하고 벤치마킹한다.

1. 서비스 품질관리 컨설팅

➜ 서비스 갭(GAP)

고객이 안고 있는 기대와 지각의 일치 또는 불일치에 의하여 품질이 평가되며, 기대와 지각의 차를 갭(GAP)이라 한다. 서비스 품질은 고객 개개인이 인지하는 것이기 때문에 품질개선을 위해서는 이 차이를 해소해야 하는 것이다.

➜ SERVQUAL의 5가지 GAP모델

GAP1 촉진차이(과도한 기대수준 형성)

고객의 기대를 기업이 재대로 파악하지 못할 때 발생하는 차이이다.

이는 마케팅 조사에 대한 이해의 부족이나 경영층과 고객 간의 상호작용의 결여 등으로 발생하게 되는데, 실현 불가능한 판촉활동, 과장 광고 등을 예로 들 수 있다.

서비스 품질 개선을 위해서는 마케팅 조사의 방법을 개선하고, 직원과 고객의 상호작용 강화, 조직의 관리 단계를 축소하여 커뮤케이션이 활성화되도록 하는 것이 필요하다.

GAP2 이해차이(고객욕구에 대한 오해)

서비스 품질 표준이 잘못 되어, 고객의 욕구와 우선순위 파악의 불일치로 발생하는 차이이다.

이는 서비스 품질에 대한 경영자의 이해 부족과 서비스 업무의 표준화 결여로 나타난다.

서비스 품질 개선을 위해서는 고객 중심의 서비스 품질 목표를 설정하고, 새로운 설계에 의한 서비스 업무의 표준화가 필요하다.

GAP3 과정차이(부적절한 업무과정)

서비스 명세와 실제 서비스 제공 간의 차이로, 운영 절차나 체계가 고객 기대에 못 미쳐 발생하는 차이이다. 즉, 서비스 수행의 차이이다.

이는 서비스 역할 모호성이나 업무에 적합하지 않는 종업원 및 부적합한 관리감독 시스템 등으로 발생한다.

서비스 품질 개선을 위해서는 서비스 역할 모호성을 해소하여야 하며, 종업원의 교육훈련, 권한위임, 팀워크 형성, 관리감독 시스템의 개선 등이 필요하다.

GAP4 행동차이(종업원 교육훈련 부족)

서비스 전달과 외부 커뮤니케이션의 차이로, 약속이 실제 상품과 맞지 않는 것으로 서비스 제공 약속이 제대로 지켜지지 않는 차이로, 직원이 서비스 절차대로 충분히 훈련되지 않아 발생한다.

이는 서비스 커뮤니케이션이 부족 또는 부적합하거나, 고객의 기대를 효과적으로 관리하지 못하여 발생한다.

서비스 품질 개선을 위해서는 고객과의 약속을 정확히 하여야 하며, 고객의 기대에 대한 효과적인 관리가 요구된다.

GAP5 인식차이(고객과 기업의 인식차이)

고객의 기대된 서비스와 인식된 서비스가 일치하지 않을 때 발생한다. 한번 이탈하면 돌아오기 어려운 것이 고객이다.

이는 GAP1에서 GAP4까지의 함수로 나타난다.

서비스 품질 개선을 위해서는 GAP1에서 GAP4까지의 모든 요인을 해소하고 차이를 줄여야 하는 것이다.

→ GAP모형 분석

GAP1 고객이 기대하는 바를 기업에서 알지 못할 때

원인	해결방안
• 경영자가 고객 기대 파악 실패 • 상향식 커뮤니케이션 결여 • 지나친 계층구조	• 고객의 기대 조사 • 커뮤니케이션 통로 마련(상향식) • 조직의 관리단계 축소

GAP2 고객의 기대를 반영하지 못하는 품질기준을 명기할 때

원인	해결방안
• 관리자의 의지 결여 • 고객기대 실행가능성 인지결여 • 서비스업무 표준화 결여 • 목표설정 결여	• 최고경영자의 마인드 • 서비스 품질 목표 설정 • 서비스 업무 표준화 • 고객기대 실행가능성 인식

GAP3 서비스의 실제 성과가 서비스 명세서와 일치하지 않을 때

원인	해결방안
• 역할모호성 및 역할갈등 • 업무에 적합하지 않은 종업원 • 감독 통제시스템 부적절 • 팀워크 결여	• 교육훈련, 피드백, 커뮤니케이션 • 접점근무자들에게 권한위임 • 팀워크 형성 • 종업원 직무적합성 보장 • 경영통제시스템

GAP4 마케팅단계에서 약속한 수준을 서비스성과가 따르지 못할 때

원인	해결방안
• 커뮤니케이션 부족 또는 부적합 • 커뮤니케이션 중에 지나친 약속	• 수평적 쌍방향 커뮤니케이션 증대 • 과대한 약속의 유혹 탈피

GAP5 고객의 기대된 서비스와 인식된 서비스가 일치되지 않을 때

원인	해결방안
• GAP1 • GAP2 • GAP3 • GAP4	GAP1, 2, 3, 4를 줄여야 함

→ 고객의 서비스 기대모델

고객의 서비스 기대는 크게 3가지 수준, 즉 희망 서비스, 허용영역, 적정 서비스로 구성된다.

희망 서비스

희망 서비스는 가장 이상적인 서비스 기대수준으로 소비자가 원하는 바람직한 서비스 수준을 말한다.

적정 서비스

적정 서비스는 고객이 불만 없이 받아들일 만한 최소한의 허용 가능한 기대수준을 말한다.

허용영역

허용영역은 희망 서비스 수준과 적정 서비스 수준 사이의 영역으로 사각지대이다.

→ 서비스기대의 영향 요인

기대 서비스에 영향을 미치는 요인으로는 개인적 욕구, 관여도, 과거의 경험, 서비스 철학 등의 내적 요인과 경쟁적 대안, 사회적 상황, 구전 등의 외적 요인이 있다. 그리고 기업 요인으로서 광고, 기업이미지 등이 있으며, 상황적 요인으로서 구매동기, 고객의 기분, 시간적 제약, 날씨 등이 있어 이러한 요인들에 의해 영향을 받는다.

→ 서비스 품질향상을 위한 노력

서비스 품질향상을 위한 노력으로 고객기대에 대한 이해와 경청, 신뢰성, 기본적 서비스, 서비스 디자인, 회복(불평 불만), 고객감동, 공정, 팀워크, 구성원 연구조사, 봉사자 지도력 등이 요구된다.

2. CS 트랜드

소비자 트랜드란 비슷한 또는 전혀 유사성이 없는 대다수의 소비자들이 어떠한 현상을 쫓는 추세를 말한다. 결국 소비자의 트랜드에 맞추어서 마케팅을 해야 소비자들이 그 제품을 구매하게 되는 것이다.

소비자트랜드라는 것은 결국 고객의 니즈(Needs)와 어느 정도 부합한다고 할 수 있으며, 그 니즈에 맞추어 마케팅 전략을 구사해야 하는 것이다.

마케팅에 있어서 최근의 동향(트랜드)을 비교적 상징적으로 나타내주는 마케팅 기법을 몇 가지 보면 다음과 같다.

One Source Multi Use/OSMU 마케팅

하나의 컨텐츠를 영화, 게임, 음반, 애니메이션, 캐릭터 상품, 장난감, 출판 등의 다양한 방식으로 판매해 부가 가치를 극대화시키는 마케팅 방식이다. 예를 들면, '해리포터'의 경우 소설, 영화 및 게임 등으로 확산되는 방식이다.

Collaborate 마케팅

협력 마케팅이라고 할 수 있다. 고객의 소리를 듣고 제품에 반영하는 마케팅 기법, 즉 협력 마케팅에서는 상품의 기획 개발 단계에서 최종 생산 단계에 이르기까지 기업이 소비자와 협조하고 지식을 공유해 소비자의 참여를 높이고, 맞춤 제품 등을 공급해서 로열티 높은 고객층을 구축하려는 마케팅 기법을 말한다.

Flash Mob 마케팅

Flash Mob을 활용한 마케팅이다. Flash Mob이란 e-mail 연락을 통해 특정한 날과 시간, 장소에 모여 10여분이 채 안된 시간에 약속된 간단한 행동을 한 뒤 뿔뿔이 흩어지는 모임을 뜻하는 신조어이다.

Pandora 마케팅

고객으로 하여금 궁금증을 유발시켜 기업이 원하는 소비자 행동을 유발시키는 마케팅 기법이다. 사전에 알리지 않는 경품 제공과 광고 내용의 일부를 명확히 밝히지 않고 궁금증을 갖게 하는 Teaser 광고, 마이클럽의 '선영아, 사랑해!', 네오위즈가 '피망' 오픈 시 펼친 이벤트, '문대성 한 판 붙자', '안나오면 쳐들어간다' 등이 그 대표적인 예이다.

Chasm 마케팅

주로 첨단 기술 제품 또는 혁신 제품 관련 신제품이 선보이는 초기 시장(initiation market)과 시장 내 대부분의 소비자가 위치하고 있는 주류(主流) 시장(mainstream market) 사이에 존재하는 캐이즘을 성공적으로 뛰어 넘고자 하는 데 사용되는 마케팅으로 주로 첨단 기술 관련 제품에 많이 사용된다.

Fun 마케팅

고객과 종업원에게 즐거움과 엔터테인먼트(entertainment) 가치를 높일 수 있도록 디자인되는 하이터치 마케팅을 말한다. 인간의 감성, 오감, 즐거움에 소구하는 감성 마케팅, 체험 마케팅 및 Fun 마케팅을 하이터치 마케팅으로 분류하기도 한다.

숫자 마케팅

제품명과 광고에 숫자를 사용하는 마케팅 방식을 말한다. 특별한 날들을 마케팅에 활용하는 판매 방식인 Day 마케팅도 마찬가지이다.

Behind 마케팅

소비자들에게 색, 소리, 향기, 온도/날씨, 구전, 심리 등을 이용해 물리적, 정신적으로 은밀하게 접근하여 제품이나 서비스를 구매하게 하는 다양한 판매 전술 활동을 의미한다.

Ambush 마케팅

기습 마케팅이라고 한다. 특정의 Event나 행사의 스폰서나 후원회사가 아님에도 소비자들에게 자사가 마치 스폰서인양 광고 활동 등을 펼치는 교묘한 마케팅 기법이다.

체험 마케팅

기존 마케팅과는 달리 소비되는 분위기와 이미지나 브랜드를 통해 고객의 감각을 자극하는 체험을 창출하는 데 초점을 맞춘 마케팅을 말한다.

➜ 서비스 트랜드 전략

고객이 라이프스타일을 중심으로 하는 다양한 변화의 움직임을 경영과 마케팅 환경 등에 접목하는 것이며, 특출한 정보력과 분석력 및 상상력으로 아이디어를 창출하는 것을 말한다.

이제 기업은 고객지향 사고로 제품 및 서비스 차별화는 물론, 글로벌 마인드로 신흥시장의 진출을 확대해 나가야 할 것이다. 창의적 사고로 신성장 동력산업을 찾아야 할 것이며, 기업의 사회적 책임을 중시하여 사회봉사와 환경보전 활동을 꾸준히 하며, 노동공급의 감소, 인재확보의 경쟁이 심화할수록 일과 삶의 균형을 추구하는 전략이 필요하다. 이것이 바로 기업문화 혁신의 트랜드를 따라가는 것이다.

3. CS 플래닝

→ CS 플래닝

CS 플래닝이란 고객의 니즈와 변화를 포착해 상품을 만들고 효과적인 커뮤니케이션으로 고객의 구매를 이끌어 내기 위해 준비하고 계획하는 일련의 과정 전체를 말한다.

→ CS 플래닝의 절차

- 1단계 : 목표 설정
- 2단계 : 환경 분석
- 3단계 : 목표 달성을 위한 전략 수립
- 4단계 : 전략의 실행을 위한 구체적 방안 마련
- 5단계 : 실행 및 재검토

→ 휴렛팩커드의 10단계 고객 마케팅 플래닝 프로세스

- 1단계 : 고객의 니즈를 읽어라
- 2단계 : 표적시장을 분명히 하라
- 3단계 : 핵심 성공요소를 찾아라
- 4단계 : 비전과 목표를 세워라
- 5단계 : 솔루션을 개발하라
- 6단계 : 고객을 사로잡는 전략을 세워라
- 7단계 : 세일즈와 서비스를 계획하라
- 8단계 : 내부 자원을 준비하라
- 9단계 : 실행계획을 세워라
- 10단계 : 내부고객을 참여시켜라

4. CS 우수사례 벤치마킹

→ 벤치마킹

벤치마킹이란 어느 특정분야에서 우수한 상대를 표적 삼아 자기 기업과의 성과 차이를 비교하고 이를 극복하기 위해 그들의 뛰어난 운영 프로세스 등을 배우면서 부단히 자기혁신을 추구하는 기법이다.

벤치마킹은 뛰어난 상대에게서 배울 것을 찾아 배우는 것이다. 벤치마킹은 기본적으로 측정 프로세스이나, 이러한 측정 프로세스는 결과적으로 상대방의 성과를 비교하는 데만 그치는 것이 아니라, 상대방의 우수한 성과가 어떻게 도출되었는가 하는 방법론적인 노하우까지도 비교대상으로 삼는다. 즉 벤치마킹 활동의 결과물로는 상대적인 성과의 비교 뿐 만이 아니라 우수한 성과를 가져오게 된 동인(enabler)도 분석하여 제시되어야 한다.

벤치마킹 기법을 활용한 경영혁신의 추진은 일반적으로 적용분야의 선정, 상대의 결정, 정보 수집, 성과 차이의 확인 및 분석, 결과의 전파 및 사내 공감대형성, 혁신계획의 수립, 실행 및 평가의 순으로 진행되며 성공적인 활용을 위해서는 적용분야, 상대, 성과측정지표, 운영 프로세스라는 벤치마킹의 4가지 구성요소에 대한 명확한 이해가 필요하다.

→ 잭 웰치의 벤티마킹 전략

잭 웰치는 GE사가 많은 아이디어를 다른 기업으로부터 벤티마킹하였다는 점을 인정하였으며, 이를 결코 창피스럽게 생각하지 않는다고 밝혔다. 그는 GE가 어떤 문제를 해결해야 할 시간이 왔다고 결정하면, 너무 늦게 아이디어를 제안한 것은 아닌지, 혹은 누가 이미 수년 동안 비슷한 아이디어를 활용해온 것은 아닌지에 대해서는 신경을 쓰지 않았다. 오직 그 아이디어가 GE에 도움이 되냐 아니냐에만 신경을 썼다.

"더 좋은 아이디어를 표절하라. 그것은 합법적이다. 학습하는 문화를 만들어라. 오늘 우리가 생각할 수 있는 것에 대해서는 분명 어딘가에 더 좋은 생각을 가지고 있는 사람이 있을 것이다"

"자신이 모든 답을 다 가지고 있지 못하다는 사실을 구성원들이 스스로 인식하도록 만드는 것이 회사를 경영하는 가장 좋은 방법이다. 중요한 것은 바로 그 어딘가에 답을 찾는 것이다. 일단 찾으면 빠른 시간 내에 실행에 옮긴다."

→ 리츠칼튼 호텔의 개별서비스

호텔 방문고객의 취향, 기호, 특성을 파악하여 데이터베이스화하고, 그 기록을 공유함으로써, 재방문 시 그에 맞는 서비스를 개별적으로 제공하는 서비스 경영기법이다.

데이터 베이스를 활용하여 고객의 소비동향을 주시함으로써 관계를 형성하고자 하는 고객 개개인의 소비성향을 정확히 파악한다. 고객과의 관계구축은 고객 식별 능력으로 발전되는데 이것은 개별화된 서비스로 연결된다.

호텔의 단골 고객들은 거래의 대가로 고품질의 서비스와 대우를 원하는 바, 과일 바구니, 샴페인 서비스, 고객 취향의 일간지 제공 등 개별화된 고객 서비스를 제공하는 것은 단골 고객과의 지속적인 커뮤니케이션이 이루어지고 있다는 것을 말한다. 지속적인 커뮤니케이션은 고객과의 관계 형성 및 발전에 중요한 요소인 것이다.

제 7 장 CS 혁신 전략

학습내용

1. 고객분석 및 기획
2. 고객 경험 이해 및 관리
3. 고객 가치 대인 전략
4. 고객 관리 활동 모델
5. CS 성과향상 전략 스킬
6. CS 전략 수립 사례 분석

학습목표

1. 고객 분석의 절차를 이해하고 고객 욕구의 형태를 설명할 수 있다.
2. 소비자 행동을 이해하고 소비자 행동에 영향을 미치는 요인들을 설명할 수 있다.
3. 고객 가치 대인전략의 의미를 이해하고 활용할 수 있다.
4. 고객관리 활동 모델을 설명할 수 있다.
5. 성과향상을 위한 전략을 이해하고 수립할 수 있다.

1. 고객분석 및 기획

→ 고객분석

고객분석은 고객의 구매행위에 대해 시장 특성, 구매의사결정 형태, 구매의사결정에의 참여자, 구매의사결정에 영향을 주는 요인, 구매과정 등을 분석하는 것이다.

고객은 제품에 대한 충성도에 따라 5단계로 나눌 수 있다. 이는 고객의 단계적 변천과정에 따른 것이다.

제1단계: 인지고객

이 단계의 고객은 제품에 대한 인지정도가 고작이다. 브랜드이름을 들어보았거나, 제품을 사용하는 사람들이 얘기하는 것을 들은 정도이다. 하지만 고객관리차원에서는 그리 중요하지 않는 단계일지는 모르지만, 마케팅에 있어서는 가장 기본적인 대상이 될 것이다. 인터넷에서 스팸메일을 사용해서라도 제품의 홍보에 열을 올리는 것도 그 이유이다. 마케팅의 프로모션 기법들이 가장 많이 대상으로 삼고 있는 단계이기도 하다.

제2단계: 잠재고객(실명고객)

실명고객은 제품에 대한 구매는 일어나지 않았지만 제품에 대한 관심표명과 함께 실명이 드러난 고객을 일컫는다. 이는 고객에 대한 접촉시도로 이루어지기 때문에 이미 접촉이 된, 즉 접촉고객이라 부르기도 하고, 구매로 발전할 수 있기 때문에 잠재고객으로 부를 수도 있다. 실명고객은 제1단계에서의 마케팅 프로모션을 통한 접촉으로 실명고객이 되기도 하지만, 고객 스스로가 웹사이트를 통해 자신을 드러내기도 한다. 실명고객은 언제든지 경쟁사를 선택할 수도 있고, 실제로 구매보다는 정보수집을 위해 접촉을 시도하는 경우가 더 많다.

제3단계: 구매고객

제품을 구매한 고객이다. 고객은 여러 경로를 통해 제품에 대한 검토를 마쳤으며, 그 결과로 제품을 선택하여 구매한 것이다. 다시 경쟁사로 옮겨갈 확률은 적지만 고객관리를 제대로 하지 않는다면 언제든지 일어날 수 있는 일이다. 고객관리 즉 CRM이 가장 필요한 고객그룹이다.

제4단계: 단골고객(클럽고객)

이 단계의 고객은 이미 단순한 제품구매의 차원을 넘어서서 제품 또는 회사에 대한 긍정적인 반응을 보여주는데 서슴지 않는다. 핑클과 H.O.T.의 팬클럽 회원들은 단순히 음반을 구매하고 콘서트에 가는 수준을 넘어서서 노래와 가수의 홍보에 열을 올린다. 다른 경쟁가수의 팬클럽과의 결전도 불사하는 것이다.

제5단계: 충성고객(매니아)

매니아는 제품에 대한 구매는 물론 이를 적극 추천하는 고객이다. 매니아의 제품추천은 제품을 판매하는 영업사원보다도 훨씬 효과가 있을 뿐 아니라, 또 다른 매니아를 만들어 낼 수도 있을 것이다. 다단계판매에서 그 예를 많이 볼 수 있으며, 사이비종교의 광신도들도 유사한 종류이다. 제품에 대한 매니아 즉 고객관리의 최종 목표라고 할 수 있다.

→ 고객분석의 목적

고객분석의 목적은 고객의 관심을 파악하고, 제품 또는 서비스와 고객을 연결해 주는 채널을 관리하며, 고객의 취향을 탐지하고, 불만족고객을 만족고객으로 변환하는데 그 목적이 있다.

→ 표적마케팅(STP 전략 기법)

마케팅환경(거시적/미시적)과 시장(고객시장/경쟁상품시장)에 대한 분석을 통하여 고객의 이질성과 마케팅활동의 차별성을 파악해 광고전략 수립하고, 고객 간 또는 상품 간의 이질성을 파악하고 고객집단을 표적으로 하여 그들의 요구에 부합하는 개성 있는 상품으로 차별화된 표적마케팅을 수행한다. 이러한 표적마케팅을 수행하는 기업은 치밀한 시장분석을 필수적인 전제로 한다.

표적마케팅의 수행과정은 시장세분화(marketing segmentation), 표적시장 선정(targeting), 포지셔닝(positioning)의 세 단계로 구분한다.

표적마케팅의 첫 단계는 현 시장을 이해하는 시장세분화 단계이다. 이는 현 시장에 있는 경쟁상품의 마케팅 활동과 이에 대한 고객 반응의 이질성을 분석하고, 이들을 비교적 동질적인 세분시장(market segment)의 범주들로 묶어서 파악하는 단계이다. 시장세분화는 고객의 이질성을 분석하는 고객시장의 세분화(customer marketing segmentation)와 경쟁상품의 이질성을 분석하는 상품시장의 구조분석(product market structure analysis)을 포괄하는 활동이다

→ 표적시장의 세 단계

표적마케팅의 3단계	단계별 주요 활동
1. 시장세분화 단계	• 고객시장의 세분화 • 상품시장의 구조분석 • 필요 시 새로운 세분시장 개발 등 시장보완 전략수립
2. 표적시장 선정 단계	• 세분시장별 사업성 검토 • 표적세분시장의 선정
3. 포지셔닝 단계	• 포지셔닝의 목표 수립 • 포지셔닝을 위한 마케팅 전략수립 • 마케팅 차별화 전략 수행 및 목표달성

➜ 표적시장의 선정

세분시장 분석 후 표적시장을 선정하고, 각 표적시장에 적합한 마케팅활동을 전개해 가는 것이다.

표적시장의 선정은 비차별화 전략으로 고객의 욕구나 특성이 비교적 동질적인 시장에서 적용하는 전략이 있는가 하면, 기업의 목표달성에 적합한 표적시장에 집중하는 집중화 전략이 있다. 그리고 다수의 표적시장 선정한 후, 각 표적시장별로 차별화를 기하는 차별화 전략이 있다.

➜ 포지셔닝(Positioning)

브랜드의 포지셔닝(Positioning)이란 상표의 경쟁우위 특성을 선택하여 표적 고객의 마음속에 경쟁대안과 비교하여 분명하게 인식시키는 것이다. 자사브랜드의 이미지를 만들어 내거나, 이미 존재하고 있는 이미지를 강화할 목적으로 소비자의 마음속에 경쟁브랜드에 위치를 부여하는 방법인 것이다.

상품의 총수요가 성장하지 않고 경쟁이 점점 치열해지면 자연스럽게 경쟁이 발생하는 구체적 장소인 소비자의 마음 속에 분명한 경쟁우위를 차지하여 으뜸 브랜드가 되려는 마케팅 전략을 구사하게 된다. 브랜드의 포지셔닝은 바로 소비자의 마음 속에서 지속적인 경쟁우위를 차지하려는 것이 목표이다.

시장세분화 고려 요건
- Relevance : 구매행위와 태도
- Measurability : 시장의 크기
- Accessibility : 접근 가능성
- Substantiality : 수익성, 실질성
- Durability : 산업의 성숙도

2. 고객 경험 이해 및 관리

➜ 고객경험관리(CEM)

고객 경험이란 고객이 제품 및 서비스를 구매하기 전 전보 탐색 단계부터 구매 중, 구매 후 사용 단계까지의 제품, 서비스에 대하여 느끼는 인상, 즉 감각적 정보가 추가되어 인지되는 결과를 의미한다.

고객 경험관리는 제품이나 서비스에 대한 고객의 경험을 체계적으로 관리하는 프로세스를 말한다.

→ 고객의 경험사이클

탐색 / 구매 ➡ 배달 ➡ 사용 ➡ 보완 ➡ 유지 / 보수 ➡ 폐기 / 처분

→ 고객 경험 관리의 프로세스

고객의 경험과정 해부 ➡ 차별적 경험 디자인 ➡ 고객의 피드백 반영 ➡ 일관되고 통합된 경험 제공

3. 고객가치 대인전략(Personalization)

→ 고객가치

고객가치란 고객이 제공받은 효익과 그것을 얻는데 필요한 희생으로 나눈 비율을 말한다.

$$\text{고객가치} = \frac{\text{고객에게 제시된 결과물} + \text{과정상의 품질}}{\text{서비스 가격} + \text{서비스 획득비용}}$$

→ 고객평생가치

고객평생가치는 한 고객이 한 기업의 고객으로 조재하는 전체 기간 동안 기업에게 제공할 것으로 추정되는 재무적 공헌도의 합계를 말한다.

→ 대인전략(Personalization)

고객가치 대인전략은 고객의 니즈를 바탕으로 고객 개인의 특성, 기호에 맞는 정보를 제공하여 기업의 비즈니스적 가치를 증대시키는 활동이다.

대인전략은 '고객점유' 와 '고객과의 대화' 라는 개념에 대한 이해를 전제로 한다.

대인전략은 차별화된 서비스를 제공함으로써 고객의 충성도를 높이고, 고객관리 측면에서 기존의 고객 중 현재와 미래의 수익성을 고려하여 가치있는 우량고객을 추출할 수 있게 해준다.

4. 고객관리 활동 모델

- 1단계 : 가망고객 발굴활동(Prospecting)
- 2단계 : 신규고객 창출활동(Acquisition)
- 3단계 : 신규고객 관리활동
- 4단계 : 고객정보 수집 및 이해활동
- 5단계 : 고객가치 증대활동
- 6단계 : 우수고객 관리활동
- 7단계 : 고객불만 관리활동
- 8단계 : 고객이탈 방지활동
- 9단계 : 이탈고객 재유치활동

5. CS 성과 향상 전략 스킬

→ 고객만족경영에서의 환경 변화

고객만족경영의 환경은 변화하고 있다. 고객의 기대는 변화하며 낮아지지 않는다. 고객의 기대수준은 경험한 최고의 서비스, 친절, 품질 등에 의해 형성된다. 서비스 품질수준이 낮으면 불만고객이 되어 거래를 중단하는 경향이 있다. 고객만족은 고객 그리고 경쟁자들과의 속도 경쟁인 것이다.

→ 전략적 성과관리

전략적 성과관리란 조직의 성과와 개인의 성과 향상을 위해 조직 구성원이 수행해야 할 목표를 조직의 전략에 따라 설정된 조직목표에 의거하여 세우고, 목표를 달성하기 위한 과정을 관찰하고 지도하며, 성과결과를 목표와 대비하여 평가하는 총체적 과정을 말한다.

→ 성과관리의 내용

성과관리는 목표와 전략에 입각한 사업계획과 업무관리이며, 기관 활동의 성과에 대한 종합적이고 다양한 평가이다. 성과관리는 결과 측면에 초점을 둔 성과평가와 관리를 말하며, 성과

정보의 광범위한 활용과 동시에 관리수단과 요소에 대한 자율권을 확대하는 것이다.

→ 성과관리 전략의 요소

성과관리는 하드웨어적 요소로서 객장환경, 편의시설, 고객지원센터, 인테리어, 분위기 연출 등이 있으며, 소프트웨어적 요소로서 서비스 프로그램, A/S시스템, 고객관리시스템, 부가서비스 체계 등이 있고, 휴먼웨어적 요소로서 종업원의 서비스 마인드, 매너, 조직문화 등이 있다.

6. CS 전략 수립 사례분석

→ KTF 핵심전략

- 고객만족경영
- 끊임없는 기술혁신
- 기업가치 극대화를 위한 본질경영
- 이해관계자와의 신뢰경영
- 기업경쟁력의 근본을 강화하는 인재경영

→ 삼성에버랜드

- 고객만족 경영대상
- 종업원의 자발적 고객감동 서비스
- 철저한 고객만족 교육
- Drop curtain 제 : 영업장 정지
- Off stage제 : 불친절 종업원 바로 교육
- 미스터리 샤퍼제도
- 고객불만 예보제

CS전략론　제2과목

적중 예상문제

01 신규고객을 확보하기 보다 우량고객에게 서비스 질을 높이고 초점을 맞추는 마케팅으로 기존 고객의 이탈을 방지하고 제품이용도를 제고하여 이탈고객을 대상으로 거래단절의 원인을 분석하여 대책을 수립하는 마케팅은?

① 적소 마케팅
② 리텐션 마케팅
③ 로열티 마케팅
④ 감성 마케팅
⑤ 바이럴 마케팅

✍ 해설 리텐션 마케팅은 시장 점유율 보다는 시장 유지율을 높이는데 더 관심이 있으며 이탈 고객을 데상으로 거래단절 원인을 분석하여 대책을 수립하는 등 충성고객을 확보하려는 전략이다.

02 다음 중 서비스 회복 전략으로 보기 어려운 것은?

① 고객이 불만을 쉽게 토로할 수 있게 만든다.
② 불만족에 대한 적절한 대처방식을 디자인한다.
③ 불만처리에 대한 상황을 경영층에 전달하는 체계를 구축한다.
④ 재발의 방지를 위한 방안을 마련한다.
⑤ 서비스 담당자가 서비스 불만을 해결할 수 있도록 되도록 많은 권한을 위임해야한다.

✍ 해설 적합한 교육을 받은 종업원들과 적합한 기술을 배치한다. 서비스 담당자에게 서비스 불만을 해결할 수 있도록 필요한 권한과 기술이 제공되어야한다.

03 다음은 고객가치 모델에 대한 설명이다. 연결이 적절하지 못한 것은?

① 감각적 요인 – 고객이 오감으로 느낄 수 있는 감각적인 요인, 색조, 소리, 소음, 이웃의 소음, 청결, 분위기 등
② 절차적 요인 – 유통업의 경우 상품의 구색의 풍부함과 품질의 신뢰성 등
③ 인간적 요인 – 종업원의 접객태도, 다른 고객의 언동이나 복장, 고객 서비스 등
④ 정보 요인 – 고객이 서비스를 받는데 필요한 정보
⑤ 금전적 요인 – 지불하는 금액에 맞는 대우를 받는다는 느낌

✍ 해설 • 절차적 요인 – 고객이 서비스를 받는데 필요한 절차로 유통업의 경우 상품 구매, 결제절차, 배달절차, 사후관리 등 교통, 주차시설, 편의시설, 상품구색, 인테리어 등
• 감각적 요인 – 고객이 오감으로 느낄 수 있는 감각적인 요인, 색조, 소리, 소음, 이웃의 소음, 청결, 분위기 등
• 인간적 요인 – 종업원의 접객태도 , 다른 고객의 언동이나 복장, 고객 서비스 등
• 절차적 요인 – 고객이 서비스를 받는 데 필요한 절차로 유통업의 경우, 상품구매, 결제절차, 배달절차, 사후관리 등
• 정보 요인 – 고객이 서비스를 받는데 필요한 정보, 상품의 사후처리해결에 관한 정보, 상품의 배달 시간 등
• 제공물 요인 – 유통업의 경우 상품의 구색의 풍부함과 품질의 신뢰성 등
• 금전적인 요인 – 지불하는 금액에 맞는 대우를 받는다는 느낌

정답 01 ② 02 ⑤ 03 ②

04 다음은 고객 충성도 전략의 기법으로 1989년 할리데이비슨의 CEO로 취임한 Rich Teerlink 가 고객들의 커뮤니티를 지원하기 위하여 만든 프로그램은?

① HOG
② HOQ
③ TQM
④ BSC
⑤ SEM

05 다음 중 고객만족도 향상을 위한 요소로 휴먼웨어에 해당되는 것은?

① 기업의 이미지
② 고객지원센터
③ 조직문화
④ 고객관리시스템
⑤ 부가서비스

✎해설 고객만족도 향상을 위한 요소는 하드웨어적, 소프트웨어적, 휴먼웨어의 3요소로 나타낼 수 있다. 첫째, 하드웨어 부문은 기업의 이미지, 브랜드 파워, 매장의 편의시설, 고객지원센터, 인테리어, 분위기 연출 등을 말한다. 둘째, 소프트웨어 부문은 기업의 상품, 서비스 프로그램, A/S와 고객관리 시스템, 부가서비스 체계 등이 있다. 셋째, 휴먼웨어 부문은 기업에서 근무하고 있는 사람들이 가지는 서비스 마인드와 접객 서비스 행동, 매너, 조직문화 등을 말한다.

06 다음은 고객만족 만족도 평가에서 책임과 권한에 대한 설명이다. 연결이 바른 것은 무엇인가?

① 사장 – 고객 설문 조사 평가서 및 고객만족 평가서를 작성 보고할 책임과 권한이 있다.
② 품질관리 담당 부서장 – 고객에게 공급한 제품의 품질 부분에 대한 설문 조사를 실시할 책임과 권한이 있다.
③ 개발 담당 부서장 – 납기 및 가격부분에 대한 설문 조사를 실시하여 품질관리 담당부서에 통보할 책임과 권한이 있다.
④ 영업 담당 부서장 – 신제품 개발 부분에 대한 설문조사를 실시하여 품질관리 담당부서에 통보할 책임과 권한이 있다.
⑤ 개발 담당 부서장 – 고객 설문조사 평가서 및 고객만족 평가서를 승인할 책임이 있다.

✎해설 • 사장 – 고객 설문조사 평가서 및 고객만족 평가서를 승일할 책임이 있다.
• 품질관리담당부서장 – 고객설문조사평가서 및 고객만족평가서를 승인할 책임이 있다. 고객에게 공급한 제품의 품질부분에 대한 설문 조사를 실시 할 책임과 권한이 있다.
• 개발담당부서장 – 신제품 개발부분에 대한 설문조사를 실시하여 품질관리 담당부서에 통보 할 책임과 권한이 있다.
• 영업담당부서장 – 납기 및 가격부분에 대한 설문 조사를 실시하여 품질관리 담당부서에 통보할 책임과 권한이 있다.

07 다음 중 ___에 가장 적절한 것은?

> ________은(는) 현재 생산 판매되고 있는 제품 및 서비스 품질에 대해 해당 제품을 직접 사용해보고 이 제품과 관련된 서비스를 받아 본 고객이 직접 평가한 수준을 모델링에 근거하여 측정, 계량화한 지표를 의미한다.

① 고객 만족도　　　　　　　　② 고객의 니즈
③ 고객의 기대　　　　　　　　④ 브랜드 충성도
⑤ 고객 충성도

08 Lovelock의 서비스의 품질관리 구현시 유의할 사항으로 적절하지 않는 것은?

① 어려운 시기일수록 품질관리에 소요되는 비용의 증대를 회피하지 말아야한다.
② 과도한 기대도를 종업원이나 경영층이 갖지 않도록 유의해야한다.
③ 조급한 권력이양을 피해야 한다.
④ 결과 위주보다는 과정 위주에 초점을 맞추어야한다
⑤ 품질관리에서 중요한 목적은 측정되어져야 한다.

> ✎해설　Lovelock의 서비스의 품질관리 구현시 유의할 사항
> • 시간을 충분히 배려해야한다.
> • 과도한 기대도를 종업원이나 경영층이 갖지 않도록 유의해야한다.
> • 조급한 권력이양을 피해야 한다.
> • 종업원의 품질관리를 잘못 해석하지 않도록 해야한다.
> • 전계층이 참여하는 품질관리를 시도해야한다.
> • 어려운 시기일수록 품질관리에 소요되는 비용의 증대를 회피하지 말아야한다.
> • 고통과 이득을 종업원들과 공유해야 한다.
> • 과정 위주보다는 결과위주에 초점을 맞추어야한다.
> • 품질관리에서 중요한 목적은 측정되어져야 한다.
> • 생산성 증대를 추구하는 것보다 품질의 증대를 먼저 추구해야한다.

09 애프터서비스의 모든 품질차원의 요인들이 고객 불만해소에 영향을 주고 있으며 그 영향도는 서로 다르게 나타난다. 애프터서비스 품질차원의 요인들 중 영향도가 가장 높은 것은?

① 태도 및 행동　　　　　　　　② 서비스 처리시간
③ 전문성/기술　　　　　　　　④ 편의성
⑤ 정책

> ✎해설　애프터서비스 품질차원의 요인들 중 전문성과 기술, 태도와 행동, 정책, 편의성, 그리고 처리시간 순으로 영향도가 높은 것으로 나타났다.

정답　07 ①　08 ④　09 ③

10 품질경영 모델은 지금까지 전 세계적으로 개발된 혁신을 추구하는 경영방식, 제도, 기법 중에서 가장 종합적이고, 탁월한 경영혁신 모델이다. 다음 중 품질경영 모델의 핵심가치가 아닌 것은?

① 고객주도형 품질
② 최고경영자의 리더십
③ 전원참여와 능력개발
④ 지속적인 개선
⑤ 단기적 관점 중시

> ✎해설　품질경영 모델은 몇 가지 핵심가치를 기반으로 하고 있는데 이는 다음과 같다.
> - 고객주도형 품질
> - 최고경영자의 리더십
> - 전원참여와 능력개발
> - 설계 품질의 향상과 예방
> - 장기적인 관점 중시
> - 사실에 입각한 경영
> - 지속적인 개선
> - 사업경영성과 중시

11 성공한 서비스 회사들은 모두 일정한 형태의 순환 연결고리(체인)을 가지고 있다. 이들 서비스 기업의 공통점을 서비스 수익 모델(체인)이라 한다. 다음 중 공통점으로 보기 어려운 것은?

① 기업의 성장은 고객의 충성도에 연결된다.
② 고객의 만족은 고객이 느끼는 제품 가치에 연결된다.
③ 서비스 가치는 종업원의 생산성에 연결된다.
④ 종업원 충성도는 종업원의 만족에 연결된다.
⑤ 종업원의 만족은 업무생활의 내부 품질에 연결된다.

> ✎해설　초일류 서비스 조직으로 성장한 기업들의 공통점은 무엇이었는가?
> - 기업(병원)의 성장은 고객(환자)의 충성도에 연결된다.
> - 고객의 충성도는 고객의 만족에 연결된다.
> - 고객의 만족은 고객이 느끼는 서비스 가치에 연결된다.
> - 서비스 가치는 종업원의 생산성에 연결된다.
> - 종업원의 생산성은 종업원의 충성도에 연결된다.
> - 종업원의 충성도는 종업원의 만족에 연결된다.
> - 종업원의 만족은 업무 생활의 내부 품질에 연결된다.

12 사우스웨스트 항공이 만들어 낸 단거리 여행 시장은 전체 항공기 시장보다 더 큰 성장률을 보였다. 비싼 항공요금 때문에 자동차를 이용했던 사람들을 고객으로 만들어 새로운 시장을 개척하였다. 다음 중 이때 사용된 마케팅 기법으로 가장 적절한 것은?

① 일 대 일 마케팅(one to one Marketing)
② 데이터베이스 마케팅(Database Marketing))
③ 세분화마케팅(Segmentation Marketing))
④ 포지셔닝((Positioning)
⑤ 틈새시장(Niche Marketing)

> ✎해설　기존의 패러다임에서 사소한 것으로 간주되던 나머지 80%가 점점 더 중요해지는 것을 가리켜 롱테일(Long Tail)이라 한다. 시장의 중심이 머리에 해당하는 소수의 히트 제품에서 꼬리에 해당하는 다수의 틈새 제품으로 움직여 가는 현상을 설명할 때 주로 등장하는 개념이다

13 세계 어느 곳의 리츠칼튼을 방문하더라도 고객에게 만족스런 기억을 갖게 하는 비결은 '고객인지프로그램(Customer Recognition Program)'이다. 다음 예시는 이 서비스를 가능하게 하는 고객 정보관리 시스템을 갖추기 위한 기법이다. ____안에 가장 적절한 용어는?

> 리츠칼튼 서울에 투숙했던 고객이 알레르기가 있는 손님이라면 이 사실이 ________로 작성되어 제출된다. 이 자료는 컴퓨터시스템의 고객 이력파일에 입력되고, 매일 갱신된 고객 이력파일은 체인 전체의 데이터베이스에 저장된다. 이것을 바탕으로 호텔은 매일 예약자 명단을 확인하고 고객파일을 열어 고객의 정보를 미리 파악한다. 그리고 나서 고객이 도착하기 전에 어떤 서비스를 할 것인지를 준비한다.

① 고객기호카드　　　　　　　② 불편사항 처리 카드
③ 고객관리 코디네이터　　　　④ 고객 인지 카드
⑤ 고객 경험 카드

✎해설　리츠칼튼의 전 직원은 고객의 기호 사항과 정보를 고객기호카드(Guest Preference Card)에 기록해 고객을 인지하기 위한 수단으로 활용하고 있다.

14 서비스 전달자의 전문지식을 활용하며 이를 시각적으로 표기되기 쉽게 하는 것으로 표면에 나타난 현상을 야기시키는 원인을 시각적으로 끝까지 추적하는 방법을 무엇이라 하는가?

① 서비스 사이클 챠트　　　　　② 프로세스 플로우 챠트
③ 피시 본 챠트　　　　　　　　④ 포스트 필드 분석
⑤ 시간 분석

✎해설　• 프로세스 플로우 챠트 : 서비스의 전달 과정을 순서대로 표기한 작업의 흐름도이다.
• 피시 본(Fishbone) 챠트 : 서비스 전달자의 전문지식을 활용하면 이를 시각적으로 표기되기 쉽게 하는 것으로 표면에 나타난 현상을 야기시키는 원인을 시각적으로 끝까지 추적하는 방법
• 포스트 필드(Forced Field) 분석 : 현재의 상황과 향후 달성하고자 하는 목표를 반영하여 목표달성에 도움이 되는 요인과 방해가 되는 요인을 정리하는 방법이다.
• 시간 분석 : 서비스 전달시스템의 균형적인 설계를 목표로 활동의 시간을 측정하여 분석한다.

15 다음은 교보생명 광고의 내용이다. 고객 서비스의 어떠한 현상을 나타낸 것인가?

> 교보 생명의 '고령자 직접 상담 전화 서비스' 광고를 보면 서비스 공업화의 약점을 알 수 있습니다. 광고에서 식사 중인 시아버지가 며느리를 부릅니다. 그런데 며느리는 뒤도 돌아보지 않고 마치 자동 응답기처럼 "원하시는 메뉴를 눌러 주세요. 밑반찬은 1번, 밥은 2번, 잘못 누르셨습니다. 다시 들으시려면.."이라고 대답합니다. 이런 며느리를 보고 시아버지는 언짢은 표정을 짓습니다. 시아버지의 이런 반응은 소비자들이 기업의 획일적이고 무미건조한 서비스를 만났을 때 보이는 반응과 매우 흡사합니다.

정답　13 ①　14 ③　15 ②

① Service industrialization   ② Service Paradox
③ Service terror   ④ Service Marketing
⑤ Service Complain

✎해설   서비스 만족도를 결정하는 두 가지 요인은 서비스 성과에 대한 기대와 실제 서비스 성과로 나눠 볼 수 있습니다. 우선 고객들의 서비스 기대수준이 높아졌다는 것이 한 원인입니다.

16   다음 중 MOT 사이클 챠트에 관한 설명이다. 가장 적절하지 않는 것은?

① 서비스 프로세스 상에 나타나는 일련의 MOT들을 보여주는 시계모양의 도표로서 '서비스 사이클 챠트' 라고도 한다.
② 서비스 사이클에서 고객의 경험을 여러 서비스 제공자가 취한 개별적 조처들과 연관시켜 작성한 흐름도이다.
③ 고객이 경험하는 MOT들을 원형 차트의 1시 방향에서 시작하여 순서대로 기입한다.
④ MOT 사이클 챠트를 이용하면 고객서비스의 어떤 부분에서 잘못될 수 있는지 미리 파악하고 사전에 대비하는 것이 가능해진다.
⑤ 서비스 현장에서 일어나는 모든 MOT들을 관리자가 직접 입회할 수는 없기 때문에 고객이 중요하게 생각하는 MOT를 중점적으로 관리할 필요가 있다.

✎해설   ②은 서비스 청사진의 설명이다.

17   다음 중 커뮤니티마케팅이 기업 입장에서 주는 이점에 해당되지 않은 것은?

① 마케팅 측면과 지극히 자연스럽게 발생된 같은 관심사, 같은 속성에 대한 타깃마케팅이 동시에 가능하다.
② 커뮤니티는 댓글달기, 이웃맺기 등으로 상향커뮤니케이션을 이용하여 홍보 채널로 이용할 수 있다.
③ 소비자들이 커뮤니티 마케팅을 상업적이라는 느낌 보다는 친근한 느낌으로 받아들인다.
④ 커뮤니티를 통해 재미있고 유용한 컨텐츠를 얻을 수 있기 때문에 이용자들이 컨텐츠를 이용하면서 자연스럽게 브랜드 홍보에 노출된다.
⑤ 고객들이 특정 인터넷 커뮤니티에 머무는 시간과 접속 수가 늘어나 비교적 쉽게 마케팅 효과를 올릴 수 있다.

✎해설   ② 커뮤니티는 댓글달기, 이웃맺기 등으로 쌍방향 의사소통이 가능해 좋은 홍보 채널로 이용할 수 있다. 다른 마케팅 전략에 비해 비용이 상대적으로 적게 든다.

18 다음 보기에 해당되는 마케팅 조사 기법은?

> 집단심층면접으로 정성조사(Qualitative Research)의 대표적인 조사방법이며 동기나 태도, 가치 및 욕구를 심층적으로 탐색하고 이해하는 데 초점을 맞춘 조사기법이다. 일반적으로 그룹을 단위로 8명을 하나의 그룹으로 구성하여 60분 내지 90분정도의 시간으로 진행된다. 한 그룹은 통상 하나의 고객집단을 대표하는 것으로 간주한다.

① ZMET
② FGI
③ Laddering
④ FGD
⑤ in-depth interview

19 다음 중 고객만족도 향상을 위한 요소에서 소프트웨어적인 요소에 해당되는 것은?

① A/S와 고객관리 시스템
② 기업의 이미지
③ 접객 서비스 행동
④ 조직문화
⑤ 고객지원센터

✍해설 고객만족도 향상을 위한 요소는 하드웨어적, 소프트웨어적, 휴먼웨어의 3요소로 나타낼 수 있다. 첫째, 하드웨어 부문은 기업의 이미지, 브랜드 파워, 매장의 편의시설, 고객지원센터, 인테리어, 분위기 연출 등을 말한다. 둘째, 소프트웨어 부문은 기업의 상품, 서비스 프로그램, A/S와 고객관리 시스템, 부가서비스 체계 등이 있다. 셋째, 휴먼웨어 부문은 기업에서 근무하고 있는 사람들이 가지는 서비스 마인드와 접객 서비스 행동, 매너, 조직문화 등을 말한다.

20 토털(Total) 서비스는 서비스 생산품이 고객에게 전달되는 장소, 시간, 방법을 개선하는것이다. 서비스전달 시스템이 고객에게 미치는 영향에 해당되지 않는 것은?

① 서비스 운영시스템의 가시적인 부분 감소
② 고객의 쇼핑 시간 절약의 혜택
③ 고객과 직접 접촉으로 인한 비용 증가
④ 고객의 공간적 이동의 불편함 해소
⑤ 표준화된 서비스 제공용이

✍해설 고객과 직접 접촉으로 비용 감소

정답 18 ② 19 ① 20 ③

21 다음 중 서비스 품질 측정이 어려운 이유에 해당되는 것은?

① 서비스품질의 개념이 객관적이다.

② 서비스품질은 서비스의 전달이 완료되기 이전에 검증할 수 있다.

③ 서비스품질 측정의 대상인 고객으로부터 데이터를 수집하는 비용과 시간이 많이 든다.

④ 고객을 대상으로 하는 서비스품질의 연구 및 측정에 용이하다.

⑤ 서비스는 생산과 판매의 동시성의 특징으로 인해 품질관리가 용이하다.

> 해설 ① 서비스품질의 개념이 주관적이다.
> ② 서비스품질은 서비스의 전달이 완료되기 이전에 검증되기 어렵다.
> ③ 서비스품질 측정의 대상인 고객으로부터 데이터를 수집하는 비용과 시간이 많이 든다.
> ④ 고객을 대상으로 하는 서비스품질의 연구 및 측정에 본질적인 어려움이 있다.
> ⑤ 서비스는 생산과 판매의 동시성의 특징을 가지므로 품질관리가 어렵다.

22 다음 중 예시에서 제시된 원인으로 인해 발생되는 종업원의 문제는?

- 서비스의 표준이 없을 때
- 서비스 표준이 제대로 커뮤니케이션되지 않을 때
- 우선순위 없이 너무 많은 서비스 표준이 존재할 때
- 서비스 표준이 성과측정, 평가, 보상시스템과 연결되어 있지 않을 때

① 역할 갈등   ② 역할 통제
③ 역할 모호성   ④ 역할 불만족
⑤ 역할 스트레스

23 종업원의 직무만족은 기업이 내적으로는 생산성향상 및 이직률 감소와 외부적으로는 고객만족으로 이어져 고객 충성도를 향상시킨다. 이때 종업원이 직무로부터 얻게 되는 내재적 만족에 해당되는 것은?

① 보상   ② 동료 작업자와의 관계
③ 작업환경   ④ 직무와 관련된 승진
⑤ 직무수행결과에 따른 직무이외의 보상가치

> 해설 종업원들이 직무로부터 얻게 되는 만족은 내재적 만족(intrinsic satisfaction)인 직무의 난이도, 도전감, 중요성, 다양성, 동료 작업자와의 관계 등 직무 자체의 내재적 가치에서 오는 만족감과 외재적 만족(extrinsic satisfaction)인 보상, 작업 환경, 직무와 관련된 승진 등 직무수행의 결과에 따라 직무 이외에서 부여되는 보상가치에 대한 만족을 의미한다.

24 다음 중 서비스 패러독스가 발생하는 주요 원인이 아닌 것은?

① 기업의 비용과 효율성 측면의 지나친 강조
② 서비스의 획일화와 표준화
③ 급변하는 고객의 요구에 대해 유연성과 차별성의 부재
④ 기업의 유명무실한 고객만족의 경영목표
⑤ 서비스의 인적서비스의 확대로 인한 불만원천의 증가

✎해설 ⑤ 서비스의 기계화로 인적서비스의 생략

25 다음 보기는 서비스 수익 체인에 관한 설명이다. ____안에 들어갈 용어가 바르게 연결된 것은?

> 서비스 이익–사슬모델에서는 __(개)__ 이 생산성 높은 종업원을 만들게 하고, 다시 이들은 고객에게 수준 높은 서비스 제공을 하여 __(내)__ 를 높일 것이고, 이는 결국 고객충성도를 높여 회사의 성과에 긍정적인 영향을 미치는 것으로 나타나고 있다.

① (개) 경영자만족, (내) 고객만족도
② (개) 고객만족, (내) 종업원만족도
③ (개) 종업원만족, (내) 종업원만족도
④ (개) 종업원만족, (내) 고객만족도
⑤ (개) 경영자만족, (내) 종업원만족도

✎해설 서비스 이익–사슬모델에서는 (종업원만족)이 생산성 높은 종업원을 만들게 하고, 다시 이들은 고객에게 수준 높은 서비스 제공을 하여 (고객만족도)를 높일 것이고, 이는 결국 고객충성도를 높여 회사의 성과에 긍정적인 영향을 미치는 것으로 나타나고 있다.

26 다음 중 VOC(Voice Of Customer) 제도에 있어서 기업 측면의 단점에 해당되지 않은 것은?

① 고객의 소리가 너무 다양하여 기업에 영향을 주는 적합한 정보 분석이 어려울 수 있다.
② 동일한 내용의 VOC제기로 업무의 지장을 초래한다.
③ 표준화된 서비스 응대로 고객의 기대에 충족시킬 수 없다.
④ 고객의 소리에 대하여 부정적인 시각과 고객의 소리에 대한 처리 권한이 불명확하다.
⑤ 고객을 응대하는 고객접점 종업원의 처리부서의 불명확과 신속한 처리가 이루어지지 않는다.

✎해설 VOC의 장점으로 표준화된 서비스 응대로 고객의 기대에 충족시킬 수 있다.

정답 24 ⑤ 25 ④ 26 ③

27 리츠칼튼 호텔의 서비스 수칙 3조에는 '고객들에게 독창적이고 개별적이며 잊지 못할 경험을 만들어 내기 위한 권한을 갖고 있다' 라고 명시되었다. 이 서비스 수칙을 실천할 수 있는 호텔의 수칙에 해당되는 것은?

① 엄격한 서비스 표준 강화
② 직원 재량권 약화
③ 고객의 짐을 들어야 한다.
④ 가치진술방식 강화
⑤ 고객을 안내할 때는 직접 모시고 가야한다.

해설 호텔 서비스 수칙 3조 '고객들에게 독창적이고 개별적이며 잊지 못할 경험을 만들어 내기 위한 권한을 갖고 있다' 를 실천한 사례다. 2006년 세계적인 호텔체인인 리츠칼튼은 '직원들은 고객의 짐을 들어야 한다' 거나 '고객을 안내할 때는 직접 모시고 가야 한다' 는 식의 엄격한 고객 서비스 조항을 없앴다. 대신 '고객의 소망까지 알아차려 즉각 응대한다' 와 같은 '가치 진술(Value Statements)' 방식으로 바꿨다. 고객의 개인적 취향에 따라 직원들이 판단력과 임기응변을 발휘할 수 있는 길을 열어준 것이다. 조항도 20개에서 12개로 줄였다.

28 다음 중 서비스 모니터링의 가장 큰 목적에 해당되는 것은?

① 접점종업원의 접객태도 개선
② 직무능력 향상
③ 경쟁사의 정보 수집
④ 수익성 증대
⑤ 서비스 품질 향상 및 유지

해설 모니터링 제도는 접점종업원의 접객태도, 직무능력 등 고객만족과 고객충성, 그리고 수익성 향상을 위한 효과적인 관리수단으로 고객 접점의 서비스 품질 수준을 향상시키고 유지하는 것이 가장 큰 목적이다.

29 서비스 청사진은 3개의 가로선과 4개의 행동영역으로 구분된다. 다음 그림에서 3개의 가로선에 들어갈 구성요소가 바르게 연결된 것은?

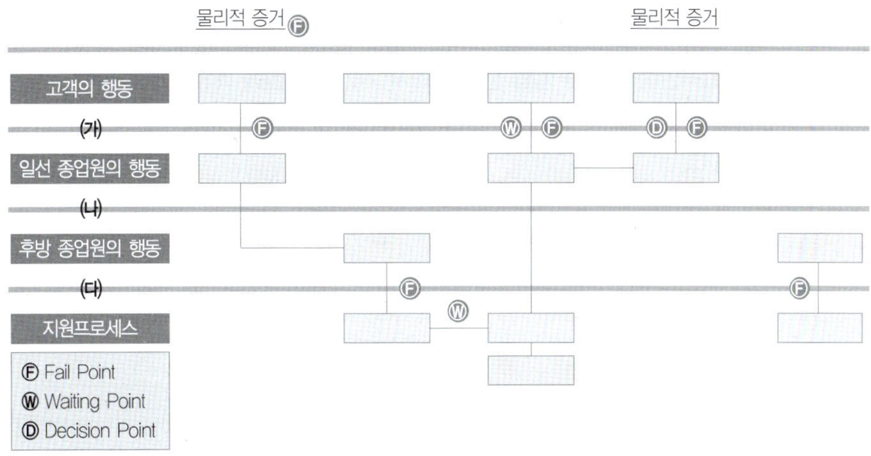

① (가)상호작용선, (나)가시선, (다)내부적 상호작용선
② (가)상호작용선, (나)내부적 상호작용선, (다)가시선
③ (가)내부적 상호작용선, (나)가시선, (다)상호작용선
④ (가)가시선, (나)상호작용선, (다)내부적 상호작용선
⑤ (가)내부적 상호작용선, (나)상호작용선, (다)가시선

30 다음 중 권한위임의 효과적인 측면에 해당되는 것은?

① 지속적인 종업원의 훈련/교육으로 생산성 향상을 가져다 준다.
② 권한위임된 직원에게서 많은 아이디어가 나온다.
③ 부담감으로 종업원의 직무 만족도가 낮아진다.
④ 공정한 서비스를 기대할 수 있다.
⑤ 책임있는 정규직 종업원의 비중이 높아진다.

해설 **권한 위임의 효과**
- 신속한 의사결정으로 고객의 요구에 신속하게 대응
- 불만족한 고객에게 그 자리에서 바로 조치를 치할 수 있다.
- 종업원은 자신과 자신의 직무에 만족도가 높아진다.
- 고객들에게 더 따뜻하고 열정을 가지고 대할 것이다.
- 서비스 결과에 대한 책임감으로 더 많은 아이디어가 나온다.
- 구전효과를 통해 더 많은 고객을 얻는다.

권한 위임의 비용
- 종업원 채용과 훈련/교육에 비용이 많이 든다.
- 정규종업원의 비중이 높아져 인건비 상승을 초래할 수 있다.
- 서비스의 일관성이 낮아질 수 있다.
- 회사가 감당하기 힘든 의사결정을 할 수 있다.

31 다음 중 고객만족도 조사 방법 중 정량조사 기법의 장점에 해당되는 것은?

① 유연성　　　　　　　　　　② 현장성
③ 다목적성　　　　　　　　　④ 심층적
⑤ 신속성

해설

	정량조사		정성조사	
매커니즘	측정(measure)	추정(estimation)	이해(understand)	탐색(discover)
	예측(forecast)	확증(confirmation)	진단(diagnose)	통찰(gain insight)
	감시(monitor)			
종류	전화조사, 면접조사, 우편조사, Monitoring, on-Line survey 등		On-line focus group, FGI, in-depth interview, ZMET(잘트만식 은유추출기법) 등	

정답 30 ② 31 ③

특징	• 많은 표본을 사용하고 소비자를 하나의 대량시장의 일부분으로 해석한다. • 구조화된 질문지를 사용하여 구조적이며 한 번 확정되면 고정적이다. • 통계 검증이 가능하므로 조사결과의 객관화와 반화가 가능하다. • 질문중심적이다.(what?, when?, how?)	• 적은 표본을 사용하고 소비자를 하나의 개인으로 기술하고 이해한다. • 수치적으로 명확한 결론에 이를 수 없기 때문에 누가 해석하느냐에 따라 같은 조사 결과를 놓고 전혀 다른 결론에 이를 수 있다. • 가이드라인을 활용하여 비구조적이며, 상황변수에 유리하다. • 반응중심적이다(expressive, why?)
장점	• 자료의 객관성, 자료의 대표성, 신뢰도 측정, 다목적성	• 유연성, 현장성, 심층적, 신속성, 저비용
단점	• 장시간 소요, 고비용, Sample Survey(인과관계 불분명)	• 전체시장 대표 못함 • 진행자의 자질에 영향을 받음 • 조사결과의 해석이 주관적

32 다음 중 서비스 품질 관리의 특성에 해당되지 않는 것은?

① 서비스 품질은 유형적인 스타일, 견고성, 색상등 유형적 단서가 없다.

② 서비스 품질의 평가는 서비스의 산출 결과만으로 이루어 진다.

③ 서비스는 소멸하는 특성이 있으므로 반품과 불량에 대한 기준 및 증거 제시가 어렵다.

④ 서비스의 불량은 사전에 검수될 수 없고 판매 후에 나타난다.

⑤ 서비스 전달자에 대한 관리 감독이 어렵다.

해설 서비스품질의 평가는 단지 서비스만의 산출 결과만으로 이루어지는 것이 아니라 서비스 전달 과정에 대한 평가도 연관이 되어 있다.

33 다음 중 서비스 품질이 기업성과에 미치는 공격적 영향에 해당되는 것은?

① 비용절감 ② 반복구매촉진

③ 고객 충성도 상승 ④ 구전효과

⑤ 가입고객증가

해설 서비스 품질의 공격적 영향(신규고객창출)으로 시장점유율 증가, 기업이미지 상승, 고객증가가 있다. 기존고객 유지로 방어적 영향으로 비용절감, 고객 충성도 상승, 반복구매촉진, 구전효과가 있다.

34 다음 중 토털(Total) 서비스의 장점에 해당되는 것은?

① 운영시스템에서 고객 측면의 가시적인 부분 증가

② 고객의 쇼핑 시간절약의 혜택

③ 고객과 직접 접촉의 증가로 비용 증가

④ 고객의 공간적 이동의 불편함 증가

⑤ 차별화된 서비스 제공용이

✎해설 ① 서비스 운영시스템에서 고객에게 드러나는 가시적인 부분이 줄어든다.
　　　③ 고객과 직접 접촉으로 비용 감소
　　　④ 고객의 공간적 이동의 불편함 해소
　　　⑤ 표준화된 서비스 제공용이

35 다음 중 서비스 수익 체인(모델)에 직접적이고 강력한 관계가 있는 요소로 적절하지 않는 것은?

① CEO의 역량
② 고객 충성도
③ 고객에게 제공된 서비스 가치
④ 서비스 프로세스의 품질
⑤ 종업원의 역량

36 다음 예시에 있는 고객만족 및 마케팅 계획수립(Planning)의 절차를 바르게 나열한 것은?

㉮ 마케팅 목표설정	㉯ 목표달성을 위한 전략의 수립
㉰ 기업의 목표 기술	㉱ 기업환경분석
㉲ 전략수행을 위한 프로그램 작성	㉳ 실행 및 검토

① ㉮, ㉯, ㉰, ㉱, ㉲, ㉳
② ㉯, ㉮, ㉰, ㉱, ㉲, ㉳
③ ㉰, ㉱, ㉮, ㉯, ㉲, ㉳
④ ㉱, ㉲, ㉮, ㉯, ㉰, ㉳
⑤ ㉲, ㉱, ㉰, ㉮, ㉯, ㉳

37 다음 중 VOC System의 효과에 해당되지 않는 것은?

① 고객의 욕구와 기대의 변화를 알 수 있다.
② 서비스 프로세스의 문제를 발견할 수 있다.
③ 예상 밖의 아이디어를 얻을 수 있다.
④ 고객과의 관계유지가 돈독해진다.
⑤ 차별화된 응대 서비스가 가능해진다.

✎해설 ⑤ 표준화된 응대 서비스가 가능해진다.

38 역할이나 관점이 상반된 사람들이 서비스를 이해하고 그것을 객관적으로 다룰 수 있도록 하기 위해 서비스 프로세스를 명확히 나타내고 있는 그림 또는 지도를 무엇이라 하는가?

① 6 sigma
② Man-Machine Chart
③ Fishbone Diagram
④ Service blueprinting
⑤ MOT Chart

정답 35 ① 　36 ③ 　37 ⑤ 　38 ④

39 다음 아래의 내용은 리츠칼튼 호텔의 독특한 서비스의 한 예시이다. 이러한 서비스를 가능하게 하는 고객 정보관리 시스템을 무엇이라 하는가?

> 리츠칼튼은 개인의 기호를 기억한다. 어떤 사람이 미국 출장길에 샌프란시스코의 리츠칼튼 호텔에서 하루를 묵은 적이 있다. 그는 서양식의 푹신한 베개가 싫어 프런트에 전화를 걸어 좀 딱딱한 베개를 갖다 달라고 요청했다. 어디서 구해 왔는지 호텔 측은 딱딱한 베개를 구해 왔고, 덕분에 그날 밤은 기분 좋게 잠자리에 들 수 있었다. 다음 날 현지 업무를 마치고 다음 목적지인 뉴욕으로 가서 우연히 다시 리츠칼튼에 묵게 되었다. 아무 생각 없이 방안에 들어간 그는 깜짝 놀랐다. 침대 위에 전날 밤 베던 것과 같은 딱딱한 베개가 놓여 있는 게 아닌가.

① Database Marketing System
② Customer Relationship Management
③ Hanatour Contact System
④ Customer Recognition Program
⑤ Customer Service Representative

✎해설
- Hanatour Contact System : HCS는 인터넷 전화기를 이용해 발신자전화번호(CID)로 고객을 인지하는 프로그램으로, HCS를 통해 전화 상담 중 고객 맞춤상담서비스가 가능해져 최적의 상품 소개와 고객 중심의 밀착 서비스
- Customer Service Representative : 고객서비스 대리인

40 표적시장에서 자사의 이미지나 상품을 고객들의 마음속에 각인시키기 위한 제반적인 마케팅 활동은?

① Segmentation
② Target Market
③ Positioning
④ Differentiation
⑤ Competitiveness Factoring)

41 다음 중 효과적인 서비스 마케팅 조사의 기준에 해당되지 않는 것은?

① 애호도와 행동의도 혹은 실제행동을 측정하라.
② 종업원의 기대와 지각을 포함하라.
③ 조사비용과 정보가치의 균형을 맞추어라.
④ 필요한 때만 통계적 타당성을 검증하라.
⑤ 적절한 횟수로 시행하라.

✎해설
- 우선순위 혹은 속성의 중요성을 측정하라
- 애호도와 행동의도 혹은 실제행동을 측정하라
- 양적조사와 질적 조사를 포함하라
- 고객의 기대와 지각을 포함하라
- 조사비용과 정보가치의 균형을 맞추어라
- 필요한 때만 통계적 타당성을 검증하라
- 적절한 횟수로 시행하라

42 의료고객만족 3요소는 하드웨어, 소프트웨어, 휴먼웨어로 보고 있다. 다음 중 의료고객 만족 측면에서 하드웨어적 요소에 해당하는 것은?

① 진료실 분위기   ② 대기실 운영
③ 의료기관의 명성   ④ 진료 절차
⑤ 의사소통

✐해설 의료고객만족 3요소는 하드웨어, 소프트웨어, 휴먼웨어로 나누어진다.
- 하드웨어적 요소 : 주차시설, 건물 청결도, 진료실 분위기, 의료기기의 수준
- 소프트웨어적 요소 : 진료절차, 예약, 업무처리, 대기실 운영, 해피콜
- 휴먼웨어적 요소 : 친절도, 용모, 태도, 의사소통, 신뢰성, 이미지

43 의료서비스가 가지는 일반 서비스와 차별화된 특성에 해당하는 것은?

① 유형적인 제품이다.   ② 기대와 실제성과가 일치한다.
③ 수요예측이 가능하다.   ④ 의사결정자가 한정되어 있다.
⑤ 비용은 간접지불 형태를 갖는다.

✐해설 ① 무형적인 제품이다.
② 기대와 실제성과와의 불일치가 크다.
③ 수요예측이 불가능하다.
④ 의사결정자가 다양하다.
⑤ 비용은 간접지불 형태를 갖는다.

44 고객만족도 조사 또는 마케팅 조사에서 고객의 요구에 대한 자료를 수집하는 방법으로 정량조사(Quantitative Study)가 가장 필요한 경우에 해당하는 것은?

① 양적 조사의 사전 단계   ② 소비자를 깊이 이해하려는 시도
③ 신속히 정보 획득   ④ 소비자 언어의 발견 및 확인
⑤ 가장 바람직한 컨셉, 용기, 상표명 등의 선정

✐해설 **정성조사기법이 필요한 경우**
- 양적 조사의 사전 단계, 가설의 발견, 예비적 정보의 수집, 사전 지식이 부족한 경우
- 가설의 질적 검증 및 의미의 확인(양적 조사 결과에 대한 의미 확인, 가설의 검증)
- 소비자 언어의 발견 및 확인
- 소비자를 깊이 이해하려는 시도
- 다량의 샘플링이 어려운 경우, 소비자의 정보 획득.
- 신속히 정보 획득

정량조사가 필요한 경우
- 가설 검증을 통한 확정적인 결론 획득
- 시장 세분화/목표 시장 선정

정답   42 ①   43 ⑤   44 ⑤

- 시장 경쟁상황 및 소비자 태도/행동 파악
- 소비자 특성별 Needs구조와 차이
- 각 상표의 POSITIONING(강,약점) 파악
- 가장 바람직한 컨셉트, 용기, 상표명 등의 선정

45

소비행동에서 가치는 소비자가 달성하려는 가장 기본적인 욕구와 목표의 인지적 표현이다. 다음 중 제품 소비를 자극하는 새로움, 호기심 등과 관련된 가치에 해당하는 것은?

① 기능가치　　　　　　　　　　② 사회가치
③ 정서가치　　　　　　　　　　④ 인식가치
⑤ 상황가치

✎해설　기능적 가치란 제품의 품질, 기능, 가격, 서비스 등과 같은 실용성 또는 물리적 기능과 관련한 것을 말하며, 제품을 소비하는 사회계층집단과 관련한 사회적 가치, 제품의 소비에 의해 긍정적 또는 부정적 감정 등의 유발과 관련된 정서적 가치, 제품소비의 특정상황과 관련된 상황적 가치, 그리고 제품 소비를 자극하는 새로움, 호기심 등과 관련된 인식적 가치들을 의미한다.

46

수잔 키비니(Susan M. Keavene) 교수가 『Customer Switching Behavior in Service Industries(1995)』에서 발표한 서비스 산업에서 고객이 공급자를 전환하는 요인으로 가장 적은 영향을 미치는 요인은?

① 가격　　　　　　　　　　　　② 기업의 비윤리적 행위
③ 핵심가치 제공 실패　　　　　④ 불친절한 고객응대
⑤ 불만처리 미흡

✎해설

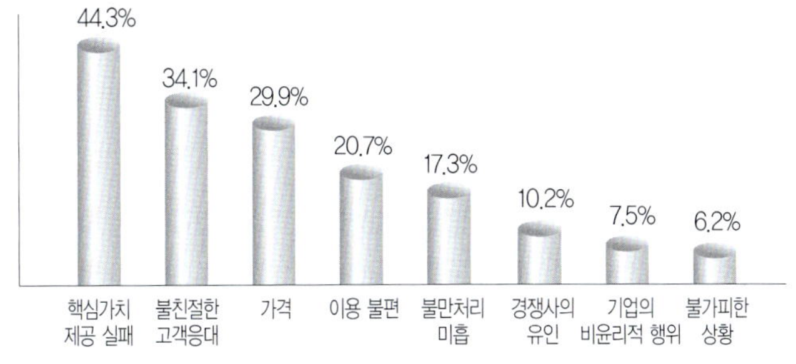

출처 : Keaveney, "Customer Switching Behavior In Service Industries?" JOM Apr. 1995
이탈자 500명 대상의 Critical Incident Technique(심층인터뷰)을 통해 원인파악

47 아커(Aaker)와 샨비(Shanby)가 제시한 서비스 포지셔닝 전략의 수행절차 중 2단계에 해당하는 것은?

> (가) 경쟁자의 인식, 평가 분석   (나) 경쟁자의 시장위치 결정
> (다) 경쟁자 확인   (라) 소비자 분석
> (마) 포지셔닝 의사결정

① (가)   ② (나)
③ (다)   ④ (라)
⑤ (마)

🖉해설 1단계 경쟁자 확인이다.   2단계 경쟁자의 인식, 평가 분석이다.
      3단계 경쟁자의 시장위치 결정이다.   4단계 소비자 분석이다.
      5단계 포지셔닝 의사결정이다.

48 서비스 모니터링의 한 기법인 미스터리 쇼핑(Mystery shopper)의 도입 목적이 아닌 것은?

① 고객이 쉽게 의견을 제시할 수 있는 경로를 제공한다.
② 고객응대서비스의 개선을 통해 고객만족도를 높인다.
③ 조사 리스트를 바탕으로 마케팅 전략을 수립한다.
④ 고객 서비스 현황 및 환경에 대한 평가진단을 한다.
⑤ 서비스의 개선점과 보완점을 발견하여 서비스 표준안을 도출한다.

🖉해설 ①은 VOC에 대한 설명이다.
- 단순히 불량한 종업원의 감시가 아니라 고객응대서비스의 개선을 통해 고객만족도를 높이는 것이다.
- 고객 서비스 현황 및 환경에 대한 평가 진단
- 서비스 제공 실패 파악 및 개선과 보완점을 발견하여 서비스의 표준을 마련
- 조사리스트를 바탕으로 마케팅 전략을 수립

49 내부마케팅의 하나로 교육훈련은 경영목적 달성과 성장을 위해 요구되는 내부고객의 지식과 기능을 향상시킬 수 있는 요인이다. 다음 중 교육훈련에 대한 효과로 보기 어려운 것은?

① 종사원의 불만과 결근 및 이직률을 방지할 수 있다.
② 작업의 질과 양이 표준수준으로 향상되어 임금증가를 도모할 수 있다.
③ 종사원의 기능을 증진시켜 승진에 대비한 능력향상을 도모할 수 있다.
④ 의사결정을 하는데 주요한 정보기능을 담당한다.
⑤ 새로운 기술습득은 물론이고 신속성과 정확성을 기대할 수 있다.

🖉해설 ④ 의사결정을 하는데 주요한 정보기능을 담당한다. − 커뮤니케이션 기능

정답 47 ① 48 ① 49 ④

50 인터넷 상에서 고객이 정의한 하드 서비스 표준의 가장 우수한 사례로 델 컴퓨터가 사용하는 고객의 주문처리(fulfillment)에 대한 요약측정치에 포함되는 요소이다. 아래 사례에서 가장 강조한 서비스 품질 5가지 차원 중 해당되는 차원은?

> • SSTT(shio to target) : 주문이 정확히 정시에 배달된 비율
> • IFIR(initial field incident rate) : 고객문제의 빈도
> • OTFIT(on time first fix) : 약속한 시간에 서비스 직원이 처음 방문하여 문제를 해결한 비율

① 유형성　　　　　　　　　　② 신뢰성
③ 반응성　　　　　　　　　　④ 접근성
⑤ 확신성

✎해설　• 타켓에게 배달(SSTT : shio to target) – 주문이 정확히 정시에 배달된 비율
　　　• 초기 현장사고 비율(IFIR : initial field incident rate) – 고객문제의 빈도
　　　• 처음에 정시에 수정(OTFIT : on time first fix) – 약속한 시간에 서비스 직원이 처음 방문하여 문제를 해결한 비율

51 Theodore Levitt이 주장한 일반적으로 통용되는 제품차원으로 "구매자가 실물적 차원에서 인식하는 수준의 제품으로 핵심 제품에 포장, 상표 등이 가미된 형태의 제품"에 해당하는 것은?

① 실체제품　　　　　　　　　② 핵심제품
③ 확장제품　　　　　　　　　④ 잠재제품
⑤ 기대제품

✎해설　일반적으로 통용되는 제품차원으로 Theodore Levitt은 핵심(본원)제품(Core Product), 실체제품(Tangible Product), 확장제품(Augmented Product)의 3가지 차원으로 분류하였다.
　　　• 핵심 제품 : 사용으로 욕구 충족을 얻을 수 있는 제품, 제품이 주는 근본적 혜택, 즉 기본적 욕구를 충족시킬 수 있는 특성으로서 제품 개념
　　　• 실체 제품 : 구매자가 실물적 차원에서 인식하는 수준의 제품으로 핵심 제품에 포장, 상표 등이 가미된 형태의 제품
　　　• 확장 제품 : 실체 제품에 추가되는 혜택을 포함하는 제품으로 사후 서비스, 배당 등이 포함된 형태의 제품

52 서비스 생산성 개선방안은 크게 '생산 지향적 접근방식'과 '고객 지향적 접근방식'으로 나눌 수 있다. 다음 중 서비스 생산성 개선방안으로 '생산 지향적 접근 방식'에 해당하지 않는 것은?

① 노동의 질 향상　　　　　　② 원가절감
③ 자동화　　　　　　　　　　④ 협약 또는 아웃소싱
⑤ 리엔지니어링

✎해설

생산 지향적 접근방식	고객 지향적 접근방식
• 원가절감	• 노동의 질 향상
• 생산시설과 평균수요량 일치	• 수요시간대의 관리
• 자동화	• 고객-서비스간 상호작용의 변화
• 자본설비투자 또는 시설공유	• 고객접촉과 지원기능의 분리
• 협약 또는 아웃소싱	• 고객참여 확대
• 리엔지니어링	• 종업원에 대한 지원
• 전문가 시스템 도입	• 고객에게 보이는 곳에서의 개선
	• 고객에게 보이지 않는 곳에서의 개선

53 다음 중 '개별적인 제품 영역에 국한되는 것이 아니라 기술, 경기, 소비문화로부터 소비의 표층 영역까지를 포괄하여 광범위하게 나타는 현상으로, 5년에서 10년 동안 지속되어 소비세계의 새로운 변화를 이끌어내는 현상'을 일컫는 트렌드는?

① 메타트렌드(Matatrend)
② 메가트렌드(Megatrend)
③ 사회 문화적 트렌드(Social Cultural Trend)
④ 마케팅 트렌드(Marketing Trend)
⑤ 소비자 트렌드(Consumer Trend)

✎해설 ① 메타트렌드(Matatrend) – 문화 전반을 아우르는 광범위하고 보편적인 트렌드를 의미한다.
③ 사회 문화적 트렌드(Social Cultural Trend) – 사람들의 삶에 대한 감정과 동경, 문화적 갈증 등으로 표현할 수 있다.
④ 마케팅 트렌드(Marketing Trend) – 전적으로 마케팅 언어와 마케팅 현상의 세계에서만 존재한다.
⑤ 소비자 트렌드(Consumer Trend) – 개별적인 제품 영역에 국한되는 것이 아니라 기술, 경기, 소비 문화로부터 소비의 표층영역까지를 포괄하여 광범위하게 나타는 현상으로, 5년에서 10년 동안 지속되어 소비세계의 새로운 변화를 이끌어 낸다.

54 STP전략의 단계 중 표적시장 선정 단계에서 이루어져야할 것에 해당되는 것은?

① 시장세분화에 대한 윤곽도 개발
② 각 표적시장부분에 대한 포지셔닝 개념 파악
③ 시장부분의 매력도 평가
④ 선정 포지셔닝 개념의 선택, 개발, 전달
⑤ 시장세분화의 기준과 세분시장 파악

✎해설

시장세분화	표적시장 선정	포지셔닝
• 시장세분화의 기준과 세분시장 파악 • 시장세분화에 대한 윤곽도 개발	• 시장부분의 매력도 평가 • 표적시장의 선점	• 각 표적시장부분에 대한 포지셔닝 개념 파악 • 선정 포지셔닝 개념의 선택·개발·전달

출처 : Kotler, Philip. Management, 7ed., Prentice-Hall International Edition, 1991.

정답 53 ⑤ 54 ③

55 다음 예시처럼 프랑스의 세계 최고 생수회사 '에비앙'에서 선택한 마케팅 전략은?

> 생수 브랜드의 하나인 '에비앙'은 1789년 한 귀족이 알프스의 작은 마을 '에비앙'에서 요양하면서 지하수를 먹고 병을 고친 후 물의 성분을 분석해 보았다. 그 결과 물 속에는 미네랄 등 인체에 효험이 있는 성분이 다량으로 함유되어 있었다. 이후 마을 주민들이 물을 에비앙이라는 생수로 판매하기 시작했고, 에비앙은 단순한 물이 아닌 약이라는 의미를 가지게 된다. 또한 팝스타 고(故) 마이클 잭슨 역시 에비앙으로 얼굴을 씻었다는 소문은 에비앙이 해외 유명 연예인들에게 사랑을 돈독히 받고 있는 제품이라는 것을 분명히 보여준 것이다. 전 세계적으로 유명한 연예인이 생수병을 들고 있다면 아마 그 이름은 에비앙이라고 추측 가능할 것이다.

① De-Marketing
② Story Marketing
③ Ambush Marketing
④ Virus Marketing
⑤ Cultvice Marketing

✎해설 기업이 그럴듯한 이야기를 만들어 사람들에게 소문내도록 하는 마케팅. 대표적인 예가 말보로(MARLBORO) 담배의 제품 이름 마케팅이다. 말보로 담배사는 말보로 담배의 이름이 '남자는 흘러간 로맨스 때문에 항상 사랑을 기억한다(Man Always Remember Love Because Of Romance Over)'라는 영어 문장 앞 글자를 따서 만든 것으로 홍보하여 큰 인기를 얻었다.

56 고객인지프로그램(Customer Recognition Program)이 가져다주는 효과에 해당하는 것은?

① 서비스 기업에서 표준화된 서비스를 제공하는 수단으로 활용할 수 있다.
② 서비스 제공자는 획일적인 서비스의 제공으로 공정성을 유지할 수 있다.
③ 신규고객정보를 창출하여 기업의 수익을 증대시킬 수 있다.
④ 고객과 원활한 커뮤니케이션으로 개인정보가 노출된다는 불쾌감보다는 친밀감을 형성한다.
⑤ 기업에서 가장 중요한 고객을 파악하여 적절한 제품 및 서비스를 적시에 제공할 수 있다.

✎해설 ① 서비스 기업에서 최고의 고객을 식별하는 수단으로 활용할 수 있다.
② 서비스 제공자는 개인취향에 맞는 서비스를 제공할 수 있다.
③ 고객 정보 파일은 관계마케팅을 수행하는데 있어 여러가지 측면에서 기초가 된다.
④ 기업에서 가장 중요한 고객을 파악하여 적절한 제품 및 서비스를 적시에 제공할 수 있다.
• 고객인지프로그램의 단점은 고객의 개인정보가 노출된다는 불쾌감을 가질 수 있다.

57 고객이 회사의 여러 면과 상호작용할 때 하나하나의 접점은 고객의 기억 속에 회사 전체의 이미지를 형성하는데 중요한 영향을 미친다. 고객의 부정적인 하나의 접점 체험이 전체를 망친다는 용어에 해당되지 않는 것은?

① 깨진 유리창의 법칙
② 곱셈의 법칙
③ 깨진 통나무 법칙
④ 썩은 사과 한 알

⑤ 고객만족거울 효과

✎해설 만족 거울이라는 용어는 벤자민 슈나이더와 데이비드 보우엔의 논문에서 처음으로 사용되었다. 슈나이더와 보
우엔은 고객과 종업원 만족 수준 간의 밀접한 관계를 은행 지점들을 예로 연구해 논문으로 1985년에 발표했다.

58 맥도날드의 기업목표는 100% 고객만족을 창출하고 다른 패스트푸드 음식점과의 차별화를 이루
는 것으로 설정되어 있으며 'QSVC'라는 기업목표를 달성하기 위한 네 가지 방침이 바르게 연
결된 것은?

(가) Quality	(나) Quick
(다) Smile	(라) Service
(마) Value	(바) Cleanliness
(사) Customer	

① (가), (다), (마), (바) 　　　　② (나), (라), (마), (사)
③ (가), (라), (마), (사) 　　　　④ (나), (다), (마), (바)
⑤ (가), (라), (마), (바)

59 고객과 서비스 시스템과의 상호작용을 구체적으로 표현하여 실패 가능점을 미리 식별하여 미연
에 방지책이나 복구 대안을 강구하도록 서비스 제공자가 제공하는 무형의 서비스 프로세스를 시
각적으로 나타낸 것은?

① 6 sigma 　　　　② Man-Machine Chart
③ Fishbone Diagram 　　　　④ Service blueprinting
⑤ Process Chart

60 다음 중 ____에 해당되는 용어는?

인터넷에서 이야기를 공유하는 디지털 스토리텔링(Digital Storytelling) 시대가 도래하면서 관심을 받고
있는 자들을 뜻한다. ________(은)는 인터넷에서 자기 자신을 중심으로 이야기를 재구성하는 소비자라고
말할 수 있다. ________의 사례를 살펴보면 2008년 한 네티즌이 빙과류 빠삐코의 CM송에 당시 개봉한
영화 〈좋은 놈, 나쁜 놈, 이상한 놈(이하 놈놈놈)〉의 노래를 합성해 만든 '빠삐놈' UCC가 대표적이다. 이
영화의 OST에 절묘하게 결합시킨 '빠삐놈'은 누리꾼들사이에 엄청난 인기를 끌었다. 이처럼 아무 생각
없이 자신이 원하는 대로 〈놈놈놈〉 주제곡과 빠삐코 그리고 여러 스타들을 합성해 만든 영상이 많은 곳에
서 이슈가 되었다.

① 블로거(Blogger)　　　　　② 호모나랜스(Homonarrans)
③ 블랙컨슈머(Black consumer)　④ 얼리 어답터(Early Adopter)
⑤ 아나디지(Anadigi)

✎해설　② 디지털 공간에서 글·사진·동영상 등을 통해 자신의 이야기를 생산하고, 공유하고, 전파하는 이들을 가리키는 용어
　　　　⑤ 아날로그의 '아나(ana)'와 디지털의 '디지(digi)'를 합성해 만든 신조어이다. 아날로그와 디지털을 적절하게 결합해 디지털적인 삶을 제어하며 사는 사람들

61 소비자트렌드 형성 및 변화요인으로 소비자의 변화 요인으로 보기 어려운 것은?

① 소득수준의 변화　　　　　② 가치관의 변화
③ 시장의 글로벌화　　　　　④ 여가시간 증가
⑤ 새로운 소비층 출현

✎해설　소비자트렌드 변화 요인은 소비자와 소비환경의 변화로 나누어진다. 소비환경의 변화요인으로 산업구조변화, 시장의 글로벌화, 경기변화 등이 있다.

62 서비스 기대 영향요인 중 내적요인에 해당하지 않는 것은?

① 개인적 욕구　　　　　　　② 관여도
③ 과거의 경험　　　　　　　④ 구전
⑤ 서비스 철학

✎해설

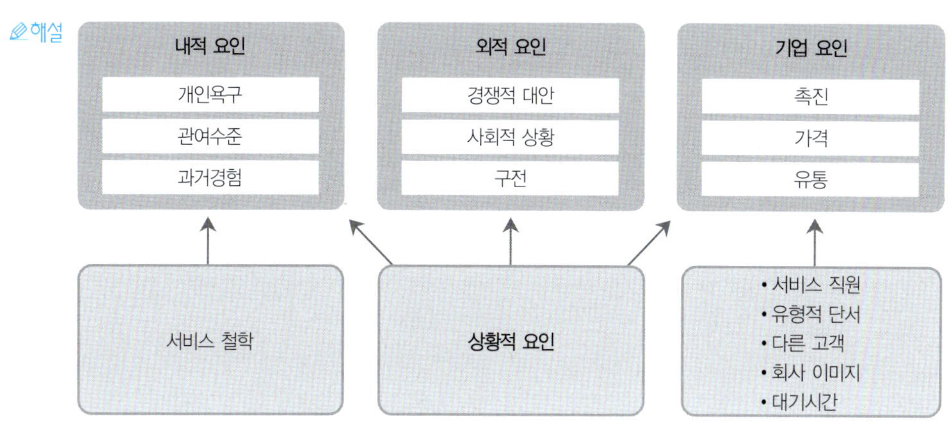

출처 : Kurtz & Clow, Service Marketing, 1988

63 파라슈만(PZB, 1988)은 서비스 산업에 보편적으로 적용할 수 있는 서비스 품질의 평가척도를 개발하기 위한 후속적인 실증 연구에서 10개 차원을 5가지의 구성차원으로 수정하였다. 다음 중 5가지 차원에 포함되지 않는 것은?

① 유형성 ② 신뢰성
③ 반응성 ④ 확신성
⑤ 접근성

✍해설 공감성

PZB(1985) 10개 차원	PZB(1988) 5개 차원
유형성	유형성
신뢰성	신뢰성
반응성	반응성
접근성 커뮤니케이션 고객이해	공감성
능력 예절성 신용성 안정성	확신성

64 제조 품질과 서비스 품질의 속성에 대한 설명 중 서비스 품질 속성에 해당하는 것은?

① 객관적으로 규명되는 측면을 강조한 객관적 품질이다.
② 이상적인 품질 기준이나 표준에 의해 측정가능하다.
③ 물리적 속성과 같은 절대적인 용어로 측정된다.
④ 기대 또는 선경험에 대한 비교적인 용어로 관찰된다.
⑤ 제품의 우수성이나 기술적인 우월성을 나타내는 개념이다.

✍해설

	제조 품질	서비스 품질
품질의 속성	• 객관적 • 유형 • 물리적 또는 화학적 속성과 같은 절대적인 용어로 측정됨	• 주관적 • 무형 • 기대 또는 선경험에 대한 비교적인 용어로 관찰됨
품질평가 예	크기, 무게, 양, 납기시간, 재료, 수량, 색상	태도, 협동, 평판, 친금감, 공손함, 정중함, 신뢰성

출처 : 김영한 「고객 중심의 접점 창조」, 서울: 한국표준협회, 1998, p.80.

65 생산판매지향관점인 전통적인 마케팅 믹스(traditional marketing mix)인 4P에 포함되지 않은 것은?

정답 63 ⑤ 64 ④ 65 ②

① product
② process
③ place
④ promotion
⑤ price

✎해설 붐스(B.H. Booms)와 비트너(M.T. Bitner)에 의해 확장된 마케팅믹스의 새로운 개념으로 전통적인 4Ps에 사람(People), 물리적 증거(Physical evidence), 과정(Process) 등의 요소를 추가하였다.

66 최근 들어 인터넷을 통한 온라인 유통이 자리를 잡으면서 거의 모든 분야에서 온라인 구매가 확대되고 있다. 설문조사에서 온라인 구매 시 가장 중요한 요소는 제품의 신뢰성과 사후서비스로 나타났다. 다음 중 온라인 구매 시 사후서비스에 해당하지 않는 것은?

① 배송
② 입금
③ 반품
④ 환급
⑤ 교환

✎해설 입금은 on service이다.

67 시장 세분화(market segmentation)는 마케팅활동을 평가하는 기준이 되어 경쟁력의 파악, 제품계획, 촉진전략 등을 보다 정확하게 전개할 수 있다. 다음 중 시장세분화의 장점으로 보기 어려운 것은?

① 이익가능성이 높은 몇 개의 세분화시장에 대해서만 판매 촉진비를 설정할 수 있도록 범위를 정할 수 있다.
② 고객에 대한 정보를 DB화하여 고객과 장기적인 관계를 통한 LTV를 극대화할 수 있다.
③ 미래의 시장변동에 대비해 계획을 수립하고 대책을 마련할 수 있다.
④ 광고매체를 합리적으로 선택할 수 있고 각 매체별로 효과에 따라 예산을 할당할 수 있다.
⑤ 판매저항이 최소화되고 판매호응이 최대화될 것으로 예측되는 기간에 판촉활동을 집중할 수 있다.

✎해설 ②는 CRM의 장점이다.
① 이익가능성이 높은 몇 개의 세분화시장에 대해서만 판매 촉진비를 설정할 수 있도록 범위를 정할 수 있다.
② 세분화된 시장의 요구에 적합하게 제품계열을 결정할 수 있다.
③ 미래의 시장변동에 대비해 계획을 수립하고 대책을 마련할 수 있다.
④ 광고매체를 합리적으로 선택할 수 있고 각 매체별로 효과에 따라 예산을 할당할 수 있다.
⑤ 판매저항이 최소화되고 판매호응이 최대화될 것으로 예측되는 기간에 판촉활동을 집중할 수 있다.

68 STP전략의 단계 중 표적시장 선정 단계에서 이루어져야할 것에 해당되는 것은?

① 시장세분화에 대한 윤곽도 개발
② 각 표적시장부분에 대한 포지셔닝 개념 파악
③ 시장부분의 매력도 평가
④ 선정 포지셔닝 개념의 선택, 개발, 전달
⑤ 시장세분화의 기준과 세분시장 파악

✎해설

시장세분화	표적시장 선정	포지셔닝
• 시장세분화의 기준과 세분시장 파악 • 시장세분화에 대한 윤곽도 개발	• 시장부분의 매력도 평가 • 표적시장의 선점	• 각 표적시장부분에 대한 포지셔닝 개념 파악 • 선정 포지셔닝 개념의 선택·개발·전달

출처 : Kotler, Philip. Management, 7ed., Prentice-Hall International Edition, 1991.

69 SWOT분석 또는 상황분석은 기업 내부의 강점과 약점, 기업 외부의 기회와 위협을 대응시켜 기업의 목표를 달성하려는 SWOT 분석에 의한 마케팅으로 4가지 전략이 있다. 다음 중 4가지 전략에 해당하지 않는 것은?

① SO 전략
② SW 전략
③ WO 전략
④ WT 전략
⑤ ST 전략

✎해설 SWOT 분석에 의한 마케팅은 4가지 전략으로 이뤄진다.
  • SO(강점-기회) 전략 : 조직 외부의 새로운 기회를 활용하여 조직 내부의 강점을 최대화하는 전략
  • ST(강점-위협) 전략 : 조직 외부의 위협을 회피하거나 최소화하기 위해 강점을 사용하는 전략
  • WO(약점-기회) 전략 : 조직 외부의 기회를 최대한 활용하여 조직 내부의 약점을 정복하려는 전략
  • WT(약점-위협) 전략 : 가장 방어적인 전략으로 조직 외부의 위협을 회피하면서 조직 내부의 약점을 최소화할 수 있는 전략

70 다음 중 서비스 표준안의 작성기준으로 가장 적절한 것은?

① 기업의 요구를 바탕으로 구체적으로 작성되어야 한다.
② 고객에게 필요한 명백하고 정확한 지침을 제공해야 한다.
③ 서비스 표준은 주관적으로 측정 가능해야 한다.
④ 조직의 전반적인 표준으로 최상층을 제외한 조직 내 모든 구성원들이 받아들여야 한다.
⑤ 누가, 언제, 무엇을 해야 하는지 간단하고 정확하게 지적되어야 한다.

✎해설 • 구체적으로 작성되어야 한다.
  • 서비스 제공자에게 필요한 명백하고 정확한 지침을 제공해야 한다.

정답 68 ② 69 ② 70 ⑤

- 누가, 언제, 무엇을 해야 하는지 간단하고 정확하게 지적되어야 한다.
- 서비스 표준은 관찰 가능하고 객관적으로 측정 가능해야 한다.
- 고객의 요구를 바탕으로 작성되어야 한다.
- 업무 명세와 수행 개요로 명문화한다.
- 최상의 표준은 경영진과 직원들이 고객의 요구에 대해 상호이해를 바탕으로 함께 만들어 져야 한다.
- 조직의 전반적인 표준으로 최상층을 포함해 조직 내 모든 구성원들이 받아들여야 한다

71 레스토랑의 요리, 호텔의 실내장식, 철도나 항공기의 좌석 크기, 조명 밝기 등 사용자에게 눈에 보이는 서비스 품질에 해당되는 것은?

① Internal Quality   ② Hardware Quality
③ Software Quality   ④ Time Quality
⑤ Psychological Quality

✍️ 해설

사용자의 눈에 보이지 않은 내부적 품질 (Internal Quality)	• 항공, 철도, 전화, 호텔, 백화점, 유원지 등의 설비나 시설 등의 기능을 발휘하도록 보수가 잘 되고 있는지의 여부 • 충분한 정비가 안되면 사용자측에게 품질이 저하
사용자의 눈에 보이는 품질 (Hardware Quality)	• 백화점, 상품 등이 사용자에게 판매하기 위하여 사들인 상품의 품질 • 레스토랑 등의 요리, 호텔의 실내장식, 철도 항공기 등의 좌석크기, 조명의 밝기 등
사용자의 눈에 보이는 소프트적 품질 (Software Quality)	• 적정한 광고, 청구금액의 착오, 은행의 기장착오, 컴퓨터의 실수, 배달사고, 항공기, 철도 등의 사고, 전화 고장, 상품의 매진, 품절 등에 관련된 품질
서비스 시간, 신속성 (Time Quality)	• 열을 지어 기다리는 시간, 매장에서 판매원이 올 때까지의 시간, 고충이나 수리신청에 대한 회답시간, 수리에 요하는 시간 등
심리적 품질 (Psychological Quality)	• 예의 바른 응대, 환대, 친절 등의 기본적 품질로서 불특정 다수의 고객과 직접적으로 접촉할 종업원에게 매우 중요

72 다음 중 고객만족도 향상을 위한 요소로 휴먼웨어에 해당되는 것은?

① 기업의 이미지   ② 기업의 상품
③ 조직문화   ④ 고객관리시스템
⑤ 부가서비스

✍️ 해설 고객만족도 향상을 위한 요소는 하드웨어적, 소프트웨어적, 휴먼웨어의 3요소로 나타낼 수 있다. 첫째, 하드웨어 부문은 기업의 이미지, 브랜드 파워, 매장의 편의시설, 고객지원센터, 인테리어, 분위기 연출 등을 말한다. 둘째, 소프트웨어 부문은 기업의 상품, 서비스 프로그램, A/S와 고객관리 시스템, 부가서비스 체계 등이 있다. 셋째, 휴먼웨어 부문은 기업에서 근무하고 있는 사람들이 가지는 서비스 마인드와 접객 서비스 행동, 매너, 조직문화 등을 말한다.

73 다음 중 애프터마케팅의 활동이 고개만족의 필수 요소로서 중요한 역할에 해당되지 않는 것은?

① 구매한 제품이나 서비스에 대한 고객의 인식에 영향을 미친다.
② 판매 후의 보상에 의해 반복구매의 가능성의 증가에 영향을 미친다.
③ 애프터마케팅은 단기적인 전략으로 고객의 구매를 촉발시키는 것이다.
④ 고객의 관심을 제품이나 서비스의 적절한 강화수단으로 이용한다.
⑤ 구매 후 확신을 갖고자 하는 고객의 욕구를 충족시킨다.

    ✎해설 추가로 정보나 증거를 제공함으로써 구매자가 다른 고객의 질문에 대응할 힘을 길러준다. 애프터마케팅은 장기적인 전략으로 고객의 구매를 촉발시키는 것이 아니라 고객이 제대로 된 제품을 구매했음을 확신시켜주는데 있다.

74 고객을 가장하여 매장을 방문하여 매장 직원을 평하는 사람을 미스터리 샤퍼(Mistery Shopper)이라 한다. 다음 중 미스터리 샤퍼의 평가 항목이 아닌 것은?

① 고객 응대 태도   ② 서비스 수준
③ 상품에 대한 상세한 안내 여부   ④ 사업장 내의 제품 품질
⑤ 주변 마케팅 시장 환경 분석

    ✎해설 미스터리 쇼퍼(Mistery Shopper는 고객으로 가장하여 결정적 순간의 상품, 환경, 서비스에 대한 원칙들을 평가한다.

75 서비스 기업이 제공해야 한다고 느끼는 서비스와 고객이 서비스 기업의 서비스 공정 및 결과에 대해 지각한 성과와의 차이에 관한 서비스 품질로 광고, 청구금액의 착오, 은행의 기장착오, 배달사고, 항공기, 철도 등의 사고, 상품의 매진/품절 등에 관련된 서비스 품질에 해당되는 것은?

① Internal Quality   ② Hardware Quality
③ Software Quality   ④ Time Quality
⑤ Psychological Quality

    ✎해설

사용자의 눈에 보이지 않은 내부적 품질(Internal Quality)	• 항공, 철도, 전화, 호텔, 백화점, 유원지 등의 설비나 시설 등의 기능을 발휘하도록 보수가 잘 되고 있는지의 여부 • 충분한 정비가 안되면 사용자측에게 품질이 저하
사용자의 눈에 보이는 품질 (Hardware Quality)	• 백화점, 상품 등이 사용자에게 판매하기 위하여 사들인 상품의 품질 • 레스토랑 등의 요리, 호텔의 실내장식, 철도 항공기 등의 좌석크기, 조명의 밝기 등
사용자의 눈에 보이는 소프트적 품질 (Software Quality)	• 적정한 광고, 청구금액의 착오, 은행의 기장착오, 컴퓨터의 실수, 배달사고, 항공기, 철도 등의 사고, 전화 고장, 상품의 매진, 품절 등에 관련된 품질
서비스 시간, 신속성 (Time Quality)	• 열을 지어 기다리는 시간, 매장에서 판매원이 올 때까지의 시간, 고충이나 수리신청에 대한 회답시간, 수리에 요하는 시간 등
심리적 품질(Psychological Quality)	• 예의 바른 응대, 환대, 친절 등의 기본적 품질로서 불특정 다수의 고객과 직접적으로 접촉할 종업원에게 매우 중요

    출처 : J. M. Juran, "Quality Control Handbook 3rd ed", New york : McGraw-Hill Book Company, 1974.

76 다음 중 높은 수준의 선호도가 있으나 상황적 요소에 따라 여부를 결정하는 충성고객의 유형은?

① 비충성(No Loyalty)
② 타성적 충성(Inertia Loyalty)
③ 잠재적 충성(Latent Loyalty)
④ 최우량 충성(Premium Loyalty)
⑤ 충성(Loyalty)

🖉해설 **고객충성도의 4가지 유형**

① 비충성(No Loyalty) : 회사수익에 약간의 도움이 되지만 결코 충성고객이 될 수 없는 유형(예 : 가격과 시간만 맞는 다면 어느 곳이든 상관없는 구매)
② 타성적 충성(Inertia Loyalty) : 낮은 수준의 애착과 높은 반복구매의 특성을 가진 습관적 구매(예 : 동네 주유소 이용)
③ 잠재적 충성(Latent Loyalty) : 높은 수준의 선호도가 있으나 상황적 요소에 따라 여부를 결정(예 : 부인은 중국음식을 좋아하나 남편이 좋아하는 양식을 함께 주문할 수 있다면 구매결정)
④ 최우량 충성(Premium Loyalty) : 높은 수준의 애착과 반복구매가 동시에 존재(예 : 끊임없이 주변인에 대해 제품의 우수성, 편리성 등을 자랑하고 권유)

77 품질경영 모델은 지금까지 전 세계적으로 개발된 혁신을 추구하는 경영방식, 제도·기법 중에서 가장 종합적이고, 탁월한 경영혁신 모델이다. 다음 중 품질경영 모델의 핵심가치에 포함되지 않는 것은?

① 고객주도형 품질
② 최고경영자의 리더십
③ 일선직원 참여와 능력개발
④ 지속적인 개선
⑤ 사업경영성과 중시

🖉해설 품질경영 모델은 몇 가지 핵심가치를 기반으로 하고 있는데 이는 다음과 같다.

- 고객주도형 품질
- 최고경영자의 리더십
- 전원참여와 능력개발
- 설계 품질의 향상과 예방
- 장기적인 관점 중시
- 사실에 입각한 경영
- 지속적인 개선
- 사업경영성과 중시

78 다음 중 서비스 품질 관리의 특성에 해당되지 않는 것은?

① 서비스 품질은 유형적인 스타일, 견고성, 색상등 유형적 단서가 없다.
② 서비스 품질의 평가는 서비스의 산출 결과만으로 이루어진다.
③ 서비스는 소멸하는 특성이 있으므로 반품과 불량에 대한 기준 및 증거 제시가 어렵다.
④ 서비스의 불량은 사전에 검수될 수 없고 판매 후에 나타난다.
⑤ 서비스 전달자에 대한 관리 감독이 어렵다.

🖉해설 서비스품질의 평가는 단지 서비스만의 산출 결과만으로 이루어지는 것이 아니라 서비스 전달 과정에 대한 평가도 연관이 되어 있다.

79 다음 중 고객만족도 향상을 위한 요소에서 소프트웨어적인 요소에 해당되는 것은?

① A/S와 고객관리 시스템, 서비스 프로그램
② 기업의 이미지, 브랜드 파워
③ 서비스 마인드, 접객 서비스 행동
④ 매너, 조직문화
⑤ 매장의 편의시설, 고객지원센터, 인테리어, 분위기 연출

✐해설 고객만족도 향상을 위한 요소는 하드웨어적, 소프트웨어적, 휴먼웨어의 3요소로 나타낼 수 있다. 첫째, 하드웨어 부문은 기업의 이미지, 브랜드 파워, 매장의 편의시설, 고객지원센터, 인테리어, 분위기 연출 등을 말한다. 둘째, 소프트웨어 부문은 기업의 상품, 서비스 프로그램, A/S와 고객관리 시스템, 부가서비스 체계 등이 있다. 셋째, 휴먼웨어 부문은 기업에서 근무하고 있는 사람들이 가지는 서비스 마인드와 접객 서비스 행동, 매너, 조직문화 등을 말한다.

80 다음 중 서비스 품질이 기업성과에 미치는 공격적 영향에 해당되는 것은?

① 비용절감   ② 반복구매촉진
③ 고객 충성도 상승   ④ 구전효과
⑤ 고객증가

✐해설 서비스 품질의 공격적 영향(신규고객창출)으로 시장점유율 증가, 기업이미지 상승, 고객증가가 있다. 기존고객유지의 방어적영향으로 비용절감, 고객 충성도 상승, 반복구매촉진, 구전효과가 있다.

81 동네 주유소와 같이 낮은 수준의 애착과 높은 반복구매의 특성을 가진 습관적 구매를 하는 고객의 충성도의 유형은?

① 비충성(No Loyalty)   ② 타성적 충성(Inertia Loyalty)
③ 잠재적 충성(Latent Loyalty)   ④ 최우량 충성(Premium Loyalty)
⑤ 충성(Loyalty)

✐해설 **고객충성도의 4가지 유형**
- 비충성(No Loyalty) : 회사수익에 약간의 도움이 되지만 결코 충성고객이 될 수 없는 유형(예 : 가격과 시간만 맞는 다면 어느 곳이든 상관없는 구매)
- 타성적 충성(Inertia Loyalty) : 낮은 수준의 애착과 높은 반복구매의 특성을 가진 습관적 구매(예 : 동네 주유소 이용)
- 잠재적 충성(Latent Loyalty) : 높은 수준의 선호도가 있으나 상황적 요소에 따라 여부를 결정(예 : 부인은 중국음식을 좋아하나 남편이 좋아하는 양식을 함께 주문할 수 있다면 구매결정)
- 최우량 충성(Premium Loyalty) : 높은 수준의 애착과 반복구매가 동시에 존재(예 : 끊임없이 주변인에 대해 제품의 우수성, 편리성 등을 자랑하고 권유)

정답 79 ①   80 ⑤   81 ②

82 성공한 서비스 회사들은 모두 일정한 형태의 순환 연결고리(체인)을 가지고 있다. 이들 서비스 기업의 공통점을 서비스 수익 모델(체인)이라 한다. 다음 중 공통점으로 보기 어려운 것은?

① 종업원의 생산성은 종업원의 충성도에 연결된다.
② 고객의 만족은 고객이 느끼는 서비스 가치에 연결된다.
③ 고객의 충성도는 고객의 만족에 연결된다.
④ 종업원의 생산성은 고객의 충성도에 연결된다.
⑤ 종업원의 만족은 업무생활의 내부 품질에 연결된다.

✍해설 **초일류 서비스 조직으로 성장한 기업들의 공통점**
- 기업(병원)의 성장은 고객(환자)의 충성도에 연결된다.
- 고객의 만족은 고객이 느끼는 서비스 가치에 연결된다.
- 종업원의 생산성은 종업원의 충성도에 연결된다.
- 종업원의 만족은 업무 생활의 내부 품질에 연결된다.
- 고객의 충성도는 고객의 만족에 연결된다.
- 서비스 가치는 종업원의 생산성에 연결된다.
- 종업원의 충성도는 종업원의 만족에 연결된다.

83 다음 예시에서 고객만족도(CSI)의 목적으로만 묶인 것은?

> (가) 신규 고객의 획득
> (나) 고객만족도의 수준 파악
> (다) 제품 및 서비스 품질 개선
> (라) 기업 외부의 프로세스 개선 도모
> (마) 수익성과 밀접한 관계가 있는 고객 유지율을 유지 및 제고

① (가), (나), (다)
② (가), (다), (라)
③ (나), (다), (라)
④ (나), (다), (마)
⑤ (다), (라), (마)

✍해설 **고객만족도(CSI)의 목적**
- 고객만족도의 수준 파악
- 시계열 변동의 원인을 관리함으로써 수익성과 밀접한 관계가 있는 고객 유지율을 유지, 제고
- 제품 및 서비스 품질 개선
- 기업 내부의 프로세스 개선을 도모

84 서비스 청사진의 기대 가치에 대한 설명으로 보기 어려운 것은?

① 서비스가 유형화 된다.
② 직접 고객을 상대하는 직원에게 적절한 서비스 교육을 해줄 수 있다.
③ 각 서비스 기능간의 상호연계를 보여준다.
④ 서비스 제공 시 부족한 점을 포착할 수 있게 해준다.
⑤ 불만고객 발생 시 대응 방법을 도식화한 것이다.

✍해설 서비스 청사진은 서비스 과정에 적합한 방법을 디자인하고 적용함으로써 피할 수 없는 실수가 결점이 되는 것을 예방하는 방법이다.

85 다음 예시에서 프랑스의 세계 최고 생수회사 '에비앙'에서 선택한 마케팅 전략은?

> 생수 브랜드의 하나인 '에비앙'은 1789년 한 귀족이 알프스의 작은 마을 '에비앙'에서 요양하면서 지하수를 먹고 병을 고친 후 물의 성분을 분석해 보았다. 그 결과 물 속에는 미네랄 등 인체에 효험이 있는 성분이 다량으로 함유되어 있었다. 이 후 마을 주민들이 물을 에비앙이라는 생수로 판매하기 시작했고, 에비앙은 단순한 물이 아닌 약이라는 의미를 가지게 된다. 또한 팝스타 고(故) 마이클 잭슨 역시 에비앙으로 얼굴을 씻었다는 소문은 에비앙이 해외 유명 연예인들에게 사랑을 돈독히 받고 있는 제품이라는 것을 분명히 보여준 것이다. 전 세계적으로 유명한 연예인이 생수병을 들고 있다면 아마 그 이름은 에비앙이라고 추측가능할 것이다.

① Permission Marketing　　　　② Story Marketing
③ Ambush Marketing　　　　　④ Virus Marketing
⑤ Retention marketing

　✎해설　• Story marketing : 기업이 그럴듯한 이야기를 만들어 사람들에게 소문내도록 하는 마케팅. 대표적인 예가 말보로(MARLBORO) 담배의 제품 이름 마케팅이다. 말보로 담배사는 말보로 담배의 이름이 '남자는 흘러간 로맨스 때문에 항상 사랑을 기억한다(Man Always Remember Love Because Of Romance Over)'라는 영어 문장 앞 글자를 따서 만든 것으로 홍보하여 큰 인기를 얻었다.
　　　　• Retention marketing : 기존 고객유지/리텐션(retention). 마케터들은 역사적으로 신규 고객 유치에 주의를 집중했으나, 갱신할 때마다 보상을 제공하는 것이 훨씬 바람직한 접근법이다.
　　　　• Permission Marketing : 고객에게 동의를 받은 마케팅 행위를 말한다. 퍼미션 마케팅은 오프라인 세계에서도 존재해 오던 것이었지만, 인터넷이 등장하면서 본격화되고 있다. 인터넷은 시간과 공간의 제약을 받지 않고 상호 작용이 가능하므로 엄청난 비용절감과 효율적인 고객확보를 기대할 수 있다. 인터넷을 이용한 마케팅이 늘어나면서 고객이 동의하지 않는 메일이나 정보는 오히려 부작용을 가져올 수 있기 때문에 퍼미션 마케팅의 중요성이 높아지고 있다. e-메일을 이용해 고객이 원하는 정보를 주기적으로 혹은 비정기적으로 통보해 주는 e-메일 퍼미션 마케팅이 대표적인 예이다.

86 틈새시장의 특징은 작은 시장에서 공통요소를 발견하는 것이다. 다음 중 틈새시장의 특징에 해당하지 않는 것은?

① 끊임없이 변화한다.
② 없어지거나 생성되기도 한다.
③ 틈새시장이 대형시장이 되기도 한다.
④ 여러 기업이 똑같은 틈새시장에 공존하기도 한다.
⑤ 영업이익 면에서 대기업에 유리하다.

　✎해설　이 마케팅의 핵심은 차별화, 전문화, 집중화이며 이러한 조건을 만족시키지 못할 경우 다소 위험성이 따르며 시장이 크게 성장하면 대기업이 참여하기 때문에 시장의 규모를 적절히 조종해한다. 즉, 대기업에서 영업 이익 면에서 수지타산이 맞지 않아 중소기업에 유리한 마케팅이다.

정답　85 ② 　86 ⑤

87 고객의 서비스 기대 중 허용영역(Zone of Tolerance)에 대한 설명에 해당하는 것으로 보기 어려운 것은?

① 고객이 서비스의 다양성을 지각하고 기꺼이 수용할 수 있는 한계로 서비스 수준과 희망하는 서비스 수준 사이의 차이로 고객별로 다양하다.

② 서비스 실패가 잘 드러나지 않는 "미발각지대(No Notice Zone)"이다.

③ 가격이 높다거나 해당 서비스에 대한 경험이 쌓일수록 허용영역은 줄어드는 경향이 있다.

④ 고객이 불만 없이 받아들일 만한 서비스 수준으로 수용할 수 있는 성과의 최하수준을 의미한다.

⑤ 서비스의 여러 특성들 중 특히 중요하다고 판단되는 특성이나 차원에 대해서는 허용영역이 다른 특성들에 비해 상대적으로 줄어든다.

> ✎해설 **허용영역(Zone of Tolerance)**
> 희망서비스 수준과 적정서비스 수준 사이의 영역으로 서비스 실패가 잘 드러나지 않는 "미발각지대(No Notice Zone)"이다. 희망수준은 대게 잘 변하지 않지만 적정서비스 기대 수준은 동일한 고객이라도 잘 변할 수 있기 때문에 허용영역은 상당히 신축적이다. 허용영역은 가격이 높다거나 해당 서비스에 대한 경험이 쌓일수록 허용영역이 줄어드는 경향이 있으며, 서비스의 여러 특성들 중 특히 중요하다고 판단되는 특성이나 차원에 대해서는 허용영역이 다른 특성들에 비해 상대적으로 줄어든다.
> ④는 적정 수준에 대한 설명이다.

88 차별화된 서비스를 제공함으로써 고객의 충성도를 높이고 고객 관리 측면에서 기존의 고객 중 현재와 미래의 수익성을 고려하여 가치 있는 우량 고객을 추출할 수 있도록 해주는 전략을 무엇이라 하는가?

① STP 전략
② 포지셔닝(Positioning)
③ 표적시장(Targeting)
④ 대인전략(Personalization)
⑤ 시장세분화(Segmentation)

> ✎해설 대인전략은 고객의 Needs를 바탕으로 고객 개인의 특성, 기호에 맞는 정보를 제공하여 기업의 비즈니즈적인 가치를 증대시키는 활동으로 차별화된 서비스를 제공함으로써 고객의 충성도를 높이고 고객 관리 측면에서 기존의 고객 중 현재와 미래의 수익성을 고려하여 가치있는 우량 고객을 추출할 수 있도록 해준다.

89 다음은 광고를 통한 마케팅 사례이다. 이들 광고에서 적용한 마케팅 전략은?

> • 에이비스(Avis) : "렌터카업계에서 2위에 불과합니다. 그런데 고객은 어째서 우리를 이용할까요?,
> 　　　　　　　　　 그것은 우리가 더 열심히 일하기 때문입니다,
> 　　　　　　　　　 우리 카운터 앞의 줄은 더 짧습니다."
> • 상　카(Sanka) : "우리 제품은 미국에서 세 번째로 잘 팔리는 커피입니다."
> • 하　니　웰 : "또 다른 컴퓨터 회사"
> • 세　븐　업 : "절대 콜라가 아닙니다."

① Targeting   ② Positioning

③ Production   ④ Customization

⑤ Segmentation

✎해설   제시된 사례는 포지셔닝(Positioning) 중 경쟁에 의한 포지셔닝의 사례이다.

90 다음 중 시장 세분화의 목적으로 적절하지 않은 것은?

① 고객관리면에서의 경쟁우위 확보   ② 고객집단별 차별화된 마케팅의 전개

③ 고객과 기업 간의 우호적인 관계 유지   ④ 고객이탈 방지를 통한 관리비용의 절감

⑤ 자사브랜드의 이미지 생산 혹은 이미지 강화

✎해설   시장세분화란 소비자들의 각기 다른 욕구, 특징, 행동, 즉 소비자들의 특성에 따라 몇 개의 시장으로 구분하여 소비자분류를 명확하게 하고 마케팅활동을 전개하는 활동으로 그 목적은 다음과 같다.
- 고객집단별 차별화된 마케팅의 전개
- 고객과 기업 간의 우호적인 관계 유지
- 고객관리면에서의 경쟁우위 확보
- 고객이탈 방지를 통한 관리비용의 절감

정답 90 ⑤

고객관리 실무론 제3과목

검정기준의 세부 항목에 맞춘 **핵심요약**

전화 서비스 **제1장**

고객 상담 **제2장**

예절과 에티켓 **제3장**

비즈니스 응대 **제4장**

고객 감동 **제5장**

고객 만족 **제6장**

고품위 서비스 **제7장**

프리젠테이션 **제8장**

인터넷 활용 **제9장**

제3과목 CS 고객관리 실무론 검정기준(주요 과목 및 상세 검정내용)

시험 종목	주요 과목(배점비율)	세부 항목	내용
고객관리 실무론 (30문항)	CS 실무 (50%)	가. 전화서비스	① 상황별 전화응대 ② 바람직한 경어 사용법 ③ 콜센터 운영 사이클 ④ 매뉴얼 작성 체계 ⑤ TMR 성과 관리
		나. 고객 상담	① 상황별 인사말 ② 안내법과 손님맞이 방법 ③ 접객 자세와 지시 동작 ④ 클레임과 컴플레인 분석 ⑤ 고객 불만 처리 원칙 ⑥ Power coaching
		다. 예절과 에티켓	① 이미지 컨설팅 ② 표정 연출법 ③ 인사 매너 ④ 패션이미지 연출법 ⑤ 전통예절
		라. 비즈니스 응대	① 비즈니스 매너 ② 비즈니스 네티켓 ③ 이문화 이해 ④ 국제비지니스 에티켓 ⑤ 비즈니스 응대 모범 사례
	고객 관리 (30%)	마. 고객 감동	① 고객감동 단계 ② 고객감동과 고객테러 ③ 고객감동 경영 ④ 고객감동 사례
		바. 고객 만족	① 고객만족 개념과 정의 ② 고객만족의 가치 ③ 고객만족 경영 ④ 고객만족 규칙 ⑤ 고객만족 사례 ⑥ 소비자 기본법 ⑦ 개인정보 보호법
		사. 고품위 서비스	① 고품위 서비스 지혜 ② 원스톱 서비스 ③ 수평적 인간관계 서비스 ④ 고품위 서비스 사례
	컴퓨터 활용 (20%)	아. 프리젠테이션	① 강의 기법 ② 스피치와 호흡기법 ③ 기초 파워포인트 사용법 ④ 기초 포토샵 사용법 ⑤ 자기 주장법
		자. 인터넷 활용	① 전자상거래 기획 ② 전자 상거래 운영 및 관리 ③ 시스템 운영 및 관리 ④ CS 전자거래 구축 기술
	문제유형		5지선다형

제 1 장 전화 서비스

학습내용

1. 상황별 전화응대
2. 바람직한 경어 사용법
3. 콜센터 운영 사이클
4. 매뉴얼 작성 체계
5. TMR 성과 관리

학습목표

1. 전화응대의 중요성을 인식하고 전화응대의 기법을 습득한다.
2. 전화응대에 있어서 바람직한 경어 사용법을 익혀 실제에 적용할 수 있다.
3. 콜센터의 업무를 이해하고 콜센터 종사원의 역할을 정확히 설명할 수 있다.
4. Script의 이해 및 작성, 활용이 가능하도록 한다.
5. TMR 성과관리의 내용을 정확히 이해하고 그 기법을 설명하고 적용할 수 있다.

---

1. 상황별 전화응대

→ 전화응대의 중요성

고객은 전화를 통하여 처음으로 기업과 접촉한다. 전화는 보이지 않는 가운데 청각적인 어조로만 메시지가 전달되기 때문에 직접 대화하는 경우보다 세심한 주의와 예의가 필요하다. 한 사람의 불친절한 응대가 기업 전체의 이미지와 서비스 수준을 망치기 쉽기 때문이다.

전화는 일상생활은 물론 업무처리에 있어서도 중요한 위치를 차지하므로 사용능력의 향상은 곧 업무능력 향상과 직결된다. 전화는 서비스의 중요한 수단일 뿐만 아니라 전화를 활용하여 시간과 노력의 효율을 증가시킬 수 있다. 또한 전화는 활동범위를 넓혀 대고객서비스의 폭을 확대시킬 수 있으며 전화를 통한 서비스(업무능력)의 향상을 가져오는 만큼 그 중요성은 매우 크다 할 것이다.

→ 전화응대의 3원칙

신속

- 전화는 신속히 받고 간결하게 통화하는 것을 원칙으로 하여야 한다.
- 전화는 간결하게 통화하며 문의사항에 대한 보고나 결과 통보의 경우 예정 시간 등을 미리 알린다. 늦어지는 경우는 중간 보고를 한다.
- 전화를 걸기 전에 용건을 5W1H로 말하는 순서와 요점을 정리한다.
- 불필요한 말은 반복하지 않는다.

정확

- 전화는 사용하는 단어보다 목소리에 의한 커뮤니케이션이다. 정확한 커뮤니케이션을 위해 목소리와 단어의 사용이 적절하여야 한다.
- 5W 3H로 메모하는 습관을 기른다.

  5W : who(누가)-사람, when(언제)-때, where(어디서)-장소, why(왜)-이유, what(무엇을)-목적

  3H : how(어떻게)-방법, how much(얼마나)-경비, how many(얼마만큼)-수량
- 인사와 소속, 이름을 밝히는 첫 멘트는 다소 천천히, 정확히 하여 상대가 되묻는 일이 없도록 한다.
- 명확히 또박또박 발음을 한다.
- 메모를 받는 경우, 해당자에게 정확한 내용을 반드시 전달하고 중요한 내용은 재차 확인한다.

친절

- 상대방을 존중하는 마음으로 잘 듣고자하는 열린 마음으로 응대한다.
- 정성을 다하고 상대의 기분과 심리를 긍정적으로 만들어야 한다.
- 호칭이나 직함에 주의하고 단어 선택에 신경을 쓴다.
- "뭐라구요?", " ~라고요?" 등의 표현은 삼간다.
- 필요 이상으로 소리를 크게 낸다든지 웃지 않는다.
- 상대방의 말을 끊거나 가로채지 않는다.

→ 전화응대의 구성요소

전화응대를 구성하는 요소는 음성, 억양, 속도, 정확한 발음, 효과적인 의사소통의 단어 선택,

띄어 읽기의 방법, 적극적 경청 등이다.

→ 상황별 전화응대

상황	응대요령
전화를 바꾸어 줄 때	• 전화를 건 사람과 받을 사람을 확인하고 대기 버튼을 누른 후 내용을 전달하고 바꾸어 준다. • 제3자가 받을 상황이 어려운 경우 메모를 남기거나 상황을 알려준다.
받을 사람이 부재중일 때	• 부재중인 이유와 일정을 알려준다. • 대신 용건을 받아도 되는지 묻는다. • 용건을 부탁받았을 때에는 반드시 확인하고 메모한다.
전화가 잘 들리지 않을 때	• 한번 더 말해줄 것을 요청하거나 다시 걸어주도록 정중히 요청한다. • 상대방의 탓이 아닌 전화기 탓으로 돌린다.
전화가 잘못 걸려 왔을 때	• 친절하고 정중하게 상대방이 무안하지 않도록 응대한다.
갑자기 재채기나 기침이 날 때	• 수화기를 막고 들리지 않도록 한다. • 급한 경우 고개만 돌린다. • 양해를 구하고 통화를 계속한다.
통화 도중에 고객이 올 때	• 먼저 눈인사나 가벼운 목례로 곧 응대할 것을 알린다. • 가능한 통화는 빨리 끝낸다. • 통화가 길어질 경우 양해를 구한다. • 급한 경우 다른 직원에게 방문고객을 응대할 수 있도록 한다.
불평하는 전화를 받았을 때	• 완충적인 표현을 사용하여 고객의 불만을 가라앉힌다. • 고객의 불만에 공감을 표시한다. • 상황에 대해 사과한다. • 고객의 감정을 건드리지 않고 끝까지 경청한다.
불평하는 전화를 받았을 때	• 더 많은 정보를 가지고 원인을 규명한다. • 고객의 문제를 이해하고 있다는 의미에서 고객의 관심사항을 반복한다. • 고객의 단골거래에 감사하고 있음을 나타낸다. • 문제의 상황에서 어떻게 더 잘해드려야 하는지에 대해 묻고 가능성에 대해서 설명한다. • 고객이 해야 할 일과 내가 해야 할 일을 각각 요약한다. • 기분 좋게 일을 마무리한다. • 감사표현을 한다.
통화를 끝낼 때	• 용건이 끝난 후 1, 2초 기다렸다가 상대방이 끊은 후 수화기를 내려놓는다.

→ 전화응대의 바람직하지 못한 습관

- "여보세요" 또는 "네"로 첫인사를 하지 않는가?
- 작은 목소리로 성의 없는 응대를 하지 않는가?
- 고객 앞에서 개인적인 일로 전화를 길게 하지 않는가?
- 메모 대신 기억력을 신뢰하고 있지 않는가?
- 상대와 말다툼을 하지 않는가?
- 상대보다 먼저 전화를 끊어 버리며 "탁"소리가 나도록 내려치지는 않는가?
- 수화기를 턱이나 어깨에 걸치고 통화하지 않는가?
- 내 전화만 잘 받으려 하지 않는가?

2. 바람직한 경어 사용법

- 경어는 상대방을 높여서 표현하는 말이다. 다른 사람으로부터 호감을 받을 수 있게 하는 방법은 언제나 상대방의 입장에 서서 그를 존중한다는 자세에서 비롯된다.
- 적절한 경어의 사용은 품위 있는 말을 구사하는 데 반드시 필요하다.
- 호칭은 특정의 사람을 가리켜 말하는 명칭으로 상황에 따라 적절하고 올바르게 사용되어야 한다.

→ 호칭

- 친구나 동료 등 대등한 위치의 사람은 자연스럽게 이름을 부른다.
- 나이가 위이거나 지위가 상급일 경우 직위나 적당한 경칭을 쓴다.
- 아랫사람이라도 처음 대면하는 경우 존칭을 붙여 부른다.
- 사내에서는 직책과 직급 중에서 더 상위개념을 칭한다.
- 상사라 할지라도 대외적으로는 존경어를 사용하지 않는다.
- 상사라고 해도 같은 회사의 사람은 사내 사람이기 때문에 대외적인 사람과 자기의 상사에 대하여 이야기를 할 때 존경어를 사용하지 않는다.
  예를 들어 "김부장님 은 지금 자리에 안계십니다"
  "저희 사장님께서 말씀하셨습니다"라고 말하는 것은 바르지 않다.
  "김부장은 지금 자리에 없습니다" 라는 표현이 맞다.
  단, 상사의 가족이나 친지들과 이야기 할 때는 존경어를 사용한다.

> **틀리기 쉬운 호칭**
> - 상사에 대한 존칭은 호칭에만 사용한다.(사장실)
> - 문서에는 상사의 존칭을 생략한다.(사장 지시사항)
> - 본인 입석 하에 지시를 전달할 때에는 '님'을 붙인다.
> - 윗사람에게는 "수고하십시오." 라고 하지 않는다.

→ 적절한 경어의 사용법

존경어

- 존경어는 말하는 상대, 즉, 듣는 사람 또는 화제 중에 등장하는 인물에 대한 경의를 나타내는 말이다.
- 00씨, 00여사, 귀하, 어느 분, 사장님께서 가십니다, 훌륭하신 말씀입니다 등

겸양어

- 겸양어는 말하는 사람의 입장을 낮추고 상대방이나 화제에 등장하는 사람에게 경의를 나타내는 말이다.
- 우리들, 여쭙다, 저희들, 뵙다, 드리다 등

공손어

- 공손어는 상대방에게 공손한 마음을 표현할 때 또는 말하는 사람의 자기 품위를 위하여 쓰는 경우를 말한다.
- 보고 드립니다. 말씀해 주십시오, 안녕하십니까? 등

→ **수명과 보고**

수명

- 명령의 목적이 무엇인가를 확실히 파악한다.
- 명령자의 진의를 파악한다.
- 6하원칙에 의거 명령의 내용을 정확히 파악한다.

보고

- 보고는 반드시 명령한 사람에게 한다.
- 우선 결론부터 말하고 다음에 이유, 경과 등의 순서로 간결하게 보고한다.
- 사실에 의거하여 객관적으로 말하며 적당히 단락을 지워 포인트를 알기 쉽게 설명한다.
- 필요시 자료를 첨부하거나 문서로 한다.

3. 콜센터 운영 사이클

→ **콜센터**

콜센터란 고객의 전화통화가 조직적으로 처리되는 중추적인 장소를 말한다. 콜센터는 고객을 대상으로 전화를 받고 거는 동시에 이메일, 문자서비스, 채팅, 웹, 팩스, 우편 등 다양한 채널을 총괄한다.

최근 들어 콜센터는 고객의 의견을 수렴하고 고객의 불만을 해결하는 기능뿐만 아니라, 기업의 대면 접점업무를 대신하고 기업 내부의 헬프데스크 역할을 하는 등 점차 그 기능이 늘어가는 추세이다.

이것은 현대사회의 소비자들이 방문보다는 많은 업무처리를 전화나 인터넷으로 해결하려는 부분이 확대되고 있다는 것을 말한다.

→ 콜센터의 상담 기법

인바운드 콜서비스

인바운드 콜서비스란 고객으로부터 전화가 와서 상담하는 것을 말한다. 인바운드 콜서비스는 상품 수주, 제품 설명, 서비스 개선, 고객의 의문점이나 불만의 해결을 도와주는 여러 가지 역할을 한다.

이는 소비자와의 접촉이 언제, 어디서나 쉽게 이루어지고, 소비자 상담의 효과적인 수단이면서, 시간, 비용, 노력을 절감시킬 수 있는 장점이 있다.

아웃바운드 콜서비스

아웃바운드 콜서비스란 서비스 제공자측에서 전화를 걸어서 상담하는 것을 말한다. 시장조사, 정보수집, 소비자의 요구사항 수렴 등의 역할을 한다. 서비스를 제공한 후 제공된 서비스에 대한 만족도나 문제점 등을 확인하는 것이 대표적인 사례이다.

기업이 소비자에게 전화를 걸어 상품이나 서비스를 주문받거나 제품에 대한 정보를 제공하여 구매를 유도하는 적극적인 마케팅으로 텔레마케팅이라고 한다.

→ 콜센터의 역할

콜센터는 상담창구가 아닌 기업경영의 출발점이다. 그리고 철저한 서비스 실행조직으로서 서비스 고객의 니즈 파악과 피드백이 이루지므로 다양한 커뮤니케이션 채널의 확보가 가능하다. 콜센터는 고객확보, 유지는 물론 고객가치를 증대시키는 중요한 역할을 한다.

이제 콜센터는 거래보조수단이 아니라 적극적인 세일즈의 수단이 되었으며, 고객에게 서비스를 제공하는 것에 그치는 것이 아니라 고객의 요구와 의견을 수렴하는 수단이 되었다. 고객불만을 접수하여 처리하는 창구에서 텔레마케팅의 수단이 되었으며, 결국 비용센터가 아닌 이익센터로 발전한 것이다.

→ 콜센터 조직원의 역할

콜센터의 조직원은 상담원이라고도 한다. 콜센터의 역할이 다양하고 그 중요성이 커짐에 따라 상담원의 역할 또한 다양한 의미가 부여된다.

콜센터의 조직원은 고객관리 및 분석가이자 고객설득의 전문가, 텔레커뮤니케이터, 고객 카운슬러, 텔레마케팅 코디네이터이며 기업가치를 전달하는 홍보맨이다.

→ CTI 시스템

CTI(Computer and Telephony Integration)는 전화와 컴퓨터를 통합한 포괄적 기술을 표현한 용어로 음성, 데이터, 이미지, 동영상. 그래픽 등을 결합하는 기반기술이다. 이는 대용량의 콜정보 처리, 데이터 분석 및 처리가 가능하다.

CTI 시스템은 ARS 시스템, 인터넷 웹서버, 음성인식서버, 녹음 및 녹취장비, 모니터링, PC와 연결된 전화기, 매니저와 연동된 PC 및 전화기 활용시스템, 데이터 가공처리 및 분석, 콜모니터링 데이터, 상담원 근태 및 실적관리 DB화 등 다양하게 적용된다.

4. 매뉴얼 작성 체계

→ 스크립트(Script)

스크립트란 텔레마케터가 고객응대를 위하여 기본적으로 작성되어진 가상의 시나리오이다. 텔레마케팅 실무의 필수품이며, 고객응대의 기초로서 텔레마케팅의 대화 대본이다.

→ 스크립트의 작성 목적

① 오퍼레이션의 목적 및 방향성의 명확화

스크립트를 작성하는 목적은 텔레마케터들의 일정한 상담수준을 유지하기 위하여 일관된 목적과 방향을 유지하게 하기 위해서이다.

텔레마케터가 전체 대화의 흐름이나 콜의 목적을 명확히 파악하고 있지 않으면 고객과의 대화 도중에 화제가 빗나갈 경우 상대방의 페이스에 말려 들어가 버림으로써 결과적으로 콜의 목적을 달성하지 못하는 경우가 발생한다.

따라서 무엇을 기준으로 하여 콜을 완료할 것인가, 고객으로부터 최소한 얻어내어야 할 것은 무엇인가, 이를 위해선 어떤 순서에 의거하여 대화를 진행해야 할 것인가 하는 콜의 목적과 방향성을 명확히 한 스크립트가 필요하다.

텔레마케터는 대화의 흐름을 늘 의식하면서 상황에 따라 방향을 수정할 수 있어야만 고객이 어떤 말을 해도 흐트러짐이 없이 자연스럽게, 본래 목적하는 방향으로 대화를 다시 이끌어 갈 수 있다.

텔레마케터가 지금 자신이 무엇을 말하고 있는지, 그리고 다음에 무엇을 말하여야 하는지 각자 스스로 파악할 수 있으므로 여유 있고 편안하게 오퍼레이션을 진행해 나갈 수 있다.

② 정확하고 일관된 오퍼레이션의 실시와 생산성 향상

스크립트는 제한된 시간 내에 서비스 업무를 일관되게 수행할 수 있어 생산성 향상에 도움을 준다.

텔레마케팅은 하나의 인격체인 텔레마케터가 불특정다수의 고객을 상대로 하여 맨-투-맨으로 어프로치하는 기법이다. 여기서 가장 중요한 것은 인간과 인간 사이에 오가는 따뜻한 정이 흐르는 대화를 전제로 하여 가능한 한 짧은 시간에 핵심을 무리 없이, 효율적으로 고객에게 전달하는 것이다.

따라서 모든 고객에 대해서 명확한 메시지를 효과적으로 전달하기 위해서는 정형화된 모범 스크립트를 작성해야 한다. 그렇게 되면 불필요한 대화를 최소한으로 줄이고, 각각의 텔레마케터가 제멋대로 말하거나 판단하는 것을 막고, 모든 고객에게 통일된 메시지를 전할 수 있다.

③ 텔레마케터의 능력 및 수준 표준화

텔레마케터의 유형은 교육환경과 개인의 특성, 경험 등에 따라 다양하다. 예를 들면 똑같이 충분한 사내교육, 연수를 이수하였다 하더라도 개인 간에 수준 차이가 난다.

따라서 스크립트는 텔레마케터 전체의 능력 및 질을 일정한 수준으로 유지시키기 위해서라도 매우 중요한 것이다. 스크립트를 통해 반복된 훈련을 실시하여 텔레마케터의 상담능력을 향상시킬 수 있으며, 상담수준을 표준화할 수 있다.

➔ 스크립트의 작성원칙(5C)

스크립트는 활용 목적을 명확히 하여, 이해하기 쉽게(Clear), 간결하고 명료하게(Concise), 납득이 가능하도록(Convincing), 유연하고 자연스러운 대화 형식으로(Conversational), 고객중심(Custom oriented)으로 작성되어야 한다.

➔ 스크립트의 작성

스크립트 작성에는 차트식, 회화식, 혼합식이 있으며, 인바운드 스크립트 작성법과 아웃바운드 스크립트 작성법이 있다.

인바운드 스크립트 작성

도입부 ➡ 상대방 확인 ➡ 상황 파악 ➡ 상황별 대화 ➡ 재확인 ➡ 종결

아웃바운드 스크립트 작성

도입부 ➡ 전화 건 이유 설명 ➡ 탐색 ➡ 제안 및 설명 ➡ 반론 및 대처방안 ➡ 종결

5. 콜센터 조직

➔ 콜센터 조직

콜센터는 고객 및 기타 다른 전화통화가 조직적으로 처리되는 중추적인 장소로서, 대개 어느 정도는 컴퓨터 자동화가 되어 있다. 일반적으로, 콜센터는 적지 않은 양의 통화를 동시에 처리하고, 통화를 구분하여 그 일을 처리할 수 있는 다른 사람에게 연결하며, 또 통화 내역을 자동으로 기록하는 등의 능력을 가지고 있다.

콜센터는 우편주문 카탈로그 조직, 텔레마케팅 회사, 컴퓨터 제품의 고객상담실, 전화를 사용하여 제품이나 서비스를 판매하는 대형 조직 등에서 주로 사용된다.

→ 콜센터 조직의 특징

콜센터는 비정규직 중심, 계약직 중심의 근무형태를 이루며 특정 업무의 선호도에 따라 조직 적응력에 상당한 차이를 보이는 경향이 있다. 그리고 우호적인 상담원들끼리 무리를 이루는 독특한 문화를 형성하고, 근로조건 및 급여에 민감하고, 변화상황이나 분위기에 급격하게 동조하는 경향이 있다.

콜센터의 상담원은 직업에 대한 만족, 불만족에 따라 고객응대 수준에 많은 차이를 보이기 때문에 세심한 조직관리가 요구된다.

6. TMR 성과관리

→ TMR 성과관리

TMR 성과관리란 텔레마케터의 업무수행능력을 향상시키기 위하여 주요 관리지표를 통해 지속적으로 개별적인 지도, 강화, 교정하는 활동을 말한다.

이는 모니터링을 통해서 문제를 발견한 후 그 문제점을 지적하는 것에서 그치는 것이 아니라 문제를 처리할 수 있는 능력까지 개발시켜주는 것을 포함한다.

텔레마케터의 임무는 크게 3가지이다.
① 신속히 전화를 받아주어야 한다.
② 정확하게 문의사항을 처리해 주어야 한다.
③ 고객이 진정으로 원하는 것이 무엇인지 파악해서 고객만족을 이끌어내야 한다.

고객이 텔레마케터와의 통화를 통해 만족한 상담결과를 얻으려면 이 3가지 중 하나라도 빠져서는 되지 않는다.

① 신속한 상담을 위해서는 한사람이 처리하는 상담전화의 양이 많아야 한다. 이것을 콜센터에서는 Performance 관리라고 하며, 이러한 관리항목이 바로 상담원의 평가항목이 된다.
  - Talk-Time : 상담에 소요되는 평균시간이다. 기준 시간 내에 들어와야 한다. 너무 짧아도 문제이며, 너무 길면 더 큰 문제이다. 전체 고객응대시간을 처리한 콜 수로 나눈

값이다.

- 시간당 처리 콜 수 : Call Per Hour 라고 해서 CPH 라고 줄여 말하기도 한다. 총응대 콜 수를 업무시간으로 나눈 값을 말한다. 이것이 적다는 것은 쓸데없는 곳에 시간을 낭비한 것이다. 생산성을 나타내는 가장 기본적인 지표이다.
- 인당 처리 콜 수 : 하루에 처리하는 양을 말한다.

② 정확한 상담을 위해서는
- 숙지도 테스트 : 정기적으로 실시하는 업무지식 테스트를 말한다.
- 오상담 건수 : 잘못 상담한 건수를 점수화하여 관리한다.
- 고객민원발생건 : 고객이 상담결과에 대해 불만을 제기할 경우 그 귀책사유가 상담원에게 있을 경우를 점수화하여 관리한다.

③ 만족상담
- 고객이 보내오는 칭찬 글이나 편지, 전화 등 고객이 상담원을 칭찬하는 경우 점수화하여 평가에 반영한다.

④ 기타 추가적으로 출근상황, 조퇴여부 등 근태현황에 대한 점수화도 있을 수 있다.

→ 통화품질(CQA : Call Quality Assurance)

통화품질이란 통화에 관계되는 하드웨어, 소프트웨어적 통화수단과 통화방법의 측정과 평가, 커뮤니케이션의 품격 정도, 내외부 모니터링 실시를 통해 생성되는 통화품질에 대한 종합평가와 분석, 관리, 교육지도, 인증업무, 사후관리를 종합적으로 수행하는 업무를 말한다.

→ 콜센터의 성과지표

콜센터의 성과를 측정하는 지표는 콜센터 내부에서 측정하는 지표로서 내부지표(Internal Performance Metrics)와 콜센터 외부에 의해 측정되는 외부지표(External Performance Metrics)가 있다. 고객만족도(CSI : Customer Satisfaction Index)는 대표적인 외부지표이다. 콜센터의 고객응대 능력을 측정하는 서비스 지표들로서는 응답시간, 응대율, 포기율, 불통률, 평균 응답속도, 평균 대기시간 등이 있다.

➜ 모니터링 방법

- Self monitering : 본인의 통화내용을 스스로 듣고, 평가표에 의해 스스로를 평가하는 방식이다.
- Peer monitering : 동료의 상담내용을 듣고 장·단점을 지적하고 평가표에 의해 평가하는 방식이다.
- Real Time monitering : 실제의 상담 상황에서 상담원이 모르는 사이 모니터링 대상을 무작위 추출하여 상담내용을 듣고 평가표에 의해 평가하는 방식이다.
- Recording monitering : 모니터링 대상인 상담원이 모르는 사이 무작위로 추출하여 상담내용을 녹음하여 평가를 하는 방식이다.
- Silent(Remote) monitering : 상담원과 떨어진 장소에서 상담원의 통화내용을 모니터링하는 방식이다.
- Side by side monitering : 상담원의 근처에서 직접 관찰하고 즉각 피드백해주는 방식의 모니터링이다.
- Call Taping : 녹음된 콜 샘플을 무작위로 듣고 상담원 자신의 상담내용을 평가하는 방식이다.

➜ 모니터링 데이터 활용

서비스 모니터링의 결과 데이터는 서비스 품질 측정, 개별적인 코칭과 팔로우업, 보상과 인정, 교육니즈 파악, 인력선발과정의 개선, 업무 프로세스 개선 등 다양하게 활용된다.

제 2 장 고객 상담

학습내용

1. 상황별 인사말
2. 안내법과 손님맞이 방법
3. 접객 자세와 지시 동작
4. 클레임과 컴플레인 분석
5. 고객 불만 처리 원칙
6. Power coaching

학습목표

1. 고객응대 시 상황별 응대법과 인사말을 정확히 구사한다.
2. 고객을 친절히 맞이하고 안내할 줄 안다.
3. 고객을 응대할 때의 올바른 자세와 동작을 구현할 줄 안다.
4. 불만고객을 응대하는 방법을 알고, 적절히 불만을 처리할 줄 안다.
5. 코칭에 대한 이해와 중요성을 설명할 수 있다.

1. 상황별 응대법과 인사말

상황별 고객 응대법은 전달하려는 뜻을 고객에게 명확하게 이해시키고 그 과정을 통해서 친절함과 정중함이 동시에 전달되어야 한다.

고객과의 대화에 있어서는 공손한 말씨를 사용하여야 하며, 고객의 입장에서 고객 중심으로 이야기하여야 한다. 그리고 알기 쉬운 말로 명확하게 말하여야 하며, 예의를 충분히 갖추어 응대하여야 한다. 같은 내용의 말이라도 감정이 어떻게 담겨있느냐에 따라 전달효과가 달라지므로 얼굴 표정뿐만 아니라 손짓, 몸짓을 적절히 사용하여 응대하여야 한다.

→ 공감적 경청

공감적 경청은 상대방의 마음에 일어난 것 그대로를 명료하게 이해하기 위해 적극적으로 듣는 것이다. 단순히 상대의 '말'을 듣는 것이 아니라, 자신의 마음을 비우고 전념을 다해 '상대'를 듣는 것이다. 공감적 경청의 핵심은 단순히 말의 내용을 잘 알아듣거나 어떤 반응을 해 주는 것이 아니라 공감하려는 태도 그 자체다. 즉, 상대에 대해 어떤 판단과 평가적 견해를 갖지 않고, 상대에게 어떤 영향을 미치겠다는 의도도 내려놓고, 상대의 마음에 일어난 경험 그대로를 수용하고 존중하며 함께 공유하는 것이다.

공감적 경청을 위해서는 먼저 상대방을 이해하려고 노력한 다음, 자기를 이해시켜야 한다. 이 원칙이야말로 효과적인 대인관계 커뮤니케이션의 열쇠이다. 공감은 합의의 판단을 포함한다. 공감적 경청은 눈과 가슴으로 상대방의 말을 듣는다. 즉, 왼쪽 및 오른쪽 뇌를 모두 사용하여 상대방의 말을 경청하여 감지하고 직관적으로 느끼는 것이다.

공감적 경청은 상대방의 생각, 느낌, 동기 등 실체를 다루기 때문에 필요로 하는 정확한 정보를 제공하며 감정계좌에 이입을 하게 된다. 따라서 공감적 경청은 상대방을 심리적으로 만족토록 하고 심리적 공감을 주기 때문에 상대방으로부터 이해받고 존경받고 신뢰받게 된다.

공감적 경청 3F
 • Feel : 네에 그렇습니까?　　　• Felt : 다른 분들도 그러시더라구요.　　　• Found : 그래도 ~해서 다행입니다.

→ 대화법

대화법에서 가장 많이 사용되는 화법으로는 쿠션화법, 신뢰화법, 레어드화법, 칭찬화법, 아론슨화법 등 다양하다.

 • 신뢰화법 : 이쪽에서 도와드리겠습니다.
 • 레어드화법 : 이쪽 자리 괜찮으십니까?
 • 칭찬화법 : 오늘 입으신 옷 너무 잘 어울립니다.
 • '나' 전달화법 : 저희 잘못입니다.
 • 아론슨화법 : 네, 비싸죠? 비싸지만 질이 가장 좋은 것입니다.
 • 쿠션화법 : 죄송합니다만 잠시만 기다려 주십시오

→ 고객유형별 응대기법

고객의 유형에 따라 응대하는 기법은 다르게 적용될 때 효과적인 응대를 기할 수 있다.

전문가형 고객에게는 고객의 능력에 대한 칭찬과 감탄의 말로 응수해 고객을 인정하면서 친밀감을 조성하여야 한다. 고객 자신이 주장하는 내용의 문제점을 스스로 느끼도록 대안 및 개선에 대한 방안을 유도하는 편이 좋다. 그리고 대화중에 반론 및 자존심을 건드리는 행위는 금지하여야 하며, 문제해결에 초점을 맞추어 고객의 무리한 요구사항에도 대처할 수 있는 대응이 필요하다.

우유부단한 고객에게는 시기 적절히 질문을 해서 고객이 자신의 생각을 솔직히 드러낼 수 있도록 도와준다. 피해보상기준에 근거해 적절한 보상기준과 이점 등을 성실히 설명하여 문제해결을 하는 것이 좋다.

빈정거리는 고객에게는 정중함을 잃지 않고 냉정하고 의연하게 대처하여야 한다. 상황에 따라 고객의 행동을 우회적으로 지적, 가벼운 농담의 형식으로 응답하는 노련함이 요구된다. 대화의 초점을 주제방향으로 유도해 해결에 접근할 수 있도록 자존심을 존중해 주면서 응대하며, 고객의 빈정거림을 적당히 인정해 고객의 만족감을 유도하여야 한다.

지나치게 호의적인 고객에게는 고객의 의도에 말려들 위험이 있기 때문에 기분에 사로잡히지 않도록 하여야 한다. 말을 절제하고 고객에게 말할 기회를 많이 주어서 결론을 도출하도록 하는 편이 낫다. 고객의 진의를 파악할 수 있도록 적절한 질문을 활용하고, 합의를 지연하고자 하는 고객의 의도를 경계하여야 한다. 외유내강의 자세를 유지해 깔끔한 합의를 도출할 수 있도록 하여야 한다.

같은 말을 장시간 되풀이하는 고객에게는 고객의 말에 지나치게 동조하지 않아야 한다. 문제해결에 관한 확실한 결론을 내어 고객에게 믿음을 주는 것이 중요하다. 가능한 신속한 결론을 내리는 것이 바람직하다.

과장하거나 가정하여 말하는 고객에게는 말하는 진의를 잘 파악하여야 한다. 말로 설득하려 하지 말고 객관적인 자료로 응대하는 편이 낫다. 우회화법으로 고객으로 하여금 사실을 말하도록 유도하거나, 고객이 말한 내용을 잘 기록하고 정리해 변동사항이 발생했을 때 대처하도록 하여야 한다.

불평을 늘어놓는 고객에게는 고객의 입장을 인정해준 후 차근차근 설명해 이해를 시켜야 한다. 고객의 요구가 정당하다면 용서를 받고 성의를 다해 큰 언쟁으로 발전하지 않도록 주의하여야 한다.

→ 상황에 따른 고객응대 요령

고객이 큰소리로 말할 때는 응대자 자신의 목소리를 낮추고 말을 천천히 한다.

고객이 따지고 들거나 불평을 할 때는 고객의 입장을 인정해 준 후 차근차근 설명한다.

고객의 요청을 들어줄 수 없을 때는 고객의 입장을 이해해 준 후 공손한 태도로 거절한다.

모르는 것을 물어왔을 때는 양해를 구한 다음 아는 직원에게 안내한다.

→ 상황별 불만고객 응대법(PLOT 기법)

PLOT란?

- P – 즉각적인 관심 보이기 (Prompt Interest With Attention)
- L – 경청하고 공감하기 (Listen Mind With Empathy)
- O – 수용하고 사과하기 (Offer Value With Trust)
- T – 약속하고 처리하기 (Tell Promise With Rhythm & Tempo)

PLOT의 사례

상황

"이것봐요, 내가 사무실에서 전화가 제대로 안된다고 중계긴가 뭔가 신청한지가 얼마나 오래 됐는지 알아? 언제까지 기다리라는 안내도 없고, 매달 요금은 꼬박꼬박 빼가면서 이거 도대체 핸드폰을 쓰란 얘기야 뭐야, 어?"

P : 예, 중계기 설치 신청을 하셨는데 아직 설치가 안 됐다구요?

L : 설치가 늦어져서 많이 불편하셨죠?

O : 고객님, 불편을 드려 정말 죄송합니다.

T : 제가 확인해 본 결과 고객님께서 신청하신 초소형 중계기는 지금 접수 처리되어 승인까지 된 상태입니다.

접수하신 순서대로 설치를 해 드리고 있는데 현재 초소형 중계기의 물량이 부족해서 바로 설치가 되지 못하는 상황입니다. 저희가 최대한 빨리 설치될 수 있도록 노력하겠습니다.

그리고 그전까지 사무실에서 폰을 사용하시는 게 불편하실 것 같은데 폰으로 오는 전화를 사무실 전화기로 받을 수 있는 착신전환 서비스를 해드리면 어떨까요?

고객님의 요청 사항을 신속히 처리해 드리지 못해 불편을 드려서 제가 특별히 3개월간 무료로 사용하실 수 있도록 해드리겠습니다. 고객님의 불편사항이 하루빨리 시정 되도록 제가 책임지고 처리하겠습니다.

→ 고객불만 시 효율적인 응대요령 (MTP법)

고객불만의 처리방법으로 MTP법이 자주 사용되는데, 이는 사람(Man), 시간(Time), 장소(Place)를 바꾸어 처리하는 방법이다.

응대자를 바꾼다(책임자 또는 차상급자로)
"손님. 제가 책임자입니다만 무슨 내용이신지 저에게 말씀해 주세요"

장소를 바꾼다(객장보다는 응접실 등 조용한 곳으로)
"손님, 저희 응접실로 모시겠습니다"

화제(시간)를 바꾼다(문제의 핵심보다는 발생이유부터 차근차근)
구차한 변명보다 솔직한 대처를 택한다. 즉각적인 해결 방안의 제시보다는 냉각시간을 가지고 해결한다.

2. 안내법과 손님맞이 방법

→ 목적지까지 손님을 안내할 경우

- 적절한 인사말로 손님을 맞이한다.
- 목적지를 확인한 후 손님보다 2-3보 측면 앞에 비켜선 채로 안내한다.
- 계단을 오를 때는 안내자는 뒤에 따른다.
- 계단을 내려올 때는 손님보다 먼저 내려온다.(고객이 여성인 경우는 반대)
- 엘리베이터를 탈 때는 먼저 타서 안내한다.
- 엘리베이터를 내릴 때는 먼저 내린다.

→ 손님을 응접실 등으로 안내할 경우

- 응접실에 들어설 때에는 안에 손님이 없더라도 노크를 한 후 문을 연다.
- 입구 쪽에서 가장 먼 곳이 상석이다.
- 창문이 있는 경우 경치가 좋은 곳으로 안내한다.
- 사무실과 함께 있는 경우는 책상에서 멀리 떨어진 자리가 상석이다.
- 손님이 기다려야 하는 경우는 신문이나 잡지를 드리는 재치도 필요하다.

→ 고객을 맞이하는 단계적 프로세스

- 1단계 : 고객이 들어오면 시선을 맞추어 가볍게 인사를 나눈다. "안녕하십니까?"
- 2단계 : 상대방을 확인하고, 용건을 확인한다. "실례지만 어떤 일로 오셨습니까?" "잠깐만 기다려 주십시오"
- 3단계 : 고객의 용건에 맞는 담당부서나 담당자가 누구인지 정확히 판단한다.
- 4단계 : 고객의 용무가 신속하고 정확히 처리되도록 배려한다.
- 5단계 : 고객의 용무가 잘 처리되었는지 확인한다. 본인의 응대 태도에 문제가 없었는지 한 번 더 생각해본다.

→ 고객을 맞이하는 실천적 자세

- 고객은 언제나 정중한 자세와 밝은 미소로 정성껏 모신다. (정성)
- 고객의 작은 소리도 귀담아 들으려고 노력한다. (경청)
- 고객의 입장에서 생각하고, 감사하는 마음자세로 모든 고객을 신속, 친절, 공정하게 대한다. (실천)
- 고객의 불평, 불만사항을 근원적으로 해결하기 위해 최선을 다하며, 해결이 불가능한 것은 정중한 자세로 고객의 이해와 협조를 구한다. (해결)
- 맡은 업무는 내가 우리 회사의 대표자라는 주인정신으로 처리한다. (주인정신)

→ 방문객 배웅

손님을 배웅할 때에는 상황에 따라 그 자리에서 배웅할 것인지, 문앞에서 배웅할 것인지, 엘리베이터까지 배웅할 것인지, 승용차까지 배웅할 것인지 융통성있게 결정한 후, 하던 일을 멈추고 손님을 배웅한다.

우산이나 코트를 보관하고 있을 경우에는 미리 준비하였다가 손님이 돌아갈 때 챙겨드리도록 하여야 하며, 놓고 가는 물건이 없는지 잘 점검한다.

필요한 경우 주차장에 연락하여 손님의 승용차를 대기시킨다.

→ **서비스 기본 10대 용어**

어세오세요. 몇 분이십까?

예, 잘 알겠습니다.

감사합니다.

실례합니다.

죄송합니다.

잠시만 기다려 주십시오.

오래 기다리셨습니다.

이쪽으로 오십시오.

무엇을 도와드릴까요.

안녕히 가십시오.

3. 접객 자세와 지시 동작

→ **선 자세**

- 허리와 가슴을 펴고 일직선이 되게 한다.
- 발꿈치는 붙이고 앞발은 약 30도 정도 벌린다.
- 표정은 밝게 하고 눈은 부드러운 시선으로 정면을 응시한다.
- 등의 중심선이 좌우로 흔들리지 않게 바르게 서며, 허리와 무릎을 곧게 펴고 바르게 세운다.
- 여성은 오른손을 위로, 남성은 왼손을 위로 오게 한다.(男左女右)
- 손의 위치는 여성은 엄지가 배꼽의 약간 아래에 오도록 하여 서고, 남성은 팔을 굽히지 않은 상태로 자연스럽게 아래로 내린다.
- 남성은 양 팔을 자연스럽게 늘어뜨린 상태에서, 손은 계란을 쥔 듯한 모양으로 바지 옆 재봉선에 댄다.

➡ 앉는 자세

- 의자의 왼편에 서 있다가 오른손으로 잡아당겨서 확인을 하고 앉는다.
- 허리와 가슴을 펴고 의자 깊숙이 앉으며, 두 손을 가볍게 모은다.
- 여성은 두 다리를 모아 무릎을 붙이고 한쪽 방향으로 모은다.
- 의자와 등받이 사이에는 주먹 하나 정도의 공간을 두고 앉는다.
- 어깨와 턱에 힘을 주지 않고 고개를 바로 한다.

➡ 걷는 자세

- 등을 곧게 펴고 어깨를 수평으로 한다.
- 손은 가볍게 주먹을 쥐고 팔은 약간 흔들어 준다.
- 일직선으로 걸으며, 밝은 표정으로 활기차게 걷는다.
- 보폭은 자기의 체격에 맞추어 자연스럽게 벌리고 곧게 걷는다.
- 실내인 경우 옥외에서보다 보폭을 좁게 하며, 발자국 소리가 나지 않도록 주의한다.
- 손에 물건을 들었을 경우 몸의 균형을 잘 유지한다.

➡ 방향 지시 자세

- 사람을 가리킬 때에는 두 손을 모두 사용하여 안내하고, 물건을 가리킬 때에는 한 손은 방향을 가리키고, 다른 한 손은 아랫배 쪽에 둔다.
- 밝은 표정으로 방향 표시와 함께 말을 곁들인다.
- 상대와 눈을 마주친 후 손가락을 붙인 채 방향을 가리킨다.
- 손목이 꺾이지 않도록 주의하며, 손바닥이나 손등이 정면으로 보이지 않게 45도 각도로 눕혀서 가리킨다.
- 상대가 바른 방향을 향하는지 지켜보는 여유를 유지한다.

4. 클레임과 컴플레인 분석

➡ 클레임과 컴플레인

클레임

클래임은 상대방의 잘못된 행위에 대한 시정요구이다. 클레임처리가 되지 않을 경우 고객에게 물질적, 정신적, 크게는 법적인 원가를 보상하여야 한다.

컴플레인

컴플레인은 상대방의 잘못된 행위에 대한 불만사항의 통보로 주의정도의 불만족을 말한다. 이는 즉시 행동 또는 자체 내부 조치에 의해 해결될 수 있다.

→ 굿맨의 법칙

모든 고객에게 100% 완벽히 만족을 주는 제품과 서비스란 없고, 고객의 불만은 필연적으로 발생하기 마련이다. 기업이 고객의 불만을 어떻게 관리하느냐에 따라 고객을 붙잡아 충성고객으로 만들 수도 있고, 또 다른 불만 고객을 양산할 수도 있다.

굿맨(John Goodman)은 고객만족도에 대하여 다음의 세 가지 원칙이 적용된다고 하였다.

제1법칙

고객의 좋은 평가는 5명에게 밖에 전달되지 않지만, 안 좋은 평가는 10명에게 전달된다. 부정적 소문은 2배의 파워를 가지고 있다.

제2법칙

자신의 불만을 해결하여 만족하게 된 고객은 불만을 갖고 있지만 토로하지 않는 고객에 비해 동일 브랜드를 재구입할 가능성이 매우 높다.

불만을 말하지 않는 고객의 90%는 두 번 다시 오지 않는다. 불만을 가지고도 말하지 않는 고객의 재구매 의견은 9%밖에 안되지만, 불만을 얘기하고 대응에 만족한 고객의 재구매는 82%나 된다.

제3법칙

소비자 교육을 받은 고객은 기업에 대한 신뢰도가 높아 호의적인 소문의 파급효과가 기대될 뿐만 아니라 상품의 구입의도가 높아져 시장확대에 공헌한다.

→ 서비스 회복(Service Recovery)

성공적인 서비스 회복은 고객이 불만을 토로하기 쉬워야 하고 신속하게 처리하되 진실된 마음이 고객에게 전해질 수 있어야 한다. 고객과 친밀한 유대관계를 형성하여 서로 간의 이해를 높이는 것이 중요하다. 불만고객을 만족고객으로 혹은 충성고객으로 유도해가는 것이야 말로 성공적인 서비스 회복인 것이다.

서비스 회복을 위해서는 서비스 회복의 가이드 라인을 정립하고 서비스 회복 과정의 시스템화를 이루어야 한다. 그리고 효과적인 서비스 회복을 위해서는 불만이나 문제를 가진 고객이 회사에 쉽게 접근하여 즉각적인 응답을 받을 수 있는 통로가 마련되어야 한다.
또한 고객과 직원간의 이해력을 높이고 친근감을 형성하여 동료와 같은 동질감을 형성하면 불만은 의견이 되고 그 의견은 만족으로 이어진다.

서비스 회복을 위한 채널을 다양하게 마련하여 고객이 재방문이 아니더라도 쉽게 불만을 처리할 수 있도록 하여야 하며, 콜센터나 웹사이트를 통한 서비스 등 데이터 베이스와 품질정보 시스템의 구축이 필요하다.

서비스 회복을 위해 고객 접점 직원에 대한 서비스 권한을 위임하는 것 또한 필요하다. 접점 직원의 겸손한 태도와 정성을 다한 기대 이상의 불만 처리가 불만고객을 오히려 충성고객으로 만들게 되는 경우도 있다.

5. 고객 불만처리 원칙

→ 고객불만의 중요성

기업의 입장에서 불만을 표시하는 고객은 그렇지 않은 고객보다 상대적으로 기업의 발전과 경쟁력 향상에 없어서는 안 될 중요한 역할을 한다.
불만고객은 제품이나 서비스의 문제점을 발견하고 개선할 수 있도록 좋은 정보를 제공해줄 뿐만 아니라 불만을 처리하는 과정에서 고객과의 유대를 강화시켜 충성고객화할 수 있는 기회가 되기 때문이다.

➜ 불만해소 방법의 6단계

- 1단계 : 경청(집중효과). 고객의 불만이나 불평을 듣고, 고객의 불만내용과 원인에 대한 정보를 수집한다.
- 2단계 : 고객관점에서 바라보기(회상효과). 불만의 원인을 분석하며, 고객의 불만에 대한 사실과 원인을 파악한다.
- 3단계 : 불만원인 찾기(탐색효과). 해결책을 검토하며, 문제해결을 위한 고객 요구사항에 대한 파악과 만족할 만한 해결방안을 모색한다.
- 4단계 : 사과와 양해 구하기(반전효과). 만족스러운 해결방안을 결정하고 고객에게 해결책을 제시한다.
- 5단계 : 건설적인 협상(양해효과). 처리결과를 검토, 확인한다.
- 6단계 : 고객불만 해소(동감효과). 협상과 해결을 통해 고객이 만족감을 회복한다.

➜ 불만고객 응대 기본원칙

피뢰침의 원칙

고객은 나에게 개인적인 감정이 있어서 불만을 표시하는 게 아니다. 일처리에 대한 불만으로 복잡한 규정과 제도에 대해 항의를 하는 것이다. 피뢰침과 같이 불만을 몸으로 흡수하고 회사나 제도에 반영한 후 땅속으로 흘려보내야 한다.

책임공감의 원칙

내가 한 행동의 결과이든 다른 사람의 일처리 결과이든 고객의 불만족에 대한 책임을 같이 져야 한다. 고객에게는 누가 담당자인지는 중요한 관심사가 아니며 나의 문제를 해결해주는 것만이 중요하다.

감정통제의 원칙

거친 고객을 응대하다보면 자신도 모르게 감정을 드러내는 경우가 있다. 불만고객 담당자는 자신의 감정까지 통제할 수 있는 프로의식이 있어야 한다.

언어절제의 원칙

말을 많이 한다고 해서 나의 마음이 고객이 올바로 전달되는 것은 아니다. 나의 변명인 백 마디의 말보다는 고객의 말을 충분히 들어주는 것이 불만처리의 방법이다.

역지사지의 원칙

고객의 입장에서 문제를 바라보고 해결하여야 한다. 고객은 우리의 규정이나 우리의 업무 프로세스를 알지 못한다. 고객을 이해하기 위해서는 반드시 고객의 입장에서 문제를 바라보아야만 한다.

→ 불만고객 응대 태도 및 예절

불만고객을 응대하기 위해서는 응대자의 태도가 매우 중요하다.

논쟁은 절대 금물이다. 틀린 주장에 대해서도 인내하며 경청하고 온화하게 대응하여야 한다. 불만고객에 대한 응대가 변명으로 비춰져선 안 되며, 구체적인 설명이 되어야 한다. 그리고 응대 시 불평사항은 철저히 메모하도록 한다.

또한 사무적인 사과가 되지 않도록 정중히 사과하여야 하며, 금전적 보상까지도 기꺼이 받아드리는 대응을 하여야 한다.

불만고객을 응대하는 데는 겸손한 예절이 요구된다. 불만고객에게는 먼저 사과하는 자세로 대응한다. 그리고 고객의 불만사항을 끝까지 참고 들어주는 자세가 중요하다.

불만사항에 대해서는 신속하게 최선의 해결책을 제시하여야 한다. 그래도 어려울 때는 사람을 바꾼다.

불만처리를 위해서는 인내를 갖고 고객을 안심시켜야 하며, 처리가 완료된 후에도 끝인사와 함께 다시 한 번 사과하는 것으로 마무리를 잘 지어야 한다.

6. Power Coaching

→ 코칭(Coaching)

미국의 세계 최대 글로벌 코치양성전문기관인 CCU(Corporate Coach University)는 코칭을 아래와 같이 정의하고 있다. "코칭은 코치와 발전하려고 하는 의지가 있는 개인이 잠재능력을 최대한 개발하고, 발견 프로세스를 통해 목표설정, 전략적인 행동, 그리고 매우 뛰어난 결과의 성취를 가능하게 해주는 강력하면서도 협력적인 관계이다."

즉, 코칭이란 코치가 코칭을 받는 사람에게 직업적 또는 개인적인 성과를 향상시키고, 삶의 질을 높이는 데 도움을 주는 지속적인 파트너십이다. 코치는 경청하고 관찰하는 데 있어서 고도로 훈련을 받은 사람이며, 개개인의 특성에 맞게 그들의 필요에 접근해가는 방법에 숙련된 사람들이다. 코치는 사람들이 스스로 전략과 해결책을 도출하도록 한다.

코칭의 기본 철학은 사람은 누구나 가능성과 잠재 능력을 갖고 있다는 것이다. 그리고 자신이 원하는 것을 찾고 있으며, 코치와 함께함으로써 이를 더 쉽고 빨리 찾을 수 있다는 것이다. 우리에게 파트너가 있어서 경청해주고, 적절한 질문을 통해 다양한 시각을 열어주고, 스스로 탐색하며 정리해나갈 때 좀 더 창조적일 수 있다.

코칭이 컨설팅, 카운슬링, 멘토링 등과 유사한 개념으로 이해될 수 잇다. 그러나 분명한 차이점 위주로 이를 구분해보면 다음과 같다.

→ 코칭과 컨설팅, 카운슬링, 멘토링의 차이점

컨설팅

코칭는 컨설팅에서처럼 진단하고 해결책을 제시하지 않는다. 코칭는 코치받는 사람이 스킬업하거나 변화 또는 목표를 달성할 수 있도록 촉진시키는 역할을 한다. 컨설팅적 해결이 필요한 경우 코칭은 함께 파트너십을 이루어 문제를 해결해나간다. 컨설팅이 해결책을 제시하는 것이 목적이라면, 코칭은 그 해결책을 스스로 발견하게 하고 추후 그 해결책을 스스로 재생산할 수 있도록 프로세스를 공유하고, 그 능력을 갖도록 하는 것이 목적이다. 컨설팅이 무엇(what)에 집중하는 반면, 코칭은 누구(who)에 집중하는 것이다.

카운슬링

코칭는 문제를 해결하기 위해 한 사람의 과거를 여행하거나, 당시의 행동에 대해 지나치게 연구하지 않는다. 코치는 그러한 것들을 코치받는 사람의 몫으로 남겨두고 단지 그들이 그 사실을 깨달을 수 있도록 도와주며, 그들이 한걸음 앞으로 나가 개인적, 직업적 목표들을 달성할 수 있도록 돕는다. 카운슬링이 과거 지향적인 면이 많은 반면, 코칭은 철저히 미래 지향적이다. 코칭의 대상은 치료의 대상이 아니다.

멘토링

멘토링이 최근 비즈니스 분야에 본격 진출하면서 좀 더 구조화되고, 수평화되는 경향이 있다. 이는 코칭의 형태와 매우 유사하다고 하겠다. 그러나 여전히 차이점은 멘토링은 멘토와 멘티의 관계에 있어서 수직적이며, 상호간의 인격적 개입이 더 깊이 일어난다고 하는 점이다. 코칭은 수평적 파트너십이며, 깊숙한 개입이 있을 필요가 없다는 점이 다르다.

→ 코치의 역할

- **후원자(Sponsor)** : 코치는 그 직원이 조직 내의 중요한 정보, 의사결정자 및 다른 사람과 접촉할 수 있도록 한다. 후원자가 되어 개인적인 성장과 경력상의 목표를 달성하는데 도움이 되는 업무가 무엇인지 결정하는 것을 도와준다.
- **멘토(Mentor)** : 코치는 직원의 자기계발 프로세스에 개입하며, 어떤 분야에서 존경받는 조언자이며, 기업의 정치적 역학관계에 대처하는 방법 및 영향력을 행사하여 파워를 형성하는 방법도 아는 사람이다.
- **평가자(Appraiser)** : 코치는 특정 상황 하에서 직원의 성과를 관찰하여 적절한 피드백이나 지원을 하기로 약속한 사람이다.
- **역할모델(Role Model)** : 코치는 말한 바를 행동으로 보여주는 역할을 수행하면서 직원들의 기업문화에 적합한 리더십 유형을 보여준다.
- **교사(Teacher)** : 코치는 직원들이 자신의 업무를 효과적으로 수행할 수 있도록 업무상 비전, 가치, 전략, 서비스 및 제품, 고객 등에 관한 정보를 제공하는 중요한 역할을 한다.

→ 코칭의 3가지 철학

- **제1철학** : 모든 사람에게는 무한한 가능성이 있다.
- **제2철학** : 그 사람에게 필요한 해답은 모두 그 사람 내부에 있다.
- **제3철학** : 해답을 찾기 위해서는 파트너가 필요하다.

→ 코칭의 5가지 스킬

코칭을 효과적으로 하기 위해서는 스킬이 요구된다. 코치가 갖추어야 할 코칭의 스킬들을 보면 다음과 같다.

질문 스킬

코칭에 있어서는 질문의 의미가 매우 크다. 부하의 가능성을 끌어내기 위한 적절한 질문이 필요하며, 그 질문에 의해 부하는 자기도 모르는 사이 자신의 무한한 잠재력을 찾아내게 된다.

경청 스킬

코칭에 있어서 경청은 매우 중요한 스킬이다. 귀로 듣고, 입으로 듣고, 마음으로 듣는 세 단계의 듣는 태도가 적용된다.

직관 스킬

코치는 자신의 직관을 활용하여 코칭에 임한다. 코치는 어떤 의도나 생각을 가지고 부하를 끌어가서는 곤란하다. 코치는 생각하지 않고, 예측하지 않고, 리드하지 않는 기술이 필요하다.

자기관리 스킬

코치 자신의 관리 기술이다. 코치의 몸과 마음이 부하를 향해 초점이 맞추어져야 한다.

확인 스킬

상사가 부하를 코칭할 때 부하에게 있어서 중요한 사항을 확인하기 위한 기술이다. 코치는 부하의 미래, 현재, 과거를 확인한다.

→ 코칭의 실행과 피드백

코칭의 실행 5단계

- 1단계 : 목적의 명확한 설명
- 2단계 : 사례청취 및 감상
- 3단계 : 상담원 스스로 개선점 도출
- 4단계 : 동의하는 개선안 선택
- 5단계 : 코칭 마무리

코칭의 피드백

피드백이란 부하의 행동에 대해 긍정적이고 미해지향적인 반응을 함으로써 구체적인 동기를 부여하는 것이다. 부하로 하여금 앞으로 어떻게 행동할 것인가에 대한 가이드 라인을 제공하는 것이다.

1차 피드백은 코칭 실시 후 3일 이내에 모니터링을 재실시 하는 것으로 2차 피드백으로 들어간다.

2차 피드백은 코칭 실시 후 3일 이내에 모니터링을 재실시 하는 것으로 3차 피드백으로 들어간다.

3차 피드백은 전월 실시한 직원 중 향상되지 않은 직원에 대해 익월 모니터링을 하여 추가의 코칭을 실시한다.

제 3 장 예절과 에티켓

학습내용

1. 이미지 컨설팅
2. 표정 연출법
3. 인사 매너
4. 패션이미지 연출법
5. 전통예절

학습목표

1. 이미지의 의미를 정확히 이해한다.
2. 이미지를 구성하는 요소와 이미지의 형성과정을 이해하고 설명할 수 있다.
3. 표정연출법을 이해하고 자연스러운 미소의 표정을 만들 수 있다.
4. 인사 매너를 이해하고 실천할 수 있다.
5. 패션이미지를 이해하고 실천할 수 있다.
6. 전통예절에 대해서 이해와 설명을 할 수 있다.

1. 이미지 컨설팅

→ 이미지(Image)의 개념

이미지(image)의 어원은 그리스어 'Eikon' 이며, 성상(聖像), 상(像)으로 'resemblance' 란 뜻을 지닌다. 또 라틴어에서는 동사 imitari(흉내내다)에 명사형 어미-aro를 붙인 'imago' 에서 그 어원을 찾을 수 있다.

이미지의 사전적 의미는 '마음속에 그려지는 상(象), 심상(心象), 표상(表象), 영상(映像)을 말한다. 다시 말해 이미지란 어떤 사물이나 대상에 대해 주관적으로 이해되고 지각되어 생성된 실상과 허상의 집합체이며, 어느 한 요소만이 아닌 그에 관련된 전체를 포괄하는 총체적 개념이라 할 수 있다. 따라서 각 개인에 대한 이미지(personal image)는 그 사람에 대한 독특하고 고유한 느낌이며, 개성이다.

우리는 독립적으로 주어지는 각기 다른 정보들을 조직화하여 하나의 의미 있는 전체로 지각하는 이미지 형성(image building)을 한다. 즉, 겉으로 나타나는 개인의 외모, 표정, 태도, 행동, 말씨 등은 그 사람의 심성, 생각, 욕구, 감정에 의해 표출된다. 이렇게 이미지란 우리 나름의 사고나 취향에 따라 편집되어진 그 사람의 외적 이미지와 내적 이미지에 대한 생각의 덩어리나 특유의 감정이다. 이러한 이미지는 보는 사람에 따라 긍정적이거나 부정적일 수 있는 매우 주관적이고 다면적인 개념이다.

오늘날 이미지가 중요성을 갖게 되는 이유는 이미지가 행동을 일으키는 잠재적 힘을 지니기 때문이다. 이미지는 추상적이고 관념적으로 보이지만 실제에 있어서는 행동을 좌우하는 요인이며, 이는 태도, 선입관, 가치관 등에 영향을 미친다.

→ 이미지 메이킹(Image making)

이미지 메이킹(Image making)이란 용어는 국립국어원 '신어' 자료집에 2004년 수록된 단어로서 우리에게 익숙해진 것은 극히 최근의 일이다. 이미지 메이킹(Image making)의 사전적 의미는 '이미지 만들기', '이미지를 만드는', '이미지를 향상시키다', '이미지를 바꾸다' 등이다. 즉 사람이나 사물의 이미지를 만들고 향상시키고 바꾸고 개선하여 이상적 이미지를 만드는 모든 행위이다.

일반적으로 이미지 메이킹 방법은 의상과 헤어 · 메이크업, 액세서리, 태도 등을 통하여 진정한 개성과 특성을 파악하여 단점은 보완하고, 장점은 개발 · 향상시켜 최상의 이미지로 새롭게 연출하는 것이다. 따라서 이미지가 상대방에게 전달되는 어떠한 느낌을 머릿속에 재현한 허상이라면, 이미지 메이킹은 시대 · 상황 · 목표에 맞게 자신의 모습을 긍정적으로 이미지화하여 표현하는 기술이다. 즉 자신이 표현하고자 하는 모습을 가장 자기답고 호감 가는 이미지로 부각시키기 위한 노력이며 이에 따른 총체적 연출법인 것이다.

이러한 이미지 메이킹이 중요한 이유는 개인의 인간관계와 밀접한 관련이 있기 때문이다. 더불어 살아가는 인간사회 구조 속에서 바람직한 인간관계는 개인의 행복과 삶의 질을 향상시키며 자아성취감에 영향을 준다.
이미지 메이킹은 바로 대인관계능력을 향상시키고 자기성취를 이룰 수 있게 하므로 각광받게 되었다. 개인이 추구하는 목표에 도달하기 위해 자신의 이미지를 통합적으로 관리하고, 자신의 이미지를 상대방 또는 일반인에게 각인시키는 일이 그 어느 때보다 중요하게 된 것이다. 다시 말해 현대 경쟁사회에서 이미지 메이킹은 개인의 이상적 이미지 구축을 위한 개인의 사회적 지위나 직업 및 성격, 능력, 감정상태, 사상, 취미 등을 추측하게 하고 빠르게 사회에 인정·수용되는 방법으로 받아들여진다.

➜ 첫인상

현대인의 일상에서는 불특정다수의 사람들과 일시적·직업적·사회적 접촉을 갖는 경우가 많다. 이런 경우 사람들 간의 상호반응은 처음 느끼는 첫인상에 따라서 영향을 받는다. 일반적으로 첫인상이 좋은 사람에게는 친절하고 공손하지만 그렇지 않은 사람에게는 냉정하고 관심을 보이지 않는 경향이 있다. 특히 면접이나 맞선 등을 보는 경우라면 첫인상의 중요성은 아무리 강조해도 지나치지 않다.

심리학자 알포트(Gordon Willard Allport : 1897~1967년)에 의하면 첫인상(first impression)은 30초면 형성된다고 했다. 즉, 짧은 시간 동안 성별, 연령, 국적, 직업, 사회적 지위, 그리고 심지어는 단정함과 성격, 신뢰성, 우월성까지도 전달된다고 했다. 미국의 법정에서는 피고인의 판결에 피고의 옷차림이 영향을 준다는 연구결과도 있어 우리가 생각하는 것 이상으로 의상의 역할이 인상 형성에 있어 중요함을 알 수 있다.

첫인상은 우리의 감각기관인 시각, 청각, 촉각, 후각, 미각을 통하여 지각된 정보가 상대의 본질이나 사실과는 무관하게 자신의 사고체계와 감정상태 및 경험에 의하여 형성된다. 다시 말해 우리가 사람을 판단할 때 추측에 의한 연상과 고정관념이 작용한다. 즉, 같은 종족이나 국가 그리고 같은 직업에 종사하는 사람들이나 같은 단체를 구성하는 구성원들은 모두 비슷한 성격이나 외모를 가지고 있는 것으로 추측하는 것이다.

결국 대인관계에서 호감 가는 첫인상을 만들 수 있다는 것은 사회생활을 성공적으로 이끌 가능성을 높여 준다. 물론 첫인상은 의상이나 헤어·메이크업, 제스처, 말투와 같은 외적 모습뿐 아니라 겸손함, 상대방을 배려하는 자세, 성실함, 프로의식 등과 같은 내면적 모습을 함께 가꿀 때 비로소 완성된다.

➜ 이미지 메이킹 방법

현대사회는 다양한 매스미디어의 영향으로 이미지의 중요성이 사회 전반에 확산되고 있다. 이러한 시점에 이미지를 표현하고 이미지를 만드는 행위인 이미지 메이킹은 사람뿐 아니라 사물의 이미지까지도 상징적으로 표현하여 사회에서 그 인지도를 높인다. 특히 사람에게 적용되는 이미지 메이킹은 의상과 헤어스타일, 메이크 업을 통해 이루어진다.

의상 연출

현재 유행하고 있는 유행 경향을 안다면 이미지 메이킹을 위한 의상 선택에 큰 도움이 된다. 그러나 이때에도 반드시 자신에게 맞는 색상, 실루엣, 소재, 스타일 등이 있음을 명심해야 한다. 의상에 대한 중요한 패션 정보는 패션잡지, 패션정보 방송, 유명디자이너의 패션쇼와 작품, 친구들의 조언, 거리의 쇼 윈도우 등 다양한 채널을 통해 접할 수 있다.

왜냐하면 패션이란 특정한 시기에 유행하는 의상이나 헤어스타일의 형식이나 새로운 양식(樣式)을 말하며, 갑자기 대중들에게 받아들여져 통용되는 특성이 있다. 따라서 항상 계절보다 앞서서 대중들에게 선보이는 이 같은 패션쇼의 의상들은 처음에는 낯설지만 시간이 지남에 따라 눈에 익어 모방하게 되고 결국 유행하게 되는 것이다.

이러한 의상은 첫인상 형성에서 가장 큰 영향을 발휘한다. 의상이 갖는 사회적 중요성은 사람과의 첫 만남에서 착용자에 대한 정보를 제공함으로써 첫인상을 결정하는 요인이기 때문이다. 질 샌더(Jil Sander)는 "옷은 여성에게 상승의 기회를 준다. 지금 입고 있는 옷으로 자신이 누군지 알 수 있다"고 했다.

즉 의상은 신체를 기후나 외부 위험물로부터 보호해주는 그 이상의 역할을 한다. 의상은 사회적 신분, 직업, 역할 등에 대한 단서를 타인에게 전달한다. 또 대부분의 사람들은 타인의 성, 연령, 인종, 신체적 특징 등을 의상을 통해 주의 깊게 관찰한다. 또 의상은 무언의 언어(non-verbal language)적 역할도 한다. 사회적 신호를 전달하는 상징성을 가지고 있을 뿐 아니라 의사소통 도구로서의 이미지 특성이 강하게 작용하기 때문이다. 따라서 의상 표현은 훌륭한 자기표현이며 동시에 인간관계에서는 기본예절이다. 사회의 가치와 이상에 부합하며 반드시 자신의 체형과 얼굴형을 고려한 개성표현이 이루어져야 한다.

헤어 · 메이크업 연출

헤어스타일은 '머리의 꾸밈새'를 말하는 것으로, 이는 얼굴형과 유행에 따라 다양한 모양으로 변화한다. 또한 의복, 메이크업과 함께 인간의 미적 욕구를 표현하는 수단으로 시대 변화에 따라 항상 새로운 스타일이 나타난다. 메이크업은 '완성시키다', '보완시키다'란 의미이며, 얼굴 색상·형태와 조화를 이루어 아름다움을 만들어 내는 기술이다.

헤어스타일은 너무 요란스러우면 상대방으로 하여금 성실한 이미지보다는 산만한 이미지로 비춰지므로, 가능하면 단정하고 깔끔한 스타일을 연출하는 것이 좋다. 본인의 얼굴형에 맞추어 얼굴의 결점을 보완할 수 있는 스타일을 선택한다. 스트레이트 단발이나 머리가 긴 경우 하나로 깔끔하게 묶는 방법도 바람직하다.

→ 이미지 메이킹 과정

체형 분석

대인 지각과정에서 신체적 매력은 인상형성에 큰 영향을 미친다. 조사에 의하면 남성과 여성의 신체 매력에 대한 평가는 다소 차이를 보인다. 남성의 경우는 체형〉눈〉얼굴형〉키〉헤어 순으로 나타났고, 여성의 경우는 체형〉헤어〉얼굴형〉다리〉키 순서였다. 즉 남녀 모두 체형이 매력 평가에 가장 큰 영향을 주었다. 따라서 이미지 메이킹에 있어 자신의 체형을 인지하고 체형에 적합한 의상 코디네이션은 필수다.

시대에 따라 여성의 이상적 체형은 끊임없이 변화하여 왔으며 늘 관심의 대상이었다. 여성의 체형은 남성의 체형에 비해 다양하게 나누어진다. 즉 어깨 너비, 허리 너비, 엉덩이 너비를 기준으로 여섯 가지 유형별로 나누어 볼 수 있다.

표준형

표준형은 전체적으로 균형이 잡힌 체형으로 어깨와 엉덩이가 비슷하며, 중간 정도의 가슴, 가는 허리, 곡선을 이루는 복부와 엉덩이 선을 가지고 있다. 또한 허리는 유두에서 배꼽 밑 사이의 약 1/3 위치가 잘록하게 들어가 있으며, 허리선에 팔꿈치가 위치한다. 표준형은 이상적 체형으로 의상 선택에 있어 별 어려움이 없이 대부분 잘 어울린다.

삼각형 체형

허리를 기준으로 허리 위는 좁아 보이고 허리 아래는 넓어 보이며 살이 엉덩이 아래와 넓적다리에 모여 있는 체형으로 균형 잡히지 않은 것처럼 보인다. 가슴과 허리에 비해 엉덩이는 둥글고 넓으며, 양쪽 넓적다리가 곡선을 이루고 대개 살이 많다.

삼각형 체형을 가장 돋보이게 하는 스타일은 상의의 어깨, 소매, 몸통에서의 넉넉함을 주고 하의의 치마나 바지는 복부, 엉덩이, 허벅지를 여유 있게 흘러내리는 느슨한 것으로 선택하는 것이다. 즉 상의를 풍성하게 표현하여 강조하면서 엉덩이의 시선을 허리선 위로 유도한다.

역삼각형 체형

허리선 위는 넓어 보이고 허리 아래는 좁아 보이는 체형으로 어깨, 등, 가슴에 살이 모여 있다. 어깨는 엉덩이 보다 넓고 가슴과 허리는 중간 정도이거나 굵은 편이며, 엉덩이와 넓적다리는 납작하고 가는 체형이다.

어울리는 스타일은 시선을 아래로 내려서 위 몸통에서 가장 넓거나 가장 큰 부분으로부터 시선을 멀리 할 수 있도록 유도한다. 즉 상반신은 작아 보이게 하고 하반신은 커 보이도록 코디네이션한다.

사각형 체형

어깨, 허리, 엉덩이가 거의 같은 폭을 유지하여 위 아래로 균형이 잡혀 있지만 허리가 눈에 띄게 직선적인 체형이다. 허벅지는 일반적으로 엉덩이와 같은 폭이고 가슴도 크지 않아 전체적으로 직선적 느낌이 강하다.

직사각형 체형을 가장 돋보이게 하는 스타일은 전체적으로 슬림한 것은 피하고 상하의 어느 한쪽에 볼륨을 강조하여 대조를 이루도록 한다. 또한 전체적으로 부드러운 실루엣이 나타날 수 있도록 보완하며, 특히 허리를 자연스럽게 표현해 주어야 한다.

모래 시계형 체형

가슴과 엉덩이가 넓고 완전히 둥근 것처럼 보이며, 반면에 허리는 매우 가는 체형으로 위 아래로 균형이 잡혀 있으나 매우 가는 허리 때문에 가슴과 엉덩이가 실제보다 더 크게 보인다. 스타일 선택 시 고려할 점은 둥근 가슴과 엉덩이 곡선, 매우 가는 허리 사이의 차이를 시각적으로 줄여 주는 것이다. 허리 부분은 장식처리 등으로 보충해 주고, 상대적으로 가슴과 엉덩이 부분을 느슨하게 처리하여야 보다 이상적인 체형에 가깝게 보인다.

라운드형 체형

인체의 중심 부분인 복부가 강조된 체형이다. 넓은 몸통, 좁은 어깨, 허리와 복부가 심하게 나와 바깥 방향으로 확장되어 보이며 가슴과 엉덩이는 작고, 다리는 비교적 가늘다. 이런 체형은 허리를 기준으로 위아래에 느슨함을 주어 몸통, 허리, 복부에 자연스럽게 흘러내리는 여유 있는 스타일이 어울린다. 둔탁해 보이는 것을 피하기 위해 각별히 신경 써서 스타일을 선택해야 하는 체형이다.

남성의 체형은 여성에 비해 비교적 간단하다. 키가 크거나 작은 경우, 골격이 가늘거나 근육질인 경우, 또는 살이 찐 형태가 대부분이다. 주로 역삼각형, 직사각형, 둥근형의 세 가지로 분류할 수 있다.

역삼각형

정면에서 봤을 때 어깨가 가장 넓은 역삼각형 형태로 남성적인 매력과 건강미가 돋보이는 체형이다. 가슴둘레와 허리둘레가 18cm 이상 차이가 나며 보통 운동을 통해 만들 수 있다. 어떤 스타일도 무난하게 소화할 수 있는 이상적 체형이다.

직사각형

정면에서 봤을 때 어깨가 특별히 넓지 않고 가슴과 힙이 일직선상에 놓인 형태로 보통 가슴둘레와 허리둘레 차이가 15cm 이하이다. 아주 여윈 체형인 경우 날카로운 인상을 줄 수 있다. 날씬한 형태에 매끈한 느낌을 주므로 의상을 소화하기는 무난하다.

둥근형

전체적으로 둥글고 통통한 형으로 어깨는 부드럽게 내려오며 허리와 힙 둘레의 차이가 별로 없다. 가슴둘레와 허리둘레의 차이가 13cm 이하로 목이 짧은 형이 많고, 운동이 부족한 중년 이후의 남성에게 많이 보이는 체형이다. 만일 허리에 살이 많이 찐 경우라면 의상 선택에 각별히 주의를 기울여야 한다.

얼굴 형태 분석

얼굴 형태는 헤어스타일을 선택할 때 가장 중요하게 고려해야 한다. 얼굴 형태는 계란형, 사각형, 둥근형, 삼각형, 역삼각형, 긴사각형의 여섯 유형으로 분류하였다. 보통 어느 문화권에서나 계란형 얼굴을 이상형으로 본다. 따라서 나머지 다섯 가지 형태의 얼굴은 헤어스타일을 계란형처럼 보이게 하는 데 주안점을 두어 표현하였다. 즉 실제의 얼굴 형태가 계란형 안에 속하는 곳에 머리칼을 풍성하게 두고, 계란형 바깥에는 머리 부피를 최소화하는 것이다. 만일 그렇게 하지 않는다면 자신의 얼굴형이 더욱 두드러지게 강조되기 때문이다.

계란형

이상적 얼굴형으로 이마-코-턱까지의 비율이 1:1:1의 안정된 비율을 지닌다. 또 얼굴의 가로와 세로 비율은 대개 1:1.5이다. 헤어스타일은 대부분 큰 어려움 없이 잘 어울리며, 앞가르마 스타일인 대칭형도 좋다.

사각형

얼굴의 상하좌우 폭이 비슷하고 이마와 턱 선이 모나고 면적이 넓어 얼굴이 커 보인다. 직선 느낌이 강하고 둥근 맛이 없어 강한 인상을 준다. 광대뼈와 턱 부분이 돌출될 경우 딱딱하고 고집스러운 인상을 줄 수 있다.

헤어스타일은 턱 선을 가려주는 길이 있는 헤어스타일이 좋다. 턱 아래로 내려오는 것 정수리 부분에 볼륨을 주어 전체적으로 길어 보일 수 있도록 한다. 단 길이감이 있어도 볼 부분에 머리가 스트레이트 형으로 닿거나 볼륨이 심한 웨이브 스타일은 얼굴을 더욱 커보이게 하므로 피한다.

둥근형

턱, 이마, 뺨이 둥글며 짧고 넓은 형으로 동양인에게 많은 얼굴형으로 귀여운 이미지를 준다. 동그란 얼굴을 갸름하게 보일 수 있는 헤어스타일을 선택한다. 이마 앞부분을 높이거나 얼굴 양 옆 부분을 가리는 스타일로 길이는 너무 길거나 짧지 않게 한다. 머리 윗부분에 볼륨을 주어 길이감을 더해도 어울린다. 양 사이드를 부풀리거나 역으로 올백 스타일은 둥근형을 더욱 강조함으로 피한다.

삼각형

양 볼이 넓은 형으로 살이 많이 쪘거나 턱이 매우 발달하고 이마가 좁은 형이다. 결단성이 약해 보이고 아집이 강한 인상을 주기 쉽다.

헤어스타일은 양 볼의 선을 좁게 보이게 하기 위해 볼을 가려주는 스타일이 알맞다. 얼굴이 길어 보이도록 정수리 부분에 볼륨을 주고, 이마는 가리는 것보다 드러나는 것이 얼굴형을 보완할 수 있으나 이마의 양쪽 좁은 부분이 드러나지 않도록 신경 쓴다.

역삼각형

턱 부분은 좁고 이마와 볼은 폭이 넓다. 보통 귀밑부분부터 턱뼈까지 삼각형을 이뤄 뾰족한 형태이다. 섬세하고 지적인 인상을 줄 수도 있고, 반대로 차갑고 신경질적인 이미지를 줄 수도 있다.

헤어스타일은 긴 머리형이 알맞으며 이마가 드러나는 스타일은 피한다. 또한 앞머리를 내리고 턱 선에 부드러운 웨이브를 주거나 바깥을 향하도록 하여 얼굴형을 보완할 수 있다.

긴사각형

얼굴의 상하길이가 좌우보다 긴 형으로 수수하고 성숙한 이미지를 주어 나이 들어 보일 수 있다. 헤어스타일은 단발 형태가 알맞으며 어깨를 덮는 긴 스타일과 하나로 묶는 스타일은 얼굴형을 더 길어 보이게 하므로 피한다. 양 얼굴 옆으로 볼륨을 준 중간 길이의 헤어스타일이나 앞머리를 가볍게 내린 스타일이 좋다. 스트레이트 롱 헤어스타일, 윗부분에 볼륨을 준 헤어스타일, 또는 이마를 드러내는 스타일 등은 삼가는 게 좋다.

이상적 신체형과 등신지수

일반적으로 여성은 곡선이 주를 이루는 신체 윤곽선을 갖고 있으며 모래 시계형태가 선호되는 데 비해, 남성은 직선이 주를 이루는 윤곽선과 역삼각형 구도의 신체형이 선호된다. 그러나 주지하다시피 이 같은 이상적 신체형도 시대와 문화에 따라 지속적으로 변화하는 게 사실이다. 즉, 이상미(理想美)란 문화에 따른 상대적 관념이며, 언제나 변화하는 속성을 갖는다.

→ 바람직한 인상(印象) 만들기

사람들이 처음 만나 형성되는 첫인상은 그 중요성을 아무리 강조해도 지나치지 않다. 특히 첫인상을 결정짓는데 표정, 체형, 옷차림새, 제스처, 태도처럼 밖으로 드러나는 외모가 80%, 목소리는 13%, 그리고 인격은 7%를 차지한다고 한다. 그만큼 외모는 첫인상을 결정짓는 중요한 역할을 한다.

외모 중에서도 얼굴 표정은 매우 중요하다. 흔히 외모의 핵심은 얼굴에 있다고 하며, 그 중 미소는 상대방에게 호감을 주는 중요한 요소이다. 호감 가는 미소는 상대방의 마음을 열어 협조적 인간관계를 갖는 데 효과적이며, 스스로에게도 적극적이고 활기찬 기분을 갖게 한다.

매력적 미소

얼굴은 그 사람을 대변하는 부분으로서 사람의 신체 가운데 표현력이 가장 크다. 우리 얼굴에는 무려 80여 개의 근육이 있으며, 7,000가지 이상의 표정을 만들 수 있다고 한다. 사람은 얼굴 표정으로 속마음을 드러내며, 상대방의 기분을 판단하기도 한다.

 바람직한 얼굴 표정이란 평소에 마음을 바르게 하고 교양을 쌓아 품이 있는 인격을 함양시켜야만 나타낼 수 있다. 그러나 의도적이라도 미소 짓는 연습과 얼굴 표정을 부드럽게 갖는 연습을 꾸준히 한다면 좀 더 매력적인 얼굴이 되는 것은 분명하다. 또한 미소 띤 얼굴은 좋은 인간관계를 형성하는데도 중요하다.

바른 인사

인사란 상대에게 마음을 열어 보이는 구체적 행동표현이다. 인사에는 환영, 감사, 반가움, 기원, 배려, 염려처럼 다양한 염원이 내포되어 있다. 인사하는 그 사람의 모습은 자신의 인격 표현이며 인간관계가 시작되는 단계이다. 따라서 인사란 상대방을 위한 것보다도 나 자신을 위한 것이란 적극적 생각과 진정한 마음이 담겨 있어야 한다.

인사를 습관화하면 평소에 소극적이고 자신감이 없던 사람도 성격이 밝아지고, 명랑해지며 적극적이고 긍정적 사고를 갖게 된다. 따라서 처음에는 의도적일지라도 올바른 인사법을 습득하여 실행한다면 인간관계 형성과 발달에도 큰 도움이 될 수 있다.

인사는 상황에 따라 목례, 보통례, 정중례 등을 할 수 있다. 목례란 고개를 15도 정도 숙여하는 가장 가벼운 인사다. 자주 만나는 상대이거나 복도, 실내 등의 협소한 장소에서 마주칠 때, 혹은 상대를 기다리게 할 때 행한다.

보통례는 고개를 30도 정도 숙여하는 일반적인 인사이다. 고개를 45도 정도 숙여하는 정중례는 고객영접이나 감사 또는 사과를 할 경우 하며 정중함이 표현될 수 있도록 한다.

호감 가는 목소리

친절하고 매력적인 목소리는 상대방에게 호감을 주는 요인 중 하나이다. 오늘날처럼 휴대폰이 대중화되어 사용이 빈번한 경우 자신을 표현할 수 있는 매우 중요한 인자이다.

최근에는 전화 통화만으로 업무가 이루어지는 경우도 있으므로, 전화 목소리만으로 첫인상이 결정되는 경우가 많아졌다. 이러한 이유로 호감 가는 목소리를 갖는다면 그것만으로도 큰 장점인 것이다. 호감 가는 목소리가 선천적 요인에 의한 것이라면 친절하고 예의바른 목소리는 필요와 노력에 따라 얼마든지 획득할 수 있는 후천적인 것이다.

➡ 이미지 메이킹의 기본 요소 5가지

| • 표정 | • 자세 | • 인사 | • 용모와 복장 | • 말씨 |

2. 표정 연출법

➡ 표정

표정이란 우리의 외형적 모습이 어떠한 의미를 나타낼 때를 말한다. 커뮤니케이션에 있어서 말을 통하여 자기의 의사표현을 하지만 표정을 통해서도 말하는 이의 마음을 읽을 수 있다. 표정은 심리상태의 표출로서 상대방에게 심리적 영향을 미친다. 표정은 상대방에게 호감을 주느냐, 못 주느냐의 중요한 요소가 된다. 바람직한 표정은 평소에 마음가짐을 바로 하고 품위 있는 인격에서 나타난다.

➡ 메라비언의 법칙

우리의 일상적인 커뮤니케이션에 있어서의 정보전달은 표정, 용모, 복장, 자세, 동작, 태도 등의 시각적 전달이 55%이고, 음성, 언어, 호흡, 말씨, 억양 등의 청각적 전달이 38%이며, 기타 말의 내용, 전문지식, 숙련된 기술 등으로는 7%의 정보전달이 이루어진다는 것이다.

➡ 얼굴의 표정

평상시 사람을 대할 때는 부드럽고 평화스러운 표정이어야 하며 자연스러워야 한다. 상대방과는 상관없는데도 자기감정에 의해 시무룩하거나 심각한 표정, 슬픈 표정 등은 예의에 어긋나고 상대방을 불편하게 하는 것이다.

부드러운 표정 연출하기
- '아'를 발음하기 위하여 입을 벌릴 때 눈썹을 위로 올리는 듯한 표정을 지으면 놀랄 때와 비슷한 표정이 된다.
- '이'를 발음하면서 광대뼈를 올리면 웃음짓는 표정이 된다.
- '우'를 발음하면서 눈썹을 약간 올리거나 목을 갸우뚱해 보이면 어린이의 표정, 거절을 나타내는 표정이 된다.
- '애'를 발음할 때 눈썹을 약간 올리면 무엇을 물어볼 때 또는 놀라는 표정이 된다.
- '오'를 발음할 때 눈썹을 올리면 익살맞은 또는 놀랄 때의 표정이 된다.

➜ 눈의 표정

눈은 마음의 창이라고 한다. 눈은 사람의 심리상태를 있는 그대로 반영한다. 맑고 밝은 생각을 가졌을 때는 눈의 표정도 맑고 밝아지며 상대방에게 호감을 준다.

자연스럽고 부드러운 시선으로 상대를 바라보면 우호적인 호감을 갖게 한다. 상대의 눈만을 빤히 쳐다보면 불편하므로 눈과 눈 사이인 미간과 코 사이를 번갈아 보는 것이 좋다. 가급적이면 상대방과 눈높이를 맞추는 것이 좋으며, 눈을 위로 치켜뜨거나 아리위로 훑어보지 않아야 한다. 따뜻하고 부드러운 시선을 정직하고 다정하게 보내는 것이 상대방에게 좋은 이미지를 심어줄 수 있을 것이다.

➜ 입의 표정

좋은 입의 표정이란 입의 미소 짓는 표정을 말한다. 웃는 얼굴의 표정은 입의 표정에 의해서 결정되기 때문이다.

미소는 상대방을 환영한다는 의미를 가지며, 궁극적으로 자기 자신을 명랑하고 적극적인 사람으로 변화시켜 자신감을 갖게 해준다.

입은 자연스럽게 다물고 미소를 짓는 것이 좋다. 입을 쑥 내밀면 불만의 표시가 된다. 입을 벌리는 버릇은 좋지 않다. 될 수 있으면 입안은 상대방에게 보이지 않는 것이 좋다.

➜ 얼굴 근육 운동법

- 눈 : 눈동자를 상하좌우로 돌린다.
- 눈썹 : 양 검지를 눈썹위에 대고 위 아래로 반복하여 움직인다.
- 입 : 입을 크게 벌려 '아이우에오'를 반복한다.
- 턱 : 아래턱을 살짝 내려 좌우로 반복하여 움직인다.
- 뺨 : 입안에 바람을 가득 넣고 상하좌우로 반복하여 움직인다.

3. 인사매너

➜ 인사

인사는 인간관계가 시작되는 신호이자 마음의 문을 여는 열쇠이다. 인사는 원만한 인간관계를 유지하는데 중요한 역할을 하며, 상대방에 대한 친절과 존경심의 표현임과 동시에, 친절함을 전달할 수 있는 가장 기본적이면서도 적절한 수단이다.

인사는 스스로의 이미지를 높이는 기준이 되며, 인사하는 모습 하나만으로 그 사람의 자신감, 능력, 인격을 평가할 수 있다.

직장인에게 있어서 인사는 애사심의 발로이고 상사에 대한 존경심의 표현이며, 동료 간의 우애의 상징이고 고객에 대한 서비스 정신의 표현이다.

→ 인사의 기본 자세

- 표정 : 가벼운 미소와 밝고 부드러운 표정을 짓는다.
- 시선 : 인사 전후에 상대방의 눈이나 미간을 부드럽게 응시한다.
- 턱 : 턱은 내밀지 않고 자연스럽게 당긴다.
- 어깨 : 힘이 들어가지 않도록 한다.
- 입 : 조용히 다문다.
- 머리 · 목 · 등 : 머리를 숙일 때는 조금 빠르게, 들 때는 천천히 든다.
- 무릎 · 등 · 가슴 · 허리 : 자연스럽게 곧게 한다.
- 다리 : 곧게 펴고 무릎을 붙인다.
- 엉덩이 : 뒤로 빠지지 않도록 한다.
- 손 : 남자의 경우 팔은 양 옆으로 내리고, 손은 계란을 가볍게 쥔 듯한 모양으로 바지 재봉선 옆에 가지런히 붙인다. 여성의 경우 왼손을 오른손으로 감싸서 아랫배에 위치시킨다.
- 발 : 발꿈치는 서로 붙이고 양발은 V자 모양의 적당한 각도를 유지시킨다.

→ 인사의 5대 포인트

- 내가 먼저
- 상대의 눈을 바라보며
- 상대에게 맞게
- 미소를 지으며
- 적절한 인사말과 함께

→ 인사의 종류 및 방법

눈인사(목례)

눈인사는 길 또는 실내나 복도에서 자주 대하는 사람과 서로 눈이 마주쳤을 때 말없이 고개를 끄덕이며 눈으로 하는 인사이다.

앉아 있거나 서 있을 때 또는 걸어갈 때, 바로 그 자세에서 상체를 굽히지 않고 눈으로 경례의 표시를 하며 가볍게 머리만 숙이면서 부드러운 표정을 짓는다.

가벼운 인사

가벼운 인사는 글자 그대로 눈인사보다는 더 정중하나 보통인사 보다는 좀 더 단순한 인사를 말한다.

가벼운 인사는 동료나 친한 사람을 만났을 때, 복도, 엘리베이터 안, 화장실 같은 좁은 장소에서 상사를 만났을 때 하게 된다.

허리는 적당히 굽히며 가볍게 하되 정중한 마음을 표시한다.

보통인사

보통인사는 일상생활에서 가장 많이 하는 인사예절로서 거래처 등 사회활동에서 보편적으로 처음 인사를 나눌 때, 결재를 얻기 위해 상사의 집무실을 출입할 때 하게 된다.

허리는 적당히 구부리며 가볍게 예의를 표시한다.

정중한 인사

정중한 인사는 서서하는 인사로 가장 정중한 인사예절로서 중요한 손님을 맞이할 때, 사죄나 감사의 마음을 나타낼 때 주로 하게 된다.

허리는 보통인사 보다 더 많이 구부려서 예의를 표시한다.

→ 잘못된 인사의 예

• 눈을 쳐다보지 않고 하는 인사	• 인사말을 하지 않는 인사
• 망설임이 느껴지는 인사	• 무표정한 인사
• 말로만 하는 인사	• 과도하게 허리를 굽히는 인사
• 분명하지 않은 형식적 인사	• 자세가 흐트러진 인사
• 고개만 끄덕이는 인사	• 상황에 맞지 않은 인사

4. 패션 이미지 연출법

용모와 복장은 인격의 표현이며, 비즈니스의 기본이다. 고객들은 서비스 종사원의 용모를 보고 품격을 미루어 짐작하며, 서비스의 품질을 읽기도 한다.

용모와 복장은 고객을 만남에 있어서 신뢰감을 심어주는 이미지를 형성하는 데 매우 중요한 역할을 한다.

단정한 복장 매너가 중요한 이유는 우선 자기 스스로가 일하는 자세를 확고히 할 수 있어서 업무의 성과를 높여주며, 타인에게 호감을 주는 첫인상과 신뢰감을 전달해 줄 수 있기 때문이다.

→ 남성의 용모와 복장

얼굴

얼굴은 깨끗하게 하고 매일 면도를 하여야 한다. 머리카락이 귀, 이마, 와이셔츠 깃을 덮지 않도록 하고, 자주 빗질을 하여 단정하게 유지한다.

양복

개성이나 멋을 표현하는 것도 좋지만 상대방에게 신뢰를 주는 것이 가장 중요하므로 기본에 충실한 옷차림이 좋다. 화려한 원색을 피하며 재질이나 디자인이 유난히 튀는 것은 삼가토록 한다. 바지는 줄이 잘 서 있고 길이는서 있을 때 단이 구두 등에 가볍게 닿는 정도가 좋으며, 소매의 길이는 손등 위로 알맞게 덮일 정도로 한다.

와이셔츠

비즈니스 정장에는 흰색이 기본이다. 와이셔츠의 사이즈는 목 둘레와 소매 길이로 정하는데, 목 부분과 손목 부분이 1~1.5㎝정도 보이도록 하는 것이 올바른 방법이다.

넥타이

넥타이를 맨 길이는 벨트의 버클을 약간 덮을 정도가 적당하다. 너무 짧으면 여유가 없어보이고, 너무 길면 느슨한 느낌을 준다. 넥타이의 색깔은 양복과 동일한 색상이 무난하다.

구두

구두는 늘 광택이 나도록 잘 닦아서 신는다. 구두의 색깔은 양복과 맞추는 것이 좋으며 검정색이나 짙은 갈색이 무난하다.

양말

양말은 바지나 구두의 색상과 같은 계통의 색을 선택하는 것이 좋으며 검정색이 무난하다. 정장에 흰색 양말은 금물이다.

벨트

벨트는 양복과 어울리는 색상을 선택하는 것이 필수이다. 지나치게 폭이 넓거나 좁은 것은 피해야 한다.

→ 여성의 용모와 복장

양장

지나치게 화려한 색상은 피하는 게 좋다. 너무 짧은 치마나 꼭 끼는 바지, 소매 없는 옷, 반바지 등의 착용을 하지 않는다. 블라우스의 경우 지나친 노출을 피하고 속옷이 밖으로 나오지 않게 하여야 한다.

스타킹

스타킹은 피부색에 가까운 것으로 하고 원색이나 무늬가 있는 것은 피하는 게 좋다. 올이 빠지거나 늘어지는 것에 유의하여야 한다.

구두

구두는 자신의 걸음걸이를 균형있게 유지해줄 수 있는 것으로 선택하고 편안한 정장용 구두를 착용하는 것이 좋다.

머리 및 화장

머리는 너무 요란하거나 튀는 염색은 피하고 단정하게 하여야 한다. 화장을 너무 진하게 하거나 향취가 진한 것은 적당하지 않다. 얼굴을 건강하게 보이게 하고 자연미를 살리는 것이 좋다.

엑세서리

요란하게 악세서리를 달고 다니는 것은 오히려 천박하게 보일 수 있으므로 건결하면서도 옷차림을 돋보이게 하는 것을 선택하도록 하여야 한다.

5. 전통예절

➜ 절하기

절은 윗사람을 공경하고 아랫사람에 대한 예로서 행해지며 공경해야 할 대상에 대해서 뿐만 아니라 의식행사에서도 한다.

종류	남자	여자
작은 절	• 양 무릎을 공손히 꿇고 앉는다. • 앉았을 때 오른쪽 발이 왼쪽 발 위에 오게 한다. • 두 손을 가지런히 바닥에 약간 닿는 자세에서 머리를 조금 숙인다.	• 오른쪽 무릎을 세워서 앉는다. • 양손은 가지런히 모아 옆에 놓으며 머리를 조금 숙인다.
평절	• 양 무릎을 공손히 꿇고 앉는다. • 앉았을 때 오른쪽 발이 왼쪽 발 위에 오게 한다. • 두 손바닥이 거의 바닥에 닿는 자세에서 공손한 절을 한다.	• 오른쪽 무릎을 세워서 앉는다. • 양손은 가지런히 모아 옆에 놓으며 머리를 좀 더 깊이 숙이고 절을 한다.
큰 절	• 양 무릎을 공손히 꿇고 앉는다. • 앉았을 때 오른쪽 발이 왼쪽 발 위에 오게 한다. • 두 손바닥이 완전히 바닥에 닿도록 깊이 굽혀서 정중히 절을 한다.	• 오른쪽 무릎을 세워서 앉는다. • 양손은 가지런히 모아 옆에 놓으며 머리를 깊이 숙이고 정중히 절을 한다.
매우 큰 절	• 양 무릎을 공손히 꿇고 앉는다. • 앉았을 때 오른쪽 발이 왼쪽 발 위에 오게 한다. • 두 손을 큰 절과 같이 하나 몸자세를 가장 깊게 굽혀서 절을 한다.	• 남자의 매우 큰 절과 같이 한다. • 두 발을 바닥에 모으고 평 자세에서 오른손을 왼손위에 얹고 매우 깊게 큰 절을 한다.

➜ 공수(拱手)

공수는 두 손을 앞으로 모아 잡는 것을 말한다. 의식행사, 어른 앞에 있을 때, 전통적인 절을 할 때도 공수는 기본자세이다.

공수는 남자와 여자의 손 위치가 다르다. 남자는 왼손을 위로 하고 두 손을 가지런히 모아서 포갠다. 여자는 반대이다.

공수는 평상 시와 흉사 시 다르다. 흉사 시는 평상 시와 반대로 한다. 즉, 남자의 경우 오른 손을 위로한다. 여자는 반대이다.

소매가 넓고 긴 예복을 입었을 때는 팔뚝을 수평이 되게 하고, 평상복을 입었을 때는 공수한 손을 자연스럽게 내리면 엄지가 배꼽 부위에 닿는다. 공수하고 앉을 때에는 남자는 두 다리의 중앙이나 아랫배 부위에 공수한 손을 얹고, 여자는 오른쪽 다리 위나 새운 무릎 위에 얹는다.

제 4 장 비즈니스 응대

학습내용

1. 비즈니스 매너
2. 비즈니스 네티켓
3. 이문화 이해
4. 국제비지니스 에티켓
5. 비즈니스 응대 모범 사례

학습목표

1. 비즈니스 응대의 기본 예절을 이해한다.
2. 명함교환 예절을 정확히 알고 실천한다.
3. 악수의 예절을 정확히 알고 실천한다.
4. 우리나라와 다른 나라의 에티켓을 이해한다.
5. 국제 비즈니스의 에티켓을 이해하고 실천한다.

1. 비즈니스 매너

→ 명함 매너

대인관계는 상호간의 만남에서 시작된다. 서로의 만남에서 자기를 소개하는 대표적인 것이 명함이다. 따라서 명함을 교환하는 것은 자기의 모든 것을 나타내는 것이라고 할 수 있으므로 명함 교환 시 이에 대한 예절을 지키는 것도 매우 중요하다.

명함은 고대 중국에서 지인의 집을 방문했을 때 상대가 부재중이면 자신의 이름을 적어 남기는 관습에서 유래한 것으로, 사교상의 목적으로 명함이 사용된 것은 루이 14세부터라고 한다.

명함의 준비

명함은 명함 지갑에 넣어 사용하는 것이 좋으며, 항상 만날 사람을 대비하여 준비를 한다. 명함은 명함 지갑 안에 거꾸로 넣어 한번의 동작으로 상대에게 건넬 수 있도록 한다.

명함을 건네는 법

- 명함의 교환은 손위 사람이 손아래 사람에게 먼저 건네는 것이 예의이다. 소개의 경우는 소개받은 사람부터 먼저 건넨다.
- 명함은 선 자세에서 교환하는 것이 예의이며, 앉아서 주고받는 것은 결례이다.
- 명함은 왼손을 받쳐서 오른손으로 건네되 고객 쪽에서 성함을 바로 볼 수 있도록 건넨다.
- 명함을 건넬 때에는 양손으로 명함의 여백을 잡고 소속과 이름을 정확히 밝힌다.
- 명함은 목례를 하면서 가슴선과 허리선 사이에서 건넨다.

명함을 받는 법

- 명함을 받을 때에도 일어서서 두 손으로 받는다.
- 명함을 받으면 그 자리에서 직장명, 직위, 성명을 확인하여 익히고 대화 중에 인적 사항을 잊어버려 다시 명함을 꺼내 보는 일이 없도록 한다.
- 받은 명함은 손으로 만지작거리지 말고 지갑이나 주머니에 넣는다.
- 상대방의 명함에 이것저것 적는 것은 큰 실례이다.
- 명함을 동시에 주고받을 때에는 오른손으로 주고 왼손으로 받는다.

➡ 악수 매너

남북전쟁 시대에는 낯선 사람을 만나면 우선 적이라고 의심하여 몸에 있는 무기를 점검했었다. 서로 싸울 뜻이 없음을 알게 되면 무기를 내려놓고 오른손을 내밀어 상대에게 적의가 없음을 표시하는 행위에서부터 악수가 유래되었다. 따라서 무기가 없는 여성에게는 악수하는 습관이 없었다.

현대사회에서 악수는 외국인뿐만 아니라 우리 생활에 일반화된 인사법으로 서로 마주쳐서 손을 잡고 상하로 가볍게 흔들며 호의감을 표시하는 동작이다. 악수는 상대방의 손을 잡음으로써 마음의 문을 열고 서로의 일체감을 나타내는 자기표현의 의미가 있다.

올바른 악수 방법

- 악수는 우정의 표시인 만큼 너무 느슨하게 잡으면 성의가 없어 보이며, 너무 힘을 주어 꽉

잡는 것도 실례이다.

- 악수 시 손을 흔드는 것은 자신의 어깨보다 높이 올려서는 안되며, 여자와 악수할 때는 살짝 흔든다. 윗사람과 악수를 할 때에는 윗사람이 흔드는 대로 따라서 흔든다.
- 상대가 악수를 청할 때에는 남성은 반드시 일어서야 하며, 여성은 앉은 채로 악수를 받아도 무방하다.
- 남성은 악수를 할 때 장갑을 벗는 것이 격식에 맞으며, 특히 여성과 악수를 할 때에는 반드시 벗어야 한다. 여성은 실외에서 악수를 할 때 승마장갑이나 청소용 장갑이 아닌 이상 장갑을 낀 채로 악수를 해도 무방하다.

악수 청하기
여성이 남성에게, 연장자가 연소자에게, 기혼자가 미혼자에게, 지위가 높은 사람이 지위가 낮은 사람에게, 선배가 후배에게 먼저 청한다.

악수의 5대 원칙
- 미소　　　　- 눈맞춤　　　　- 적당한 거리　　　　- 리듬　　　　- 적당한 힘

➥ 엘리베이터와 계단 이용 시 매너

- 손윗 사람이나 여성이 먼저 타고 먼저 내린다.
- 엘리베이터로 들어갈 때 왼편 안쪽이 상석이다.
- 호텔, 아파트 등의 엘리베이터에서 여성이 타고 있을 경우 남자는 모자를 벗는 것이 예의이다.
- 연장자나 상급자가 중앙에 서게 한다.
- 나란히 걸을 때는 연장자가 오른쪽에 서도록 한다.
- 상급자를 수행할 때에는 수행하는 사람이 조금 앞서서 걸어간다.
- 계단을 오를 때에는 남성이 여성보다 먼저, 계단을 내려 갈 때에는 여성이 앞서는 것이 예의이다.

➥ 방문 및 응대 예절

방문 전 준비사항

- 방문신청은 보통 전화로 하며 방문일시는 미리 약속해 두어야 한다.
- 매우 바쁜 사람이거나 지위가 높은 사람일 경우 문서로 신청하고 그 후에 전화로 확인한다.

- 방문 전에 직원에게 방문처, 스케쥴, 귀가시간 등을 반드시 알려놓고 간다.
- 방문은 늦어도 5분전에 도착한다. 너무 빨리 도착해도 업부 방해가 될 수 있으므로 주의한다.
- 부득이한 사정으로 늦을 경우 미리 상대에게 그 뜻을 연락한다.

안내 시의 매너

- 지난번에 약속한 누구이며 누구를 만나러 왔다고 정중히 알린다.
- 안내자 앞에 설 때에는 넥타이가 풀어지지 않았는지, 상의 단추가 잠겨 있는지 등을 점검한다.

상대가 부재중일 때

- 안내하는 사람에게 명함 또는 메모를 남겨 좋은 인상을 남기고 돌아간다.
- 복수로 방문했을 때에는 상사만 명함을 내고 방문목적을 말한다.

상대편을 기다릴 때의 매너

- 안내자로부터 지정된 좌석에 앉는다.
- 가방은 쇼파의 측면이나 발 밑에 놓는다.
- 명함과 필요한 서류를 꺼내서 준비한다.
- 상대방이 오면 의자에서 바로 일어나 인사를 한다. 상대편으로부터 좌석을 권유받은 후 다시 앉는다.

면담 중의 주의점

- 용건은 간결하고 명확하게 전달한다.
- 업무 협조내용은 반드시 메모를 한다.
- 면담 중에 상사가 들어왔을 때에는 이야기 중이라도 일어나서 인사를 한다.

방문을 마치고 나갈 때

- 면담 종료 후 시간을 내주어서 감사하다는 인사를 잊지 않는다.
- 주위 사람에게 웃는 얼굴로 인사하고 안내와 차를 준 사람에게도 밝게 감사의 뜻을 전한다.

호감 받는 응대의 자세

- 예의바른 행동과 항상 감사하는 마음을 갖는다.

- 밝은 미소와 온화한 얼굴 표정을 짓는다.
- 부담감을 갖지 않고 자연스러운 마음으로 응대하도록 노력한다.
- 방문객의 성함을 정확하게 한 번에 외운다.
- 용건을 물어 신속, 정확하게 제시한다.
- 명함을 받을 때는 두 손으로 받고 명함을 건넬 때는 가슴높이에서 건넨다.
- 안내하는 도중에도 명함은 소중히 취급한다.
- 창문이 있는 경우에는 창문을 바라보는 쪽이 상석이며, 책상으로부터 가장 먼 쪽이 상석이다.
- 배웅은 응접실 출구에 서서 인사를 한 다음 문을 열고 배웅한다.
- 마지막으로 방문객을 응대했던 응접실의 뒤처리를 하여 다음 내방객을 위해 정리 정돈한다.

→ 소개 시의 예절

소개 시의 자세

- 동성끼리 소개말을 주고받을 때는 함께 일어선다.
- 자신보다 지위가 매우 높은 사람을 소개받을 때는 남녀 관계없이 일어서는 것이 원칙이다.
- 남성이 여성을 소개받을 때는 반드시 일어선다.
- 여성이 남성을 소개받을 때는 꼭 일어설 필요는 없으며, 의자에 앉아 있던 여성이나 나이가 많은 부인은 앉은 채로 소개받아도 무방하다.
- 파티를 주최하는 여성은 상대가 남성이라도 일어서는 것이 예의이다.
- 동성 간의 소개라면 악수를 하는 것이 보통이지만, 이성 간일 때는 여성 쪽에서 간단히 목례와 미소를 보내는 것으로 충분하다.

소개하는 순서

- 남성과 여성 간에는 남성을 먼저 여성에게 소개한다. 단, 남성이 저명인사이거나 상급자일 때는 여성을 먼저 소개한다.
- 연령이 다를 경우 연하의 사람을 먼저 연장자에게 소개한다.
- 상하 직원 간에는 부하직원을 상사에게 먼저 소개한다.
- 사내외 사람 간에는 사내직원을 먼저 소개하고 외부사람을 소개한다.
- 손님 간에는 친한 사람, 가까운 관계에 있는 사람부터 소개한다.
- 지위와 연령이 같은 경우에는 자기가 친한 사람부터 소개한다.
- 손님에게 사내직원을 소개할 때에는 사내의 직위가 높은 사람부터 낮은 사람의 순서로 먼

저 소개한 다음 외부 손님을 소개한다.
- 한 사람을 많은 사람에게 소개할 경우에는 한 사람을 먼저 소개하고 많은 사람을 한 사람씩 순서대로 소개한다.

2. 비즈니스 네티켓

→ 네티켓

네티켓(Netiquette)은 네트워크(Network)와 에티켓(Etiquette)의 합성어로 통신상의 예절을 뜻한다. 이 개념은 광범위하게는 유해한 행동을 하지 않고 적극적인 정보공개를 한다는 의미와 좁게는 통신상에서의 여러 행동에 대한 통신 이용자 상호간의 비공식적인 규약을 의미한다.

가상공간에서는 익명성, 쌍방향성 등 그 문화적 특수성으로 인해 대부분의 사람들이 실생활에서 생각지 못했던 부분에 대해 약간의 실수를 범할 우려가 있다. 별다른 의미 없이 오해를 사거나 다른 사람들의 감정을 해칠 수 있고, 의도했던 바와는 달리 화를 내게 될 경우도 있다. 따라서 가상공간의 문화적 특성을 이해함과 동시에 이에 알맞은 행동양식을 갖추어 나가는 것이 무엇보다 중요하며 건전한 통신 이용환경을 조성해 나가려는 노력을 해야 할 것이다.

→ 사이버 상에서 지켜야 할 네티켓

- 내용은 간결하게 하라.
- 신분을 감추지 말라.
- 주소를 확인하고 내용을 미리 정리하라.
- 메일의 시간을 준수하라.
- 채팅 시 입장, 퇴장 시 인사를 하라.
- 상대방에게 불쾌감을 주는 대화를 하지 않는다.
- 불건전한 대화를 하지 않는다.
- 대화를 나누는 상대방을 존중하라.
- 게시판의 글을 짧고 명확하게 하라.
- 문법에 맞는 표현과 올바른 맞춤법을 사용하라.

➜ 네티켓의 기본 원칙

- 상대방도 인간임을 알라.
- 다른 사람의 시간을 존중하라.
- 전문적인 지식을 공유하자.
- 논쟁은 절제된 감정 아래 행하라.
- 다른 사람의 사생활을 존중하라.
- 자신의 권력을 남용하지 말라.
- 다른 사람의 실수를 용서하라.
- 실제 생활과 똑같은 기준과 행동을 고수하라.

➜ 채팅에서의 네티켓

- 채팅을 시작하기 전 분위기를 먼저 경청한다.
- 입장 혹은 퇴실할 때 서로에게 먼저 인사한다.
- 여러 사람과 대화할 때는 상대방을 정확하게 파악한다.
- 상대방의 호칭은 대화명님이라 한다.
- 진행되는 주제에 맞는 대화를 한다.
- 상대방에게 불쾌감을 주는 대화를 하지 않는다.
- 아무에게나 채팅을 요청하지 않는다.
- 바른 언어, 좋은 말을 사용한다.
- 초보자를 위해 배려한다.
- 불건전한 대화를 하지 않는다.
- 다른 사람에 대한 사생활에 대하여 존중한다.

➜ 메일링 또는 자료 파일 송수신에서의 네티켓

- 지정된 주제에서만 메일을 주고받는다.
- 하나의 메일을 여러 번 반복하여 보내지 않는다.
- 관련 없는 메일이나 상업적 메일(스팸메일)을 보내지 않는다.
- 네트워크 통신량이 폭주하는 시간대는 피하여 사용한다.

➜ 게시판 네티켓

- 게시판의 글은 짧고 명확하게 쓴다.
- 게시물 내용을 잘 설명할 수 있는 알맞은 제목을 붙인다.
- 문법에 맞는 표현과 올바른 맞춤법을 사용한다.
- 사실과 다른 내용을 올리지 않는다.

- 다른 사람을 욕하거나 비난하는 글을 올리지 않는다.
- 같은 글을 여러 번 반복해서 올리지 않는다.
- 태그 사용을 자제한다.

→ 이메일 네티켓

- 이메일 내용은 짧고 간단하게 쓴다.
- 첨부파일은 꼭 필요한 경우에만 보낸다.
- 내용을 쉽게 알 수 있도록 적당한 제목을 붙인다.
- 보내는 사람이 누구인지 정확히 밝힌다.
- 읽기 편하게 줄 간격을 넓혀 쓴다.
- 메일 내용을 쓴 후 한번 더 검토하고 보낸다.
- 욕설이나 험담이 담긴 메일을 보내지 않는다.
- 지정된 주제에서만 메일을 주고받는다.
- 하나의 메일을 여러 번 반복하여 보내지 않는다.
- 관련 없는 메일이나 상업적 메일(스팸메일)을 보내지 않는다.
- 네트워크 통신량이 폭주하는 시간대는 피하여 사용한다.

→ 자료실 네티켓

- 불법 소프트웨어 등 저작권을 침해할 소지가 있는 자료는 올리지 않는다.
- 음란물은 올리지 않는다.
- 컴퓨터 바이러스와 같은 악성코드에 감염되지는 않았는지 미리 검사하고 올린다.
- 크기가 큰 자료는 몇 개로 쪼개거나 압축하여 올린다.
- 유익한 자료를 받았으면, 올린 사람에게 감사의 메일을 보낸다.
- 자료를 올릴 때는 이름을 밝힌다.

→ 게이머를 위한 네티켓

- 함부로 반말을 하지 않는다.
- 욕설, 비방을 하지 않고, 바른 말을 사용한다.
- 게임도 스포츠의 한 종류로 생각하고 정정당당한 자세로 임한다.
- 같이 게임하는 상대방을 존중한다.

• 게임 종료 후 이기고 지는 것에 상관없이 정중히 인사한다.

→ 네티켓의 10대 원칙(미국 플로리다대학 버지니아 셰어 교수 제안)

• 가상공간에서 만난 상대방도 인간임을 기억하라.

• 현실생활에서와 동일한 기준과 행동을 유지한다.

• 현재 접속한 공간의 문화에 적응하여 행동한다.

• 상대방의 시간을 존중한다.

• 온라인 상에서 나 자신을 멋있게 만들어간다.

• 전문 지식을 공유한다.

• 논쟁을 할 경우, 감정을 절제하면서 참여한다.

• 상대방의 사생활을 존중한다.

• 자신의 권력을 남용하지 않는다.

• 상대방의 실수를 용납한다.

3. 다른 문화의 이해

집단생활을 하는 인간은 저마다 다른 문화와 풍습을 가지고 있다. 비즈니스를 위해 서로 다른 문화를 이해하고 적절한 대응법을 알아두는 것은 매우 중요한 일이다.

몸짓으로 하는 커뮤니케이션에 있어서도 나라마다 매우 다른 의미와 해석을 하게 된다. 흔히 일상에서 볼 수 있는 몇 가지의 사례를 정리해보면 다음과 같다.

손바닥을 아래로 하여 손짓

중동 극동지역에서는 오라는 의미이나 서구지역에서는 가라는 의미이다.

손가락으로 하는 링 사인

한국, 일본에서는 돈, 남부프랑스에서는 무가치함, 미국 서유럽에서는 오케이, 브라질 남미에서는 음탕하고 외설적 표현을 의미한다.

손바닥을 바깥쪽으로 향한 V자 사인

유럽에서는 승리를 의미하나 그리스에서는 욕을 의미한다.

손등을 바깥쪽으로 향한 V자 사인

영국, 프랑스에서는 꺼지라는 의미이나 그리스에서는 승리를 의미한다.

엄지와 중지 사이에 검지를 끼워 넣는 행위

유럽, 한국에서는 외설적 의미이나 미국에서는 아이가 귀엽다는 의미를 나타낸다.

주먹을 쥔 채 엄지손가락을 위로 올리는 행위

미국에서는 매우 좋다는 의미이나, 호주에서는 무례한 제스처이며, 그리스에선 '입닥쳐' 의 의미로, 러시아에선 동성연애자를 의미한다.

합장

불교국가인 태국에서는 인사를 의미하나, 핀란드에서는 거만함을 나타낸다.

머리를 위아래로 끄덕이는 행위

일반적으로 긍정의 표현이나, 불가리아, 그리스에서는 No의 의미이다.

→ 중국문화의 이해

- 식사 중에 상대방 앞에서 생선을 뒤집으면 절교를 의미한다.
- 자기가 사용한 젓가락으로 음식을 집어주는 것은 정(情)의 표시이다.
- 음식을 약간 남기는 것이 예의이다.
- 선물 포장지는 빨간색이 좋다.
- 상담 중이나 식사 중에 담배를 자꾸 권하는 것은 친밀감을 표시한다.
- 술 마실 때 건배를 자주 한다.
- 건배 후에는 잔을 비운다.
- 비즈니스에 있어서도 개인적 우정과 신용, 관계를 매우 중요시한다.
- 괘종시계는 장례식의 의미가 있으므로 선물하지 않는다.
- 중국 문화에서 청색과 백색은 장례식의 색깔이므로 사용하지 않는 것이 좋다.
- 꽃은 생명의 짧음을 의미하고 장례용이기 때문에 선물하지 않는다.
- 손수건 역시 슬픔과 눈물을 의미하므로 선물하지 않는다.
- 현금을 줄 때 축의금은 짝수로, 부의금은 홀수로 한다.

→ 일본문화의 이해

- 인사를 할 때 상대방보다 허리를 먼저 펴면 실례이다.
- 우리나라처럼 악수를 하는 경우는 드물다.
- 김치, 건어물, 도자기 등의 선물을 좋아한다.
- 나이, 직위, 상황에 따라 경어를 사용하는 것이 일반화되어 있다.
- 약속시간을 엄수한다.
- 질서를 잘 지킨다.
- 개인의 신상에 대한 질문은 삼간다.
- 짝을 이루는 것은 행운을 가져온다고 생각하므로 선물은 짝으로 된 것이 좋다.
- 선물은 흰 종이로 포장하지 않고, 흰 꽃은 선물하지 않는다.
- 식사 시는 젓가락만 사용하고, 미소시루는 젓가락으로 저어 마신다.
- 술잔을 돌리지 않으며, 첨잔은 미덕이다.
- 일본인들은 4와 9의 숫자를 싫어한다.

→ 미국문화의 이해

- 총기를 자유롭게 소지할 수 있다.
- 공공장소에서 여성을 우선 배려한다.(레이디 퍼스트)
- 식사 시 대화없이 식사만 하는 것은 실례이다.
- 질서를 잘 지킨다. 특히 줄서기를 잘 하며, 새치기는 금물이다.
- 팁문화가 생활화되어 있다. 서비스를 제공받으면 10~15%정도의 팁을 주는 것이 관습이다.
- 약속시간을 철저히 지킨다.
- 실수로 몸을 부딪힐 경우 반드시 사과하는 것이 예의이다.
- 식사 후 또는 대화 중 트림을 해서는 않된다.
- 침을 아무데나 뱉는다는 것은 대단히 몰상식하고 비위생적 행동으로 멸시 당한다.
- 고급 식당일수록 들어서면 전담 종업원이 좌석을 잡아 안내할 때까지 잠자코 기다려야 한다. 멋대로 가서 앉으면 되돌아가 기다리라는 요구를 받게 된다.
- 악수를 할 때 손을 잡고 흔들어 대는 것은 잘못된 행동이다.

→ 동 · 서양 예절문화의 차이점

동양의 예절은 확고한 위계질서 속에서 공동체를 중시한다. 유교사상이 큰 바탕이 되었던 우리나라는 웃어른을 공경하고 부모에게 효도하는 것을 최고의 미덕으로 여겼다. 효(孝)는 서양에서는 찾아보기 어려운 우리만의 고유한 예절문화이다.

반면 서양의 예절문화는 위계질서보다는 평등을 중시하여 누구나 평등한 대우를 받을 수 있다. 이런 성격 때문에 효라는 개념을 찾아볼 수 없다. 또 공동체보다는 개인의 인격을 존중하여 개인주의 성향이 아주 강하다. 남에게 피해를 주지 않기 위해 체계적인 면도 발달하게 되었다.

서양의 예절문화인 매너와 에티켓은 개방적인 면과 엄격하고 체계적 면이 완벽한 조화를 이루고 있으며, 서양의 대표적 특징인 개인주의와 합리주의를 중시하고 있다는 것을 알 수가 있다. 서양인에게 그들의 예절문화는 자신을 보호하고 남에게 당당히 맞설 수 있는 한 도구이다. 자신을 남으로부터 인격적 대우를 받기 위한 하나의 중요한 수단으로 서양인들은 개방적이고 자유로우면서도 엄격하고 상당히 체계적인 예절을 준수하고 있다.

4. 국제 비즈니스 에티켓

국제화 시대를 맞이하여 외국인과 접촉할 기회가 점점 많아지고 있다. 국가마다 생활습관이 다르기 때문에 상대방 국가의 예절을 모르면 실례를 범할 수 있다. 따라서 다른 국가의 경계선을 넘을 때에는 반드시 그 나라의 금지법이 무엇인지 알아보고 그 나라의 풍속을 잘 숙지하여 실수를 하지 않도록 주의해야 한다.

→ 악수

악수는 세계적으로 보편화되어 있는 인사법으로 에티켓의 기본이다. 악수는 상대의 눈을 마주보고, 미소를 지으며, 허리를 곧게 펴고 손을 마주 잡는 것이 원칙이다. 통상 윗사람이 먼저 손을 내미는 것이 원칙이며 오른손으로 해야 한다.

동양식 악수 방식에서 가장 좋지 않은 것은 손을 잡으며 머리를 조아린다거나, 허리를 굽신거리든가 해서 수줍은 태도로 악수를 하는 것이다. 이것은 비굴하게 보일 수 있으므로 조심하여야 한다.

→ 명함 교환

흔히 외국에서는 명함의 관습이 없다고 하지만, 명함은 동양의 비즈니스 관습 중에서도 좋은 관습으로 인정되기 때문에 외국인이라고 해서 크게 걱정할 필요는 없다. 명함을 사용하여 적극적으로 자신을 소개하는 편이 소심하게 행동하여 기억에 남지도 않게 되어버리는 것보다 훨씬 효과적이다. 영문 명함이 아닌 경우 자신의 이름, 전화번호 등은 영문과 아라비아 숫자로 외국인이 알아보기 쉽게 표시해두어야 한다.

➜ 양식당에서의 식사 매너

- 고급 식당에서의 중요한 식사 시에는 정장 차림을 한다.
- 여러 사람이 함께 앉는 경우 상석은 연령을 따르거나 직위를 기준으로 한다.
- 연령은 어리지만 직위가 높을 경우 직위를 우선으로 하고, 같은 조건이면 여성을 우선한다.
- 상석은 벽이 있다면 벽을 등진 자리이고, 큰 홀이면 입구에서 먼 자리, 창문이 있다면 경치가 잘 보이는 곳이 상석이다.
- 나이프와 포크를 쥔 채 말하지 않는다.
- 접시는 가능한 한 움직이지 않도록 한다.
- 냅킨을 혼자 먼저 펴거나 식사 중 냅킨을 식탁위에 올려놓는 것은 금기사항이다. 주빈이 냅킨을 편 다음에 펴는 것이 좋다.
- 음식을 입에 대고 먹지 않는다.
- 식사 중에 머리에 손을 대지 않는다.
- 식사 중에는 담배를 피지 않는다.
- 말없이 음식만 먹지 말고 공통의 관심사나 대화를 즐긴다.
- 일류 레스토랑에서는 물수건을 제공하지 않으므로 물수건을 요구하지 않는다.
- 소리 내어 웨이터를 부르지 않는다. 웨이터와 시선이 마주칠 때까지 기다리며 살짝 손을 들어 사인을 보낸다.
- 테이블에서 화장을 고쳐서는 안 된다.

➜ 식사 시 상석이 되는 장소

- 벽을 등진 자리가 벽을 바라보는 자리보다 상석이다.
- 입구 쪽에서 먼 자리가 상석이다. 즉, 입구에 가까운 자리가 말석이 된다.
- 정원이 바라다 보이는 자리가 상석이다. 좋은 경치를 바라볼 수 있는 자리가 이를 등 뒤로 한 자리보다 상석인 것은 당연한 일이다.
- 일단 위의 기준에 따라 최상석에 자리를 잡으면, 그다음은 최상석 앉은 사람과 가까운 자리일수록 순차적으로 상석이 되며, 멀리 앉은 자리가 말석이 된다.

➜ 올바른 냅킨 사용법

냅킨을 펴는 시점은, 초대를 받았을 때 주인이 냅킨을 펴면 따라서 테이블에서 내리거나, 주빈이 착석하여 옆 좌석의 손님과 몇 마디의 인사말을 나누면서 냅킨을 펴면 뒤따라 편다.

그리고 식탁에 앉아 주문을 하면서 냅킨을 펴 무릎 위에 올려놓기도 한다. 홈 파티 같은 경우에는 호스티스가 냅킨을 펼 때 따라서 펴면 된다.

만약 손님이 먼저 냅킨을 펴서 사용하면, 집주인이 식전 기도를 해야 할 때 곤란한 입장에 처하게 된다. 왜냐하면, 식전 기도를 할 때에는 냅킨을 취하지 않고, 기도를 한 후에 냅킨을 사용하게 되므로 손님은 다시 냅킨을 식탁에 올려놓아야 하기 때문이다.

이처럼 냅킨의 사용 시점에 따라 의미가 부여되는 것이다.

그러면 식사 중에 전화를 걸러 가거나 다른 손님과 자리에서 일어서서 인사를 할 때는 어떻게 해야 할까? 인사를 할 때는 왼손에 냅킨을 쥔 채 자리에서 일어서서 한다. 자리를 잠깐 뜰 때는 의자 위에 놓거나, 식탁에 걸쳐 접시에 눌러 놓는다.

→ 외국인에게 삼가야 할 버릇과 태도

습관이나 버릇을 떠나서 일반적으로 외국인이 싫어하는 버릇과 태도는 다음과 같으므로 외국인을 상대할 때에는 주의해야 한다.

- 다른 사람들 앞에서 무의식중에 손가락이나 성냥개비로 코, 귀, 이빨을 후비는 행동은 절대 삼가야 할 것이다. 외국의 경우 이는 어릴 때부터 엄격히 교육을 받아 온 사항이기 때문에 매우 싫어한다.
- 상대방의 주의를 끌기 위하여 옷자락을 잡아끄는 행위는 외국인들에게 자신만의 영역을 침해하는 매우 무례한 것이다.
- 정장차림에 흰 양말은 매우 어울리지 않으며, 양말은 바지 색깔에 맞추어 신어야 한다.
- 자신이 마신 잔으로 다른 사람에게 술을 권하는 행동은 서양인들에게 비위생적이라 여기기 때문에 삼가야 한다.
- 잘 모르는 외국인이 안내를 요청해 왔을 때는 친절하게 안내를 하는 것이 예의이다.
- 손님의 명함은 상대방의 얼굴과 같으므로 함부로 다루는 행위는 금물이며 소중히 다루어야 한다.
- 외국인을 만났을 때 자신 없는 태도나 부끄러워하는 태도는 삼간다. 한국인으로서 자부심을 가지고 당당하게 맞이하는 게 좋다.
- 외국인을 만나 머리를 긁거나 다리를 떠는 등 상대에게 불쾌감을 주는 행동을 삼간다.
- 손님을 오래 선 채로 기다리게 하는 것을 삼가고, 외국인을 맞아 불가피하게 기다리게 할 경우 자리에 안내하여 앉아서 기다리도록 한다.

제5장 고객감동

학습내용

1. 고객감동 단계
2. 고객감동과 고객테러
3. 고객감동 경영

학습목표

1. 고객감동의 이미를 이해하고 설명할 수 있다.
2. 고객감동과 고객테러를 이해하고 설명할 수 있다.
3. 고객감동 경영의 필요성을 이해하고 고객감동 경영을 실천할 수 있다.

1. 고객감동 단계

→ 고객감동

고객감동이란 고객이 인식하지 못했던 니즈를 미리 파악하여 만족시켜주는 제품과 서비스를 제공함으로써 고객을 감동시키는 것을 말한다.

고객은 이미 많은 정보를 가지고 있다. 시장은 풍성한 제품으로 넘친다. 고객의 만족과 열광이 목적인 고객을 돕는 기업만이 진정한 파트너가 될 수 있다. 고객은 왕이기 때문에 왕의 마음을 바꾸려고 하기 보다는 왕의 마음을 미리 헤아려 그 뜻을 맞추어 가는 것이 기업 성공의 길이다.

→ 고객만족과 고객감동

고객만족은 정적이고 일시적인 개념이다, 고객만족은 제품의 이성적인 측면으로, 가격이나 품질 등에 대해 고객의 불만을 해소시켜 고객만족을 유도하는 것이다.

고객감동은 고객의 충성도를 제고시켜 궁극적으로는 고객이 제품 또는 서비스의 후원자가 되도록 하는 것이다. 고객감동은 이성적 측면뿐만 아니라 감성적 측면으로 서비스, 고객관계 및 제품이미지에 이르기까지 모든 측면에서 고객을 감동시켜 장기적이고 지속적인 구매를 유도하는 것을 말한다.

마음을 울리는 감동적인 스토리로 고객에게 감동을 준 사례

미래경영학자 다니엘핑크는 9달러짜리 와인을 사러 매장에 갔던 자신의 경험을 이야기한다. 고만고만한 품질의 와인들이 생산지와 일조량 등의 정보와 비슷비슷한 공고 문구를 넣은 라벨을 붙이고 있었는데, 그중 다니엘핑크의 시선을 사로잡은 라벨이 하나 있었는데, 거기에 이렇게 적혀 있었다.

"이포도주를 세상에 내놓기로 결심한 사람은 에릭과 알렉스 형제입니다. 훌륭한 포도주를 생산하기위해 알렉스는 좋은 재료를 고르고, 에릭은 예술적인 라벨을 만들었습니다. 형제에게 포도주란, 생계수단이라기보다는 암에 걸려 일찍 세상을 떠난 어머니를 기리는 대상입니다. 형제는 포도주가 팔릴 때마다 한 병에 50센트씩 어머니 릴리아나 이름으로 노던 뉴저지 호스피스 및 여러 암 연구재단에 기부하고 있습니다."

그는 두말없이 9달러를 지불하고 그 와인를 샀다. 같은 가격대의 다른 와인보다 더 맛이 좋은 것은 아니었다. 단지 얼굴도 모르는 어느 선량한 형제의 마음씨가 그의 감성을 건드렸고 그 대가로 9달러를 지불한 것이다.

소비자는 딱딱한 '설명과 주장"대신에 마음을 울리는 감동적인 스토리를
선호한다.' 논리' 를 앞세운 것 보다는 소비자 하여금 '공감' 하게 만드는 제품에 손을 뻗는다.

스토리텔링만큼 인간의 감상을 건드리기에 적합한 매개도 없다는 것을 이들 경영학의 구루들이 설파하고 있는 것이다.

(김창이/스마트소셜웹연구회 대표)

➜ 고객감동의 6단계

- 고객지향의 단계 : 기업이 생산지향에서 고객지향으로 고객의 존재가 중요하다고 인식하는 단계이다.
- 고객초점의 단계 : 기업이 고객을 대할 때 마음과 감정이 개입되지 않고 머리 중심으로만 대하는 단계이다.
- 고객기쁨의 단계 : 모든 활동을 고객에게 즐거움과 기쁨을 주는 방향으로 실천하는 단계이다.
- 고객만족의 단계 : 고객만족은 물론 고객의 불만족을 제거 또는 축소하는 데 역점을 두는

단계이다.
- 고객감동의 단계 : 고객에게 기대하는 수준 이상의 만족을 제공하고, 고객은 제품과 서비스의 질을 온몸으로 느끼는 단계이다.
- 고객감격의 단계 : 기업이 지향하는 최고의 단계로, 조직이 사회와 국가에 광범위한 의미의 목적에 이르는 단계이다.

→ 고객만족을 기초로 한 성공 점포 운영 전략

- 무엇을 어떻게 할 것인지 확실한 비전을 설정하라
- 고객을 제일로 삼는 고객만족경영은 필수이다.
- 항상 새로운 변화에 적응할 수 있도록 창의성을 발휘하고 강점을 찾도록 꾸준히 노력하라.
- 목표관리는 반드시 종업원과 함께 하라.
- 조직내외간에 커뮤니케이션을 효율적으로 하라.

2. 고객테러

→ 소비자테러(Cherry Picker)

체리피커는 기업의 상품 구매, 서비스 이용실적은 좋지 않으면서 자신의 실속 챙기기에만 관심이 있는 소비자를 말한다. 기업 입장에서는 당연히 달갑지 않은 고객이다.

반면에 기업의 서비스 체계, 유통 구조 등에 허점을 찾아내어 실속만 챙기는 체리피커가 늘어 그에 따른 부정적 영향도 만만치 않다. 실제로 홈쇼핑에서는 전체 판매 물량의 10-25% 가량이 반품되는데, 그 중 경품을 노리고 무더기 주문을 한 뒤, 당첨되지 않은 상품을 반품하는 체리피커가 상당하다는 것이다.

기업은 이들을 차별적으로 관리하는 디마케팅(Demarketing)에 힘쓰고 있다. 신용카드 회사들도 체리피커의 활동을 잠재울 처방으로 놀이공원과 영화관 할인 등 비용부담이 큰 서비스를 대폭 줄이고 있으며, 홈쇼핑 업체들도 블랙리스트를 만들어 관리하고 있는 실정이다.

체리 피커

어린 시절 생일파티에서 먹던 케이크에는 보통 먹음직한 체리가 하나 있었다. 보통 이날 생일을 맞는 사람이 먹곤 하는데, 때로는 엉뚱한 사람이 낚아채 가서 생일 맞은 사람을 울상 짓게 만들곤 했다.

생일파티에서 엉뚱한 사람이 체리를 먹는 것과 같이 기업의 상품이나 서비스를 구매하지 않으면서 자신의 실속을 차리는 데만 관심을 두고 있는 소비자를 '체리피커(얌체 소비자)'라고 말한다.

체리피커라는 용어는 신용카드 회사의 특별한 서비스 혜택을 누리려고 가입한 뒤, 그 혜택만 이용하고 정작 카드 사용은 하지 않는 고객에서 유래됐다. 국내에서도 고객확보와 이탈방지를 위해 기업들이 다양한 서비스를 무기로 멤버십 마케팅을 강화하면서 우량고객과 더불어 체리피커도 대거 양산되고 있다.

최근 한 연구에 따르면 유통, 금융 등의 분야에서 전체 고객 중 체리피커가 15~20%를 차지하는 것으로 보고되는 등 기업들의 새로운 골칫거리로 등장하고 있다.

그렇다고 이들을 무조건 배척하는 '디마케팅'을 하는 것도 쉽지 않다. 체리피커들은 능동적이고 영리하기 때문에 홈페이지, 블로그, 카페 등을 통해 해당 기업에 대한 부정적인 여론을 형성하는 경우가 많다. 이들이 브랜드에 대한 보이콧 여론을 형성할 경우 기업에 큰 타격을 줄 수도 있다. 따라서 체리피커를 미연에 방지할 수 있는 노력이 절실하다. 단순히 상품의 가입에 따라 모든 혜택을 제공하기보다는 사용금액이나 빈도에 따라 단계별로 혜택을 제공하거나 체리피커로 예상되는 소비자들에 대한 진입장벽을 만드는 등의 사전방지 전략이 필요하다.

소비자들이 스마트해짐에 따라 마케팅의 허점을 파고드는 체리피커들은 점차 증가할 것이다. 향후 진성(眞性) 고객과 체리피커를 가려내서 효과적으로 대응하는 능력이 기업의 중요한 마케팅 경쟁력이 될 것으로 전망된다.

(허원무 LG경제연구원 책임연구원 경영학박사)

3. 고객감동 경영

→ 고객감동경영

최근의 시장 환경이 매우 치열한 경쟁 속에 있을 뿐 아니라, 소비자들의 구매패턴이 단순한 가격이나 품질에 대한 만족뿐만 아니라 마음속으로부터 우러나오는 진정한 감동을 제품이나 서비스에서 원하고 있다. 오늘날 소비자는 단순한 비교구매에서 한 단계 더 나아가 제품에 대한 모든 것, 즉 제품의 이성적 측면만이 아니라 감성적 측면, 상표 이미지, 제품서비스까지도 같이 평가하여 구매하는 경향이 강해지고 있다.

고객감동은 소비자가 전혀 예상치 못했던 욕구 또는 필요를 찾아 그것을 만족시켜주는 서비스로 고객을 열광시키는 것을 말한다.

기업의 마케팅 활동이 지금까지의 고객만족 목표에서 그 단계를 높여 고객감동을 요구하고 있다. 즉, 고객이 전혀 인식하지 못했던 욕구 또는 필요를 찾아 그것을 만족시켜주는 제품과 서비스를 제공함으로써 고객을 열광시키는 마케팅이다. 그 결과 고객의 제품과 서비스에 대한 충성도가 높아져 평생고객으로 만드는 것이 고객감동 경영의 목표이다.

➜ 고객감동 MORE 매뉴얼

> 국민권익위원회는 국민의 만족도를 높이기 위한 공무원들의 민원처리 시 지켜야 할 '고객감동 MORE 매뉴얼' 을 발간했다.
> MORE(Moment Of Real Emotion)는 진실의 순간을 뜻하는 MOT를 넘어 '진실된 교감의 순간' 을 의미한다.

➜ 민원처리 시 7가지 불친절 요소

- 무관심
- 무시
- 냉담
- 어린애 취급
- 로봇화
- 규정제일주의
- 발뺌

➜ 아마존의 고객감동 경영 성공사례

인터넷의 가상 세계에서는 "총체적 고객 경험"의 만족이 무엇보다도 중요한 요소이다. 아래의 아마존 사례는 이러한 고객 경험을 고객만족으로 이끌어 내는 경영 방식으로 성공을 거두고 있다. 아마존은 지금도 '지구상에서 가장 큰 선택(Earth's Biggest Selection)' 이라는 슬로건을 내걸고 인터넷 비즈니스 세계에서 공격적인 판매활동을 펼치고 있으며, 1999년 아마존 1/4분기 보고서에 따르면 아마존의 네트워크 매출은 2억9,360억달러로 원화로 환산하면 3개월 동안 네트워크 매출이 3,670억원에 이른다. 또한 전세계 160개국에 걸쳐 840만명에 달하는 고객을 확보하고, 그 가운데 아마존을 통해 지속적으로 서적을 주문하는 사람이 전체의 절반을 넘는 66%에 달하고 있다고 한다. 이러한 성공의 비결을 아마존의 "고객 감동 서비스"에서 찾고 있다.

다음은 이러한 아마존의 고객감동 경영의 구체적인 사례들이다.

① 고객의 말과 주문을 우선적으로 처리하고, 전적으로 고객을 신뢰한다.

한국에 사는 P씨는 Amazon.com을 통해 몇 가지 책과 음반 CD를 주문했다고 한다. 아마존이 전자우편으로 재차 확인한 도착시간이 지났건만, 물건은 감감 무소식이었다. 애가 탄 그는 황급히 주문한 물건이 아직까지 도착하지 않았다는 전자우편을 아마존 측에 다시 보냈다. 아마존은 국제우편의 경우 고객이 주문한 물건을 컴퓨터로 정확하게 추적할 수 있는 시스템이 갖추어지지 않았음을 죄송하게 생각한다며, 그 다음날로 전 세계 네트워크망을 보유한 FedEx를 통해 주문한 물건을 다시 보내주었다. 고객 P씨의 주장을 전적으로 신뢰했음은 물론 한 푼의 추가요금도 받지 않고, 다음과 같은 전자우편을 함께 보냈다 : "만약 첫 번째 발송한 물건이 도착했다면 아마존의 너그러운 선물이라 생각하고 그냥 받아주십시오. 혹시 그 책이 필요 없다면, 주변에 유익하게 사용할 수 있는 사람에게 전해주십시오."

② 시의 적절한 개별고객 맞춤형 서비스를 제공한다.

아마존은 고객맞춤 전자우편 서비스인 'Amazon. com Delivers' 로부터 아마존의 고객이 미리 지정한 관심분야에 대한 정보를 수시로 보내준다. 또한, 예전에 고객이 구매한 서적의 세부 분야 등을 검토하여 고객의 독서 취향 및 관심 분야도 함께 맞추어진 정보를 제공한다. 물론 아마존으로부터 보내오는 전자우편 내용 속에는 책 제목 뿐만 아니라 책에 대한 상세한 설명과 함께 마우스를 클릭하면 해당되는 책의 서평에 대해서 접할 수 있고, 필요할 경우 한 번에 주문이 가능한(1-Click) 원스톱 서비스를 통해 심층적이고 종합적인 정보를 정기적으로 받아볼 수 있다. 이러한 서비스를 통해 고객은 자신이 원하는 전문분야의 최신 정보를 습득할 수 있게 되었고, 해당 분야로 들어가 그 책과 관련돼 있는 서적과 다른 저자에 대한 정보도 종합적으로 점검할 수 있게 된다. 이러한 아마존의 개별 맞춤형 서비스를 응용해 국내의 많은 웹사이트들과 쇼핑몰에서 실행하고 있는 형편이다.

③ 고객의 커뮤니케이션 욕구를 재빨리 파악하고 충족하며, 고객의 불편을 바로 접수하고 개선하는 경영 방식을 채택하고 있다.

아마존이 보유한 서적 데이터베이스를 현실세계의 책방에 진열한다고 생각해보자. 적어도 여의도의 10배에 달하는 공간이 필요할 것이다. 서적을 필두로 음반, 비디오, 장난감, 전자제품, 의약품, 애완동물 코너에 이어 최근에는 경매분야까지 아마존이 확장하고 있는 사업영역을 자세히 들여다보면 현실세계에서 쉽게 구할 수 있지만 품목이 헤아릴 수 없을 만큼 많은 일반 소비재에 초점이 맞춰져 있다. 물론 아마존이 자체적으로 보유한 데이터베이스 관리능력이 이를 뒷받침하고 있지만 근본적으로 고객이 아마존으로 찾아오는 이유는 고객의 경험을 중요시하는 아마존 경영의 기본철학 때문이다.

고객이 맨처음 아마존에서 원하는 물품을 찾아 구매절차를 밟고, 또 안전한 포장을 통해 확실하게 원하는 물건을 받기까지 일련의 모든 과정은 고객편의성에 초점이 맞춰져 있다. 고객의 불편은 곧바로 전자우편을 통해서 접수되고 바로 개선된다. 한 예로 몇 년 전만 해도 아마존의 책 포장 방식은 현재와 같이 마분지를 사용하지 않고 물건의 파손을 고려해 절대 파손되지 않게 단단히 포장되었다. 이는 물건이 파손되지 않는다는 점을 만족시키긴 했지만 너무 단단히 포장돼 있어 바로 뜯지 못하고 가위나 칼 등의 도구를 이용해 내용물을 확인해야 하는, 고객 입장에서는 다소 귀찮은 일이었다. 어느 날 한 할머니가 전자우편을 보내 "당신 회사 서비스는 나무랄 데 없는데, 포장이 너무 단단해 아들이 귀가할 때까지 우편물을 뜯지 못한다."고 하소연했다. 이를 계기로 아마존은 포장방법을 지금 형태처럼 변화시켰다고 한다.

아마존 고객이 아마존 서비스를 이용하면서 서비스 자체를 개선시키는 것, 즉 아마존 고객서비스는 아마존 직원이 머리를 맞대고 장시간의 전략회의를 통해 개선되는 것이 아니라, 고객 자신이 아마존에서 겪은 경험, 바로 축적된 고객경험에 의해 이뤄지며, 이것이 바로 고객감동 서비스의 기틀이 되고 있다.

→ Levi Strauss와 J.C.Penney의 고객감동 경영 실패사례

미국에서 리바이스(Levi's) 청바지를 모르는 사람은 아마 없을 것이다. 그 유명도를 이용해 리바이스는 제품의 다양화를 위해 Levi's 상표를 붙이면 잘 팔릴 것으로 생각하고 청바지가 아닌 다른 종류의 바지, 고급 자켓, 스키복 등의 제품을 생산하였다. 그러나 그것은 실패작이었다.
소비자는 'Levi's = 청바지' 라는 의식만 있을 뿐 Levi's 이니까 자켓이나 스키복도 좋을 것이라는 생각은 없었던 것이다.

또한 미국에서 3번째로 큰 백화점인 J.C.Penney는 마진율과 품질이 좋고, 비싸면서도 고급스런 상품을 주로 취급하기로 방향을 바꾸었다. 그리고 1년에 수천만 달러를 써 가면서 Fashions for people. No, not Saks, J.C.Penny (Saks는 최고급 백화점 이름임) 라고 대대적인 광고를 하였다. 그러나 3년이 지난 후에도 고급상품은 잘 팔리지 않았을 뿐 아니라 중·

저가품 고객마저도 잃어버리게 되었다.

Levi Strauss사와 J.C.Penney의 실패는 소비자는 왕, 소비자는 통치자(consumer sovereignty)라는 시대적 참뜻을 거역하였기 때문이다. 소비자는 자기가 보고 싶은 것만 보고, 듣고 싶은 것만 가려서 듣는다. TV에서 보기 싫은 광고가 나오면 채널을 돌리거나 꺼 버린다.
이제는 기업이 원하는 방향으로 고객의 마음을 유인하려는 노력보다, Domino 피자 회사와 같이 고객의 충족되지 않은 욕구를 찾아서 그것을 충족시켜 주는 것이 바로 기업이 성공하는 길이 되었다.

제 6 장 고객만족

학습내용

1. 고객만족 개념과 정의
2. 고객만족의 가치
3. 고객만족 경영
4. 고객만족 규칙
5. 소비자기본법
6. 개인정보보호법

학습목표

1. 고객만족의 개념을 정확히 이해하고 설명할 수 있다.
2. 고객가치의 이해와 고객이 추구하는 가치를 설명할 수 있다.
3. 고객만족경영을 이해하고 설명할 수 있다.
4. 소비자기본법과 개인정보보호법을 이해하고 실제에 적용할 수 있다.

1. 고객만족의 개념과 정의

→ 고객만족의 정의

고객만족이란 고객의 욕구와 기대에 부응하여 그 결과로서 상품, 서비스의 재구입이 이루어지고 아울러 고객의 신뢰감이 연속되는 상태를 말한다.(Goodman)

소비자가 만족을 기대했던 제품의 효익이 실현되는 정도라고 정의하고 실제 성과와 기대했던 결과 사이의 일치의 정도를 말한다.(Hempel)

소비자 만족, 불만족은 제품에 대한 기대수준과 지각된 성과수준과의 상호작용으로부터 생긴다.(Miller)

→ 고객만족

고객만족이란 고객이 제품 및 서비스의 구매 전 상황에서 또는 구매 후 상황에서 제공되는 제품 및 서비스의 성과에 대하여 느끼는 포괄적인 감정이다.

만족과 불만족은 고객의 기대에 부응하는 정도로서 기대에 못 미치는 경우 불만족으로, 고객의 기대에 일치하는 경우 고객만족, 고객의 기대 이상의 만족은 고객감동으로 이어진다.

> • 고객불만 : 고객의 기대 > 제품 및 서비스
> • 고객만족 : 고객의 기대 = 세품 및 서비스
> • 고객감동 : 고객의 기대 < 제품 및 서비스

→ 고객만족의 결정요인

기대-불일치 이론

Swan, Oliver, Parasuraman 등에 의해 1970년대 후반 소개된 이론이다.

제품의 성과가 고객의 기대보다 못한 것으로 판단되는 경우의 부정적 불일치(고객 불만족), 제품의 성과가 고객의 기대보다 나은 것으로 판단되는 경우의 긍정적 불일치(고객 만족), 제품의 성과가 고객의 기대와 일치(단순 만족)하는 경우로 구분하였다.

공정성 이론

Mowen & Grove, Fisk & Yong, Swan & Oliver 등에 의해 1980년대 중반에 나온 이론이다.

고객이 어떤 제품의 구매에 지불한 비용과 제품으로부터 얻는 이익의 비율을 공정성이라고 하며, 자신의 이익률이 판매자의 이익보다 높다고 생각할 때 만족하게 된다는 이론이다.

가치-지각 불균형 이론(Value-Percept Disparity Theory)

Westbrok & Reilly에 의해 기대-불일치 이론의 대안으로 제안된 이론이다.

제품에 대한 지각상태(Percept)와 고객의 당위기준(Value) 사이에 불일치가 크면 클수록 불만족은 더욱 커지며 이 불균형이 작을수록 만족은 커지는 것이다.

비교수준 이론(Comparison Level Theory)

Latour & Peat는 기대-불일치 이론을 비판하면서 기대는 소비자의 과거 경험이나 유사 제품에 대한 경험 등과 같은 원천에 의해서 형성된다고 주장하였다.

제품의 비교수준에는 유사 제품에 대한 사전적 경험, 제조업자의 광고나 소매상들의 촉진노력과 같은 것들에 의해서 형성되는 상황적 기대, 준거의 대상이 되는 다른 소비자들의 경험 등 세 가지의 결정요인이 존재한다고 주장하였다.

비교기준으로서의 규범(Norms As Comparison Standards)

Woodruff, Cadotte & Jenkins)는 경험에 기초한 규범을 비교기준으로 채택하면서, 기대-불일치 이론에서는 기대가 당해 상표에 대한 소비자 경험을 기초로 하고 있으나 이들은 다른 상표에 대한 경험도 포함하여 기초로 삼고 있다는 것이다.

소비자의 경험은 상표 하나와 관련될 수도 있지만 다른 유사한 상표들이나 같은 욕구를 충족시키는 전체 제품군에 관련될 수도 있으며, 이 경험들은 소비자가 규범을 형성시키는데 역할을 할 수 있다는 것이다.

2. 고객만족의 가치

➜ 고객가치

고객의 관점에서 본 고객가치는 기업이 제시하는 가치제안(Value proposition)으로부터 얻은 편익에서 그것을 얻는데 소요된 비용을 차감한 결과에 대해 고객이 지각하는 바를 말하며, 고객지각가치 또는 고객전달가치라고 말한다. 고객지각가치는 개별 고객에 따라 다르고 상대적인 개념이다.

기업의 관점에서 본 고객가치는 장기적인 관점에서 특정 고객이 제품이나 서비스에 대하여 얼마만큼 지불할 수 있느냐를 측정하는 것인데, 평생고객가치라고도 한다. 경제학에서 말하는 보유가격(Reservation price)이 이에 해당한다.

➜ 고객이 추구하는 4가지 가치 유형

- 기본가치 : 상품이나 서비스가 갖추어야 할 절대적 기본가치를 말한다.
- 기대가치 : 고객이 당연히 기대하고 제공될 것으로 믿는 가치이다.
- 소망가치 ; 반드시 제공될 것으로 기대하지는 않지만 없는 것보다 더 좋은 가치를 말한다.
- 예상외 가치 : 기대나 소망의 수준을 넘어 뜻밖의 감동과 기쁨을 안겨주는 가치이다. 소망가치와 예상외 가치는 경쟁시장에서 이길 수 있는 중요한 가치로서 이에 대한 차별화가 경쟁우위의 지름길이 되는 것이다.

3. 고객만족 경영

→ 고객만족경영

고객만족경영이란 기업이 고객의 소리(VOC) 즉 고객의 욕구와 기대사항을 조사, 식별하고 이를 상품과 서비스에 반영하는 지속적이고 조직적인 활동을 전개히여 고객의 신뢰노 제고를 통한 지속적인 충성고객 확보를 추구하는 경영방식 및 전략이다.

실제 제공되는 제품 또는 서비스가 고객의 기대를 만족할 때 고객이 받게 되는 고객의 신뢰와 충성 심리를 지속적으로 충족함으로써 조직의 안정적인 사업기반을 유지하는 경영이라고 할 수 있다.

고객만족과 관련된 개념의 변화는 모든 기업은 고객의 불만을 두려워할 것이 아니라 보물과 같은 존재로 인식하는 것이다. 즉, 고객의 사소한 불평 및 불만을 주의 깊게 살펴보고 관찰해 보면 자사의 조직이나 제도, 절차가 장애가 되어 고객에게 만족을 주지 못하는 문제점, 품질에 대한 고객의 니즈와의 괴리, 신제품 개발 등에 대한 정보가 나오기 때문에 고객의 불평 및 불만은 전사적 경영시스템의 혁신과 새로운 서비스가 창출될 수 있는 밑바탕이 되는 것이다.

4. 고객만족 규칙

• 규칙1 : 고객은 항상 옳다.　　• 규칙2 : 만약 고객이 옳지 않다면 규칙1을 상기하라.

→ 서비스의 7대 죄악

일반적으로 고객이 불만을 갖거나 화를 내는 경우를 살펴보면 몇 가지 요인이 공통적으로 반복되고 있다는 사실을 발견하게 된다.

칼 알브레히트는 고객의 불만을 분석 및 검토하여 그 공통요인을 제시하였는데 그는 그것을 '서비스의 7대 죄악' 이라고 규정지었다.

① 무관심

"나와는 상관없다"는 식의 태도는 고객을 정말 화나게 만든다. 이와 같은 태도는 흔히 "그것은 말입니다. 경리부서 일인 것 같은데요. 그쪽에서 알아보세요."라고 한다든지 또는 고객이 찾아와서 부서를 몰라 이리저리 헤매고 있는데도 물끄러미 쳐다보고만 있는 경우이다.

② 무시

고객의 요구나 문제를 못 본 척하고 고객을 피하는 태도이다, 교대시간을 핑계로 고객의 요구나 문제를 무시하는 택시기사의 경우는 우리가 흔히 겪게 되는 일이다. 백화점에서 교대시간을 기다리는 직원에게 물건을 찾아달라고 하면 "여기는 내 관할구역이 아니다"라는 식의 태도로 고객을 다시는 오고 싶지 않게 만든다.

③ 냉담

예컨대 식당의 계산대에 있는 사람은 가장 먼저 고객과 대면하고 가장 마지막으로 대면하는 사람임에도 불구하고 가장 붙임성 없고 냉담한 자세로 계산에만 열중하고 있다. 빌딩의 안내데스크도 마찬가지로 냉담하고 쌀쌀맞은 경우가 흔하다.

기업을 찾는 고객은 카운터나 안내데스크 혹은 경비원에서 기업의 이미지를 받게 된다. 외부에서 찾아오는 고객에게 기업입구에서부터 상냥하게 웃으며 맞아준다면 그날 비즈니스는 좋은 분위기속에서 이루어질 것이다.

④ 어린애 취급

병원에서 의사에게는 깍듯이 존칭을 쓰면서 환자는 마치 꼬마대하듯 하면서 환자가 알고 싶어 하는 병의 원인에 대해서는 '의사만 알고 있으면 된다.'는 식의 태도를 보인다. 비단 이것은 병원뿐만 아니라 부하직원이나 상담하러 온 고객에게 그와 같은 방식으로 대할 때가 있음을 유의해야 한다.

⑤ 로봇화

모든 손님에게 한결같은 동작과 슬로건으로 대하는 기계 같은 종업원의 행동, 그리고 손님을 쳐다보지도 않고 자기 일만 계속하면서 입으로만 인사말을 되풀이하는 종업원의 행동은 짜증을 유발시킬 때가 많다.

휴대폰을 사용하다가 애로사항이 생겨 본사로 전화를 걸면 그냥 "서비스센터로 문의하라"고 한다. 그래서 서비스센터에 전화를 걸면 "직접 와서 문의를 하라"고 하는 여직원의 목소리만 앵무새처럼 들려온다.

서비스센터로 찾아가면 "접수대에서 서류양식에 기업하여 제출해서 기다리든지 아니면 바쁘면 다음날 와서 찾아가라"고 한다. 그래서 다음날 찾아가면 서류에 '이상 없음'이라는 글자만 적혀있는 경우가 있다.

고객이 알고 싶어 하는 사용상의 애로점을 상담할 기술자 한명 보이지 않고 휴대폰과는 전혀 상관없는 여직원만 전화를 받고 접수 청구에서 매일 똑 같은 이야기만 되풀이할 때는 고객은 정말 화가 난다.

⑥ 규칙제일

고객의 사정은 아랑곳없이 조직의 규칙만을 우선시하는 풍토의 경우이다. 규정이 없으면 하지 않아도 무방하며 아무리 불합리한 규정이라도 조직과 규정을 위하여 지키도록 강요하는 풍토, 인간적인 사고나 판단을 모두 배제하고 말하도록 훈련되고 요구받기 때문에 어느 누구에게고 생각할 권한이 주어지지 않는 유연성이 결핍된 풍토는 고객을 화나게 만든다. 왜냐하면 고객은 규정에는 관심도 없으며 규정을 알지도 못하기 때문이다.

⑦ 책임회피

어느 부서에 전화를 걸면 자기가 적당하다고 생각되는 부서로 돌려줘 버리고 자기는 모른 척하는 태도이다. 더욱이 고객의 불만이나 요구에 관한 전화라면 더욱 그러하다.

이것은 우리 주변에서 늘 일어나는 일이다. 그러나 고객은 참고 있을 뿐이다. 각 기업의 내부에서도 이처럼 참고 있는 내부고객 및 조직원들이 많이 있을 것이다. 우리 내부에서 그렇게 많이 볼 수 있다면 외부고객들에게는 정말 많은 문제를 야기시키고 있다고 볼 수 있다.

작은 변화가 큰 것을 변화시킬 수 있다. 늘 가까운데서 쉬운 것부터 개선하려는 노력이 곧 혁신을 이루는 지름길이라는 것을 인식해야 한다. 우리 주변에서 지금 화를 내고 있는 고객이 없는지를 잘 살펴 보아야 한다.

5. 소비자기본법

→ 소비자기본법

우리나라 소비자보호법은 1970년대 여성단체를 중심으로 여성운동의 일환으로 시작되었으며, 1980년 1월 4일 제정되어 1982년 9월 13일 시행되었다.

2006년 9월 27일 소비자기본법으로 전문이 개정되었으며, 그 후 2008년 2월 26일 정부조직법 개정 시에 재정경제부의 소비자 정책수립 총괄 기능을 공정거래위원회로 일원화하여 2008년 다시 개정되었다. 이후 몇 차례 일부 개정과 최근 2011년 5월 19일 일부 개정 공포하였다.

→ 소비자기본법의 목적

소비자기본법은 소비자의 권익을 증진하기 위하여 소비자의 권리와 책무, 국가 · 지방자치단체 및 사업자의 책무, 소비자단체의 역할 및 자유시장경제에서 소비자와 사업자 사이의 관계를 규정함과 아울러 소비자정책의 종합적 추진을 위한 기본적 사항을 규정함으로써 소비생활의 향상과 국민경제의 발전에 이바지함을 목적으로 하고 있다.

→ 소비자의 권리(제4조)

우리나라 소비자기본법에서는 다음과 같은 소비자의 8대 권리를 규정하고 있다.

- 물품 또는 용역으로 인한 생명 · 신체 또는 재산에 대한 위해로부터 보호받을 권리
- 물품 등을 선택함에 있어서 필요한 지식 및 정보를 제공받을 권리
- 물품 등을 사용함에 있어서 거래상대방 · 구입장소 · 가격 및 거래조건 등을 자유로이 선택할 권리
- 소비생활에 영향을 주는 국가 및 지방자치단체의 정책과 사업자의 사업활동 등에 대하여 의견을 반영시킬 권리
- 물품 등의 사용으로 인하여 입은 피해에 대하여 신속 · 공정한 절차에 따라 적절한 보상을 받을 권리
- 합리적인 소비생활을 위하여 필요한 교육을 받을 권리
- 소비자 스스로의 권익을 증진하기 위하여 단체를 조직하고 이를 통하여 활동할 수 있는 권리
- 안전하고 쾌적한 소비생활 환경에서 소비할 권리

→ 소비자의 책무(제5조)

소비자는 권리와 동시에 다음과 같은 책무가 있음을 소비자기본법에서 규정하고 있다.

- 소비자는 사업자 등과 더불어 자유시장경제를 구성하는 주체임을 인식하여 물품 등을 올바르게 선택하고, 소비자기본법상의 소비자의 기본적 권리를 정당하게 행사하여야 한다.
- 소비자는 스스로의 권익을 증진하기 위하여 필요한 지식과 정보를 습득하도록 노력하여야 한다.
- 소비자는 자주적이고 합리적인 행동과 자원 절약적이고 환경친화적인 소비생활을 함으로써 소비생활의 향상과 국민경제의 발전에 적극적인 역할을 다하여야 한다.

→ 국제소비자기구의 소비자 5대 책무

- 비판적 의식
- 자기주장과 행동
- 사회적 관심
- 환경에의 자각
- 연대

→ 소비자기본법상 국가·지방자치단체의 책무

국가 및 지방자치단체는 제4조의 규정에 따른 소비자의 기본적 권리가 실현되도록 하기 위하여 관계법령 및 조례의 제정 및 개정·폐지, 필요한 행정조직의 정비 및 운영개선, 필요한 시책의 수립 및 실시, 소비자의 건전하고 자주적인 조직 활동의 지원·육성의 책무와 소비자권익과 관련된 행정조직의 설치·운영 등에 관하여 대통령령이 정하는 바에 따라 필요한 지원을 할 수 있다.

- 위해의 방지(제8조)
- 계량 및 규격의 적정화(제9조)
- 표시기준(제10조)
- 광고의 기준(제11조)
- 거래의 적정화(제12조)
- 정보제공(제13조)
- 소비자의 능력향상(제14조)
- 개인정보 보호(제15조)
- 분쟁해결(제16조)
- 시험검사시설의 설치 및 시험·검사 등의 의뢰, 공표(제17조)

➔ 사업자의 책무

소비자 권익증진 시책에 대한 협력의무 등(제18조)

사업자 책무(제19조)
- 사업자는 물품 등으로 인하여 소비자에게 생명 · 신체 또는 재산에 위해가 발생하지 않도록 필요한 조치를 강구하여야 한다.
- 사업자는 물품 등을 공급함에 있어서 소비자의 합리적 선택이나 이익을 침해할 우려가 있는 거래조건이나 거래방법을 사용하여서는 안 된다.
- 사업자는 소비자에게 물품 등에 대한 정보를 성실하고 정확하게 제공하여야 한다.
- 사업자는 소비자의 개인정보가 분실 · 도난 · 누출 · 변조 또는 훼손되지 아니하도록 그 개인정보를 성실하게 취급하여야 한다.
- 사업자는 물품 등의 하자로 인한 소비자의 불만이나 피해를 해결하거나 보상하여야 하며, 채무불이행 등으로 인한 소비자의 손해를 배상하여야 한다.

소비자의 권익증진 관련 기준의 준수(제20조)

➔ 소비자 단체

소비자 단체란 소비자의 권익증진을 위하여 소비자가 조직한 단체를 말한다.

➔ 소비자 단체의 업무(제28조 제1항)
- 국가 및 지방자치단체의 소비자의 권익과 관련된 시책에 대한 건의
- 물품 등의 규격 · 품질 · 안전성 · 환경성에 관한 시험 · 검사 및 가격 등을 포함한 거래조건이나 거래방법에 관한 조사 · 분석
- 소비자문제에 관한 조사 · 연구
- 소비자의 교육
- 소비자의 불만 및 피해를 처리하기 위한 상담 · 정보제공 및 당사자 사이의 합의의 권고

➔ 소비자 분쟁과 피해구제

소비자 분쟁이란 일반적으로 사업자가 제공한 상품이나 서비스를 소비자가 사용 또는 이용하는 과정에서 가격의 공정성 및 지불과정, 상품 및 서비스의 춤질 및 안정성, 광고의 진실성,

상품 및 서비스에 대한 정보의 신뢰성 및 각종 A/S 등과 관련하여 소비자나 사업자가 불만족한 상태에 이르러 발생하는 분쟁을 의미한다.

피해구제 신청(제55조)

소비자는 물품 등의 사용으로 인한 피해의 구제를 한국소비자원에 신청할 수 있다. 국가 · 지방자치단체 또는 소비자단체는 소비자로부터 피해구제의 신청을 받은 때는 한국소비자원에 그 처리를 의뢰할 수 있다.

합의의 권고(제57조)

한국소비자원의 원장은 피해구제신청의 당사자에 대하여 피해보상에 관한 합의를 권고할 수 있다.

처리기간(제58조)

한국소비자원의 원장은 피해구제신청을 받은 날로부터 30일 이내 합의, 권고에 따른 합의가 이루어지지 않을 경우 지체없이 분쟁조정 신청하여야 한다.

피해구제절차의 중지(제59조)

피해구제절차에 적합하지 않은 경우, 당사자의 소제기에 따른 절차를 중지하고 당사자에게 이를 통지하여야 한다.

조정(제60조-제68조)

소비자분쟁조정위원회의 설치, 조정의 신청자, 조정의 기간, 분쟁조정의 효력 등을 규정하고 있다.

→ 소비자단체소송

집단적 소송제도(집단소송과 단체소송)

집단소송은 주로 이미 발생한 손해에 대한 구제를 위해 활용되고 있으나, 단체소송은 위반행위의 방지를 통한 손해발생의 저지를 위하여 활용되고 있다.

소비자단체의 단체소송

소비자기본법 제29조에 따라 공정위원회에 등록한 소비자단체로서 다음과 같은 요건을 모두 갖춘 소비자단체는 단체소송을 제기할 수 있다.

정관에 따라 상시적으로 소비자의 권익증진을 주된 목적으로 하는 단체일 것

단체의 정회원수가 1천명 이상일 것

소비자기본법 제29조의 규정에 따른 등록 후 3년이 경과하였을 것

단체소송의 대상 등(소비자기본법 제70조)

다음 각 호의 어느 하나에 해당하는 단체는 사업자가 제20조의 규정을 위반하여 소비자의 생명·신체 또는 재산에 대한 권익을 직접적으로 침해하고 그 침해가 계속되는 경우 법원에 소비자권익침해행위의 금지·중지를 구하는 소송(이하 "단체소송"이라 한다)을 제기할 수 있다.

① 제29조의 규정에 따라 공정거래위원회에 등록한 소비자단체로서 다음 각 목의 요건을 모두 갖춘 단체

    가. 정관에 따라 상시적으로 소비자의 권익증진을 주된 목적으로 하는 단체일 것

    나. 단체의 정회원수가 1천명 이상일 것

    다. 제29조의 규정에 따른 등록 후 3년이 경과하였을 것

② 「상공회의소법」에 따른 대한상공회의소, 「중소기업협동조합법」에 따른 중소기업협동조합중앙회 및 전국 단위의 경제단체로서 대통령령이 정하는 단체

③ 「비영리민간단체 지원법」 제2조의 규정에 따른 비영리민간단체로서 다음 각 목의 요건을 모두 갖춘 단체

    가. 법률상 또는 사실상 동일한 침해를 입은 50인 이상의 소비자로부터 단체소송의 제기를 요청받을 것

    나. 정관에 소비자의 권익증진을 단체의 목적으로 명시한 후 최근 3년 이상 이를 위한 활동실적이 있을 것

    다. 단체의 상시 구성원수가 5천명 이상일 것

    라. 중앙행정기관에 등록되어 있을 것

→ 소비자의 8대 권리(Eight Consumer Right)

① 안전할 권리 (The right to safety)

모든 물품 및 용역으로 인한 생명, 신체 및 재산상의 위해로부터 보호받을 권리로 소비자의 안전을 도모하기 위해서는 국가는 안전기준을 제정하고 위해상품을 수거·파기할 의무가 있다. 우리나라는 약 14개 단행법에서 소비자안전과 관련된 각종 기준을 규정하고 있으나 본래의 입법목적이 행정관리에 있었기 때문에 소비자보호 측면에서는 미흡한 실정이다. 우리나라도 소비자의 안전할 권리를 적극적으로 실현시키기 위해서는 미국, 일본과 같이 소비자 제품 안전법을 제정하여 산재한 관련 규정을 통일화할 필요가 있다.

② 정보를 제공받을 권리 (The right to be informed)

물품 및 용역을 선택함에 있어서 필요한 지식 및 정보를 제공받을 권리로 합리적 소비생활을 이루기 위한 전제조건이다. 이들을 구매하기 전에는 각종 상품정보나 상품표시(Labeling)등을 통해 사용목적에의 부합여부를 정확히 판단해야 하고, 사용과정에서는 올바른 사용(취급) 방법, 주의사항을 통해 최대의 효용수준을 충족해야 한다. 한국소비자보호원 및 소비자단체 등에서 유사한 상품들간에 우수성을 비교시험하여 일반에게 공표하는 것도 소비자의 알권리를 도모하기 위한 것이다

③ 선택할 권리 (The right to choose)

물품 및 용역을 사용 또는 이용함에 있어서 거래의 상대방, 구입장소, 가격, 거래조건 등을 자유로이 선택할 권리로 자유롭고 공정한 경쟁이 이루어지는 시장에서 보장될 수 있다. 특히 우리나라는 방문판매원들의 허위·기만행위 등으로 부터 소비자의 선택할 권리를 보장하기 위해 1991년 할부거래에 관한 법률, 방문판매 등에 관한 법률을 제정하였다

④ 의사를 반영시킬 권리 (The right to be heard)

소비자는 소비생활에 영향을 주는 국가나 지방자치단체의 정책과 사업자의 사업활동에 대하여 의견을 반영시킬 권리가 있다. 소비자의 권익증진을 위한 소비자정책심의위원회에 소비자 대표가 직접 참여하는 것을 비롯하여 소비자 관련기관이 사업자의 특정 행위를 조사한 결과를 토대로 관계 당국에 정책을 건의하고, 사업자에게 시정을 촉구하는 것도 의견을 반영할 권리를 행사하는 것이다.

⑤ 보상을 받을 권리 (The right to redress)

소비자는 물품(용역)의 사용(이용)으로 인하여 입은 피해에 대하여 신속·공정한 절차에 의하여 적절한 보상을 받을 권리가 있다. 정부가 품목별로 피해보상기준을 마련하고 사업자로 하여금 자체보상기구를 설치·운영토록 한 것이나, 소비자관련기관에서 소비자불만, 피해구제업무를 수행하는 것 등은 소비자의 보상받을 권리를 실현시키는 정책의 일환이다.

⑥ 교육을 받을 권리 (The right to consumer education)

합리적인 소비생활을 영위하기 위하여 필요한 교육받을 권리는 소비자의 자주적, 주체적 소비생활을 통해 소비자권익이 옹호되도록 하기 위함이다. 대체로 소비자교육은 어린이를 대상으로 하는 가정소비자교육과 학생을 대상으로 하는 체계적인 학교소비자교육, 그리고 성인을 대상으로 하는 소비자관련기관의 사회교육 및 계몽활동 등으로 구분된다.

⑦ 단체를 조직·활동할 권리 (The right to organize)

소비자 스스로의 권익을 옹호하기 위하여 단체를 조직하고, 이를 통하여 활동할 수 있는 권리는 다른 국가나 국제기구에서 선언한 소비자권리에서는 발견할 수 없는 내용이다. 우리나라에서는 소비자의 기본권리가 다른 국가와는 달리 법에 의해 구체적으로 규정되어 있어 소비자의 권리 침해가 있을 경우에는 소송 등을 통해 적극적인 권리로서 주장할 수 있게 되었다는 점에서 커다란 의의가 있다

⑧ 안전하고 쾌적한 환경을 누릴 권리 (The right to a healthy environment)

현 세대뿐만 아니라 미래 세대의 욕구를 충족시키는 소비, 환경을 파괴하지 않고 환경의 능력을 약화하지 않는 소비를 하자는 것으로 이는 자연자원의 절약과 독성물질, 폐기물의 발생을 최소화하고 자원과 상품의 재사용을 증진하여 소비의 환경 건전성을 개선함을 의미한다. 푸른 산, 깨끗한 물, 맑은 공기, 조용한 환경은 인간의 생존 요소이므로, 후손에게 쾌적한 환경을 물려줄 책임과 권리가 소비자에게 있다.

➔ 소비자의 5대 책무(Five Consumer Responsibility)

우리나라의 소비자보호법에는 소비자의 역할을 강조하고 있다. 소비자는 스스로의 안전과 권익을 향상시키기 위하여 필요한 지식을 습득하는 동시에 자주적이고 성실한 행위를 함으로써 소비생활의 향상과 합리화에 적극적인 역할을 다하여야 한다고 규정하고 있다. 소비자의 권리만 중요한 것이 아니며 여기에 따르는 책임도 똑같이 중요하다는 취지이다. 민주시민으로서의 책임의식은 곧 소비자의 책임의식과 같다. 소비자의 책임은 1980년 아세안(Asean) 소비자보호선언 이후 IOCU에서 채택하였으며 그 후 많은 나라에서 이것을 따르고 있다.

① 문제점을 지적할 책임

② 인식할 책임

③ 행동할 책임

④ 이해할 책임

⑤ 참여할 책임

6. 개인정보보호법

➔ 개인정보의 정의

개인정보보호법 제2조 "개인정보란 살아있는 개인에 관한 정보로서 성명, 주민등록번호 및 영상 등을 통하여 개인을 알아볼 수 있는 정보를 말한다."

➔ 개인정보보호법의 목적

개인정보보호법 제1조 "개인정보의 수집·유출·오용·남용으로부터 사생활의 비밀 등을 보호함으로써 국민의 권리와 이익을 증진하고, 나아가 개인의 존엄과 가치를 구현하기 위하여 개인정보 처리에 관한 사항을 규정함을 목적으로 한다."

➔ 프라이버시 보호와 개인 데이터의 국제 유통에 관한 가이드라인에 관한 권고사항(OECD 권고사항)

- 정보처리자는 자신이 보유하고 있는 모든 개인정보에 대하여 책임을 져야 한다.
- 개인정보의 수집 시 또는 그 전에 개인정보처리의 목적을 분명히 밝혀야 한다.

- 정보주체의 인식과 동의하에서만 개인정보를 수집하여야 한다.
- 미리 밝힌 목적에 필요한 한도 내에서만 개인정보를 수집하여야 한다.
- 정보 주체의 동의가 있는 경우를 제외하고 미리 밝힌 수집 목적 이외의 다른 목적으로 개인정보를 이용하거나 제3자에게 제공해서는 아니 된다.
- 필요한 기간 동안만 개인정보를 보유하여야 하며 이후에는 폐기하여야 한다.
- 수집된 개인정보가 정확하고 완전하며, 최신성을 유지하도록 하여야 한다.
- 적절한 보안장치에 의해 개인정보의 안전성을 확보하여야 한다.
- 자신의 정책과 처리 관행에 관해 공개하고, 비밀리에 처리하는 것은 허용되지 아니 한다.
- 정보주체에 대하여 자신의 정보를 열람하고 필요시에는 그것을 수정할 수 있는 기회를 제공하여야 한다.

→ 개인정보보호법률과 제도

우리 나라의 개인정보보호 법제 현황은 정보통신, 공공행정, 금융·신용, 의료, 교육 등 개별 분야에 따라 적용되는 법률이 있다. 공공부문은 '공공기관의 개인정보보호에 관한 법률'을 통해 규정하고 있으며, 민간부문은 정보통신망법, 의료법, 신용정보보호법 등에서 규정하고 있다.

우리나라 개인정보보호법의 주요내용은 다음과 같다.
- 개인정보보호 규제 대상 및 범위 확대
- 주민번호 등 고유 식별정보 보호 강화
- 민간 CCTV 설치 및 제한 근거 마련
- 개인정보 영향평가 및 유출 통지제도 도입
- 개인정보 분쟁조정제도 강화

→ 개인정보 보호에 관한 OECD 8원칙

- 수집제한의 원칙(Collection Limitation Principle)
- 정확성의 원칙(Data Quality Principle)
- 목적의 명확화(Purpose Specification Principle)
- 이용제한의 원칙(Use Limitation Principle)
- 안전조치의 원칙(Security Safeguards Principle)
- 공개의 원칙(Openness Principle)
- 개인참여의 원칙(Individual Participation Principle)
- 책임의 원칙(Accountability Principle)

➔ 개인정보보호

개인정보 수집, 이용(제15조)

개인정보처리자가 정보주체로부터 개인정보를 수집할 때 ①수집 · 이용 목적, ②수집하는 개인정보의 항목, ③개인정보의 보유 및 이용기간, ④동의를 거부할 권리가 있다는 사실 및 동의 거부에 따른 불이익이 있는 경우에는 그 불이익의 내용을 이용자가 개인정보를 개인정보처리자에게 제공하기 이전에 쉽게 알 수 있는 형태로 알리고 동의를 받아야 한다.

개인정보 수집제한(제16조)

개인정보처리자는 정보주체가 필요한 최소한의 정보 외의 개인정보 수집에 동의하지 아니한다는 이유로 정보주체에게 재화 또는 서비스 제공을 거부하여서는 아니 된다.

개인정보 이용 · 제공 제한(제19조)

개인정보처리자로부터 개인정보를 제공받은 자는 정보주체로부터 별도의 동의를 받은 경우와 다른 법률에 특별한 규정이 있는 경우를 제외하고는 개인정보를 제공받은 목적 외의 용도로 이용하거나 이를 제3자에게 제공하여서는 아니 된다.

➔ 개인정보 피해구제 제도

대안적 분쟁해결제도(ADL : Alternative Dispute Resolution)

대안적(소송외적) 분쟁해결제도란 분쟁이 발생 시 제3자가 관여하거나 또는 관여 없이 당사자 쌍방이 자율적 의사 및 합의에 의해 분쟁을 해결하는 방식으로서 법원의 소송제도에 의한 분쟁해결방식을 보완하는 의미를 가진다.

개인정보 분쟁조정위원회(제40조)

우리나라에서도 대안적 분쟁해결제도로서 화해, 조정, 중재, 알선 등 다양한 제도가 법률에 근거하여 운영되고 있다. 개인정보와 관련된 분쟁이 발생한 경우 당사자 간에 합리적이고 원만한 해결을 위하여 개인정보 분쟁조정위원회를 둔다고 규정하고 있다.

개인정보 단체소송(제51조)

개인정보처리자가 집단분쟁조정을 거부하거나 집단분쟁조정의 결과를 수락하지 아니하는 경우에는 법원에 권리침해 행위의 금지 · 중지를 구하는 단체소송을 제기할 수 있다.

단체소송은 소비자기본법 제29조에 따라 공정위원회에 등록한 소비자단체와 비영리민간단체지원법 제2조에 따른 비영리민간단체에서 제기할 수 있다.

개인정보보호법 관련 국민신문고(보건복지부) 상담사례

질문: 부인이 남편(치매, 노인요양 3등급)이 입원하고 있는 노인요양시설을 알고 싶어요.

저의 장인은 80세 치매환자, 노인 요양등급 3급의 상태로 아들과 며느리와 마산에 계십니다. 그런데 가족의 내부 불화(며느리와의 갈등)때문에 장인의 입원 소재지를 물어도 장모님한테도 알려주지도 않고, 매월 연금 수령액 중 장모님 생활비도 전혀 안 보내 주고 있는 형편입니다.
장인의 연금통장은 아마도 며느리가 관리하고 있는 것는 것으로 추측되며, 노인 요양시설 입원비는 매월 약 40만원(유공자 감면 감안) 정도로 추측 됩니다.
장모님은 남편(장인)이 어느 요양시설에 입원하여 잘 있는지 궁금해 하시면서 한번 가서 보고 싶다고 하셨습니다.

답변: 보건복지부 국민신문고를 방문하여 주셔서 감사합니다. 귀하의 안타까운 사연에는 진심으로 위로의 말씀을 드립니다.

그러나 귀하의 사례는 입소자의 주민번호 등 개인정보 특히 개인정보보호법에서 규정하고 있는 개인식별정보 및 민감정보에 해당하는 사례로 판단됩니다.
정부는 2012년 개인정보보호법을 더욱 강화하여, 개인의 동의 없이 개인정보를 누설한 자에 대하여서는 징역 등 벌칙에 처하도록 규정하고 있습니다.

또한, 예외적으로 공개 할 수 있는 사안도, 개인정보보호법 제18조 제2항 제3호에 따라 정보주체 또는 그 법정대리인이 의사표시를 할 수 없는 상태에 있거나 주소불명 등으로 사전 동의를 받을 수 없는 경우로서 명백히 정보주체 또는 제3자의 급박한 생명, 신체, 재산의 이익을 위하여 필요하다고 인정되는 경우에만 타인 등에게 제공할 수 있는 등 개인정보 공개를 엄격히 규제하고 있습니다.

따라서, 국민건강보험공단에서 관리하고 있는 입소자에 대한 개인정보는 본인의 허락 없이는 타인에게 공개할 수 없는 사안으로 가족간의 협의 등으로 해결하여야 할 사안으로 판단됩니다.

기타 노인복지 또는 장기요양기관의 운영 등에 관한 사항은 우리부 콜센타(129)로 문의하시면 친절히 답변하여 드리겠습니다. 감사합니다.

(국민신문고 2012. 8월)

제 7 장 고품위 서비스

학습내용

1. 고품위 서비스
2. 원스톱 서비스
3. 수평적 인간관계 서비스

학습목표

1. 고품위 서비스의 개념을 이해하고 설명할 수 있다.
2. 원스톱 서비스를 이해하고 실무에 적용할 수 있다.
3. 수평적 인간관계 서비스를 이해하고 설명할 수 있다.

1. 고품위 서비스

→ 고품위 서비스

고객이 아직 표현하지 못하는 잠재적 욕구까지 헤아려 충족시켜주는 고객만족을 넘어 고객감동으로 이어지는 서비스를 고품위 서비스라 한다.

→ 고품위 서비스를 위한 30가지 지혜

- 친절은 몸 전체에서 나타난다.
- 친절은 사랑이다.
- 불친절한 사람은 뭔가 부족하기 때문이다.
- 친절은 성공의 지름길이다.
- 현대사회에서 살아남는 길은 친절뿐이다.
- 불친절은 자신에게 피해를 준다.
- 친절한 마음은 부처의 마음이다.
- 첫인상이 중요하다.
- 밝고 명랑한 표정은 모두가 좋아한다.
- 웃는 얼굴을 연습한다.
- 모든 것을 상대방의 입장에서 생각한다.
- 고객을 친척이나 친구처럼 대한다.

- 작은 친절이 큰 친절이 된다.
- 고객의 요구사항을 신속하게 처리한다.
- 불만을 만족으로 바꾸는 지혜가 필요하다.
- 좋은 제품이란 좋은 서비스가 있기 때문이다.
- 고객의 마음을 편안하게 하는 것이 친절이다.
- 모든 일을 긍정적으로 생각한다.
- 친절한 사람은 자신의 일에 자부심이 있다.
- 친절에의 부단한 노력이 일류를 낳는다.
- 자신의 일에 프로의 정신을 가진다.
- 서비스직에 오랜 프로일수록 겸손하다.
- 친절은 센스있는 감각과 다정한 인간미에서 나온다.
- 친절한 마음은 끊임없는 자기수련이다.
- 친절한 마음은 오랜 시간 연마하는 것이다.
- 친절은 부지런히 열심히 사는 자세에서 나온다.
- 때로 모른 척해야 더 친절한 경우도 있다.
- 친절서비스의 기초는 상대를 적당한 시선에서 바라보는데 있다.
- 친절은 상대의 마음을 헤아리는 것이다.
- 친절은 상대가 미처 기대하지 못한 순간에 이루어져야 감동이 된다.

→ 일본 MK택시의 고객감동 서비스

일본의 거리에 서있으면 무수한 차량 사이로 유독 눈길을 끄는 택시가 있다. 앞 유리창에 '장애인 우선, 000엔' 이란 글귀를 큼지막하게 붙이고 달리는 'MK택시' 가 그것이다. 장애인 우선에다가 요금까지 할인해주는 특별한 서비스를 제공하고 있다. 다음의 일화는 특별한 서비스의 사례로 흔히 인용되고 있는 유명한 이야기이다.

어느 날 MK택시 유봉식 회장이 시내에서 업무를 보고 회사로 돌아올 때의 일이다. 자신의 회사 택시인 MK택시를 타기 위해 기다리던 유 회장은 멀리서 빈 차가 오는 것을 확인하고 손을 흔들었다. 이를 본 택시는 천천히 그에게로 다가왔다.
그런데 오던 택시가 도중에 멈추어서는 것이 아닌가. '저 친구 왜 저래?' 하는 생각으로 유 회장이 자세히 살펴보니, 가로수에 가려 잘 보이지는 않았지만 좀 떨어진 곳에 택시를 기다리는 목발 짚은 청년이 서 있었다.
운전 기사는 목발 짚은 장애인을 먼저 태우고 유회장 앞을 지나면서 이렇게 말했다.
"회장님, 다음 택시를 이용하시죠."

이 밖에도 MK택시만의 특별한 서비스가 있다. 도어 서비스, 에스코트 서비스, MK택시를 이용한 수학여행, 기모노 복장고객 10퍼센트 할인 등이 있다. 또 휠체어 취급방법을 매뉴얼화하고, 운전사들의 구급원 자격 취득을 의무화하고 있다.

여기에 최고의 서비스를 위해 운전사들에 대한 투자도 아끼지 않는데, 주거 단지를 건설해 주고 일본의 일류 디자이너가 제작한 제복을 입게 하며, 영국으로 어학연수도 보내고 있다. 분명 세계 제일의 서비스 기업임은 틀림없다.

2. 원스톱 서비스

→ 원스톱 서비스

원스톱 서비스는 여러 개의 단절되어 있는 서비스 프로세스를 하나로 통합한 형태를 말한다. 원스톱 서비스는 고객에게는 단일의 서비스 창구를 제공해주고, 조직에는 효율적인 자원배분, 운영효율성 향상, 고객만족이라는 측면에서 상당한 이익을 얻을 수 있다.

원스톱 서비스는 고객의 입장에서는 시간의 절약과 편리함을 제공받는다. 기업의 입장에서는 효율적인 자원 배분 및 효율성의 향상, 고객만족이 가능하다.

→ 원스톱 서비스의 성공요건

전략계획(Strategic Planning)

원스톱 서비스의 핵심은 고객만족에 있다. 고객 서비스의 비전, 사명, 목적에 부응하는 전략계획을 수립하여야 한다.

정보관리와 분석(Information Management and Analysis)

효율적인 정보시스템의 구축과 관련 정보의 관리 및 분석은 원스톱 서비스를 실질적으로 가능하게 하는 핵심 요소이다.

리더십(Leadership)

원스톱 서비스를 성공적으로 이끌기 위해서는 먼저 고객과 직원의 동기유발과 고객 서비스 비전의 실행에 초점을 둔 강력한 리더십 체제가 필요하다.

인적자원의 개발과 관리(Human Resource Development and Management)

서비스 제공의 주체이자 핵심은 바로 직원들이며 직원들의 업무와 업무환경에 대한 만족이 고객만족과 직결된다. 고객지향적인 직원을 선발하고, 교육훈련 시키며, 경력체계를 갖추어 주고, 권한을 부여하며, 효율적인 서비스 전달을 위해 조직을 정비하는 과정이 필요하다.

프로세스 관리(Process Managrment)

원스톱 서비스의 업무성과를 제고하기 위하여 서비스 프로세스를 디자인하고 관리하여야 한다.

고객지향적 접근과 고객만족(Customer Focus and Satisfaction)

고객의 소리에 귀 기울이고 이에 근거하여 업무처리과정을 변화시키는 고객지향적 접근이 필요하다.

→ 현대해상의 원스톱 서비스 사례 (출처 : 월간 혁신리더 2011년 6월호)

현대해상 고객콜센터는 CS 비전을 구현하기 위해 크게 3가지 운영전략을 실천하고 있다. 맞춤, 감성, 그리고 원스톱 서비스가 그것이다.

우선 센스 있는 맞춤 서비스를 위해 현대해상은 최고 역량의 상담직원 육성에 투자하고 있다. 상담직원은 입사 후 체계적인 교육과 실습으로 육성되는데, 직원 한 사람당 연평균 150시간 이상의 직무 교육이 이루어진다. 직무에 대한 정확한 이해가 바탕이 되었을 때 고객이 요구하는 바를 센스 있게 맞춤형으로 서비스할 수 있다는 현대해상의 믿음 때문이다. 또한 진심이 담긴 감성 서비스는 현대해상이 추구하는 행복한 콜센터 전략에 따른 핵심 가치이다. 현대해상 고객콜센터는 충분한 상담직원을 보유하고 좀 더 여유 있는 환경에서 상담이 이뤄지도록 노력하고 있다.

상담직원의 여유 있는 감성은 고객에게 진심으로 전달될 수 있는데, 매월 1500건 이상 접수되는 고객의 칭찬은 현대해상 콜센터만의 자랑이기도 하다.

그리고 마지막으로 기분 좋은 원스톱 서비스 전략이 눈여겨볼 만하다. 손해보험의 특성상 고객의 질문은 매우 복합적으로 나타나며, 이는 빈번한 다른 담당자 연결로 나타나기 쉽다. 현대해상에서는 최상의 원스톱 서비스를 제공한다는 목표 아래 고객 질문의 주요 질문 패턴과 니즈를 분석해 업무에 적용하고 있다.

그 결과 보상상담 문의의 경우 2009년 83.2% 수준이었던 원스톱 서비스 비율이 2010년엔 13.7%p 개선된 96.9%의 원스톱 서비스율로 나타나는 등 괄목할 만한 성장을 이뤘다.

3. 수평적 인간관계 서비스

→ 수평적 인간관계 서비스

진정한 서비스는 고객의 마음을 얻기 위해 굴욕적으로 순종하는 것이 아닌, 동등하게 의견을 주고받는 수평적 인간관계로도 얼마든지 서비스를 제공할 수 있다. 수평적 인간관계 서비스란 고객에게 무조건 복종만 하는 서비스는 원활한 커뮤니케이션으로 이어지지 못해 고객이 요구하는 경우에만 서비스를 하지만, 수평적 입장에서 서비스를 제공하면 서로 간에 충분한 커뮤니케이션이 이루어져 고객만족의 서비스를 제공할 수 있게 되는 것을 말한다.

고객만족이란 고객의 욕구(Needs)와 기대(Expect)에 최대한 부응하여 그 결과로서 상품과 서비스의 재구입이 이루어지고 아울러 고객의 신뢰감이 연속적으로 이어지는 상태를 말한다. 그리고 제공한 상품과 용역 서비스에 대한 고객의 기대에 부응함으로써 그것이 고객의 사회적, 심리적, 물질적 만족감을 주고, 고객의 지속적인 재구매 활동과 수평적 인간관계를 형성하는 커뮤니케이션 사이클(cycle)이라고 정의할 수도 있다.

고객만족을 높이기 위해서는 고객의 기대를 충족시킬 수 있는 제품을 제공하고, 고객의 불만을 효과적으로 처리하며, 사원들의 복지 향상과 일체감 조성 등 기업에 대한 사원만족도 필수 요소이다. 결국 고객만족은 제품서비스 뿐 아니라 고객에게 전달되는 서비스의 기획 · 설계 · 디자인 · 제작 · 사후 서비스 등 모든 과정에 걸쳐 내재된 기업문화, 기업이미지와 함께 기업이 주는 고객의 핵심가치가 고려된 서비스를 고객에게 제공하여 소비자에게 만족감을 기대 이상으로 충족시킴으로써 고객의 재구매율을 높이고 선호가 지속되도록 해야 한다. 고객을 만족시키고 고객만족경영을 실현하기 위해서는 고객의 기대와 욕구가 무엇인지를 먼저 파악해야 한다.

고객만족경영에서 중요한 사실은 첫째, 고객의 기대는 변화하며 낮아지지 않는다. 둘째, 기대수준은 자신이 경험한 최고의 서비스, 친절, 품질 등에 의해 형성된다. 셋째, 서비스품질 수준이 낮으면 불만고객이 되어 거래를 중단한다. 넷째, 고객만족은 고객 그리고 경쟁자들과의 속도 경쟁이다. 이렇듯 고객의 욕구와 기대수준은 빠르게 변하는데 기업의 대응이 내부문제(비용, 인원, 능력 등)를 이유로 늦어진다면 고객만족경영은 기대할 수 없는 것이다.

제 8 장 프리젠테이션

학습내용

1. 강의 기법
2. 스피치와 호흡기법
3. 자기 주장법

학습목표

1. 강의 기법으로서 프레젠테이션을 정확히 이해하고 실천할 수 있다.
2. 스피치와 호흡기법을 알고 실천할 수 있다.
3. 자기주방법을 알고 실천할 수 있다.

1. 강의 기법

→ 프리젠테이션

프리젠테이션의 사전적 의미는 소개, 표시, 발표, 연출 등으로 자신이 가지고 있는 생각이나 주장을 다른 사람에게 효율적으로 발표하는 것을 뜻한다.

프리젠테이션은 한정된 시간 내에 정보를 정확하게 전달하며 그 결과로써 판단과 의사결정을 이끌어 내는 커뮤니케이션 기법이다. 즉 다른 사람에게 말하거나, 전해주거나, 보여주거나, 설명해주기 위한 여러 가지 방법을 말한다.

→ 프리젠테이션의 3가지 구성요소

프리젠테이션은 다음의 세 가지 요소로 구성된다.

- 프리젠테이션을 실행하는 프리젠터(Presenter)
- 프리젠테이션을 청취하는 청중(Audience)
- 전달하고자 하는 목적을 담은 메시지(Message)

➡ 프리젠테이션 4p 분석

프리젠테이션을 성공적으로 하기 위해서는 목적, 청중, 장소, 준비의 4P전략을 추구한다.

- 목적(Purpose) : 고객 및 청중의 Needs를 정확히 분석한다.
- 청중(People) : 고객 및 청중을 분석한다.
- 장소(Place) : 발표장을 확인한다.
- 사전 준비(Preparation) : 정보와 자료 준비, 발표 자료를 제작한다.

➡ 프리젠테이션의 과정

도입

학습자의 주의를 끌어 강의 개요와 중요성, 수강자에게 왜 이익이 되는지 등을 알려줌으로써 관심을 갖도록 한다.

도입 단계에서는 먼저 자기소개를 하고, 주의를 집중시킨 다음, 교육생의 의욕을 불러일으킬 수 있는 동기부여, 강의 개요의 전달로 이루어진다.

전개

전개 단계는 프리젠테이션의 본론에 해당한다. 내용은 논리적이고 체계적으로 설명하며, 중간 중간에 추가의 동기부여와 주의집중을 위한 기술이 필요하다. 적절히 보조자료를 활용하기도 하며, 전개의 마무리 단계에서는 질의응답의 시간을 갖는다.

종결

프리젠테이션의 마무리는 전체 내용을 요약하는 것으로 하고, 수강자들이 실제 업무에 활용해볼 수 있도록 재동기부여가 필요하다. 감사의 표현과 함께 간단한 메시지로 결어를 맺는다.

➡ 효과적인 프리젠테이션

효과적인 프리젠테이션을 위해서는 발표자의 태도와 자세가 매우 중요하다. 발표자는 양 발을 어깨 넓이로 벌린 자세로 서서 이야기하되 필요에 따라 자세에 변화를 주도록 한다.

- 옷차림은 지나치게 화려한 색상은 피하고, 단순하면서도 감각이 돋보이는 비즈니스 정장 차림이 무난하다.
- 발표 시에는 시각적, 청각적인 의사전달 수단뿐만 아니라 몸짓, 손짓 등 적절한 제스처를 쓰되 과다하게 사용하지 않도록 한다.
- 목소리는 힘 있게 하고, 명확하고 또렷한 목소리를 유지하도록 한다.
- 시선은 청중의 반응을 확인하면서 서로 맞추며, 너무 짧거나 길지 않게 한다.
- 무대는 골고루 활용하며, 적당한 보폭으로 천천히 이동한다.
- 정해진 발표시간을 지키는 것은 매우 중요하다.
- 프리젠테이션을 진행할 때 발표자의 일방적인 설명은 청중을 지루하게 만들고 집중력을 떨어뜨리므로 발표 중간에 질문을 던지거나 대화를 유도하는 것도 중요한 기술이다.

2. 스피치와 호흡법

→ 스피치

스피치는 목적에 맞추어 주어진 시간과 장소에서 다수의 사람을 대상으로 기술적으로 말하는 것을 말한다.

스피치에는 설득 스피치, 정보제공 스피치, 격려 스피치, 유흥 스피치 등이 있다.

→ 효율적인 스피치 방법

- 철저한 준비로 두려움을 극복하라.
- 단순한 언어를 사용하라.
- 목소리를 힘 있고 부드럽게 하라.
- 일상적인 대화처럼 사용하라.
- 목소리에 변화를 주라.

→ 호흡법

음성은 숨을 들이마셨다가 내뿜을 때 내뿜는 공기가 성대, 혀, 이, 입술, 코 등의 발성기관을 이용하여 만들어진다. 보통 숨은 코로 쉬고 코로 뱉지만, 말을 할 때는 코와 입 양쪽으로 쉬는 것이 편하다.

복식호흡은 목에 부담이 가지 않기 때문에 오랜 시간 이야기해도 목이 쉬거나 아프지 않다. 성대도 근육기관처럼 단련할수록 좋은 소리를 낸다.

화술에 있어서 가장 중요한 것은 명료한 발음이다. 명료하고 세련된 발음의 화술을 위해서는 평소에 자기 발음에 관심을 가지고 꾸준한 연습으로 표준말 발음을 습관화 시켜야 한다.

➜ 스피치의 5대 원리

상대방을 이해, 납득, 설득시키고 스피치의 효과를 기대하기 위해서는 다음과 같은 스피치의 5대 원리를 이해하면서 말하는 습관을 기르는 것이 좋다.

① 강조법(强調法)

말을 할 때에는 어디 곳을 강조하느냐에 따라서 그 의미 전달의 효과가 큰 차이가 난다. 예를 들면 "높은 산으로 뛰어 올라갔습니다."라는 말을 한다고 하자. 이 말에서 "높은"을 강조하면 산이 높이가 높은가, 낮은가를 강조하게 되는 것이고 "뛰어"를 강조하면 높은 산을 가는데 뛰어서 갔는가, 걸어서 갔는가에 초점이 맞추어 지는 것이다.

② 띄어 말하기

같은 내용의 말을 할 때에도 어디서 어떻게 띄어서 말을 하느냐에 따라서 의사 전달의 차이가 심하다. 일상 생활의 스피치는 물론이고 식사(式辭)나 대중 연설에서도 자신의 호흡에 맞게, 그리고 내용에 맞게 띄어서 말하는 습관을 평소에 연마하자.

③ 감정표현(感情表現)

화술(話術)이란 사람의 마음을 움직일 수 있는 말의 기술(speech technic)이므로 상대방과 이야기를 할 때에는 감정의 적절한 표현이 매우 중요하다. 상대방을 설득시키고 심금(心琴)을 움직일 수 있는 말에는 반드시 자신의 꾸밈없는 감정이 표현되어야만 한다. 그런데 이 감정의 표현 방법은 음의 높낮이 조절, 즉 고저장단(高低長短)의 억양 구사를 통해 표현해야 하며 내용에 맞게 기쁨, 슬픔 등을 표현해야만 한다.

④ 소리 원근법(遠近法)

어떤 내용을 말할 때 소리의 표현 방법을 어떻게 하느냐에 따라서 그 의미와 전달 효과는 큰 차이를 가져 온다고 본다. 목소리를 점점 크게 해서 그 의미를 강하게 하는 방법도 있으나, 그 반대로 목소리를 점점 작게 하여 그 의미를 강하게 하는 표현의 방법도 있는 것이다.

⑤ 동적 표현(動的表現)

스피치를 할 때에는 그 내용에 따라서 어떤 제스처를 사용하느냐에 따라서 듣는 사람들에게 그 이해의 폭을 넓게 할 수 있다. 서양 사람들에 비해 우리는 대체로 대화나 대중 연설을 할 때 제스처를 사용하는 경우가 드문 것이 사실이다. 그러나 역시 상대방을 좀 더 쉽게 이해시키고 효율적인 스피치의 효과를 얻기 위해서는 다양하고 내용에 부합되는 제스처의 사용이 중요하다.

3. 자기주장법

→ 자기주장법

우리는 일상생활의 많은 부분을 사람들과 부딪치고 관계를 맺으며 살아간다. 대인관계를 이어주는 가장 중요한 도구는 의사소통(커뮤니케이션)일 것이다. 저마다 자신의 감정과 생각을 언어, 표정 혹은 제스처로 자신을 표현한다.

불분명한 의사소통은 대인관계에서 많은 갈등을 초래한다. 왜냐하면 상대방에게 혼란을 주고 오해를 불러일으키며 서로 충분히 이해하는 것을 방해하기 때문이다. 솔직한 생각과 감정이 상대방에게 소신있게 전달될 때 건강한 대인관계가 유지될 수 있다.

→ 자기주장적 행동

자기주장적 행동이란 '아니오'와 '예'를 솔직하게 표현할 수 있는 능력이며, 남에게 요청을 하거나 거절을 할 수 있는 능력이다.

또한 마음의 문을 열고 직접적으로 감정과 생각을 나타낼 수 있는 능력을 말하며, 사람들에게 휘둘리지 않고 자기 페이스를 유지할 수 있는 능력이 곧 자기주장적 행동인 것이다.

→ 자기주장적 행동의 연습

공감적 자기주장법

상대방과 공감하면서 자기주장을 하기 위해서는 상대방의 말을 잘 듣고 이해했다는 자세를 보여주어야 한다. 자신의 느낌과 생각을 솔직하게 있는 그대로 말하며, 자신이 원하는 바를 분명히 말할 수 있어야 한다.

① 상대방의 말을 잘 듣고 이해했다는 자세를 보여준다.

② 자신의 생각과 느낌을 말한다.

③ 자신이 원하는 바를 분명하게 말한다.

예 "그래, 네가 지금 같이 영화 볼 친구를 찾고 있구나. 나도 가고 싶지만 오늘까지 끝내야 할 일이 있어서 함께 못 가겠다."

부정적 감정을 주장하는 방법

자신이 마음에 들지 않는 상대방의 행동이나 말에 대하여 분명히 말하고 그것이 어떤 영향을 미치는지 정확히 지적한다. 그것에 대한 생각이나 느낌을 분명히 말하고 본인이 원하는 것이 무엇인지 정확히 말할 수 있어야 한다.

① 당신의 마음의 안 드는 상대방의 행동이나 일을 명확히 밝힌다.

② 그것이 어떤 영향을 미치는지 지적한다.

③ 그것에 대한 당신의 느낌을 표현하고

④ 당신이 원하는 것이 무엇인지를 말한다.

예 "당신은 약속할 때마다 늦게 오는데, 그러면 제 다음 스케줄에 지장이 있습니다. 그렇게 되면 제 마음이 불편해지니 다음부터는 약속 시간을 지켜주십시오."

자기주장적인 행동을 할 때의 주의사항

① 주장적인 행동은 상황에 따라서 구체적으로 한다.

② 주장적인 행동이 늘 완전한 해결책은 아니다. 먼저 상대방의 반응을 기다릴 필요가 있을 때도 있다.

③ 지금까지 비주장적으로 행동한 뒤에 갑자기 주장적으로 행동을 하게 되면 다른 사람들은 공격적이라고 볼 수 있다.

④ 새로운 것을 시도하는 것은 처음에는 불편하고 이상하게 보일지 모른다. 인내심을 가지고 행동하면 차차 쉽고 자연스럽게 된다.

⑤ 자기주장적 행동을 통해서 당신이 원하는 바가 이루어지기도 하고 그렇지 못하기도 한다. 설령 구체적 소득이 없었다고 하더라도 노력해 보았다는 자체에 만족을 얻을 수 있는 것이다.

⑥ 당신이 불안을 느낄수록 주장적으로 행동하는데 곤란을 느낄 것이다. 그러므로 처음에는 낮은 불안을 일으키는 반응부터 시작한다.

⑦ 자기주장적 행동을 할 때에는 다른 사람의 권리도 인식하라.

⑧ 당신이 주장적으로 공격적으로 혹은 비주장적으로 됨으로써 얻은 대가가 무엇인가 예상해 보아라. 시간소모, 정력소모, 그 결과의 면에 과연 어떤 행동이 가치가 있는가 생각해 보라.

⑨ 변화에는 시간이 걸린다. 반복적인 연습이 필요하다.

⑩ 자기주장적인 행동에는 타인에 대한 좋은 점을 이야기하는 것도 포함된다.

제 9 장 인터넷 활용

학습내용

1. 전자상거래 기획
2. 전자 상거래 운영 및 관리
3. CS 전자거래 구축 기술

학습목표

1. 전자상거래의 개념 이해 및 형태를 설명할 수 있다.
2. 전자상거래 시스템의 이해 및 구축, 운영 관리가 가능하다.

1. 전자상거래 기획

→ 전자상거래

전자상거래란 인터넷상에 사이버몰이라는 가상점포를 만들어 각종 상품을 통신판매하는 것을 말한다. 즉, 상품의 유통 관련 정보에 대한 수집, 주문, 납품, 대금 지불 및 자금 이채 등 모든 상거래상의 절차를 종이문서를 사용하지 않고 전자화된 정보로 처리하는 온라인 상거래를 말한다.

전자상거래에 이용되는 정보기술은 전자자료교환(EDI), 전자게시판, 전자우편(E-mail), 전자팩스, 전자자금이체(EFT) 등이다.

→ 전자상거래의 특성

• 전자상거래는 기업과 소비자가 직접 만나기 때문에 유통채널이 짧고 단순하다.

- 전자상거래는 거래행위가 가상공간에서 일어나므로 시간과 공간의 제약을 초월한다.
- 전자상거래는 온라인상에서 이루어지므로 시장조사나 고객정보의 수집이 용이하다.
- 전자상거래는 고객요구를 신속히 파악하여 대응할 수 있으며, 고객불만에 있어서도 즉시 대응할 수 있다.
- 전자상거래의 마케팅은 상호대화식의 마케팅이며, 쌍방향 통신을 통한 일대일 마케팅이다.
- 전자상거래는 가상공간을 활용하므로 판매거점이 필요 없고, 소자본으로도 사업이 가능하다.

→ 거래주체에 따른 전자상거래의 분류

- 기업 간 거래(B to B : Business to Business)
- 기업과 기업 간의 전자상거래를 말하며, EDI의 활용으로 도입되었다.
- 기업과 개인 간 거래(B to C : Business to Customer)
- 기업은 사이버 공간에 쇼핑몰을 구축하고, 소비자는 사이트에 접속하여 상품의 검색, 구매 및 결재 등을 처리하는 기업과 개인 간의 거래이다.
- 기업과 행정기관 간 거래(B to Government)
- 기업과 정부 간의 모든 전자상거래를 말하며, 주로 전자상거래에 의한 정부조달업무를 말한다.
- 개인과 행정기관 간 거래(C to Government)
- 개인과 정부조직과의 사이에서 이루어지는 전자상거래의 형태를 말한다.
- 개인과 개인 간의 거래(C to Customer)
- 개인과 개인 간에 이루어지는 전자상거래의 형태로서, 소비자가 상품의 구매 및 소비의 주체인 동시에 공급의 주체가 되기도 한다.

2. 전자상거래 운영 및 관리

→ 전자상거래의 인프라

전자상거래를 위해서는 통신기술, 보안기술, 데이터 처리기술 등 기술인프라(Technical Infrastructure)이 필수적이며, 데이터 포맷표준이나 보안표준 등의 기능인프라(Functional Infrastructure)가 있어야 한다.

또한 법, 제도, 거래관행, 규칙, 사회적 윤리, 신뢰 등의 조직기반(Organizational Infrastructure)과 사회기반(Social Infrastructure)이 뒷받침되어야 한다.

→ 전자결제 시스템

온라인상에서 이루어지는 결제시스템을 말하며, 전자현금지불시스템, 인터넷 신용카드 지불 시스템, 전자수표 시스템, 가상은행을 이용한 전자자금 이체시스템 등이 있다.

→ 전자화폐(Electonic Money)

전자화폐란 은행 등 발행자가 IC칩이 내장된 카드나 공중정보통신망과 연결된 PC 등에 일정 화폐가치를 전자기호로 저장하고, 이의 지급을 보장함으로써 통신회선으로 자금결제가 이루 어지도록 하는 화폐를 말한다.

→ 인터넷 신용카드 결제시스템

인터넷 신용카드 결제시스템은 SET의 전송표준과 신용카드를 결제의 기반으로 하는 전자결 제수단으로서 가장 많이 사용되고 있다.

→ 전자상거래와 보안

안전한 전자상거래가 이루어지기 위해서는 인증성, 무결성, 기밀성 등의 법적요구조건의 충 족이 있어야 한다. 이를 확보하는 수단으로서 시스템 보안과 정보 보안이 있다.

시스템 보안이란 해커, 바이러스, 자연재해에 의한 피해, 내부 사용자의 고의적 공격 등으로 부터 컴퓨터 시스템을 보호하는 방법을 말하며, 사용자들의 접근을 제한하는 접근통제와 시 스템의 활동을 감시하는 가심통제 등이 있다.

정보 보안은 컴퓨터 시스템을 보호하는 것이 아니라 정보 자체를 보호하고자 하는 것이다. 입 수된 정보가 복사되거나 수정되지 못하도록 통제하는 것을 말한다.

인터넷상에서 일어나는 보안사고는 시스템에서 일어나는 사고와 개인의 계정이 노출되는 사고 등이 있다. 대표적인 보안사고의 유형으로는 바이러스, 웜(Worm), 트로이 목마, 잠입, 눈속임 (Spoof) 등이 있다.

3. CS 전자상거래 구축 기술

→ e-CRM

e-CRM은 고객관계관리에 있어서의 인터넷 활용이다. 고객접촉에 있어 인적 접촉, TM, DM 등의 복수의 분산 관리되던 채널을 통합하여 인터넷이라는 하나의 채널로 단일화하고 고객 요구의 처리과정에서도 업무 프로세스를 단순화한다.

e-CRM은 다양한 고객니즈의 파악이 용이하고 고객 요구에 신속히 대응하는 것을 가능하게 한다. 또한 전화, 메일, 우편 등 다양한 채널을 통합하므로 신속한 고객 정보의 파악 및 맞춤 서비스가 가능하다. 결국 프로세스의 자동화로 원가절감 및 기업의 수익 증대에 기여하게 된다.

4. 전자상거래의 문제점

구매자와 판매자간의 전자상거래가 점점 인터넷에서의 이용이 증가함에 따라, 이런 시스템이 부드럽게 운영되기 위해서는 payment 기반이 이용가능성에 의존하게 된다. 즉, 인터넷의 기반은 매우 이용가능하고 실패하지 않도록 하는 신뢰성이 있어야 한다. 그리고 어떤 거래에 있어서는 구매자의 익명성이 보호되어야 한다. 구매자의 소비패턴 등이 감시되어서는 안 된다.

그리고 불법 거래 방지를 위한 대책이 필요하다. 현재 운영되는 대부분의 전자지불시스템은 신용카드나 은행계좌를 매개체로 한 지불브로커시스템이다. 즉 전자화폐의 기능을 가지는 서비스는 아직 실제적인 서비스를 제공하기에는 여러 가지 제약이 있다. 전자화폐는 화폐를 발행하는 문제, 통화의 문제, 익명성의 문제 그리고 복제, 이중사용의 문제 등 아직 해결해야 할 요소들이 산적해 있다. 그러므로 불법 거래 방지를 위한 전자상거래법의 제정이 이루어져야 한다.

그러므로 해커의 침투를 막기 위한 매커니즘 개발이 필요하다. 또한 배송 등 물류의 문제도 해결해야할 과제이다.

고객관리 실무론 제3과목

적중 예상문제

01 다음 코칭을 위한 질문 중 정보를 구하는 효과적인 질문으로 가장 적절한 것은?

① 어디에서 문제가 발생하고 있는가?　　② 어느 정도인가?

③ 우리가 잘못하고 있는 것은 무엇인가?　　④ 또 다른 좋은 대안은 없는가?

⑤ 어떻게 하면 이 일을 잘 할 수 있을까?

✎해설　문제해결을 위한 효과적인 질문
- 어디에서 문제가 발생하고 있는가?
- 어느 정도인가?
- 어떻게 하면 이 일을 잘 할 수 있을까?
- 또 다른 좋은 대안은 없는가?

02 파워포인트 프로그램 응용기법 중 슬라이드에 애니메이션 효과를 설정할 때 차트에서 적용할 수 없는 애니메이션은?

① 컬러 타자기　　② 바둑판무늬

③ 한 번 깜박이기　　④ 휘돌아 나타내기

⑤ 확장

03 포토샵 프로그램 응용 기법 중 선택 영역의 경계선에 지정한 숫자만큼 번지는 것을 무엇인가?

① 페더　　② 아웃포커싱

③ 필터　　④ 파스텔 효과

⑤ 가우시안

✎해설　• [선택] – [페더] 메뉴를 선택하여 페더 반경을 픽셀로 지정한다.
　　　　• 페더로 경계선에 번짐 효과를 준다.

04 다음 중 고객 불만 해결 방법에 해당되지 않는 것은?

① 고객의 불만 사항을 끝까지 경청한다.

② 불만 내용을 근거로 불만의 발생원인과 과정을 정확히 분석한다.

③ 다양한 각도에서 문제와 해결방법을 분석한다.

④ 문제를 신속하게 처리한다.

⑤ 담당자가 해결하는 것이 원칙이다.

✎해설　담당자가 해결하기 어려운 경우 상사에게 부탁한다.

정답　01 ③　02 ①　03 ①　04 ⑤

05 다음 중 악수하는 방법으로 가장 적절한 것은?

① 원칙적으로 왼손으로 한다.
② 반가움의 표시로 어깨를 껴안는 등이 행위도 무방하다.
③ 여자와 악수할 때 남자처럼 손을 흔들어도 무방하다.
④ 여성이 골프 장갑을 끼고 있는 경우 낀채로 악수를 해도 무방하다.
⑤ 여성은 앉아서 받아도 무방하다.

✎해설 승마장갑이나 작업용 장갑은 벗고 악수를 해야한다.

06 다음 중 전자상거래로 인한 유통부문의 변화와 가장 거리가 먼 것은?

① 적정 재고수준 유지　　　　② 가상 공동체의 등장
③ 고객(주문)에 대한 신속한 대응　　④ 유통 구조의 복잡화
⑤ 물류 기업의 급성장

07 다음 중 호칭을 부를 때 주의사항으로 적절하지 않은 것은?

① 상사에 대한 존칭은 호칭에만 사용한다.
② 문서에는 상사에 존칭 생략한다.
③ 본인 입석하에 지시를 전달할 때는 '님'을 붙인다.
④ 윗 사람에게는 "수고하십시오"라고 하지 않는다.
⑤ 사내에서는 직급과 직책 중에서 편한 호칭을 사용한다.

✎해설 사내에서는 직급과 직책 중에서 더 상위개념을 칭하는 것이 통상적인 예의이다.

08 신포도 대신 체리만 골라 먹는 사람이라는 뜻으로 기업의 상품이나 서비스를 구매하지 않고 기업이 제공하는 혜택을 누리는 소비자를 일컫는 용어는?

① 체리피커(cherry picker)　　　② 프로슈밍 (prosuming)
③ 프리터 족(freeter)　　　　　④ 매스티지(masstige)
⑤ 매스클루시버티(massclusivity)

✎해설 • 매스클루시버티(massclusivity) : 명품이 매스티지(masstige) 형태로 대중화되자 자신만의 명품을 소유하려는 욕구가 증가하면서 등장한 고급품 및 고급서비스이다. 'mass'와 'exclusivity'의 합성어로, 대량 맞춤생산(mass customization)에서 비롯된 개념이긴 하지만 고객의 특별한 욕구를 반영하면서 소수를 위한 맞춤생산을 의미하게 되었다.

• 매스티지(masstige) : 대중(mass)과 명품(prestige product)을 조합한 신조어로, 명품의 대중화 현상을 의미
한다. 중산층의 소득이 향상되면서 값이 비교적 저렴하면서도 만족감을 얻을 수 있는 명품을 소비하는 경향
을 말한다.

09 다음 중 에드워드홀의 공간적 거리에 따른 친밀감의 정도에서 사회적인 거리는?

① 0 ~ 0.45m
② 0.45 ~ 2m
③ 2 ~ 6m
④ 6 ~ 10m
⑤ 10 ~ 13m

✍해설 공간적 거리에 따른 친밀감의 정도
㉠ 친밀한 거리 : 0 ~ 0.45m
㉡ 개인적인 거리 : 0.45 ~ 2m
㉢ 사회적인 거리 : 2 ~ 6m
㉣ 대중적인 거리 : 6 ~ 10m

10 다음 중 공감적 경청을 위한 대화법 중 신뢰 화법에 해당되는 것은?

① 이쪽에서 도와드리겠습니다.
② 이쪽 자리 괜찮으십니까?
③ 오늘 입으신 옷이 매우 아름답습니다.
④ 네, 가격은 비싸지만 품질은 최고입니다.
⑤ 죄송합니다만, 잠시만 기다려 주십시오.

✍해설 ① 이쪽에서 도와드리겠습니다. – 신뢰 화법
② 이쪽 자리 괜찮으십니까? – 명령형을 의뢰형으로 레이어드 화법
③ 오늘 입으신 옷이 매우 아름답습니다. – 칭찬 화법
④ 네, 가격은 비싸지만 품질은 최고입니다. – 아론스 화법
⑤ 죄송합니다만, 잠시만 기다려 주십시오. – 쿠션화법(단호한 표현보다는 미안함을 먼저 표현)

11 다음 중 콜센터 업무 분류 중 인바운드 콜 서비스에 속하는 것은?

① A/S접수
② 시장조사
③ 연체고객관리
④ 캠페인 전개
⑤ 판촉활동강화

✍해설 • 인바운드 콜 서비스 : 걸려오는 전화를 받는 업무로 고객의 필요와 요구, 불만사항을 처리하거나 주문접수처
리, 제품설명 및 고객의 의문점이나 궁금증을 확인시켜준다. 즉 상담, 승인, 통신판매, 보험가입, 민원, 상품정
보 안내, 클레임, A/S접수, 텔레뱅킹 등이 있다.
• 아웃바운드 콜 서비스 : 전화를 거는 업무로 적극적인 판매 및 마케팅, 캠페인 전개 등의 업무를 수행한다.
즉 판촉 활동 강화, 해피콜, 시장조사, 연체고객관리, 기념일/생일 축하전화, 텔레마케팅 등이 있다.
• 인바운드 및 아웃바운드 혼합 상황의 처리업무

정답 09 ③ 10 ④ 11 ①

12 다음 중 칼 알브레히트의 서비스 7거지악에 해당되지 않는 요소는?

① 무지
② 냉담
③ 로봇화
④ 뺑뺑돌리기
⑤ 규정핑계

해설 칼 알브레히트는 "조직 외부에 양질의 서비스를 제공하려면 먼저 조직내부에 양질의 서비스를 제공할 수 있는 체제를 구축해야 한다"고 말하면서, 서비스업에서 공통적으로 발견되는 종업원의 응대태도 불량을 서비스 7거지악이라 명명하였다.
1. 무관심(apathy) : 나와는 관계없다는 식의 태도, 고객이 창구에 다가와도 쳐다보지 않은 행위
2. 무시(brush-off) : 마치 먼지를 털어내듯 고객의 요구나 문제를 못 본 척하고 고객을 피하는 일
3. 냉담(coldness) : 고객에게 '귀찮으니 저리 좀 가주세요'라는 식으로 적대감, 퉁명스러움, 친근하지 못함, 고객사정을 고려하지 않음, 조급함을 표시하는 것
4. 건방떨기/ 생색(condescension) : 낯설어하는 고객에게 생색을 내거나 어딘지 모르게 건방진 태도
5. 로봇화(robotism) : 종업원이 완전히 기계적으로 응대하므로 고객 개인 사정에 맞는 따뜻함이나 인간미를 전혀 느낄 수 없는 태도
6. 규정핑계(rule book) : 고객만족보다는 조직의 내부 규정을 앞세우기 때문에 종업원의 재량권을 행사하거나 예외를 인정할 수 없어 상식이 통하지 않은 경우
7. '뺑뺑이' 돌리기(runaround) : '죄송합니다만 OO로 가 주십시오. 여기는 담당이 아닙니다.' 식으로 고객을 뺑뺑이 돌리는 행위

13 다음 중 강의법의 장점이 아닌 것은?

① 주제의 개관, 자세한 예들의 기술, 사태의 순서에 관한 설명을 말하기에 좋은 방법이다.
② 짧은 시간에 많은 청중에게 많은 양의 자료를 전할 수 있다.
③ 새 주제에 대한 도입, 배경 정보를 제시하여 청중의 흥미를 돋울 수 있다.
④ 청중들이 주의 깊게 비판적으로 들을 수 있는 방법을 학습할 수 있다.
⑤ 청중들의 동기를 유발하여 능동적인 참여를 조장하는데 효과적인 방법이다.

해설 ⑤는 토의법의 장점이다.

14 프레젠테이션을 위한 슬라이드를 제작할 때 유의사항으로 가장 적절한 것은?

① 전달하려는 내용은 자세한 내용을 입력하고, 핵심내용은 유인물로 배포한다.
② 슬라이드 화면에 여백은 무성의해 보일 수 있으므로 꽉 찬 화면으로 작성한다.
③ 가급적 도해나 그림보다는 텍스트를 이용하여 청중이 직관적으로 이해할 수 있도록 한다.
④ 집중력을 위해 다양한 멀티미디어 기능으로 동영상, 그림, 사운드를 반복적으로 보여준다.
⑤ 파워포인트의 어두운 장소에서 배경 색상은 검정색 바탕에 흰색 글씨를 사용하는 것이 효과적이다.

해설 내용은 적게, 여백을 활용하고, 도해를 이용하여 이해를 돕고, 다양한 멀티미디어 기능을 지나치지 않게 사용하고, 지나친 장식효과에 치중하지 않고, 배경색상에 주의한다.

15 다음 중 고객 유형이 전문가형인 경우의 고객응대 기법으로 가장 적절한 것은?

① 고객 자신이 주장하는 내용의 문제점을 스스로 느끼도록 대안 및 개선방안 제시
② 피해보상 기준에 근거해 적정 보상기준과 이점을 등을 성실히 설명
③ 상황에 따라 고객의 행동을 우회해 지적, 가벼운 농담형식으로 응답
④ 말을 절제하고 고객에게 말할 기회를 많이 주어 결론 도출
⑤ 상대의 말에 지나치게 동조하지 않음

✐ 해설 ② 피해보상 기준에 근거해 적정 보상기준과 이점을 등을 성실히 설명 – 우유부단한 고객
③ 상황에 따라 고객의 행동을 우회해 지적, 가벼운 농담형식으로 응답 – 빈정되는 고객
④ 말을 절제하고 고객에게 말할 기회를 많이 주어 결론 도출 – 지나치게 호의적인 고객
⑤ 상대의 말에 지나치게 동조하지 않음 – 같은 말을 장시간 되풀이하는 고객

16 다음 중 코칭이 필요한 시기에 해당하는 경우는?

① 조직의 재구성
② 경영환경 변화에 따른 인사상의 불이익
③ 지원을 필요로 하는 개인적인 문제를 갖고 있는 팀원
④ 교육 훈련후의 추가지도
⑤ 당신에 대해 불쾌해 하는 팀원

✐ 해설 **코칭이 필요한 시기**
- 해결해야 하는 문제가 발생했을 때
- 조치를 취해야 할 때 : 조직 또는 부서의 목표나 비즈니스 상황이 변화되었을 때
- 문제의 팀원을 발견하였을 때 : 이것은 기회로 작용할 수도 있다.
- 새로운 업무가 시작될 때
- 신입직원에 대한 적응지도 및 훈련이 필요할 때
- 최고의 실적을 내기를 원하는 팀원
- 평균이하 또는 중간정도의 실적을 보이고 있는 팀원
- 교육 훈련후의 추가지도
- 업무에 관한 자신감의 개발이 필요한 팀원

카운슬링이 필요한 시기
- 조직의 재구성
- 경영환경 변화에 따른 인사상의 불이익(강등, 강급, 좌천 등)
- 임금 동결 : 임금, 지위 또는 직책의 조정
- 당신에 대해 불쾌해 하는 팀원
- 업무할당에 대해 불만족이 있는 팀원
- 동료와의 사이에 갈등을 겪고 있는 팀원
- 스트레스가 쌓이고 지친 팀원
- 업무를 수행하는 기술 또는 능력에 대해 불안을 느끼는 팀원
- 새로운 업무에 도전하기를 꺼리는 팀원
- 지지/격려받는 팀원과 비난/비평받는 팀원
- 지원을 필요로 하는 개인적인 문제를 갖고 있는 팀원

정답 15 ① 16 ④

- 개인적인 문제를 가진 팀원들이 다른 사람들의 실적에 영향을 미치고 있는 상황
- 실패를 경험하고 있는 팀원
- 새로운 업무에 실망하는 팀원

17 칼 알브레히트가 서비스업에서 공통적으로 발견되는 종업원의 응대태도 불량의 한 예로 "죄송합니다만 OOO으로 가 주십시오, 여기는 담당이 아닙니다."라는 응대 예가 해당하는 서비스 7거지 악은?

① 무관심
② 냉담
③ 기계화
④ 빵빵이 돌리기
⑤ 규정핑계

✎해설 칼 알브레히트는 "조직 외부에 양질의 서비스를 제공하려면 먼저 조직내부에 양질의 서비스를 제공할 수 있는 체제를 구축해야 한다"고 말하면서, 서비스업에서 공통적으로 발견되는 종업원의 응대태도 불량을 서비스 7거지악이라 명명하였다.
1. 무관심(apathy) : 나와는 관계없다는 식의 태도, 고객이 창구에 다가와도 쳐다보지 않은 행위
2. 무시(brush-off) : 마치 먼지를 털어내듯 고객의 요구나 문제를 못 본 척하고 고객을 피하는 일
3. 냉담(coldness) : 고객에게 '귀찮으니 저리 좀 가주세요' 라는 식으로 적대감, 퉁명스러움, 친근하지 못함, 고객사정을 고려하지 않음, 조급함을 표시하는 것
4. 건방떨기/ 생색(condescension) : 낯설어하는 고객에게 생색을 내거나 어딘지 모르게 건방진 태도
5. 로봇화(robotism) : 종업원이 완전히 기계적으로 응대하므로 고객 개인 사정에 맞는 따뜻함이나 인간미를 전혀 느낄 수 없는 태도
6. 규정핑계(rule book) : 고객만족보다는 조직의 내부 규정을 앞세우기 때문에 종업원의 재량권을 행사하거나 예외를 인정할 수 없어 상식이 통하지 않은 경우
7. '빵빵이' 돌리기(runaround) : '죄송합니다만 00로 가 주십시오. 여기는 담당이 아닙니다.' 식으로 고객을 빵빵이 돌리는 행위

18 우리나라 교육과학기술부에서도 15도를 인사의 기본 각도로 정하고 있다. 다음 중 기본인사를 해야 할 상황으로 보기 어려운 것은?

① 장소가 협소할 때
② 선배나 상사를 만났을 때
③ 전화를 받고 있을 때
④ 자주 마주칠 때
⑤ 주문이나 요구를 받을 때

✎해설 장소가 협소할 때, 주문이나 요구를 받을 때, 전화를 받고 있을 때, 자주 마주칠 때

19 다음 중 손님 접객매너로 가장 적절한 것은?

① 복도에서 안내 시 방문객의 발걸음과 맞추어 떨어지게 한다.
② 방문객과 계단을 오를 때는 방문객이 먼저, 내려올 때는 안내자가 먼저 내려온다.
③ 방문객을 안내해 계단을 오를 때에는 손님의 뒤쪽 서너 계단 뒤에서 안내한다.
④ 계단을 오를 때는 여성이 먼저 올라가고, 내려갈 때는 남성이 먼저 내려온다.
⑤ 방향을 가리킬 때는 손바닥 전체를 평행하게 하여 안내한다.

> 해설 ① 복도에서 안내 시 방문객의 발걸음과 맞추어 떨어지지 않도록 함
> ② 방문객과 계단을 오를 때는 방문객이 먼저, 내려올 때는 안내자가 먼저
> ③ 방문객을 안내해 계단을 오를 때에는 손님의 왼쪽에 서너 계단 앞에서 오름
> ④ 단을 오를 때는 남성이, 내려갈 때는 여성이 먼저
> ⑤ 방향을 가리킬 때는 손바닥 전체를 비스듬히 위로 향하게 안내

20 다음 중 업무상 또는 비즈니스 상에 먼저 소개해야 하는 사람에 해당하는 것은?

① 직위가 높은 사람　　　　　　　② 여성
③ 방문한 손님　　　　　　　　　　④ 연소자
⑤ 상대를 잘 모르는 사람

> 해설

먼저 소개해야 하는 사람	나중에 소개해야하는 사람
• 직위가 낮은 사람	• 직위가 높은 사람
• 연소자	• 연장자
• 남성	• 여성
• 직장인	• 방문한 손님
• 한 사람	• 여러 사람
• 상대를 잘 아는 사람	• 상대를 잘 모르는 사람

21 다음 중 고객응대를 위한 대화법과 예시가 바르게 연결된 것은?

① 쿠션 화법 – 이쪽에서 도와드리겠습니다.
② 칭찬 화법 – 이쪽 자리 괜찮으십니까?
③ 레이어드 화법 – 오늘 입으신 옷이 매우 아름답습니다.
④ 아론스 화법 – 네, 가격은 비싸지만 품질은 최고입니다.
⑤ 신뢰 화법 – 죄송합니다만, 잠시만 기다려 주십시오.

> 해설 ① 이쪽에서 도와드리겠습니다. – 신뢰 화법
> ② 이쪽 자리 괜찮으십니까? – 명령형을 의뢰형으로 레이어드 화법
> ③ 오늘 입으신 옷이 매우 아름답습니다. – 칭찬 화법
> ④ 네, 가격은 비싸지만 품질은 최고입니다. – 아론스 화법
> ⑤ 죄송합니다만, 잠시만 기다려 주십시오. – 쿠션 화법(단호한 표현보다는 미안함을 먼저) 표현

정답 19 ② 20 ④ 21 ④

22 다음 중 전화를 끊는 요령으로 옳지 않은 것은?

① 전화를 걸어 온 고객에게 더 도와줄 일을 없는지 확인한다.
② 앞으로 취할 행동단계를 되풀이해서 고객과의 통화내용을 확인한다.
③ 고객의 시간을 존중하여 고객 보다 먼저 수화기를 내려놓는다.
④ 중요한 정보는 전화를 끊고 난 다음 메모로 남긴다.
⑤ 고객이 문제를 제기한 부분에 대해서도 고맙게 생각하고 있다는 것을 알린다.

    ✐해설　① 전화를 걸어 온 고객에게 더 도와줄 일을 없는지 확인한다.
           ② 앞으로 취할 행동단계를 되풀이해서 고객과의 통화내용을 확인한다.
           ③ 고객이 먼저 수화기를 내려놓을 때까지 기다린다.
           ④ 중요한 정보는 전화를 끊고 난 다음 메모로 남긴다.
           ⑤ 고객이 문제를 제기한 부분에 대해서도 고맙게 생각하고 있다는 것을 알린다.

23 다음 예시에서 ＿＿＿안에 들어갈 용어로 적당한 것은?

> OO카드사에서 신용판매 이용실적에 따라 이동통신요금 할인 또는 놀이공원 무료입장 등의 부가서비스를 차등 제공하고 있다. 카드사들의 이 같은 서비스 차별화는 수익을 주지 않고 혜택만 받아가는 이른바 ＿＿＿＿＿＿로 인한 손실을 줄이고 우수회원에게 더욱 많은 서비스를 제공하기 위한 전략이다.

① Opinion shopping
② Masstige
③ Prosumer
④ Cherry-picker
⑤ Massclusivity

24 고객의 상황을 파악하기 위한 질문기법과 그 예시가 바르게 연결된 것은?

① 개방형 질문 – 고객의 니즈에 초점을 맞추어야 할 때
② 선택형 질문 – 고객이 자유롭게 의견이나 정보를 말 할 수 있도록 해야 할 때
③ 확인형 질문 – 고객의 니즈를 정확하게 파악해야 할 때
④ 개방형 질문 – 화제를 정리하고 정돈된 대화가 필요할 때
⑤ 선택형 질문 – 고객의 마음에 여유를 주어야 할 때

    ✐해설　① 개방형 질문 – 고객이 자유롭게 의견이나 정보를 말 할 수 있도록 해야 할 때
           ② 선택형 질문 – 고객의 니즈에 초점을 맞추어야 할 때
           ③ 확인형 질문 – 고객의 니즈를 정확하게 파악해야 할 때
           ④ 개방형 질문 – 고객의 마음에 여유를 주어야 할 때
           ⑤ 선택형 질문 – 화제를 정리하고 정돈된 대화가 필요할 때

25 다음 사례에서 침해한 개인정보보호법의 규정에 해당하는 것은?

> 홍길동은 ○○신용카드회사에 대해 명의도용 관련 문의를 하기 위해 전화 상담을 하고자 하였다. 이 과정에서 신용카드 회사는 고객 맞춤서비스를 위해 신용카드 회원이 아니더라도 반드시 주민등록번호를 입력해야 하는 것을 발견하고 이의 시정을 요구하였다.

① 민감정보의 처리 제한
② 개인정보의 수집 제한
③ 고유식별정보의 처리 제한
④ 개인정보의 이용·제공 제한
⑤ 개인정보 수집·이용에 대한 동의

✎해설 서비스 제공을 위해 필요 최소한의 정보외 개인정보를 제공하지 아니한다는 이유로 서비스 제공을 거부한 경우

26 우리나라의 개인정보보호법의 주요내용이 아닌 것은?

① 개인정보보호 구제 대상 및 범위 확대
② 전자문서의 활용
③ 주민번호 등 고유 식별정보 보호 강화
④ 민간 CCTV 설치 및 제한 근거 마련
⑤ 개인정보 분쟁조정제도 강화

✎해설 전자문서의 활용은 전자상거래법에 해당된다.

27 소비자의 기본적 권리가 실현되도록 하기 위한 소비자 기본법 상의 국가 및 지방자치단체의 책무가 아닌 것은?

① 위해방지
② 정보제공
③ 소비자의 능력향상
④ 분쟁해결
⑤ 환경에의 자각

✎해설 국제소비자기구의 소비자 5대 책무
  • 비판적 의식 • 자기 주장과 행동 • 사회적 관심 • 환경에 대한 자각 • 연대

28 다음 중 코칭의 효과로 볼 수 없는 것은?

① 자기의식화
② 신속하게 조언과 답을 제공받음
③ 향상된 프로세스 완수율
④ 의사소통 기술 향상
⑤ 인생의 질 향상

✎해설 국제코치연합회(International Coach Federation)가 1998년 코칭을 받은 사람들을 대상으로 설문조사를 한 결과 교육 후에 자기의식화, 더욱 훌륭한 목적 설정, 조화된 인생 성취, 스트레스 저하, 자신의 발견, 자신감 향상, 인생의 질 향상, 더 나은 의사소통 기술, 향상된 프로세스 완수율 등을 효과로 꼽았다.

정답 25 ② 26 ② 27 ⑤ 28 ②

29 다음 중 스크립트의 필요성으로 보기 어려운 것은?

① 표준화된 언어표현
② 일정한 상담 수준 유지
③ 평균통화시간 조절
④ 전화목적에 대한 효율적인 메시지 전달
⑤ 상담내용의 다양성 유지

    ✍해설 ① 상담내용의 일관성(목적 및 방향제시)
        ② 자연스러운 대화를 위해(반복된 훈련을 통해 머뭇거림 없는 대화가능)
        ③ 전화상담요원의 능력향상(평준화)
        ④ 정확한 효과측정
        ⑤ 고객 중심의 대화

30 다음 중 스크립트 작성요령으로 가장 적절한 것은?

① 논리적이면서 유창하게 문어체로 작성한다.
② 가능한 잦은 형용사의 활용을 통해 열정을 표현하여야 한다.
③ 전화 상담자가 주어가 되도록 회사의 관점에서 작성하여야 한다.
④ 전화건 목적을 늘 상기할 수 있도록 한다.
⑤ 나의 제안이 회사에 이익을 주고 있다는 확신을 가질 수 있도록 한다.

    ✍해설 **스크립트 작석요령**
        • 간결하면서도 쉽게, 구어체로 작성한다.
        • 부정형보다는 긍정형으로 지시형 보다는 의뢰형으로 작성한다.
        • 고객이 주어가 되도록 고객의 관점에서 작성하여야 한다.
        • 전화건 목적을 늘 상기할 수 있도록 한다.
        • 나의 제안이 고객에게 이익을 주고 있다는 확신을 가질 수 있도록 한다.
        • 적절한 형용사의 활용을 통해 열정을 표현하여야 한다.
        • 최근 시사나 활용 가능한 스토리를 준비한다.
        • 적극적인 종결을 유도할 수 있도록 작성한다.

31 다음 중 인바운드형 콜센터의 특성에 해당하는 것은?

① 기업주도형
② 양질의 고객 데이터 보유
③ 성과지향성
④ 적극적인 커뮤니케이션 능력
⑤ 고객접근의 용이성

    ✍해설 • 인바운드형 콜센터의 특징 : 고객접근의 용이성, 사전 예측성, 신속·정확성, 프로세스성, 정밀성, 서비스성
        • 아웃바운드형 콜센터의 특징 : 기업주도형, 양질의 고객데이터 보유, 목표달성과 성과분석, 적극적인 커뮤니
          케이션 능력과 고객설득 능력, 판매 이후의 사후관리, 성과지향성, CRM, 데이터베이스마케팅 기법 및 솔루
          션의 전략적 활용

32 여러 대의 컴퓨터를 일제히 동작하게 하여 특정 사이트를 공격하는 해킹 방식의 하나로 목표사이트의 컴퓨터 시스템이 처리할 수 없는 엄청난 분량의 패킷을 동시에 범람시켜 네트워크의 성능 저하나 시스템 마비를 가져오는 것을 무엇이라 하는가?

① DDoS
② Spoof
③ Worm
④ Tap Door
⑤ Trojan Horse

> ✐해설 • 트로이 목마(Trojan horse) : 어떠한 침입 행위를 시도하기 위해 일정기간 위장한 상태를 유지하고, 코드 형태로 시스템의 특정 프로그램 내부에 존재
> • 잠입(Tap door, Back door) : 어떤 프로그램이나 시스템을 통과하기 위해 미리 여러 가지 방법과 수단, 또는 조치를 취해두는 방식
> • 눈속임(Spoof) : 어떤 프로그램을 정상적인 상태로 유지되는 것처럼 믿도록 속임수를 쓰는 방식

33 MS PowerPoint 2010에서 저장할 수 있는 파일 확장자명을 모두 선택한 것은?

(가) *.ppt	(나) *.pptx	(다) *.pps	(라) *.pdf	(마) *.psd

① (가)
② (가), (나)
③ (가), (나), (다)
④ (가), (나), (다), (라)
⑤ (가), (나), (다), (라), (마)

> ✐해설 *.psd 파일은 포토샵의 파일 확장자명이다.

34 비즈니스 매너로 적절하지 않은 것은?

① 명함 뒷면에 고객에 관한 정보는 정확하게 기입하기 위해 명함을 준 사람 앞에서 하는 것은 결례이다.
② 연소자가 연장자보다 직위가 높거나 혹은 남성이 여성보다 직위가 높을 경우에는 연장자와 여성을 먼저 소개한다.
③ 인사를 할 때에는 등과 목, 허리가 일직선이 되도록 상체를 굽히고 그 상태에서 잠시 멈춘 후 반드시 상대방과 시선을 맞춘다.
④ 악수를 할 때 여성은 앉아서 받아도 무방하나, 젊은 여성이 앉아서 악수를 받는 것은 미관상 좋지 않으므로 될 수 있으면 일어서서 하는 것이 좋다.
⑤ 방문객과 계단을 오를 때에는 방문객이 먼저, 내려올 때는 안내자가 먼저 내려오도록 안내하며 방문객이 여자일 경우에는 반대로 하는 것이 좋다.

> ✐해설 연소자가 연장자보다 직위가 높거나 혹은 남성이 여성보다 직위가 높을 경우이더라도 직위가 낮은 쪽을 먼저 소개한다.

정답 32 ① 33 ④ 34 ②

35 판서의 교육적 특징에 해당하지 않는 것은?

① 학습 기초를 다질 수 있고 반복연습이 가능하다.
② 활용기법이 다양하며, 표현이나 정정을 하기 용이하다.
③ 시청각 기자재에 의한 학습 내용의 요약정리가 가능하다.
④ 학습자의 학습동기를 유발하며 사고를 조직화시켜 줄 수 있다.
⑤ 학습자가 직접 활용할 수 있고, 집단의 사고를 다양화시킬 수 있다.

> ✎해설 **판서의 교육적 특징**
> - 학습동기를 유발하며 사고를 조직화시켜 줄 수 있다.
> - 학습기초를 다질 수 있고 반복연습이 가능하다.
> - 학습자가 직접 활용할 수 있고, 집단의 사고를 통일시킬 수 있다.
> - 개념을 시각화시키는데 도움이 되며, 기능적 표현이 가능하다.
> - 활용기법이 다양하고, 표현이나 정정을 하는데 쉽다.
> - 시청각 기자재에 의한 학습 내용의 요약정리가 가능하다.
> - 구조적 판서는 오랫동안 기억이 가능하다.

36 체험을 통한 학습으로 학습 과정에서 새로운 관계나 행동 방침 등을 파악할 수 있으며, 실제 상황의 위험부담 없이 실제 상황의 경험이 가능한 장점을 가지고 있는 강의 기법에 해당하는 것은?

① 직무순환제　　　　　　　　　② 실천 학습법
③ 역할 연기법　　　　　　　　　④ 사례 연구법
⑤ 자기 학습법

> ✎해설 역할 연기란 타인의 역할을 연기를 통해 경험해 봄으로써 자신과 타인 간의 관계에 대한 이해를 촉진시키며 기대되는 행동과 태도의 변화를 유도하는 교육방법으로 체험을 통한 학습이 중요하며, 역할 연기 과정에서 새로운 관계나 행동 방침 등을 파악할 수 있으며, 실제 상황의 위험부담 없이 실제 상황을 경험할 수 있다는 장점을 가지고 있다.

37 기업교육 방법 중 하나인 OJT(On the Job Training)의 종류에 해당하지 않는 것은?

① 코칭　　　　　　　　　　　　② 멘토링
③ 액션러닝　　　　　　　　　　④ 직무교육훈련
⑤ 직무순환제도

> ✎해설 기업교육 방법들은 크게 네 가지로 분류되고 있다. 그 중 하나인 OJT(On the Job Training)의 종류로는 직무교육훈련, 직무순환, 코칭, 멘토링이 있다(DeSimone & Harris, 1998).
> 액션러닝은 OJL(On the Job Learning)에 해당된다.
> - OJL(On the Job Learning) :직장에서 다른 구성원과의 상호교류나 관찰을 통해, 또는 담당직무의 수행과

정에서의 직접적 경험을 통해 '스스로 깨닫는' 것으로서 새로운 견해와 기능을 습득하여 주체적으로 행동을 변화시 키는 과정이다.
- OJT(On-the-Job Training) : 교육형태에 따른 용어로 '직장내교육'으로 번역되지만 일반적으로 말하면 '부하지도·육성'이다. 업무수행과정에서 상사와 선배가 부하와 후배에 대하여 업무에 필요한 지식, 기능, 태도를 직장에서 중점적으로 지도·육성하는 계획적인 관리행동을 가리킨다. 업무수행에 필요한 것을 원칙적으로 man-to-man으로 상사와 선배가 교육하는 것을 말한다.

38 Adobe Photoshop의 이미지 조절과 관련한 명령어와 그 내용이 바르게 짝지어진 것은?

① Level : 채도 감소
② Invert : 고대비 조정
③ Equalize : 보색으로 반전
④ Saturation : 색의 3요소 조정
⑤ Threshold : 이미지의 명도와 대비 조절

해설
- Level : 작업 이미지의 명도와 대비 조정
- Invert : 보색으로 반전하기
- Equalize : 작업이미지에 분포된 명도의 평균화
- Saturation : 색의 3요소인 명도, 색상, 채도를 조정할 때 사용
- Threshold : 고대비 조정

39 Adobe Photoshop에서 새 레이어를 만들거나 현재 레이어 복제 시 선택할 수 있는 아이콘으로 옳은 것은?

① 　② 　③ 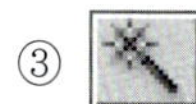　④ 　⑤ 

40 다음 보기에서 상황과 인사가 바르게 연결된 것은?

(가) 전화통화 중
(나) VIP나 단체 손님 배웅 시
(다) 진심으로 정중하게 사과할 때
(라) 한 번 만난 사람을 또 만난 경우
(마) 장애물로 막혀 있는 곳에서 손님을 첫 응대할 경우

① (가) – 보통례
② (나) – 목례
③ (다) – 보통례
④ (라) – 정중례
⑤ (마) – 보통례

해설 일반적으로 손님을 첫 응대할 경우 정중례를 하는 것이 원칙이나, 창구가 가로막혀 있거나 장애물로 막혀 있는 곳에서 손님을 첫 응대할 경우에는 보통례를 한다.

정답 38 ④　39 ④　40 ⑤

41 성공적인 프레젠테이션을 위한 4P에 해당하지 않는 것은?

① 청중의 Needs
② 발표자의 약력
③ 발표자료 제작
④ 청중의 성별 및 직업
⑤ 강의장 전화번호 및 약도

> **해설** • 프레젠테이션의 4P : Purpose(목적), People(청중), Place(장소), Preparation(준비)
> • ① 목적, ③ 준비, ④ 청중, ⑤ 장소에 해당하는 것으로 발표자 자신에 대한 분석은 프레젠테이션에서 필요하지 않다.

42 상대방을 만났을 때 처음 제시된 정보로 인해 나중에 들어온 정보 처리의 지침이 되어 전반적인 흐름을 제공하게 된다는 것으로 예를 들어 예쁜 사람이 공부를 잘하면 지혜로운 자라고 생각하는 반면, 못생긴 사람이 공부를 잘하면 독하다고 생각하는 것을 지칭하는 심리학적 용어를 무엇이라 하는가?

① 맥락효과
② 빈발효과
③ 후광효과
④ 초두효과
⑤ 일관성의 오류

> **해설** • 빈발효과 : 첫인상이 좋지 않게 형성되었다고 할지라도, 반복해서 제시되는 행동이나 태도가 첫인상과는 달리 진지하고 솔직하게 되면 점차 좋은 인상으로 바꿔지는 현상
> • 후광효과 : 어떤 대상이나 사람에 대한 일반적인 견해가 그 대상이나 사람의 구체적인 특성을 평가하는데 영향을 미치는 현상
> • 초두효과 : 대부분의 경우 먼저 제시된 정보가 나중에 들어온 정보보다 전반적인 인상 현상에 더욱 강력한 영향을 미치는 것
> • 일관성의 오류 : 사람들은 한번 판단을 내리면 상황이 달라져도 그 판단을 지속하려는 욕구를 가진다는 것

43 이미지의 종류 중 '자신에 대해 가지고 있는 개인의 생각과 느낌의 총합이며 자신의 신체나 행동, 능력 등을 판단하는 자신에 대한 지각의 본질이자 동시에 행동해야 할 방향을 결정하는 주체'에 해당하는 이미지는?

① 자아 이미지
② 내적 이미지
③ 외적 이미지
④ 공적 이미지
⑤ 사회적 이미지

> **해설** 제시된 내용은 Rosenberg(1979)가 제시한 내적 이미지이다.
> • 자아 이미지(Self-image) : 내가 나를 어떻게 바라보고 있느냐, 즉 나에 대한 개인적인 자기 평가
> • 내적 이미지(Personality, 인성) : 인간의 심리적, 정신적, 정서적인 특성 등이 고유하고 독특하게 형성되어 있는 상태로써 심성, 생각, 습관, 욕구, 감정 등의 유기적인 결합체
> • 외적 이미지(Appearance, 외모) : 인간의 외부로 나타나는 종합적인 이미지로써 내적이미지가 외모, 언행, 자세, 표정 등의 꾸밈행동을 통하여 외부로 표현되는 현상
> • 사회적 이미지 : 특정한 사회 속에서만 성립되고 또한 그 사회의 내부에서는 사회구성원이 모두 의심 없이 수용하고 있는 이미지

41 ② 42 ① 43 ② **정답**

44 코칭을 위한 코치의 역할과 관련된 내용을 모두 선택한 것은?

(가) 팀원이 목표로 한 소기의 목적이 달성될 때까지 지속적인 지원
(나) 업무 또는 사고 등에 의미 있는 변화를 일으키게 해 주는 조언자
(다) 같은 조직에 있는 사람보다는 외부 전문가가 수행하는 경우가 많음
(라) 프로세스 전문가로 학습이 일어나 성과를 향상시킬 수 있도록 지원
(마) 팀원의 업무 수행의 질을 향상시키는데 필요한 실천 의지를 다지고 동기 유발 지속

① (가), (라)
② (나), (다)
③ (가), (라), (마)
④ (다), (라), (마)
⑤ (가), (나), (라), (마)

✍해설 **코치의 역할**
- 프로세스 전문가로 학습이 일어나서 성과를 향상시키도록 프로세스를 지원
- 팀원의 수행의 질을 향상시키거나 목적을 달성하는데 필요한 실천 의지를 다지고 동기유발 지속시킴
- 소기의 목적이 달성될 때까지 지속적으로 지원
- 팀원과 많은 시간을 함께하는 내부인이 수행하는 경우가 많음

멘토의 역할
- 전문적이고 구체적인 지식이나 지혜를 가지고 도움을 주는 내용 전문가(Contents Expert)
- 업무 또는 사고 등에 의미 있는 변화를 일으키게 해 주는 조언자
- 멘토의 역할은 일생을 거칠 만큼 장기적일 수도 있고 단기적(혹은 일회성)일 수도 있음
- 팀원이 원할 때 혹은 프로세스상 꼭 필요할 때 지원할 수 있음
- 같은 조직에 있는 사람 또는 외부 전문가가 수행하는 경우가 많음

45 코칭에 대한 설명으로 옳지 않은 것은?

① 코칭은 성과 향상에 걸림돌이 되는 장애물을 극복하고 핵심역량을 극대화하기 위해 설계된 지속적인 프로세스이다.
② 코칭은 인간의 성장 가능성과 잠재 능력에 관한 신뢰를 바탕으로 구성원이 스스로 성장할 수 있도록 도와주는 과정이자 기술을 의미한다.
③ 코칭이란 코치가 코칭을 받는 사람에게 직업적 또는 개인적인 성과를 향상시키고, 삶의 질을 높이는데 도움을 주는 지속적인 파트너십이다.
④ 코칭은 팀원들에게 있어 그들의 실적에 영향을 미치는 인간적인 문제를 스스로 온전히 처리할 수 있도록 도와주는 관리자에 의한 지원과정이다.
⑤ 코칭은 경험과 지식에서 앞서는 사람이 그렇지 못한 학습자에게 보다 나은 특정부분의 수행 문제를 깨닫고 개선할 수 있도록 도움을 주는 교육방법이다.

✍해설 카운슬링에 관한 설명이다.

정답 44 ③ 45 ④

46 상담원이 모니터링의 여부를 알 수 없도록 무작위로 추출된 상담내용을 듣고 정해진 평가표에 의해 항상성이나 표준화를 평가하는 콜센터 모니터링의 방법을 무엇이라 하는가?

① Self Monitoring
② Peer Monitoring
③ Remote Monitoring
④ Real Time Monitoring
⑤ Recording Monitoring

해설
- Self Monitoring : 직접 자신의 상담내용을 듣고 스스로 평가, 개선여부를 파악하여 정해진 평가표에 자기 자신을 평가하는 방식
- Peer Monitoring : 정해진 동료 파트너의 상담내용을 듣고 장단점을 피드백, 벤치마킹하는 동료평가제
- Silent(Remote) Monitoring : 상담원과 떨어진 장소에서 상담원의 통화를 모니터링하는 방법
- Recording Monitoring : 상담원이 모르는 채 무작위로 추출된 상담내용을 평가자가 녹음하여 평가결과를 상담원과 공유할 수 있도록 하는 방법

47 다음과 같은 특징을 지닌 콜센터에서 할 수 있는 업무에 해당하는 것은?

- 성과지향성
- 양질의 고객 데이터 보유
- 목표 달성과 성과 분석
- 적극적인 커뮤니케이션 능력
- CRM 데이터베이스 마케팅 기법

① 민원
② 텔레뱅킹
③ 클레임 접수
④ 캠페인 전개
⑤ 상품정보안내

해설 제시된 내용은 아웃바운드형 콜센터의 특징이다.
- 인바운드형 콜센터의 특징 : 고객접근의 용이성, 사전 예측성, 신속·정확성, 프로세스성, 정밀성, 서비스성, 걸려오는 전화를 받는 업무로 고객의 필요와 요구, 불만사항을 처리하거나 주문접수처리, 제품설명 및 고객의 의문점이나 궁금증 확인시켜줌, 상담, 승인, 통신판매, 보험가입, 민원, 상품정보안내, 클레임, A/S접수, 텔레뱅킹 등이 있다.
- 아웃바운드형 콜센터의 특징 : 기업주도형, 양질의 고객데이터 보유, 목표달성과 성과분석, 적극적인 커뮤니케이션 능력과 고객설득 능력, 판매 이후의 사후관리, 성과지향성, CRM, 데이터베이스마케팅 기법 및 솔루션의 전략적 활용, 전화를 거는 업무로 적극적인 판매 및 마케팅, 캠페인 전개 등의 업무를 수행한다. 즉 판촉활동강화, 해피콜, 시장조사, 연체고객관리, 기념일/생일 축하 전화, 텔레마케팅 등이 있다.

48 전화의 3대 원칙과 그 내용이 바르게 연결된 것을 모두 선택한 것은?

(가) 정확 – 내용의 요점이 상대에게 정확히 전해졌는지 확인한다.
(나) 신속 – 상대방의 약점이나 급소를 찌르는 노골적인 표현을 지양한다.
(다) 친절 – 듣기능력을 배양하여 고객의 의도를 정확하게 파악할 수 있도록 한다.
(라) 정확 – 상대가 이해하지 못할 전문용어나 틀리기 쉬운 단어는 사용하지 않는다.
(마) 신속 – 시간 의식을 가지고 간결하게 통화하며 불필요한 말을 반복하지 않는다.

① (가)　　　　　　　　　　　　② (나), (마)

③ (가), (라), (마)　　　　　　　④ (가), (나), (다), (마)

⑤ (가), (나), (다), (라), (마)

✎해설　(나)는 친절, (다)는 정확에 대한 내용이다.

49　주장행동의 시기에 대한 설명으로 적절하지 않은 것은?

① 특정사람에 대해 불만 및 분노 등을 억누르고 있을 경우

② 어떤 사람을 만나려고 하면 불안해지거나 분노가 생겨 만나기 싫은 경우

③ 특정한 사람을 대하려고 하면 어딘가 위축되는 경우

④ 수동적 행동을 취하고 있는 경우

⑤ 상대방에게 말하고 싶은 것을 직접적으로 나타내는 경우

✎해설　주장행동이란 의사소통과정에서 상대방의 권리를 침해하거나 상대방을 불쾌하게 하지 않은 범위내에서 자신의 권리, 욕구, 의견, 생각 등을 자신이 나타내고자 하는 바를 직접적이고 정직하며 적절한 방법으로 자신을 표현하는 행동을 말한다.

50　소비자기본법에서 규정한 소비자의 책무가 아닌 것은?

① 자유시장경제를 구성하는 주체임을 인식하여 물품 등을 올바르게 선택해야 한다.

② 소비자기본법상 소비자의 기본적 권리를 정당하게 행사하여야 한다.

③ 스스로의 권익을 증진하기 위하여 필요한 지식과 정보를 습득하도록 노력하여야 한다.

④ 개인정보가 분실·도난·변조 또는 훼손되지 않도록 소비자 스스로 노력하여야 한다.

⑤ 소비자생활의 향상과 국민경제의 발전에 적극적인 역할을 다하여야 한다.

✎해설　④는 사업자의 책무이다.

51　일상생활에서 가장 많이 하는 인사로 윗사람이나 내방객을 만나거나 헤어질 때, 상사의 외출과 귀가시, 지시 또는 보고 후에 적당한 인사는?

① 목례

② 약례

③ 보통례

④ 정중례

⑤ 가장 정중한례

구 분	자 세	용 도
목례	상체를 5° 정도 숙임	차접대시, 자주대할 때, 짐을 들었을 때
가벼운 인사	상체를 15° 정도 숙임	간단한 인사, 복도,실내등 좁은 장소, 상사를 두 번이상 만났을 때
보통 인사	상체를 30° 정도 숙임	일반적 인사, 가장 기본이 되는 인사로서 상사, 웃어른에 대한 인사, 내방객을 만나거나 헤어질 때 등
정중한 인사	상체를 45° 정도 숙임	고객맞이와 배웅, 사과할 때, 감사의 뜻을 전할 때
기 타	악수나 포옹등이 있음	

52 다음 중 스크립트의 필요성으로 가장 적절한 것은?

① 상담내용의 차별성
② 반복된 훈련을 통한 자연스러운 대화가능
③ 전화 상담요원별 능력 차별화
④ 복잡하고 전문적인 대화
⑤ 상담원 중심의 대화

해설 ① 상담내용의 일관성(목적 및 방향제시)
② 자연스러운 대화를 위해(반복된 훈련을 통해 머뭇거림 없는 대화가능)
③ 전화상담요원의 능력향상(평준화)
④ 정확한 효과측정
⑤ 고객 중심의 대화

53 다음 중 목적지까지 고객을 안내할 때의 예절로 적절하지 않은 것은?

① 손님의 바로 앞에 서지 않고 2~3보 앞에 서서 한쪽으로 비켜 선 자세로 안내한다.
② 고객과 계단을 오를 때는 안내자가 먼저 올라가고, 내려올 때는 고객이 먼저 내려간다.
③ 가끔 뒤돌아보며 방문객의 발걸음과 맞추어 떨어지지 않도록 주의를 기울여야 한다.
④ 모퉁이를 돌 때는 돌아보면서 방문객과의 거리를 확인하고 가야 할 방향을 손으로 알려준다.
⑤ 엘리베이터를 타야 할 때는 방문객에게 사전에 행선 층을 알려 주는 것이 매너이다.

해설 계단을 오를 때에는 고객이 앞에 서고 안내자는 뒤에 따라 가고 계단을 내려 올 때에는 안내자가 앞에 서고 고객은 뒤에서 따라오게 한다.(고객이 여자인 경우는 반대)

54 다음 중 업무적 또는 비즈니스 만남에서 소개를 할 때 예절로 가장 적절한 것은?

① 연장자를 연소자에게 먼저 소개한다.
② 여성을 남성에게 먼저 소개한다.
③ 여러 사람과 한 사람이 같이 만났을 경우에는 여러 사람을 먼저 소개한다.
④ 상대를 잘 모르는 사람을 먼저 소개한다.
⑤ 직위가 높을 경우는 직위가 낮은 쪽을 먼저 소개한다.

✎해설
- 일반적으로 소개를 할 때는 연소자를 연장자에게 소개한다.
- 남성을 여성에게 먼저 소개한다.
- 연소자가 연장자보다 직위가 높거나 혹은 남성이 여성보다 직위가 높을 경우는 직위가 낮은 쪽을 먼저 소개한다.
- 한 사람과 여러 사람이 같이 만났을 경우에는 한 사람을 먼저 소개한다.

55 다음 중 호칭을 부를 때 주의사항으로 적절하지 않은 것은?

① 상급자의 경우 상사의 성과 직위 다음에 '님' 의 존칭을 붙인다.
② 하급자 또는 동급자의 경우 성과 직위 또는 직명으로 호칭한다.
③ 차상급자에게 상급자를 호칭할 때는 직책과 직위 뒤에 '님' 을 붙인다.
④ 여성에 대한 호칭의 경우 '누구 누구양' 이라는 표현보다 가능한 이름을 부른다.
⑤ 문서에는 상사의 존칭을 생략한다.

✎해설 ③ 차상급자에게 상급자를 호칭할 때는 직책이나 직위만을 사용한다.

56 다음 중 전화를 받는 요령으로 바람직하지 못한 자세에 해당하는 것은?

① 전화를 걸어 온 고객에게 더 도와줄 일이 없는지 확인한다.
② 앞으로 취할 행동단계를 되풀이해서 고객과의 통화내용을 확인한다.
③ 중요한 정보는 전화를 끊고 난 다음 자세하게 메모로 남긴다.
④ 일반적으로 업무전화는 용건을 듣는 쪽이 먼저 끊는다.
⑤ 고객이 문제를 제기한 부분에 대해서도 고맙게 생각하고 있다는 것을 알린다.

✎해설 용건을 듣는 쪽이 먼저 끊을 경우 상대가 용건을 모두 말하기 전에 통화가 끝날 염려가 있으므로 건 쪽에서 먼저 끊는다. 받는 쪽의 상대방이 아주 윗사람이거나 경의를 표해야 할 사람인 경우는 상대방보다 나중에 끊는 것이 예의이다.

57 다음 중 아웃바운드형 콜센터의 특성에 해당되지 않는 것은?

① 기업주도형
② 양질의 고객 데이터 보유
③ 성과지향성
④ 적극적인 커뮤니케이션 능력
⑤ 고객접근의 용이성

✎해설
- 인바운드형 콜센터의 특징 : 고객접근의 용이성, 사전 예측성, 신속·정확성, 프로세스성, 정밀성, 서비스성
- 아웃바운드형 콜센터의 특징 : 기업주도형, 양질의 고객데이터 보유, 목표달성과 성과분석, 적극적인 커뮤니케이션 능력과 고객설득 능력, 판매 이후의 사후관리, 성과지향성, CRM, 데이터베이스마케팅 기법 및 솔루션의 전략적 활용

정답 55 ③ 56 ④ 57 ⑤

58 다음 중 이미지의 방향을 바꾸거나 회전, 비율을 조절할 때 사용하는 메뉴에 해당되는 것은?

① [이미지]–[조정]　　　　　　② [편집]–[조정]
③ [편집]–[변형]　　　　　　　④ [이미지]–[이미지 크기]
⑤ [선택]–[수정]

> ✎해설　이미지의 방향을 바꾸거나 회전을 주고 싶을 때는 [편집]–[변형]–[수평 뒤집기]메뉴를 선택하고, 이미지의 크기를 조절하고 싶을 때는 [편집]–[변형]–[비율] 메뉴를 선택한다.

59 '고객이 병원을 방문하였을 때 따뜻한 차와 그림이 있고 내부 환경이 아름답고 안락하면 좋겠다.' 등의 바램은 칼 알브레히트가 주장하는 고객가치 4단계 중 어느 가치에 해당되는가?

① 추구가치　　　　　　　　② 기대가치
③ 기본가치　　　　　　　　④ 소망가치
⑤ 예상외 가치

60 '어떤 행동을 취함으로써 본인에게 좋은 결과가 일어날 때 그 행동이 반복된다.' 라는 이론은?

① 과학적 관리론　　　　　　② 메이오의 인간관계론
③ 강화이론　　　　　　　　④ 사회교환이론
⑤ 기대이론

> ✎해설　• 인간은 자신에게 보장을 가져오는 사람에 대해서는 매력을 증가시키고 자신에게 벌을 가져오는 사람에 대해서는 매력을 저하시킨다.
> • 로트(Lott) : 대인매력이란 인간이 타인으로부터 보상을 경험하는 조건들 하에서 생긴다. 즉, 타인의 존재 속에서 자주 보상을 받으면 받을수록 우리는 그 사람들을 더 좋아하게 되며, 우리의 행동들을 강화시키는데 행동을 지체시키는 사람에 대해 더 많은 매력을 갖게 된다고 주장.

61 다음은 첫인상의 중요성에 대한 설명이다. 가장 적절한 용어는?

> 첫 이미지로 긍정적인 이미지는 그 사람에 대해서 나중에 접하게 되는 새로운 이미지에도 긍정적인 영향을 미치게 된다. 반대로 첫 이미지로 부정적인 이미지는 나중에 접하게 되는 새로운 이미지에도 부정적인 영향을 미친다. 첫 인상이 좋은 사람에 대해서 머리가 좋다는 이야기를 듣게 되면 현명하고 지혜로운 사람으로 생각하게 되지만, 첫 인상이 나쁜 사람에 대해 머리가 좋다는 이야기를 듣게 되면 교활한 사람으로 생각하게 된다.

① 초두효과　　　　　　　　② 최신효과

③ 후광효과   ④ 빈발효과

⑤ 맥락효과

해설
- 첫 인상의 맥락 효과 (Context Effect) : 처음 제시된 정보가 나중에 들어온 정보의 처리 지침이 되고 전반적인 맥락을 제공하는 것 처음 들어온 정보는 나중에 들어오는 정보에 대한 해석의 지침이 되기 마련이다. 이런 효과는 처음 만나서 생기는 첫인상은 웬만하면 바뀌지 않도록 만드는 원인이 된다.
- 부정성 효과 (Negativity Effect) : 부정적 정보가 긍정적 정보보다 인상형성에 더 강력하게 작용하는 것을 말한다. 좋았던 첫 인상은 부정적인 정보를 접하게 되면 쉽게 나쁜 쪽으로 바뀔 수 있다. 하지만 나쁜 첫 인상은 아무리 좋은 정보를 접하더라도 쉽게 좋은 쪽으로 바뀌지 않는다. 이런 부정성 효과는 인간이 원래 긍정적인 정보보다는 부정적인 정보에 민감하도록 사회성이 개발되어 왔기때문이다. 생존을 위해서는 자신에게 해가 되는 부정적인 정보를 빠르게 포착해야 하기 때문이다.
- 빈발(頻發) 효과 (Frequency Effect) : 첫인상이 좋지 않게 형성되었다고 할지라도, 반복해서 제시되는 행동이나 태도가 첫인상과는 달리 진지하고 솔직하게 되면 점차 좋은 인상으로 바뀌지는 현상을 말한다. 자꾸 볼수록 인상이 달리지는 경우인 것으로 내성적이라고 생각했던 사람도 웃기는 행동을 자주 하면 외향적이라고 생각되게 된다.
- 최신 효과 (Recency Effect) : 사회 생활을 하다보면 첫인상이 중요하다는 얘기를 많이 한다. 실제로 심리학의 연구 결과들도 첫인상이 인상 형성에서 가장 중요하다는 사실을 보여주고 있다. 이처럼 사회 생활에서 첫인상이 나중의 인상 평가에 미치는 영향을 초두 효과 또는 후광 효과라고 한다. 그래서 사람들은 어떤 사람과 처음 만날 때 좋은 인상을 주려고 꽤나 노력한다.

62 다음 중 고객응대 시 질문 상황에서 개방형 질문(Open Question)이 필요한 경우는?

① 고객에게 단순한 '네' 또는 '아니오' 라는 대답을 받아야할 경우

② 고객이 적극적으로 이야기하게 하여 욕구를 파악해야 할 경우

③ 처리해야할 상황을 확인 받아야 할 경우

④ 단순한 사실 또는 몇 가지 중 하나를 선택하여 고객의 욕구를 파악할 경우

⑤ 고객의 니즈를 정확하게 파악해야 할 경우

해설 **개방형 질문 (Open Question)**

고객이 자유롭게 의견이나 정보를 말할 수 있도록 묻는 질문(확대형 질문)
- 고객이 자유롭게 의견이나 정보를 말할 수 있도록 한다.
- 고객들의 마음에 여유가 생기도록 한다.
- 고객이 적극적으로 이야기하게 함으로써, 고객의 니즈를 파악할 수 있다.

선택형 질문 (Closed Question)

고객에게 '네/아니오' 로 대답하거나, 단순한 사실, 혹은 몇 개 중 하나를 선택하게 하는 질문(확인/단답형 질문)
- 단순한 사실, 또는 몇 가지 중 하나를 선택하게 하여 고객의 욕구를 파악할 수 있도록 한다.
- 고객의 니즈에 초점을 맞출 수 있다.
- 화제를 정리하고 정돈된 대화를 할 수 있다.

확인형 질문 (Confirmation Question)

고객의 입을 통해 확인받는 질문
- 고객의 답변에 초점을 맞춘다.
- 고객의 니즈를 정확하게 파악할 수 있다.
- 처리해야 할 사항을 확인 받을 수 있다.

정답 62 ②

63 다음 중 고객의 상황을 파악하기 위한 질문기법의 효과에 해당되는 것은?

① 질문은 주위를 분산시켜 질문에 대한 빠른 답을 얻을 수 있다.
② 상대방으로 하여금 말하고자 하는 중요한 부분을 잊어버리게 한다.
③ 질문에 답하면 스스로 설득된다.
④ 대화의 초점을 흐리게 하여 주위를 환기시킬 수 있다
⑤ 질문은 자유스런 분위기로 정보에 대한 마음이 관대해진다.

✎해설 상대방으로 하여금 말하고자 하는 중요한 부분을 다시 한번 상기시키게 한다.
효과적인 질문을 위한 정보수집이 가능하게 하며 대화의 초점이 흐려졌을 때 주위를 환기시킬 수 있다.
질문의 7가지 힘을 살펴보면
- 질문을 하면 답이 나온다.
- 질문은 생각을 자극한다.
- 질문을 하면 정보를 얻게 된다.
- 질문을 하면 통제가 되고 질문은 마음을 열게 한다.
- 질문은 귀를 기울이게 한다.
- 질문에 답하면 스스로 설득이 된다.

64 성과관리를 위한 동기부여와 코칭방법으로 교정(Redirecting)에 해당되는 것은?

① 같은 행동을 지속적으로 할 수 있도록 요청 및 격려한다.
② 부적절한 행동 한 두 가지를 구체적으로 지적한다.
③ 내용을 미리 준비하여 친밀감을 형성한다.
④ 실적에 도움이 된 점을 검토 및 설명한다.
⑤ 특정 행동에 대한 감사의 표시를 한다.

✎해설 **칭찬(Praising)**
- 같은 행동을 지속적으로 할 수 있도록 요청 및 격려한다.
- 특정 행동에 대한 감사의 표시를 한다.
- 내용을 미리 준비하여 친밀감을 형성한다.
- 실적에 도움이 된 점을 검토 및 설명한다.
- 칭찬할 내용을 미리 준비하여 친밀감을 형성한다.

교정(Redirecting)
- 정확한 개선 방안을 추천한다.
- TRM과 함께 해결방안을 강구한다.
- TRM의 의견에 대한 경청과 보완의견을 제시한다.
- 부적절한 행동 한 두 가지를 구체적으로 지적한다.
- 교정할 내용을 미리 준비한다.

65 다음 중 미국 심리학자 아론스가 개발한 아론슨 화법의 예에 해당되지 않는 것은?

① 처음 뵐 때보다 훨씬 미남이십니다.
② 날씨는 흐렸지만 기온은 적절합니다.
③ 죄송합니다만 잠시만 기다려 주십시오.
④ 개업년도는 미천하지만 상권장악은 절대적인 강세입니다.
⑤ 인상보다는 마음씨가 훨씬 곱습니다.

✍ 해설 아론스 화법은 대화(상담)를 나눌 때 부정(−)과 긍정(+)의 내용을 혼합해야 하는 경우 기왕이면 부정적 내용을 먼저 말하고 끝날 때는 긍정적 의미(언어)로 마감하라는 것이다. 「날씨는 흐렸지만(−), 기온은 적절(+)하다」, 「가격은 좀 비싸지만(−), 품질은 최고(+)이다」, 「개업년도는 미천하지만(−), 상권장악은 절대적 강세(+)이다」등등. 이 화법은 최근 고객만족화법으로 상당히 유용하게 사용되고 있다. 「처음뵐 때(−)보다는 훨씬 미남(+)이네요」, 「인상(−)보다는 마음씨(+)가 훨씬 곱군요」

66 다음 중 콜센터의 역할에 해당되지 않는 것은?

① 비용센터
② 기존고객의 활성화
③ 고객정보 획득
④ 신상품 광고효과
⑤ 고객이탈 방지

✍ 해설 **콜센터의 역할**
- 신규고객의 확보(저코스트)
- 기존고객 활성화(고객이탈 방지)
- 고객정보 획득 및 시장조사 기능 수행(고객의 요구 파악, 신상품 광고효과)
- 고객감동 실천의 장(이미지제고 활동)
- 이익센터

67 다음 중 인바운드형 콜센터의 특성에 해당되지 않는 것은?

① 고객접근의 용이성
② 사전 예측성
③ 성과지향성
④ 신속·정확성
⑤ 서비스성

✍ 해설
- 인바운드형 콜센터의 특징 : 고객접근의 용이성, 사전 예측성, 신속·정확성, 프로세스성, 정밀성, 서비스성
- 아웃바운드형 콜센터의 특징 : 기업주도형, 양질의 고객데이터 보유, 목표달성과 성과분석, 적극적인 커뮤니케이션 능력과 고객설득 능력, 판매 이후의 사후관리, 성과지향성, CRM, 데이터베이스마케팅 기법 및 솔루션의 전략적 활용

정답 65 ③ 66 ① 67 ③

68 전화응대의 3원칙 중 정확한 응대를 위한 자세에 해당되는 것은?

① 전화를 걸기 전에 요건을 5W1H로 써서 말하는 순서와 요점을 정리한다.
② 불필요한 말은 반복하지 않는다.
③ 성명, 품명, 수량, 일시, 장소 등은 천천히 정확하게 전한다.
④ 필요한 농담이라도 정도가 지나치지 않게 한다.
⑤ 말을 가로 채거나 혼자서 말하지 않는다.

> **해설** **정확**
> - 음성을 바르게 하고 어미를 명확히 함
> - 성명, 품명, 수량, 일시, 장소 등은 천천히 정확하게 전함
> - 상대가 이해하지 못할 전문용어나 틀리기 쉬운 단어는 사용하지 않음
> - 내용의 요점이 상대에게 정확히 전해졌는지 확인함
> - 중요한 부분 강조함
> - 고객의 의도를 정확하게 파악할 수 있는 듣기 능력 배양
> - 업무에 대한 정확한 전문지식을 갖춤
>
> **신속**
> - 대면 서비스보다 전화상에서의 고객은 시간을 더 길게 느끼는 경향이 있으므로 고객의 입장에 서서 고객의 시간을 존중하여 시간을 아껴 주려는 노력 필요
> - 전화를 걸기 전에 요건을 5W1H로 써서 말하는 순서와 요점 정리
> - 불필요한 말은 반복하지 않음
> - 필요한 농담이라도 정도가 지나치지 않게 함
> - 시간 의식을 가진다.
>
> **친절**
> - 상대방을 존중하면서 잘 듣고자 하는 열린 마음으로 응대함
> - 필요 이상으로 소리를 크게 내거나 웃지 않음
> - 말을 가로 채거나 혼자서 말하지 않음
> - 상대가 감정적으로 말을 하면 이쪽에서는 한발 뒤로 물러서서 언쟁을 피함
> - 경박한 단어는 사용하지 않음

69 불만 고객 처리의 4원칙에 해당하지 않는 것은?

① 보상방침을 관대하게 하여 효과적인 대응을 한다.
② 고객의 불평에서 알게 된 내용을 조직 내의 다른 사람들과 공유한다.
③ 실제로 공정하지 않더라도 고객이 보기에 공정하게 보여지도록 한다.
④ 고객이 제기한 불평 내용에 대해 조치를 취하고 결과를 고객에게 알린다.
⑤ 불평행동에 대한 비밀을 지켜주기를 바라는 고객이 있음을 알고 이를 존중한다.

> **해설** **불만 고객 처리 4원칙**
> ⋯➤ 제 1원칙 공정성 유지
> - 실제로 공정해야 할 뿐만 아니라 고객이 보기에도 공정하게 보여야 한다.
> - 독립적인 조사기관이 필요하다.

··→ 제 2원칙 효과적인 대응
  • 보상방침을 관대하게 한다.
  • 보상에 쓰는 돈의 총액은 불평 처리에 드는 비용의 적은 부분 밖에 차지하지 않지만 고객에게 보여주는
    데는 굉장한 효과가 있다.
··→ 제 3원칙 고객 프라이버시 보장
  • 불평행동에 대한 비밀을 지켜주기를 바라는 고객들이 있음을 알고 이를 존중한다.
··→ 제 4원칙 체계적 관리
  • 고객이 제기한 불평 내용에 대해 소지를 취하고 결과를 고객에게 알린다.
  • 고객의 불평에서 알게 된 내용을 조직 내의 다른 사람들과 공유한다.

70 다음 예시에서 ____안에 알맞은 용어는?

> 대형마트가 100% 고객만족을 위한 보상 서비스에 발 벗고 나섰다. O마트는 음식의 기본인 '맛'을, OO
> 마트는 'AS'를 책임지겠다고 선언했다. '100% 맛 보상' 이벤트는 O마트가 선정한 10개의 상품 구매 고
> 객이 맛에 만족하지 못할 경우 환불은 물론 '품질 보상금'으로 상품권 1만원권을 지급한다. OO 포인트
> 카드 회원이면 누구나 참여할 수 있다. 해당 상품 구매 시 영수증과 함께 '고객 불만 영수증'이 함께 제
> 공된다. 이에 앞서 OO마트는 지난 12일 한번 판매한 상품은 끝까지 책임지겠다는 '상품 대(多)보증' 서
> 비스 혁명을 선언했다. OO마트는 이를 위해 손해보험사와 계약을 체결했다. 가입 연회비 2만9000원으
> 로 OO멤버스 회원이면 누구나 가입할 수 있다. 연회비는 이 제도를 위한 마케팅 비용 등으로 사용되고,
> 손상보상이나 A/S비용 등 보상금은 OO마트서 보험사에 내기로 했다. OO마트 대표는 "구입 상품이 고
> 의적 목적 없이 파손됐다면 무조건 보상하고 기존 A/S 기간인 1년에 추가로 4년 더 보장하겠다."라고 하
> 였으며, ________로 고민했지만 각오하고 진행키로 했다"고 설명했다.

① 체리피커(Cherry Picker)   ② 이브 올루션(Eveolution)
③ 스마트슈머 (Smartsumer)   ④ 블랙 컨슈머(Black Consumer)
⑤ 매스클루시버티(Massclusivity)

✎해설 • 블랙 컨슈머 : 기업을 상대로 구매한 상품에 대하여 보상금 등을 목적으로 의도적으로 악성 민원을 제기하는
         소비자
       • 이브 올루션 : 소비 영역에서 여성이 남성을 압도할 만큼 지배적인 세력이 된 현상

71 전화응대의 3원칙 중 정확한 응대를 위한 방안으로만 묶인 것은?

> (가) 늦어지는 경우는 중간보고를 한다.
> (나) 5W 3H로 메모하는 습관을 기른다.
> (다) 상대가 이해하지 못할 전문용어나 틀리기 쉬운 단어는 사용하지 않는다.
> (라) 간결하게 통화하며 문의사항에 대한 보고나 결과 통보의 경우 예정시간 등을 미리 알린다.
> (마) 인사와 소속, 이름을 밝히는 첫 멘트는 다소 천천히, 정확히 하여 상대가 되묻는 일이 없도록 한다.

① (가), (다), (라)   ② (가), (나), (마)

정답 70 ④ 71 ③

③ (나), (다), (마)　　　　　　　④ (나), (다), (라)
⑤ (다), (라), (마)

✎해설　**전화 응대의 3대 원칙 중 정확의 원칙**
- 5W 3H로 메모하는 습관을 가진다.
- 인사와 소속, 이름을 밝히는 첫 멘트는 다소 천천히, 정확히 하여 상대가 되묻는 일이 없도록 한다.
- 메모를 받는 경우, 해당자에게 정확한 내용을 반드시 전달하고 중요한 내용의 경우 재차 확인한다.
- 음성을 바르게 하고 의미를 명확히 한다.
- 성명, 품명, 수량, 일시, 장소 등은 천천히 정확하게 전한다.
- 상대가 이해하지 못할 전문용어나 틀리기 쉬운 단어는 사용하지 않는다.
- 내용의 요점이 상대에게 정확하게 전해졌는지 확인한다.
- 중요한 부분은 강조한다.
- 고객의 의도를 정확하게 파악할 수 있는 듣기능력을 배양한다.
- 업무에 대한 정확한 전문지식을 갖춘다.

72　바람직한 호칭 사용법으로 가장 적절한 것은?

① 사내에서는 직책보다는 직급을 위주로 부른다.
② 본인 입석 하에 지시를 전달할 때는 '님'을 붙인다.
③ 문서상이라도 상사의 지시를 전달할 때는 존칭을 사용한다.
④ 차상급자에게 상급자를 호칭할 때는 직책과 직위 뒤에 "님"을 붙인다.
⑤ 여성에 대한 호칭의 경우 이름을 부르기 보다는 가능한 "누구 ○○양"이라 부른다.

✎해설
- 다른 사람에게 자신을 소개할 때는 자라는 말을 붙이지 않는다.
- 자신의 상사보다 더 윗사람 앞에서 자기 상사를 칭할 땐 을 '님' 자를 빼고 직책이나 직위만 사용한다.
- 사내에서는 직급과 직책 중에서 더 상위개념을 칭하는 것이 통상적인 예의이다.
- 문서에는 상관에 대한 존칭을 생략한다.
- 여성에 대한 호칭의 경우 '누구누구 양'이라는 표현보다 가능한 이름을 부르는 것이 좋다.
- 차상급자에게 상급자를 호칭할 때는 직책이나 직위만을 사용한다.

73　콜센터 운영 시 고려해야 할 사항으로 보기 어려운 것은?

① 수익성, 경쟁성, 지속성, 투자 대비 효율 등 고려
② 전문 상담능력의 정착, 자문 컨설팅 요청 등 방법 고려
③ 대상고객, 제품서비스, 콜센터 운영방법 등 합목적성 고려
④ 대상고객과의 접촉, 고객과의 상담의 용이 등 개방성 고려
⑤ 비대면으로 이루어지는 여러 가지 상황에 대한 대응 능력 고려

✎해설　**콜센터 운영시 고려사항**
- 합목적성 : 대상고객, 제품서비스, 콜센터 운영 방법 등 합목적성 고려

- 전문성 : 전문 상담능력의 정착, 자문 컨설팅 요청 등의 방법 고려
- 적응성 : 업무, 데이터 활용, 팀워크에 대한 적응 등 고려
- 효율성과 생산성 : 수익성, 경쟁성, 지속성, 투자 대비 효율 등 고려
- 복잡상황 대응성 : 비대면으로 이루어지는 여러 가지 상황에 대한 대응 능력 고려
- 고객서비스성 : 고객배려, 고객참여, 고객감동 기법의 발굴과 교육 훈련 등 고객서비스의 향상 방안모색

74 다음 중 콜센터 조직원의 역할로 보기 어려운 것은?

① 텔레커뮤니케이터
② 고객관리 및 분석가
③ 텔레마케팅코디네이터
④ 고객 가치를 실현하는 전문가
⑤ 고객을 설득시킬 수 있는 전문성 보유

✎해설 콜센터 조직원의 역할
- 고객관리 및 분석가 : 신규고객, 기존고객, 이탈고객의 속성 분류
- 고객을 설득시킬 수 있는 전문성 보유 : 잠재고객 명단을 뽑아 고객이 상품을 구매하도록 적극 권유
- 텔레커뮤니케이터 : 정확한 발음과 어법, 밝은 목소리와 표준어를 구사하고 고객의 의사를 정확히 파악하고 이해하는 능력, 신속한 판단력, 유연한 대응력, 적극성, 사내에서의 협조성, 집중력 등을 필요로 함
- 고객 카운슬러 : 고객관리와 고객서비스를 전문적으로 수행하는 고객 상담가
- 텔레마케팅 코디네이터 : 회사의 업무 내용이나 상품의 특성, 품질, 서비스 내용과 제도들을 정확히 이해하고 고객 응대에 최선을 다하여 고객 만족으로 기업 이미지 제고
- 기업 가치를 전달하는 홍보맨 : 기업의 이미지와 상품가치를 팔고 기업의 정보 전달

75 성과관리의 목적에 해당하지 않는 것은?

① 과정측면에 초점을 둔 성과평가와 관리
② 직원의 공헌 내용을 평가하여 Total Reward 개념으로 보상
③ 회사, 사업본부, 부서, 개인의 목표를 연계한 회사의 전략 실행
④ 회사의 성과달성에 필요한 직원의 지식, 기술 및 행동양식 확보
⑤ 회사가 직원에게 기대하는 성과목표를 역량수준에 대한 지속적인 의사소통

✎해설 성과관리의 목적은 회사의 경영목표를 중심으로 조직(부서)과 개인이 같은 방향을 맞추게 하는 것이다. 즉, 조직과 개인의 방향을 집중시켜 더욱 큰 힘을 발휘할 수 있도록 만드는 것이다.
- 회사, 사업본부, 부서, 개인의 목표를 연계한 회사의 전략 실행
- 회사의 성과달성에 필요한 직원의 지식, 기술 및 행동양식 확보
- 회사가 직원에게 기대하는 성과목표를 역량수준에 대한 지속적인 의사소통
- 회사 및 개인의 성과향상에 대한 책임을 평가자와 피평가자가 공유
- 직원의 공헌 내용을 평가하여 Total Reward 개념으로 보상
① 성과관리의 내용으로 결과측면에 초점을 둔 성과평가와 관리

76 소셜네트워크서비스(SNS)와 결합된 새로운 서비스로 일정 수의 구매자를 확보하면 특정 상품을 저렴하게 판매하는 전자상거래의 새로운 개념을 무엇이라 하는가?

① 트위터(Tweeter)　　　　　　　　　② 페이스북(Facebook)
③ 소셜미디어(Social Media)　　　　　④ 얼리어답터(Early Adopter)
⑤ 소셜커머스(Social Commerce)

> ✎해설　소셜 미디어와 온라인 미디어를 활용하는 전자상거래의 일종이다. 소셜 커머스라는 용어는 야후에 의해 2005년에 처음 소개되었다. 소셜 커머스는 크게 소셜 링크형, 소셜 웹형, 공동구매형, 오프라인 연동형의 네 가지로 분류할 수 있다. 2008년 설립된 Groupon이 설립된 이후 전세계적인 공동구매형 소셜 커머스 붐이 일어났다.

77 다음 중 인바운드형 콜센터의 특징에 해당되지 않는 것은?

① 판매 이후의 사후관리　　　　　　　② 신속·정확성
③ 목표달성과 성과분석　　　　　　　　④ 적극적인 커뮤니케이션 능력
⑤ CRM 및 데이터베이스 마케팅 기법 활용

> ✎해설　• 인바운드형 콜센터의 특징 : 고객접근의 용이성, 사전 예측성, 신속·정확성, 프로세스성, 정밀성, 서비스성
> • 아웃바운드형 콜센터의 특징 : 기업주도형, 양질의 고객데이터 보유, 목표달성과 성과분석, 적극적인 커뮤니케이션 능력과 고객설득 능력, 판매 이후의 사후관리, 성과지향성, CRM, 데이터베이스마케팅 기법 및 솔루션의 전략적 활용

78 다음 중 구성원의 성과관리를 위한 목표설정 원칙에 해당되지 않은 것은?

① 목표는 명백해야 한다.
② 목표는 측정 가능해야 한다.
③ 결과는 계량적이고 타당성이 있어야 한다.
④ 목표는 어떠한 상황에서도 확고히 한다.
⑤ 목표는 주기적으로 검토되어야 한다.

> ✎해설　**목표설정 원칙**
> • 목표는 명백해야 한다.
> • 목표는 측정가능해야 한다.
> • 개인의 목표는 조직의 목표와 연결되어야 한다.
> • 목표는 주기적으로 검토되어야 한다.
> • 목표달성을 위한 시간이 명확해야 한다.
> • 가능하다면 결과는 계량적이고 타당성이 있어야 한다.
> • 목표는 탄력적, 즉 상황에 따라 변해야 한다.
> • 목표는 그의 달성을 위한 행동계획이 포함된다.
> • 목표는 우선순위에 따라 할당되어야 한다.

79 다음 빈 칸에 들어갈 고객의 유형으로 적절한 것은?

> 고객만족의 결과적 행동 중에서 다수 연구된 것은 불평에 관한 것이며 불평 행동의 정도는 불만족 정도와 상관관계가 있다는 것이 확인되었다. 불평 행동에 관한 연구로 불평 행동을 하는 고객을 분류한 연구 중 1990년, J. Singh는 자신의 연구를 통해 고객의 불평에 대한 반응을 4가지 유형으로 제시하고 있다. 첫째는 ______유형이다. 이러한 고객의 특징은 전체 집단의 약 14%를 차지하고 있으며 불만족 상황에서 불평하려는 의도가 낮다. 이 유형은 J. Singh의 선행 연구의 비불평 행동자와 유사하다.

① 소극적인 유형
② 적극적인 유형
③ 구매를 중지하는 유형
④ 제 3자를 통해 대응하는 유형
⑤ 부정적 구전을 유발하는 유형

✍해설　J. Singh(1990), 고객의 불평에 대한 반응 4가지 유형
- 소극적인 유형으로 이러한 고객의 특징은 전체 집단의 약 14%를 차지하고 있으며 불만족 상황에서 불평하려는 의도가 낮다. 이 유형은 J. Singh의 선행 연구의 비불평 행동자와 유사하다.
- 적극적인 유형으로 전체의 37%를 차지하는 집단으로 사적 불평 행동이나 제 3자에 대해 불평 행동을 그다지 하지 않고 부정적 구전이나 브랜드·스위치 등 행동도 취하지 않는 고객, 대신에 보상을 위해 제품이나 서비스 제공자에게 직접 불평하는 것을 좋아하는 고객이다.
- 분개하는 유형으로 전체 21%로 부정적 구전이나 브랜드·스위치 등 사적 대응을 하는 경우가 많고 판매자나 제조업자 혹은 제공자에 대한 직접 대응이 평균보다 높은 고객이다.
- 적극적인 유형으로 전체 28%의 비율을 차지하고 있으며 불평 행동에 대해 평균 이상의 활발한 활동을 보이고 제 3자를 통한 대응도 같이 하는 고객이다.

80 전화 응대 시 적극적 경청방법으로 적절하지 못한 것은?

① 고객의 이야기를 가로막지 않고 끝까지 듣는다.
② 주의를 집중하고 주요 요점을 기록하며 듣는다.
③ 고객에게 듣고 있다는 것을 맞장구 등으로 표현한다.
④ 정확한 이해를 위해 고객이 말한 것을 평가하며 듣는다.
⑤ 적절한 질문을 활용하여 고객의 생략되는 말의 내용을 파악한다.

✍해설　적극적 경청 방법
- 듣고 있다는 것을 맞장구 등으로 표현하고 질문을 활용하여 고객의 생략되는 말의 내용을 이해하거나 파악한다.
- 고객의 이야기를 가로막지 않고 끝까지 듣는다.
- 개인적 선입견을 버리고 주의 집중하여 듣는다.
- 고객에게 공감을 표시하고 이해했다는 것을 표현한다.
- 비판하거나 평가하지 않는다.
- 편견을 갖지 않고 고객 입장에서 듣는다.
- 주의를 고객에게 집중하고 듣는다.
- 고객에게 계속적인 반응을 보이는 것이 좋다.
- 주요 요점을 기록한다.
- 정확한 이해를 위해 고객이 말한 것을 복창한다.

81 다음 사례 속 고객에 대한 응대기법으로 가장 적절한 것은?

> 종업원 : 무엇을 도와드릴까요?
>
> 고　객 : 휴대폰 배터리가 너무 빨리 닳아 수리하러 왔습니다. 아무리 이 휴대폰에 리튬이용 배터리를 적용했다고 해도 통상적으로 300~500차례 가량 충전과 방전을 되풀이하면 성능이 떨어지는데 내 휴대폰은 산지 이제 7개월 밖에 되지 않았고 하루에 한 번 충전을 했으니까, 약 220번 정도 밖에 충전하지 않았는데, 벌써 배터리가 처음에 비해 60%이상 수준으로 떨어지면 이건 문제가 있는 거 아닙니까? 아무리 소모품이라 해도 이렇게까지 성능이 저하되다니 제가 납득할 수 있게 설명을 해주고 배터리 교체를 해주세요.

① 변동사항이 발생하였을 때 대처할 수 있도록 고객이 말한 내용을 잘 기록하고 정리한다.

② 상대가 자신의 생각을 솔직히 드러낼 수 있도록 도와주기 위해 시기 적절히 질문을 한다.

③ 고객의 항의 내용의 핵심을 요약해 확인한 후 고객의 문제를 충분히 이해했다는 것을 알린다.

④ 고객 자신이 주장하는 내용의 문제점을 스스로 느끼도록 대안 및 개선에 대한 방안을 유도한다.

⑤ 상황에 따라 고객의 행동을 우회해 지적하거나 가벼운 농담의 형식으로 응답하는 노련함을 보인다.

🖉해설　사례 속의 고객은 유창하게 말하려는 사람은 자신을 과시하는 타입의 고객인 전문가형 고객이다. 전문가형 고객에 대한 응대기법으로는 상대의 능력에 대한 칭찬과 감탄의 말로 응수해 상대를 인정하면서 친밀감을 조성하며, 고객 자신이 주장하는 내용의 문제점을 스스로 느끼도록 대안 및 개선에 대한 방안을 유도한다. 또한 대화 중에 반론 및 자존심을 건드리는 행위는 자제하며, 문제 해결에 초점을 맞추어 고객의 무리한 요구사항에 대체할 수 있는 사실을 언급한다.
　　① 우유부단한 고객
　　② 과장하거나 가정하여 말하는 고객
　　③ 같은 말을 장시간 되풀이하는 고객
　　⑤ 빈정거리는 고객

82 김비서는 자신이 근무하는 백화점의 최대 주주인 문분홍 여사를 다른 장소로 안내하기 위해 박기사가 운전하는 차량에 탑승하려고 한다. 다음 그림에서 김비서가 문분홍 여사에게 상석으로 안내해야 하는 곳은 어디인가?

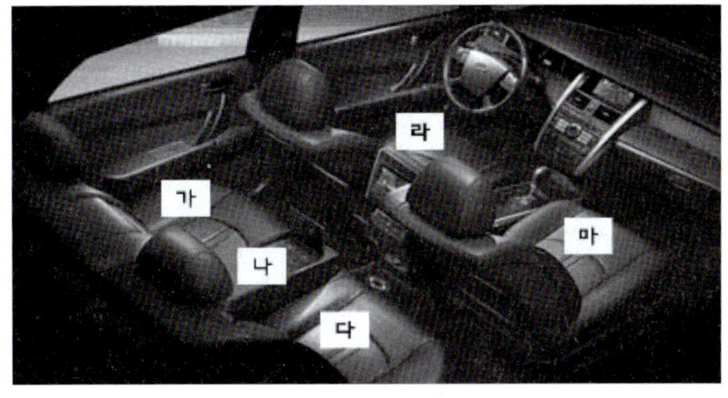

① (가)　　② (나)

③ (다)　　④ (라)

⑤ (마)

🖉해설　운전기사가 있을 경우, 자동차 좌석의 서열은 뒷자리 오른편이며 왼쪽과 가운데, 앞자리 순이므로 서열에 맞춰 앉고 대개 운전석 옆 자리에 앉는 것은 피한다.
　　상석의 순서 : (다) − (가) − (나) − (마) − (라)

83 프레젠테이션에 대한 설명으로 적절하지 못한 것은?

① 프레젠테이션은 청중을 설득하여 의사결정을 유도하는데 그 목적이 있다.
② 프레젠테이션 능력은 타고난 것이며 내용이 훌륭하면 전달방법은 중요하지 않다.
③ 프레젠테이션 시작 시에는 청중의 동기를 유발하기 위해 색다른 통계를 제시하는 것이 좋다.
④ 고객 기업에서 프레젠테이션을 할 경우 그 기업에 대한 기본적 지식을 사전에 조사하는 것이 좋다.
⑤ 청중이 전문가일 경우에는 청중의 자부심과 실력을 인정해주며 신뢰 있는 데이터를 준비하는 것이 좋다.

> ✎해설 **프레젠테이션에 대한 오해**
> - 내용이 훌륭하면 전달방법은 중요하지 않음
> - 말을 잘해야 프레젠테이션을 잘하는 것임
> - 프레젠테이션 능력은 타고 난 것
> - 내용은 자료에 있기 때문에 읽기만 해도 됨
> - 프레젠테이션은 사실을 부풀리는 기술

84 불만을 가진 고객을 처리하는 방법으로 적절하지 않은 것은?

① 해결책을 제시해주고서 고객으로 하여금 문제가 잘 해결될 것이라는 믿음을 주어야 한다.
② 고객을 감정이 있고 걱정하며 때로 화를 낼 수도 있는 하나의 인간으로 생각하고 대한다.
③ 세련된 방법으로 기업의 편에 서서 고객의 불만을 중화시키거나 완화시키기 위한 노력을 한다.
④ 고객의 진정한 관심사가 무엇인지 확인하고 고객을 화나게 한 것이 무엇인지를 정확히 파악한다.
⑤ 불만 내용이 정확하지 않다고 하더라도 고객이 접촉을 통해 이야기하고자 했던 정신을 인정한다.

> ✎해설 **불만고객 처리 방법**
> - 고객을 감정이 있고 걱정하며 때로는 화를 낼 수도 있는 하나의 인간으로 생각하고 대한다.
> - 불만 내용이 정확하지 않다고 하더라도 고객이 접촉을 통해 이야기하고자 했던 정신을 인정한다.
> - 고객의 문제와 상황에 대한 진지한 관심을 표한다.
> - 세련된 방법으로 고객의 편에 서서 고객의 불만을 중화시키거나 완화시키기 위한 노력을 한다.
> - 해결책을 제시해주고서 고객으로 하여금 문제가 잘 해결될 것이라고 믿게 만들어야 한다. 만약 문제 해결이 시간이 좀 걸리면 추적 시스템을 제공하여 고객이 문제 해결의 과정에 참여할 수 있게 한다.
> - 정중하게 사과하고 고객이 앞으로도 계속 구매해줄 것을 부탁하며 끝을 맺는다.
> - 일주일 후쯤에 그 고객과 다시 접촉하여, 그 문제를 처리하는 방식과 회사에서 제공한 해결책이 만족스러웠는지를 확인해본다.
> (출처 : 애프터마케팅 21세기북스 p.229~)

85 다니얼 부어스틴(Daniel Boorstin)이 제시한 이미지의 속성에 해당하지 않은 것은?

① 인위적(Synthetic)
② 믿을 수 있는(Believable)
③ 수동적(Passive)
④ 명쾌한(Explicit)
⑤ 단순화(Simplified)

> ✎해설 이미지의 속성을 인위적(Synthetic), 믿을 수 있는(Believable) 것, 수동적(Passive), 두드러진(Vivid) 것, 단순화(Simplified), 모호한(Ambiguous) 것으로 제시하였다.

정답 83 ② 84 ③ 85 ④

86 파워포인트 자료를 제작할 때 유의할 사항에 해당하지 않은 것은?

① 내용은 되도록 적게 넣는다.
② 여백을 잘 살린다.
③ 가급적 도해를 이용한다.
④ 배경 색상에 주의한다.
⑤ 멀티미디어 자료를 주로 이용한다.

✐해설 파워포인트의 가장 큰 장점은 멀티미디어를 자유자재로 사용할 수 있다는 것이다. 시각적 정보와 함께 소리와 움직임이 병행되면 정보에 대한 집중력과 이해도를 높일 수 있다. 하지만 지나친 멀티미디어 기능의 사용은 오히려 주의집중력을 떨어뜨릴 수 있으므로 주의해야 한다.

87 신포도 대신 체리만 골라 먹는 사람이라는 뜻으로 기업의 상품이나 서비스를 구매하지 않고 기업이 제공하는 혜택을 누리는 소비자를 일컫는 용어는?

① 채리피커(cherry picker)
② 프로슈밍 (prosuming)
③ 프리터 족(freeter)
④ 매스티지(masstige)
⑤ 매스클루시버티(massclusivity)

✐해설 • 매스클루시버티(massclusivity) : 명품이 매스티지(masstige) 형태로 대중화되자 자신만의 명품을 소유하려는 욕구가 증가하면서 등장한 고급품 및 고급서비스이다. 'mass'와 'exclusivity'의 합성어로, 대량 맞춤생산(mass customization)에서 비롯된 개념이긴 하지만 고객의 특별한 욕구를 반영하면서 소수를 위한 맞춤생산을 의미하게 되었다.
• 매스티지(masstige) : 대중(mass)과 명품(prestige product)을 조합한 신조어로, 명품의 대중화 현상을 의미한다. 중산층의 소득이 향상되면서 값이 비교적 저렴하면서도 만족감을 얻을 수 있는 명품을 소비하는 경향을 말한다.

88 다음 중 전자상거래에서 보안을 유지하기 위한 대칭키 또는 공개키 암호기법의 기능으로 적절하지 않는 것은?

① 기밀성 (Privacy)
② 인증성 (Authentication)
③ 메시지 무결성 (Integrity of Messages)
④ 부인 봉쇄 (Non-Repudiation)
⑤ 정보의 제한적인 흐름 (Restricted Information Flow)

✐해설 • 무결성(Integrity) : 사용권한이 있는 사람이 변경할 수 있도록 한다.
• 인증성(Authentication) : 시스템에 접근하는 사용자의 신원을 확인하는 절차로 ID와 비밀번호를 확인하는 절차가 해당된다.
• 기밀성(Confidentiality) : 특정 보안 체계를 이용하여 전달되는 정보를 제 3자가 읽지 못하도록 비밀성을 유지하는 기능이다.
• 접근통제(Access Control) : 시스템의 자원에 대한 허가되지 않은 접근을 방지하는 것이다.
• 부인봉쇄(Non-Repudiation) : 데이터의 송/수신 여부를 확인하는 기능으로 송/수신자가 데이터를 송/수신한 사실을 부인하지 못하도록 한다.

89 다음 중 코칭(Coaching)에 대한 설명에 해당되지 않는 것은?

① 업무에 대한 지식이 없는 사람들을 가르친다.
② 업무지식은 갖고 있으나 업무수행이 불확실한 사람들을 지도하고, 안내한다.
③ 업무지식은 우수하나 그 방법에 동기가 필요한 사람들을 격려해 나가는 것이다.
④ 코칭은 역동적이며 함께하는 과정이다.
⑤ 코칭의 목적은 개인 평가가 아니라 문제해결에 있다.

✐해설 문제해결은 컨설팅의 목적이다.

90 다음 중 프리젠테이션의 4P 분석에 대한 설명으로 옳지 않은 것은?

① 고객이나 청중의 Needs를 철저히 분석한다.
② 청중이 여성일 경우 근거자료나 통계자료를 제시한다.
③ 발표 30분 전 도착하여 강의장을 확인한다.
④ 핵심 안건 발표 시 청중은 10명 내외가 유리하다.
⑤ 고객 기업에 대한 기본적인 지식이 필요하다.

✐해설 **청중의 남녀 구성**
• 남성일 경우 : 강의 논조가 논리적이어야 한다.(인과관계, 근거자료 제시, 통계수치 제시 등)
• 여성일 경우 : 이미지나 그림 등 시각적인 정보를 이용한다.(Business People, 적극 참여 유도)

실전모의고사

- 제1회   모의고사 (정답)
- 제2회   모의고사 (정답)
- 제3회   모의고사 (정답)

제**1**회 실전모의고사

제 1 과목 : CS 개론

01 다음 중 고객만족경영의 변화와 흐름 중 완성기(2000년대)에 대한 설명으로 적절하지 않은 것은?

① 소비자가 기업에 대해 고객만족경영의 실천과 사회적 책임을 동시에 요구
② 고객생애가치(LTV)의 창출을 통해 고객기여도 극대화
③ 내부고객과 외부고객을 동시에 중시
④ CRM 경영기법 도입
⑤ 글로벌 고객의 고려

02 다음 중 Schmenner(1986)가 분류한 서비스 프로세스 매트릭스 분류 중 노동 집약도는 낮지만 고객과의 상호작용/개별화의 정도가 높은 경우에 해당하는 것은?

① 차별화 서비스   ② 대량 서비스
③ 서비스공장   ④ 서비스 샵
⑤ 전문서비스

03 다음 중 리더십 시스템에 대한 설명으로 가장 적절한 것은?

① 경영자가 기업을 경영하는 데 있어서 준수해야 하는 규범으로 법률보다도 더 고차원적인 철학적 영역이다.
② 리더가 비전을 설정하고 이를 통하여 바람직한 방향으로 조직을 이끌어 가는 능력이다.
③ 조직구성원 전체가 공유함으로써 소속감을 높이고 목표달성을 위해서 함께 노력하도록 하는 장기적인 꿈이자 이상이다.
④ 경영비전을 설정하고 이를 달성할 수 있도록 조직을 이끌어가기 위한 체계이다.
⑤ 기업이 이해자 집단의 주체성을 존중하면서 직무를 수행하는 당위적인 의무로서 기업의 기본적 기능 수행이다.

04 다음 중 고객관계관리(CRM)의 성공 전략으로 적당하지 않은 것은?

① 고객 유지 전략
② 교차판매 전략
③ 시장세분화 전략
④ 고객 애호도 제고 전략
⑤ 경쟁사 우위 전략

05 유태인이라는 사실만으로 인색하고 빈틈이 없고 욕심이 많고 야심적이며 약삭빠르다고 판단하는 것은 대인 지각의 왜곡 오류 중 어디에 속하는 것인가?

① 후광효과
② 대조효과
③ 투영효과
④ 스테레오 타입
⑤ 최신효과

06 다음은 감성경영 도입 효과를 설명한 것이다. 이 효과는 감성경영에서 '긍정적인 감정이 긍정적인 결과를 가져다준다.' 라는 의미이다. (   )안에 가장 적절한 것은?

> 감성경영의 도입 대외적으로 '감성마케팅'을 통해 기업의 매출액증가 브랜드 가치의 상승의 효과를 대내적으로는 '감성리더십'을 통해 (   ) 효과를 극대화시킴으로써 임직원들의 기업 충성도 강화와 핵심 인재양성 촉진 효과를 가져다준다.

① 호손 효과(Hawthorne Effect)
② 피그말리온 효과(Pygmalion effect)
③ 자이가르닉 효과(Zeigarnik Effect)
④ 낙인효과(stigma Effect)
⑤ 잔물결 효과(Ripple Effect)

07 서비스 프로세스를 구체적인 규칙과 기준으로 표준화한 사례로 저렴한 요금, 단거리 운행, 지정 좌석제 폐지, 음료 및 식사 제공 폐지 등의 전략을 적용한 항공사는?

① 대한 항공
② 사우스웨스트 항공
③ 아메리칸 에어라인
④ 아시아나 항공
⑤ 싱가포르 항공

08 서비스 프로세스의 오류를 해결하기 위해 실제 기업의 업무와 고객의 요구 사이의 Gap을 파악하여 최적의 서비스 프로세스를 갖추기 위한 방법으로 적절하지 못한 것은?

① 업무 수행자의 적격성
② 업무처리 정보(기준, 방법, 절차) 수립
③ 업무수행 도구(S/W, H/W)에서 탈피
④ 우수 사례와 실패 사례 분석
⑤ 모니터링 및 리스크 관리

09 다음 중 ( ) 안에 가장 적절한 것은?

> 서비스 프로세스는 조직 내 원재료, 정보, 사람 등 같은 Input을 (   )등의 Output으로 변화 시키는 과업이나 활동들의 집합을 의미한다.

① 상품, 서비스   ② 신제품, 경쟁우위
③ 제품, 서비스   ④ 제품, 충성고객
⑤ 기업성과, 고객의 니즈

10 다음 중 업무상 요구되는 감성지능의 5가지 요소에 포함되지 않는 것은?

① 자아인식   ② 자기조절
③ 동기부여   ④ 감정이입
⑤ 사회적응기술

11 다음 사전서비스 중 서비스의 예약을 확보하기 위한 방안으로 적절하지 않은 것은?

① 예약을 권장하는 메일, 광고나 선전을 한다.
② 서비스의 제공 단위를 일률화 시킨다.
③ 한 번 예약을 이용한 고객이 구두로 전하는 선전을 이용할 수도 있다.
④ 회원제를 활용한다.
⑤ 사전 예약 가격을 우대한다.

12 다음은 1980년대 우리나라에 고객만족경영을 처음 도입한 기업의 사례이다. 아래와 같은 활동을 한 기업으로 맞는 것은?

> · 회장이 어깨에 띠를 두르고 직접 고객응대   · 결재란 마지막에 고객란 신설
> · 사무실에 고객의 자리 배치

① 삼성   ② LG
③ KT   ④ 롯데
⑤ 현대

13 다음 중 고객만족 프로세스 매트릭스에 포함되지 않는 것은?

① 서비스 모니터링   ② 서비스 Shop
③ 전문 서비스   ④ 서비스 팩토리
⑤ 대중 서비스

14　다음 중 서비스 모니터링에서 효과적인 피드백을 하기 위한 방법으로 강화 피드백에 해당되지 않는 것은?

① 즉각적이어야 한다.　　　　　② 일관성이 있어야한다.
③ 개인에 따른 편차를 고려한다.　　④ 성과에 미치는 결과를 명확하게 설명한다.
⑤ 작은 것이라도 여러 번 자주해야한다.

15　다음은 CRM의 개념에 대한 설명이다. 바르지 못한 것은 무엇인가?

① CRM은 고객의 편익과 기업의 수익성을 제고시키는 프로세스이다.
② CRM은 고객점유율보다 시장점유율을 중시하고 있다.
③ CRM이란 고객이 원하는 것이 무엇인지를 발견하고 원하는 것을 원하는 시간에 원하는 방법으로 제공하는 경영 툴이다.
④ CRM은 신규 고객 창출보다 고정 고객 확보에 중점을 둔다.
⑤ CRM은 단발적인 마케팅보다는 고객의 평생가치를 중요시하게 된다.

16　다음 중 고객의 분류에서 프로세스적 관점에서 본 고객에 해당되지 않는 것은?

① 최종제품의 구매자　　　　② 가치생산고객
③ 도매상　　　　　　　　　④ 내부고객
⑤ 소비자

17　다음 중 고객의 정의에 대한 설명으로 거리가 먼 것은 무엇인가?

① 기업의 상품을 습관적으로 구매하는 소비자를 말한다.
② 기업과 직·간접적으로 거래하고 관계를 맺는 모든 주변인을 말한다.
③ 일반적으로 상품 및 서비스를 제공받는 사람이다.
④ 제품을 이용하고 서비스를 제공하는 사람을 의미한다.
⑤ 고객에는 내부고객, 잠재고객, 기대고객도 범주에 포함된다.

18　다음 중 21세기 서비스의 변화가 아닌 것은?

① 고객 중심 경영　　　　② 인터넷 중심 경영
③ 기업 중심의 경영　　　④ 경제의 세계화
⑤ 혁신경영

19 다음은 어떤 고객에 대해서 정의를 내린 것인가?

> · 제품이나 서비스를 구매할 수 있다고 예상되는 고객
> · 구매기록은 없지만 앞으로 자사의 고객이 될 가능성이 높은 고객
> · 콘택트 센터(콜센터)에 자신의 정보를 남기면서 문의를 하거나 관심을 가진 고객

① 기존 고객
② 잠재 고객
③ 신규 고객
④ 구매 용의자
⑤ 단골 고객

20 다음 중 CRM의 활동 전개 순서로 바른 것은 무엇인가?

① 경제성 평가 – 설계 – 환경 분석 – 전략 수립 – 활동 – 반응 분석 – 시스템 유지 보수
② 경제성 평가 – 환경 분석 – 전략 수립 – 설계 – 활동 – 반응 분석 – 시스템 유지 보수
③ 환경 분석 – 경제성 평가 –설계 – 전략 수립 – 활동 – 반응 분석 – 시스템 유지 보수
④ 환경 분석 – 설계 – 전략 수립 – 경제성 평가 – 반응 분석 – 활동 – 시스템 유지 보수
⑤ 환경 분석 – 경제성 평가 – 전략 수립 – 설계 – 활동 – 반응 분석 – 시스템 유지 보수

21 다음은 서비스의 정의에 대한 설명이다. 적절하지 않은 것은?

① 판매를 위해 제공되거나 제품판매를 수반하여 제공되는 행위, 편익
② 본질적으로 무형성을 지니고 어느 한쪽으로 다른 쪽에게 제공하지만 어느 쪽을 소유로도 귀결되지 않는 행위
③ 소비자나 산업구매자의 욕구를 충족시키는 무형의 활동
④ 제품이나 다른 서비스의 판매와 반드시 연계될 필요가 없이 개별적으로 가능한 것
⑤ 소비자가 스스로 수행하거나 스스로 수행하기로 한 행위

22 다음은 리더십 이론 중 유형적 접근법에 대한 설명이다. 거리가 먼 것은 무엇인가?

① 심리적인 것과 신체적인 것을 추출하여 연구하는 접근법이다.
② 협동적 접근법이라고도 한다.
③ 상황을 분석하여 리더의 특성을 고려하면서 리더십에 어떤 형태가 있는가를 검토
④ 리더십의 유형화를 시도하는 것이다.
⑤ 종업원 중심의 리더를 의미하기도 한다.

23 다음 중 e-CRM에 대한 설명으로 거리가 먼 것은?

① 신규 고객을 확보하는 것이 주목적이다.
② 고객에게 맞춤형 컨텐츠를 제공한다.
③ 고객 상담을 e-mail이나 게시판을 이용하여 해결한다.
④ 고객의 기호에 알맞은 상품 광고를 지원한다.
⑤ 고객요구에 따라 실시간 상품 정보를 제공한다.

24 서비스의 3단계 중 사후 서비스(After Service)는 기업이 단순히 물건이나 서비스를 고객에게 제공하는 것 외에 A/S를 제공하는 것이 매우 중요하다. 현장서비스가 종료된 시점 이후의 유지 서비스로 충성고객 확보를 위한 방법으로 가장 적절한 것은?

① 주차 유도원   ② 상품게시판
③ 예약 서비스   ④ 고객 불평 처리부서
⑤ 고객이 업장에 들어서는 순간

25 고객특성 파악의 기준 중 고객 가치 정보 요소에 해당되는 것은?

① 가입커뮤니티   ② 선호하는 브랜드
③ 가족관계   ④ 고객지갑 점유율
⑤ 고객의 분류 등급

26 다음 중 고객생애가치(LTV)에 영향을 미치는 요소가 아닌 것은?

① 고객 반응율   ② 고객 신뢰도
③ 고객의 충성도   ④ 고객의 성장성
⑤ 고객 기여도

27 다음 고객 서비스의 유형 중 서비스기업 주관의 서비스에 대한 설명이다. 적절하지 않은 것은?

① 서비스기업 주관 서비스에서는 접점직원은 자율성이 거의 없다.
② 서비스가 극도로 표준화되어 있어서 접점직원이 필요 없는 경우이다.
③ 신속성, 경제성이 보장된다는 인식을 심어주어야 한다.
④ 창고형 할인매장에서 물건 봉투를 제공하지 않거나 신용카드를 받지 않는 것이 이러한 서비스의 예이다.
⑤ 표준이나 매뉴얼에 의해 서비스가 제공된다.

28 "객관적으로 누구에게 보이는 형태로 제시할 수 없으며 그 가치를 파악하거나 평가하기가 어렵다."는 다음 중 서비스의 어떤 특성에 해당되는가?

① 비분리성

② 이질성

③ 무형성

④ 소멸성

⑤ 즉흥성

29 다음 중 매슬로우의 성숙 인격론에 포함 되지 않는 것은?

① 현실에 대한 객관적인 지각능력과 판단능력을 가지고 있다

② 인간의 본성에 대해서, 그리고 자기 자신과 타인의 속성에 대해서 비수용적인 태도를 가진다.

③ 자신을 가식 없이 자발적으로 자연스럽게 나타낸다.

④ 타인과 확고한 인간적 유대를 형성할 수 있는 능력 가지고 있다.

⑤ 생활 속의 여러 가지 체험을 즐거움과 경이로움으로 신선하게 받아들인다.

30 서비스 리더십을 구성하는 요소의 설명이다. 다음 중 가장 적절한 것은?

> 서비스 리더십의 핵심요소 중에 하나로 (   )는 파트너십을 형성하고 만족을 주고 싶은 마음 상태나 자세를 말한다. 이러한 마음이 형성될 때 리더의 행동은 자연스럽게 고객의 만족을 유도한다.

① 서비스 태도

② 서비스 능력

③ 서비스 만족

④ 서비스 창조

⑤ 서비스 신념

제 2 과목 : CS 전략

31 다음 중 평가만을 위한 모니터링이 아닌 종업원의 장단점을 발견하고 능력을 향상시킬 수 있는 수단으로 활용해야 하며, 이때 가장 중요한 서비스 모니터링 요소로 편견 없는 기준으로 평가하여 누구든지 인정할 수 있는 요소에 해당되는 것은?

① 대표성

② 객관성

③ 타당성

④ 신뢰성

⑤ 차별성

32 다음 중 서비스 수명주기(Service Life Cyvle : SLC)별 실행 전략으로 성장기에 해당되는 전략은?

① 설득형 광고의 사용
② 반복구매유도
③ 긍정적 구전의 자극
④ 영업비용 감소
⑤ 보조서비스 추가

33 다음 중 피자전문점의 서비스 청사진을 작성할 경우 서비스 청사진 구성요소의 성격이 다른 하나는?

① 접객, 인사, 좌석 안내
② 주문 접수
③ 신용카드 및 포인트 카드 시스템
④ 메뉴판 전달
⑤ 식사 준비

34 다음 중 서비스 모니터링에 대한 설명으로 거리가 먼 것은 무엇인가?

① 고객으로부터 직접 만족도에 대한 기치를 측정 받는 것이다.
② 고객의 마음을 기관 내부로 전달해 주는 매우 중요한 수단
③ 궁극적인 목적은 고객을 포함하여 접점종업원의 평가 또는 통제수단으로 활용
④ 고객의 소리를 내부에서 접목하여 문제점을 파악하고 해결방안을 종합적으로 검토할 수 있다.
⑤ 암행감사 방식으로 해당 서비스 현장의 품질을 측정해 볼 수 있다.

35 다음 서비스 청사진의 구성 요소 중 고객의 역할과 고객이 경험하는 서비스 품질을 알게 해 줌으로써 서비스 설계에 도움을 주는 구성 요소는?

① 고객의 행동
② 상호작용선
③ 가시선
④ 종업원 행동
⑤ 지원프로세스

36 서비스의 전달 시스템을 고객 입장에서 이해하는 방법으로 고객과의 접점에서 발생한 내용을 리스트하여 고객이 서비스를 받는 시점부터 서비스의 완료시점까지를 정리하고 이 과정에서 서비스 접점의 불량 포인트를 고객입장에서 분석하는 방법을 무엇이라 하는가?

① 서비스 사이클 차트
② 프로세스 플로우 차트
③ 피시 본 차트
④ 포스트 필드 분석
⑤ 시간 분석

37 다음 중 고객이 실질적으로 만족할 수 있는 기대를 제공하기 위한 업무수행 활동이 아닌 것은?

① 기존의 조직을 새롭게 변형 및 개편한다.　② 종업원을 위한 교육 프로그램을 개발한다.
③ 배송 및 유통체제를 개편한다.　④ 현행 광고와 마케팅 전략을 유지한다.
⑤ 상품과 서비스를 차별화 한다.

38 서비스 모니터링의 한 방법론으로 서비스 접점 현정의 서비스 품질을 측정하기 위해 고객으로 가장하여 암행감사 방식으로 서비스 현장의 품질을 측정하는 방법을 무엇이라 하는가?

① 고객의 소리(VOC)　② 미스터리 샤퍼(Mystery shopper)
③ 고객 만족도 조사　④ SERVQUAL 모형
⑤ 서비스 플로우차트(Service flow chart)

39 다음 중 서비스 패러독스의 원인으로 적절하지 않은 것은?

① 서비스의 표준화　② 서비스의 차별화
③ 서비스 인간성 상실　④ 기술의 복잡화
⑤ 종업원 확보의 악순환

40 다음 중 '비트너' 가 주장한 서비스 품질에 대한 정의 내용으로 맞는 것은?

① 실제 서비스 성과에 대한 고객의 지각과 고객의 서비스에 대한 사전 기대치와의 비교를 통한 소비자의 자각
② 서비스의 전반적인 우월성이나 우수성에 대한 고객의 평가
③ 특정 서비스의 전반적인 탁월성이나 우월성에 관한 소비자의 판단으로 객관적 품질과는 다른 태도의 한 형태
④ 조직과 서비스의 상대적 열등감이나 우월감에 대한 소비자의 전반적인 인상
⑤ 서비스를 받기 전 고객의 기대와 기업이 제공한 서비스의 성과 비교

41 다음 중 기업 환경의 변화에 따른 시장 변화에 대한 설명으로 적절하지 않은 것은?

① 본격적인 시장 개방으로 인한 글로벌 경쟁의 강화
② 기술 과학의 발달로 인한 제품/서비스 품질의 차별화
③ 인터넷의 보급으로 소비자의 강력한 발언권과 선택권 부각
④ 고객 욕구의 복합화
⑤ 제품의 공급이 과잉 상태에 이르면서 생산자보다는 소비자가 부각

42 다음 중 VOC(Voice Of Customer) System의 효과에 해당되지 않는 것은?

① 고객의 욕구와 기대의 변화를 알 수 있다.
② 서비스 프로세스의 문제를 발견할 수 있다.
③ 예상 밖의 아이디어를 얻을 수 있다.
④ 고객과의 관계유지가 돈독해진다.
⑤ 차별화된 응대 서비스가 가능해진나.

43 사우스웨스트 항공사에서는 항공 요금이 비싸다고 생각했던 사람들과 자동차를 이용했던 사람들을 고객으로 만드는 기법을 활용하여 새로운 시장을 개척하였다. 다음 중 사우스웨스트 항공에서 새로운 시장 개척을 위해 활용한 마케팅 기법은 무엇인가?

① MOT 마케팅　　　　　　　　　　② 데이터베이스 마케팅
③ 다이렉트 마케팅　　　　　　　　　④ 감성 마케팅
⑤ 니치 마케팅

44 다음 중 20%의 핵심고객으로부터 80%의 매출이 나온다는 유명한 파레토 법칙과 반대되는 개념으로 '역(逆) 파레토 법칙' 또는 '롱테일 법칙'의 개념을 만든 사람은?

① 크리스 앤더슨 (Chris Anderson)　　　② 빌프레도 파레토 (Vilfredo Pareto)
③ 조셉 M. 주란 (Joseph M. Juran)　　　④ 아담 스미스 (Adam Smith)
⑤ 앨빈 토플러 (Alvin Toffler)

45 다음 중 서비스 접점의 특성으로 적절하지 않은 것은?

① 서비스 제공자와 고객의 관계는 일방적인 관계이다.
② 고객의 니즈와 목표가 있을 때 발생하므로 목표 지향적 성격을 지닌다.
③ 서비스 제공자와 고객 간의 인간적인 상호작용이다.
④ 서비스 접점의 목적은 정보의 교환이다.
⑤ 제공되는 서비스의 내용과 특성 및 참여자의 위치에 따라 서비스의 범위가 제한된다.

46 품질경영 모델은 지금까지 전 세계적으로 개발된 혁신을 추구하는 경영방식, 제도·기법 중에서 가장 종합적이고, 탁월한 경영혁신 모델이다. 다음 중 품질경영 모델의 핵심가치에 포함되지 않는 것은?

① 고객주도형 품질　　　　　　　　　② 최고 경영자의 리더십
③ 전략에 입각한 경영　　　　　　　　④ 지속적인 개선
⑤ 사업 경영성과 중시

47 다음 중 (   )에 들어갈 가장 적절한 것을 고르시오.

> 현대 사회는 과거에 비해 풍요롭고 경제적인 호황을 누리고 더 많은 자유 시간을 가지며, 과거에 비해서 서비스가 다양해지고 좋아졌는데도 오히려 소비자의 불만의 소리가 높아지는 현상을 말하며, 소비자들은 서비스와 관련된 불평과 불만을 매스컴이나 현장에서 이를 대변하게 되는데 이러한 현상을 (   ) (이)라고 한다.

① Service Marketing
② Service industrialization
③ Service Valuable
④ Service Paradox
⑤ Service Postioning

48 다음 중 기업 환경의 변화에 따른 시장변화에 대한 설명으로 적절하지 않은 것은?

① 본격적인 시장개방으로 인한 글로벌 경쟁의 강화
② 기술 과학의 발달로 인한 제품/서비스 품질의 차별화
③ 인터넷의 보급으로 소비자의 강력한 발언권과 선택권 부각
④ 고객 욕구의 복합화
⑤ 제품의 공급이 과잉상태에 이르면서 생산자보다는 소비자가 부각

49 다음 중 제품 기능 자체보다는 자아 이미지와 준거 집단의 가치 표출에 의해 차별화를 꾀하는 제품 차별화 전략에 해당되는 것은?

① 기능요소 차별화
② 이성요소 차별화
③ 감성요소 차별화
④ 유형적 제품 차별화
⑤ 상징요소 차별화

50 다음 중 생산자뿐만 아니라 사용자의 관점을 동시에 고려한 Garvin이 제시한 품질의 8가지 범주에 해당되지 않는 것은?

① 커뮤니케이션   ② 신뢰성
③ 서비스 제공 능력   ④ 심미성
⑤ 인지된 품질

51 다음은 어떤 고객만족도 측정의 원칙을 설명한 것인가?

> 보통 만족도 조사는 설문을 통해 이루어지는 경우에 설문조사 시 설문지의 설계와 설문내용의 해석은 설문조사에서 뿐만이 아니라 인터뷰 조사 또는 데이터 조사 등 모든 분석 프로세스에 있어서 매우 중요한 요소이다. 설문조사의 경우 조사 목적에 맞게 답변이 나올 수 있도록 설계해야 하며 해석에 있어서도 주관적인 생각은 배제하여야 한다.

① 계속성의 원칙   ② 정확성의 원칙
③ 공감성의 원칙   ④ 독립성의 원칙
⑤ 정량성의 원칙

52 다음 중 서비스 패러독스에 대한 정의로 올바른 것은?

① 고객이 서비스를 받는 동안에 얻게 되는 것이나 혹은 서비스가 끝났을 때 남아 있는 결과물들을 말한다.
② 경제적인 부를 누리며 더 많은 자유 시간을 갖고 있는데도 서비스가 악화된다고 느끼는 현상
③ 고객화의 정도 혹은 서비스제공자에게 허용된 서비스수준에 대한 의사결정의 정도를 측정하는 서비스 프로세스의 구조적인 한 측면
④ 서비스 전달의 프로세스와 고객과 종업원의 역할, 가시적인 서비스 구성요소 등을 동시에 보여줌으로써 서비스를 시각적으로 제시한다.
⑤ 서비스의 무형의 추상적인 생각들을 유형적으로 구체화하는 것이다.

53 1980년대 PZB에 의해 서비스 품질 평가를 위해 고객이 사용하는 공통적이고 일반적인 준거 기준을 10가지 차원으로 구성하였다. 다음 중 서비스 품질의 10가지 차원의 요소에 해당하지 않는 것은?

① 의사소통   ② 신뢰성
③ 고객이해   ④ 대응성
⑤ 소멸성

54 품질경영 모델은 지금까지 전 세계적으로 개발된 혁신을 추구하는 경영방식, 제도·기법 중에서 가장 종합적이고, 탁월한 경영혁신 모델이다. 다음 중 품질경영 모델의 핵심가치에 포함되지 않는 것은?

① 설계 품질의 향상과 예방   ② 전 종업원의 리더십
③ 고객주도형 품질   ④ 사실에 입각한 경영
⑤ 장기적 관점 중시

55 서비스 청사진의 가치는 고객과 서로 접촉할 때 발생할 수 있는 문제점을 미리 알아낼 수 있다는 것이다. 다음 중 서비스 청사진을 통해서 얻을 수 있는 이점으로 적절하지 않는 것은?

① 서비스가 유형화된다.
② 직접 고객을 상대하는 직원에게 적절한 서비스 교육을 해줄 수 있다.
③ 각 서비스 기능간의 상호연계로 기업지향성을 강화할 수 있다.
④ 서비스 제공시 부족한 점을 포착할 수 있게 해준다.
⑤ 서비스 실패점을 파악하여 품질 개선을 위해 노력하게 한다.

56 서비스의 회복은 불만을 처리하는 과정 및 처리 결과 그리고 인적 상호작용의 세 가지 차원이 모두 공정하고 적절하다는 고객의 평가를 받는 것이다. 서비스 불만을 기회 바꾸기 위한 노력으로 적절하지 않은 것은?

① 반응성과 고객 접근성을 높이기 위해 서비스 회복 기준을 수립한다.
② 불만이나 문제를 제기한 고객이 회사에 쉽게 접근해서 즉각적인 응답을 받을 수 있는 통로를 마련한다.
③ 콜센터나 인터넷 웹사이트와 연계된 고객 데이터베이스를 구축하고 활용한다.
④ 고객접점 종업원들이 고객 불만을 효과적으로 처리할 수 있도록 권한을 부여한다.
⑤ 고객 서비스 직원들에게 강도 높은 교육으로 업무에 지장을 받지 않도록 한다.

57 다음 중 불량서비스 회복은 기업에서 전사적, 조직적으로 수행해야할 과제이다. 다음 중 서비스 회복을 위한 서비스 담당자에게 필요한 전략으로 적절하지 않은 것은?

① 고객에게 불만을 토로할 수 있게 장려한다.
② 고객과의 논쟁을 피한다.
③ 빠른 행동을 취하면서 고객에게 향후의 정보를 제공한다.
④ 고객의 호의를 유지할 수 있는 추후 행동을 시도한다.
⑤ 수신자 부담 전화와 같은 창구를 통하여 고객의 불만표현을 유도한다.

58 다음 중 서비스의 질적인 면과 양적인 면의 중요성이 증대되고 있는 이유로 타당한 것은?

① 국가 경제의 서비스 부문이 차지하는 비중의 감소
② 제조 기업에서는 제품의 질의 우선
③ 숨겨진 서비스 부분인 교육, 훈련, 인사 등 기업내부 활동이 증가
④ 서비스 경제화 시대로 진입
⑤ 기업의 유형적 재화와 무형의 서비스를 이원화

59 다음 중 고객만족지수 조사 방법 중 정성적 조사 기법의 특징에 해당되는 것은?

① 많은 표본을 사용할 경우 적합하다.
② 반응 중심적이다.
③ 구조적이며 한번 확정되면 고정적이다.
④ 소비자를 하나의 대량시장의 일부분으로 해석한다.
⑤ 질의어로 "What?, When?, How?"를 사용한다.

60 다음 중 가치이론에서 가치동인에 해당되지 않는 것은?

① 문화 가치   ② 고객 가치
③ 종업원 가치   ④ 조직 가치
⑤ 경쟁자 가치

제 3 과목 : 고객관리 실무론

61 다음 중 전화 응대의 중요성으로 적절하지 않은 것은?

① 업무처리에 중요한 위치를 차지하고 그 사용능력을 향상시키는 것은 업무 능력의 향상과 직결된다.
② 고객과의 유대를 강화시켜 고객 유지율을 증가시킨다.
③ 전화는 서비스의 중요한 수단이 된다.
④ 전화 응대 서비스는 전화를 활용하여 시간과 노력의 효율을 증가된다.
⑤ 전화 응대를 통한 대 고객 서비스의 폭을 확대된다.

62 다음 중 고객 만족의 구성 요소로 간접적인 요소에 해당되는 것은?

① 점포 분위기   ② 상품 이용의 편리성
③ 직원의 서비스   ④ A/S 및 정보
⑤ 사회 공헌도

63 다음 중 성과관리의 필요성으로 개인의 장점에 해당되는 것은?

① 성과에 대한 명확한 보상
② 역량 개발의 책임
③ 코칭 의무
④ 커뮤니케이션 및 방향성
⑤ 업무 목표 및 역량개발의 체계화

64 다음 중 콜센터 기획 구성 시 고려해야 할 점이 아닌 것은?

① 주요 대상 고객의 데이터 확보와 관리 방안이 필요
② 직원 채용 방법과 관리 방안 마련이 필요
③ 콜센터 구축에 따른 지속적 운영비용 관리가 필요
④ 초기 운영은 100% 전화 채널을 이용하는 것이 바람직하다.
⑤ 전문 상담능력의 정착 및 자문 컨설팅 요청 등의 방법 고려

65 다음 중 첫 인상이 좋지 않게 형성되었다고 할지라도, 반복해서 제시되는 행동이나 태도가 첫 인상과는 달리 진지하고 솔직하게 되면 점차 좋은 인상으로 바꿔지는 현상은?

① 초두효과
② 최신효과
③ 후광효과
④ 빈발효과
⑤ 맥락효과

66 다음 중 인터넷 마케팅에 대한 다음 설명 중 올바르지 않은 것은?

① 인터넷 마케팅에서는 고객에 대한 가치제공 보다는 거래의 효율성 향상을 통한 비용절감을 강조한다.
② 인터넷 마케팅은 개인이나 조직이 사이버 공간을 이용하여 양방향 커뮤니케이션을 바탕으로 수행하는 마케팅 활동을 의미한다.
③ 인터넷 마케팅에서는 온라인 마케팅 활동뿐만 아니라 오프라인 마케팅 활동도 포함하고 있다.
④ 인터넷 마케팅에서는 고객과의 일대일 양방향 커뮤니케이션을 강조한다.
⑤ 마케팅 측면에서 인터넷이 만들어내는 가상환경은 전자시장, 가상공간, 가상시장 등의 개념으로 불려왔다.

67 다음 중 방문객 안내법 중 찾는 사람이 부재중인 경우 안내법으로 적절하지 않은 것은?

① 외출 장소, 사내 또는 사외에 있는지 여부, 귀사 예정 시간은 상세히 알려준다.
② 귀사 여부가 불명확한 경우 시간이 걸릴 때는 용건을 물어둔다.
③ 대리인이 업무를 대신 처리해도 되는지 여부를 확인한다.
④ 고객이 약속을 한 후 방문했는데 찾는 사람이 부득이 부재중이라면 본인을 대신하여 정중히 사과한다.
⑤ 고객의 연락처를 물어 본인이 귀사하면 연락하도록 전언한다.

68 한 명의 잠재고객을 실망시키면 그것이 그 한 사람을 잃는 것에 그치는 게 아니라 추가로 250명을 잃는 것이라는 의미로 구전의 중요성을 강조한 미국의 자동차 세일즈 마케터가 말한 법칙은?

① 존 구드만의 법칙
② 깨진 유리창의 법칙
③ 100−1=0 법칙
④ 조 지라드 법칙
⑤ 곱셈의 법칙

69 포토샵 프로그램 응용 기법 중 선택 영역의 경계선에 지정한 숫자만큼 번지는 것을 무엇인가?

① 페더
② 아웃포커싱
③ 필터
④ 파스텔 효과
⑤ 가우시안

70 다음 중 고객 기본응대 화법으로 고객이 한 말을 반복하여 이해와 공감을 얻으며, 고객이 거절하는 말을 그대로 솔직하게 받아 주는데 포인트가 되는 화법은?

① 간접부정법
② 직접부정법
③ 산울림법
④ 레이어드법
⑤ 자료전화제시법

71 조해리의 창에서 상호관계 과정을 통해 상대방이 스스로 잘 인식하지 못하는 부분이 있다면 그 부분을 인식하도록 도와주고 또 상대방에게 자신의 감정, 사고, 느낌 등을 진솔하게 알려줌으로써 공개 영역을 확장하여 서로가 서로를 이해하는 폭을 증대시키는 것은?

① 자아인식
② 타인개방
③ 자아개방
④ 자기주장
⑤ 자아 고립

72 전화의 3원칙 중 신속의 원칙에 해당되는 것은?

① 공손한 권장용어 사용
② 끝까지 경청
③ 재 진술의 법칙
④ 질문으로 용건 확인
⑤ 대기시간 최소화

73 상대방의 문제를 지적하기보다는 그 행동을 전반적인 성격 특성이나 인격으로 확대시켜 표현하는 말을 자기표현 방법으로 무엇이라 하는가?

① 나–전달법
② 너–전달법
③ Do 언어
④ Be 언어
⑤ 타인의 수용과 이해

74 다음 중 고객 유형이 전문가형인 고객응대 기법으로 가장 적절한 것은?

① 상대의 말에 지나치게 동조하지 않음
② 피해보상 기준에 근거해 적정 보상 기준과 이점을 등을 성실히 설명
③ 상화에 따라 고객의 행동을 우회해 지적, 가벼운 농담 형식으로 응답
④ 말을 절제하고 고객에게 말할 기회를 많이 주어 결론 도출
⑤ 고객 자신이 주장하는 내용의 문제점을 스스로 느끼도록 대안 및 개선방안 제시

75 다음 중 명함교환 시 유의사항에 해당되지 않는 것은?

① 아랫사람이 윗사람에게 먼저 건넨다.
② 이름이 상대방에게 보이는 방향으로 건넨다.
③ 건네는 사람이 2인 이상일 경우에는 아랫사람에게 먼저 준다.
④ 어려운 한자가 있을 경우에는 바로 질문하여 알아 둔다.
⑤ 메모가 필요한 경우라면 날짜나 해당사항을 기입한다.

76 다음 중 사이버 상에 지켜야할 e–mail 네티켓으로 가장 적절하지 않은 것은?

① 영어로 제목을 써야할 경우 대문자 쓰는 것이 원칙이다.
② 신뢰성을 위해 신분을 밝힌다.
③ 지나친 약어와 속어는 명확한 의미 전달에 방해가 된다.
④ 내용은 간결하게 하고 상세한 파일은 첨부 파일을 이용한다.
⑤ 비즈니스 메일을 시간을 준수한다.

77 다음 중 악수하는 순서에 대한 설명으로 적절하지 않은 것은?

① 미혼자가 기혼자에게 청한다.
② 윗사람이 아랫사람에게 청한다.
③ 선배가 후배에게 청한다.
④ 여성이 남성에게 청한다. (남성은 일어서고, 여성은 윗사람이 아닐 경우 앉아서 해도 상관없다.)
⑤ 상급자가 하급자에게 청한다.

78 다음 중 효율적인 스피치를 달성하기 위한 준비 사항으로 적당하지 않은 것은?

① 참석한 청중의 수준을 고려하여 단순한 언어를 사용한다.
② 목소리는 항상 맑고 부드럽게 사용한다.
③ 말하고자하는 내용을 숙지하여 두려움을 없앤다.
④ 청중의 크기에 따라 목소리의 빠르기, 쉬기, 크기, 길이, 힘주기를 과장하여 사용한다.
⑤ 목소리는 단조로움을 피하고 완급조절을 한다.

79 다음 중에서 기업의 상품이나 서비스를 구매하지 않고 기업이 제공하는 혜택을 누리는 소비자를 일컫는 용어는?

① 채리피커 (cherry picker) ② 프로슈밍 (Prosuming)
③ 프리터 족 (freeter) ④ 매스티지 (masstige)
⑤ 매스클루시버티 (massclusivity)

80 다음 중 사이버 상에서 지켜야할 e-mail 네티켓으로 적절하지 않은 것은?

① 영어로 제목을 써야할 경우 대문자 쓰는 것이 원칙이다.
② 신뢰성을 위해 신분을 밝힌다.
③ 지나친 약어와 속어는 명확한 의미 전달에 방해가 된다.
④ 내용은 간결하게 하고 상세한 파일은 첨부 파일을 이용한다.
⑤ 비즈니스 메일은 시간을 준수한다.

81 다음 중 기업이 고객의 불만을 찾아내는 방법으로 틀린 것은?

① 매장 곳곳에 고객의 소리함과 피드백 양식을 비치한다.
② 업무 담당자는 고객의 불만에 대하여 시간을 가지고 세심히 대응한다.
③ 고객의 피드백 시스템을 직원의 업적평가에 포함한다.
④ 경영자가 직접 고객의 불만과 불편사항을 해결해 주는 솔선수범과 담당자에게 권한을 부여한다.
⑤ 전 직원이 고객의 불만을 해결할 수 있는 권한을 주도록 한다.

82 포토샵 프로그램 사용법 중 선택한 이미지를 지정한 값만큼 뿌옇게 만드는 효과는 무엇인가?

① 가우시안 ② 아웃포커싱
③ 필터 ④ 파스텔 효과
⑤ 페더

83 다음 중 직장 여성의 옷 연출에 대한 설명으로 적절하지 않은 것은?

① 구두는 그 사람의 이미지를 완성시키는 역할이기에 항상 정돈되고 청결하게 유지 하도록 한다.

② 화려한 프릴이나 레이스가 많은 스타일은 섹시함을 강조하여 효과적이다.

③ 재킷은 전통적인 테일러드 재킷이 무난하다.

④ 여성의 스커트는 무릎 위로 5cm부터 무릎 아래 10cm 정도가 가장 적당한 길이이다.

⑤ 정장에는 살색이나 커피색 스타킹이 점잖아 보이고 구두와 스타킹 색을 맞춰 신으면 단정한 느낌을 줄 수 있다.

84 다음 중 식사할 때 지켜야 할 에티켓으로 올바르게 표현한 것은?

① 음식을 주문할 때에는 초청자보다 비싼 음식을 주문하도록 한다.

② 테이블에서 접시를 움직이는 것은 예의에 어긋나지 않는다.

③ 나이프와 포크는 안쪽에서 바깥쪽으로 놓인 순서로 사용한다.

④ 빵은 손을 사용하여 떼어서 먹는다.

⑤ 일반적으로 식당을 방문할 때 정장을 하는 것은 필수다.

85 다음 중 정치인의 대중 연설, 토론이나 회의 참여자의 소견발표 등을 위한 스피치의 종류는?

① 설득 스피치   ② 정보제공 스피치

③ 격려 스피치   ④ 유흥 스피치

⑤ 홍보 스피치

86 다음 중 남성 청중을 대상으로 프레젠테이션 할 경우 준비해야 할 자료의 유형으로 가장 적절한 것은?

① 논리적인 자료   ② 이미지나 그림 자료

③ 시각적인 정보   ④ 경험적 자료

⑤ 감성적인 자료

87 다음 중 상호교류가 개인적인 수준까지 발전하며, 호혜성의 원칙이 초월되는 인간관계 형성단계는?

① 첫인상 형성단계   ② 피상적 역할단계

③ 논리적 오류단계   ④ 친밀한 사적 단계

⑤ 접근 단계

88 다음 중 전자상거래에서 보안을 유지하기 위한 대칭키 또는 공개키 암호기법의 기능과 가장 적절하지 않는 것은?

① 기밀성 (Privacy)
② 정보의 제한적인 흐름 (Restricted Information Flow)
③ 메시지 무결성 (Integrity of Messages)
④ 부인 봉쇄 (Non-Repudiation)
⑤ 인증성 (Authentication)

89 다음 중 포토샵에서 카메라로 사진을 찍듯이 작업한 이미지를 스냅 사진으로 만들 때 사용하는 아이콘은?

①   ②

③   ④

⑤

90 다음 중 컨텍센터(콜센터) 업무 분류 중 인 바운드 콜 서비스에 속하는 것은?

① 해피콜   ② 텔레뱅킹
③ 연체고객관리   ④ 클레임
⑤ 시장조사

제1회 실전모의고사 정답

01 ④	02 ④	03 ④	04 ⑤	05 ④	06 ②	07 ②	08 ③	09 ③	10 ⑤
11 ②	12 ②	13 ①	14 ④	15 ②	16 ②	17 ④	18 ②	19 ②	20 ⑤
21 ⑤	22 ①	23 ①	24 ④	25 ④	26 ③	27 ②	28 ③	29 ②	30 ①
31 ②	32 ②	33 ③	34 ③	35 ②	36 ①	37 ④	38 ②	39 ②	40 ④
41 ②	42 ⑤	43 ⑤	44 ①	45 ①	46 ③	47 ④	48 ②	49 ⑤	50 ①
51 ②	52 ②	53 ⑤	54 ②	55 ③	56 ⑤	57 ⑤	58 ③	59 ②	60 ④
61 ②	62 ⑤	63 ⑤	64 ④	65 ④	66 ①	67 ①	68 ④	69 ①	70 ③
71 ③	72 ⑤	73 ④	74 ⑤	75 ③	76 ①	77 ①	78 ④	79 ①	80 ①
81 ②	82 ①	83 ②	84 ④	85 ①	86 ①	87 ④	88 ②	89 ②	90 ④

제2회 실전모의고사

제1과목 : CS 개론

01 다음 중 GE의 서비스 기업이 주는 10가지 교훈의 속하지 않는 것은?

① 고객의 욕구와 기대를 바탕으로 근본을 결정하라
② 고객의 총제적인 경험을 생각하고 행동하라
③ 종업원 감정을 통제할 수 있도록 교육시켜라
④ 관리자를 서비스 접점(MOT)을 경험하지 않도록 한다.
⑤ 모든 고객을 귀빈으로 대접하라

02 다음 매슬로우(Maslow)의 욕구 5단계 유형에서 가장 높은 부분에 해당되는 것은?

① 안전, 위험, 사고로부터의 보호
② 능력 기술 및 잠재적 성장이 최고조에 다다랐을 때 발생
③ 동료 간의 친화감 대인간의 만족
④ 자기 존경 목적 달성 후의 안전 자신감 등
⑤ 인간의 가장 기본적인 욕구로 식사, 고통회피, 직장에서는 봉급 및 작업환경

03 다음 중 품질기능전개(QFD) 모델의 강점으로 거리가 먼 것은?

① 고객의 만족의 증가
② 디자인 및 제조비용 감소
③ 보이지 않는 요구조건과 전략적 우위를 가시화한다.
④ 종업원의 만족
⑤ 품질의 개선

04 다음 중 고객만족의 필요성으로 주변 환경 변화의 측면으로 가장 적절한 것은?

① 시장개방화 및 경쟁의 가속화
② 고객 불만의 구전효과
③ 신규고객창출
④ 사내직원의 불만감소 및 일에 대한 자긍심 고취
⑤ 고객 만족된 제품을 생산함으로써 궁극적으로 사회에 공헌

05 다음은 CRM 성공요인을 설명한 것이다. (   )에 알맞은 것은?

> 컨택(콜)센터, 유선 인터넷, 무선 인터넷 등 고객과의 접촉 (   ) 은(는) 다양화되고 있다. 이 (   ) 들의 각 특성을 최대한 활용함과 동시에 여러 (   ) 에 걸쳐있는 기능들을 통합적으로 관리, 운영하는 것도 중요하다. 고객들에게는 (   ) 의 종류와는 관계없이 일관된 경험을 제공하고 고객과의 상호작용한다.

① 제품
② 데이터
③ 채널
④ 유통경로
⑤ 서비스

06 다음 중 교류분석(TA)의 설명으로 올바른 것은?

① 기본적으로 인간 성격의 근간을 장(배 본능), 가슴(감성)중심, 머리(사고)중심으로 대별하고 있다.
② 1928년 미국의 콜롬비아 대학 심리 교수인 William Mouston Marston 박사에 의해 만들어 졌다.
③ 외향, 내향, 감각, 직관, 사고, 감정, 판단, 인식 중 4개의 조합으로 이루어진다.
④ 개인과 조직의 변화, 의사소통 활성화, 조직 활성화, 개개인의 능력을 구사할 수 있는 방법을 제시했다.
⑤ 인간행동유형을 4가지 요소로 분류했다.

07 다음 중 서비스 프로세스에서 구매 전 대기관리의 한 방법인 서비스 생산관리에 해당되지 않는 것은?

① 예상 대기시간을 알려준다.(대기 정보제공으로 고객이 선택할 수 있는 기회를 제공한다.)
② 공정한 대기 시스템을 구축한다.(번호표, 단일 VS 복수 대기선 활용)
③ 커뮤니케이션을 활용한다.(혼잡시간 안내, SMS활동 등)
④ 예약 시스템을 활용한다.(병원, 기차, 극장 등)
⑤ 대안을 제시한다.(은행을 예로 들면, ARS, ATM, 인터넷 활용 등)

08 다음 서비스의 경영학적 정의에 관한 설명 중 활동론적 정의는?

① 판매를 목적으로 제공되거나 또는 상품 판매와 연계해 제공되는 모든 활동, 편익만족
② 시장에서 판매되는 무형의 상품
③ 인간의 인간에 대한 봉사
④ 서비스는 무형적 성격을 띠는 일련의 활동으로서 고객과 서비스 종업원의 상호관계에서부터 발생해 고객의 문제를 해결해 주는 것
⑤ 서비스는 무형재가 아니며 무형재로 판매되지도 않는다.

09 노드스트롬(Nordstrom) 백화점의 판매사원들은 특정 고객이 원하는 스타일, 사이즈, 컬러와 소재 등의 신상품이 들어오면 신속히 연락하여 판매로까지 연결시키는 고객관계 마케팅의 일환으로 성공적인 역할을 하고 있다. 이때 회사에서 제공하는 셀링 툴을 무엇이라 하는가?

① 고객인지 프로그램　　　　　　　　② 개인별 고객수첩
③ 고객관계관리　　　　　　　　　　　④ 고객대인전략
⑤ 고객불만 관리

10 다음 중 CRM을 도입하여 얻을 수 있는 기대 효과이다. 적절하지 않은 것은?

① 고객 이탈 방지　　　　　　　　　　② 우수 고객 유지
③ 잠재 고객 활성화　　　　　　　　　④ 신규 고객 획득
⑤ 불만고객 증가

11 다음 중 (　　)에 가장 들어갈 용어를 가장 적절하게 나열한 것은?

> 싱가포르 항공사는 고객의 취향에 맞는 서비스, 직원에게 권한 부여, 다소 높은 가격의 고품위 서비스를 제공 등으로 서비스 프로세스의 (가) 전략을 적용하였고, 사우스웨스트 항공사는 저렴한 요금의 단거리 운행, 음료 및 식사 제공 프로세스 생략, 지정좌석제 폐지 등으로 서비스 프로세스의 (나) 전략으로 성공한 항공사이다.

① (가)–개별화, (나)–차별화　　　　　② (가)–차별화, (나)–표준화
③ (가)–개별화, (나)–표준화　　　　　④ (가)–표준화, (나)–개별화
⑤ (가)–일반화, (나)–차별화

12 다음은 CS 프로세스에 대한 설명으로 바르지 못한 것은 무엇인가?

① 프로세스의 목적론이며 이상적인 과업 추구를 중시해야 한다.
② 모든 프로세스는 고객에게 초점을 맞추며 고객입장에서 관찰하고 계획해야 한다.
③ 기업/기관 내의 원재료, 정보, 사람 등과 같은 Input을 제품과 서비스 등의 Output으로 변환시키는 작업이나 활동을 의미한다.
④ 프로세스란 일반적으로 핵심 프로세스와 내부 지원 프로세스로 구분한다.
⑤ 서비스 프로세스란 고객에 의해 경험되어지는 서비스 절차, 과정, 흐름을 의미한다.

13 대인지각에 있어서 중요한 원리의 하나는 첫인상이다. 이 때, 먼저 제시된 정보가 나중에 제시된 정보 보다 더 큰 영향력을 행사하는 것을 무엇이라 하는가?

① 최신효과　　　　　　　　　　　　　② 후광효과

③ 초두효과   ④ 고정관념
⑤ 가면효과

14 대기시간 관리 중 고객 인식의 관리(Perception Management)의 한 방법으로 영화관에서 기다리는 동안 예고편을 보여준다거나 지난 영화의 명장면을 보여주거나, 병원에서 치료와 예방에 관한 책자를 비치하는 기법에 해당되는 것은?

① 공정한 대기 시스템을 구축하라.
② 커뮤니케이션을 활용하라.
③ 고객을 유형별로 대응하라.
④ 서비스가 시작되었다는 느낌을 주라.
⑤ 이용되고 있는 않는 자원은 보이지 않도록 하라.

15 다음은 MBTI의 4가지 선호성 지표에 대한 설명이다. 직관형(Intuition)에 대하여 설명한 것은?

① 자기 외부에 주의 집중을 한다.
② 조용하고 신중한 결정을 한다.
③ 미래의 가능성에 초점을 두고 일을 처리 한다.
④ 분명한 목적의식과 방향감각을 소유하고 있다.
⑤ 진실·사실에 주 관점을 두고 행동한다.

16 다음 중 교류분석(TA)의 설명으로 적절한 것은?

① 개인과 조직의 변화, 의사소통 활성화, 조직 활성화, 개인의 능력을 구사할 수 있는 방법 제시했다.
② 1928년 미국의 콜롬비아 대학 심리 교수인 William Mouston Marston 박사에 의해 만들어 졌다.
③ 외향, 내향, 감각, 직관, 사고, 감정, 판단, 인식 중 4개의 조합으로 이루어진다.
④ 기본적으로 인간 성격의 근간을 장(배 본능), 가슴(감성)중심, 머리(사고)중심으로 대별하고 있다.
⑤ 인간행동유형을 4요소로 분류한다.

17 다음 중 CRM의 등장 배경으로 적당하지 않은 것은?

① 고객의 요구사항이 점점 복잡하고 다양해지고 있다.
② 인터넷과 정보통신의 발달로 고객은 기업 상품과 서비스에 대한 정보습득이 증가했다.
③ 고객을 이해하고 유지하고 신규 고객을 획득하기 위한 활동은 기업 이익에 영향을 준다.
④ 글로벌라이제이션(Globalization)과 다국적 기업의 진출이 증가했다.
⑤ 고객유지 비용보다 신규고객획득 비용이 감소했다.

18 ○○기업에 처음 입사하여 고객 DB관리하게 된 한○○씨는 담당 팀장으로부터 잠재 고객의 데이터를 받고 콘택트(Contact) 포인트를 작성하라는 지시를 받게 되어 자료를 정리하게 되었다. 다음 중 한○○씨가 작성한 잠재고객의 콘택트(Contact) 포인트로 적당하지 않은 것은?

① 고객의 인적 사항을 파악하고 정리하였다.
② 고객의 주변인(가족 포함)을 파악하고 정리하였다.
③ 고객의 구매 능력을 판단하고 작성하였다.
④ 고객의 추가 접촉 가능성을 파악하고 작성하였다.
⑤ 고객의 정보에서 한번이라도 상품을 구매한 명단을 파악하고 작성하였다.

19 다음 중 서비스 환경의 변화가 과거에서 현재로 바르게 연결된 것은?

① 생산자 중심 → 소비자 중심
② 대량생산 → 고객 요구에 따른 생산
③ 대량소비 → 맞춤 상품/서비스 정보
④ productivity → Productivity and customer satisfaction
⑤ 과잉공급 → 독점공급

20 다음 중 고객만족경영의 필요성에 대해 관련성이 없는 내용은 어느 것인가?

① 급속한 기술발전에 의한 커뮤니케이션의 변화
② 독과점 형성에 따른 수요 고객의 고정화
③ 고객의 고품질 서비스 요구 증가
④ 시장의 글로벌 경쟁의 증가
⑤ 고객의 보다 더 향상된 서비스 가치 요구

21 고객 만족 경영의 핵심 요소인 4P와 4C를 둘 다 바르게 기록한 것은 어느 것인가?

① 4P - product, place, promotion, person
　4C - communication, contents, communicate, customer
② 4P - product, place, promotion, price
　4C - communication, concentration, cost, convenience
③ 4P - product, place, promotion, price
　4C - customer, cost, communication, convenience
④ 4P - product, place, promotion, price
　4C - customer, contents, communication, commerce
⑤ 4P - product, plaza, promotion, price
　4C - communication, cost, customer, commerce

22 다음 중 서비스의 특징으로 적절하지 않은 것은?

① 무형성   ② 항상성

③ 소멸성   ④ 이질성

⑤ 동시성

23 신경제혁명으로 경영전략가인 돈 댑스콧(don tapscott)의 웨버노믹스에 보고한 21세기 경제의 기본 틀로 12가지 테마를 제시한 바 있다. 다음 중 웨버노믹스에 제시된 12가지 테마에 포함 되지 않는 것은?

① 지식 (knowledge)

② 아날로그화 (Analogue)

③ 중간 기능의 축소 (Reduction of middle function)

④ 혁신 (Innovation)

⑤ 소비자 대전제 (Prosumption)

24 다음 중 기업 내부 또는 업무 현장에서 형성되는 인간관계로 가장 이상적인 인간관계를 나타낸 것은?

① 목적의식에 의한 자아실현을 완성하기 위한 인간관계

② 남녀구분 없이 연령 차이에 의한 인간관계

③ 자발적 협력에 의한 인간관계

④ 직장 안에서의 남녀평등에 의한 인간관계

⑤ 직원의 서열과 경력에 따른 인간관계

25 기업의 공동의 목표를 설정하고 이를 달성하기 위해 구성원들의 협력을 가져오는 영향력을 무엇이라 하는가?

① 목적의식   ② 허영심

③ 일탈   ④ 리더십

⑤ 미션

26 다음 중 고객관계관리(CRM) 트렌드의 개선방향으로 가장 적절한 것은?

① IT 시스템 위주   ② 고객 문제 해결 치중

③ 제품 캠페인에 초점   ④ 제품 매출액에 초점

⑤ 매스 마케팅

27 다음 중 매슬로우(Maslow)의 욕구 5단계를 하위 단계에서 상위 단계 순으로 바르게 나열한 것은?

① 생리 욕구 – 사회 욕구 – 안전 욕구 – 존경 욕구 – 자아실현 욕구
② 안전 욕구 – 생리 욕구 – 사랑과 소속감에 대한 욕구 – 존경 욕구 – 자아실현 욕구
③ 생리 욕구 – 안전과 안정 욕구 – 사랑과 소속감에 대한 욕구 – 존경 욕구 – 자기실현 욕구
④ 존경 욕구 – 안전과 안정 욕구 – 자기실현 욕구 – 사랑과 소속감에 대한 욕구 – 생리 욕구
⑤ 안전과 안정 욕구 – 자기실현 욕구 – 생리 욕구 – 사랑과 소속감에 대한 욕구 – 존경 욕구

28 다음 중 서비스의 특징 중 무형성을 극복하기 위한 방안으로 가장 적절한 것은?

① 물질적 증거와 제시
② 서비스의 표준화 전략
③ 우수한 요원을 선발하고 훈련하는데 투자
④ 고객관리 철저
⑤ 수요와 공급 간의 조화

29 다음 중 '커트 라이맨'이 정리한 우수한 리더십의 특성에 대한 설명으로 올바르지 않은 것은?

① 리더는 강력하게 일을 추진하는 능력을 가지고 있다.
② 리더는 기업을 염두에 두고 리더십을 발휘한다.
③ 리더는 업무에 누구보다도 열정을 가지고 있다.
④ 리더는 솔선수범과 정확한 지식의 결합을 가지고 있다.
⑤ 리더는 조직원들에게 기업의 추구가치를 알려주고 원하는 방향대로 기업 문화를 바꾸어간다.

30 다음은 고객에게 우월한 가치를 제공하여 고객만족을 창출하여 성공하는 기업에 미치는 파급효과이다. 이에 속하지 않는 것은?

① 충성도가 높은 고객은 제품을 반복적으로 구매한다.
② 충성도가 높은 고객은 경쟁기업의 유인노력에 잘 반응하지 않는다.
③ 충성도가 높은 고객은 잠매구매자들에게 호의적인 구전을 전달하여 기업의 수익성에 큰 기여를 한다.
④ 충성고객을 확보하고 있는 기업의 종업원들은 자사에 긍지와 자부심을 가지게 된다.
⑤ 충성고객을 많이 보유하고 있는 기업의 종업원들의 직무만족도와 이직률이 높다.

제 2 과목 : CS 전략

31 서비스의 수요와 공급의 문제를 해결하기 위한 서비스수요관리전략 중 수요가 너무 많은 상황에 사용하기에 부적절한 전략은?

① 방문 서비스 또는 고객 편의 제고
② 정상 요금 부과
③ 고가격 구매자 우선함
④ 예약제, 대기 시스템 실시
⑤ 수요 분산을 위한 커뮤니케이션 노력

32 기업이 성공하기 위해서는 소비자 트렌드를 파악해 상품 및 서비스 개발과 마케팅 전략에 적극 반영해야 한다. 다음은 IBM CX Forum에서 발표한 아시아의 소비자 태도 변화에 대한 7가지 추세로 볼 수 없는 것은?

① 산업의 변화에 따른 기업의 포커싱 변화
② 대형 유통 업체의 진출 및 생성
③ 시장의 구조조정
④ 정보에 대한 거부감 감소
⑤ 소비자의 가치 변화

33 고객이 겪은 한 번의 불쾌한 경험, 한 명의 불친절한 직원, 정리가 되지 않은 매장, 말뿐인 약속 등 기업의 사소한 실수가 결국은 기업의 앞날을 뒤흔든다는 개념의 법칙은?

① 코즈의 법칙
② 머피의 법칙
③ 롱테일 법칙
④ 깨진 유리창의 법칙
⑤ 경영의 황금률

34 다음 내용은 무엇에 대한 개념인가?

> 20%의 핵심고객으로부터 80%의 매출이 나온다는 유명한 파레토 법칙과 반대되는 개념으로 '역(逆) 파레토 법칙'이라고도 한다. 무한대의 진열이 가능한 인터넷 서점 '아마존닷컴'에서 일 년에 몇 권 안팔리는 80%의 소외 받던 책들의 매출 합계가 20%의 베스트셀러들의 매출을 능가하는 의외의 결과를 두고 인터넷이 가져다준 유통혁명과 관련지어 미국의 인터넷 비즈니스 잡지 와이어드의 크리스 앤더슨 편집장이 만든 개념이다.

① 깨진 유리창의 법칙
② 틈새시장
③ 롱테일 법칙
④ 코즈의 법칙
⑤ 경영의 황금률

35 다음 고객가치 모델에 대한 설명 중 연결이 적절하지 못한 것은?

① 감각적 요인 – 고객이 오감으로 느낄 수 있는 감각적인 요인, 색조, 소리, 소음, 이웃의 소음, 청결, 분위기 등
② 절차적 요인 – 유통업의 경우 상품 구색의 풍부함과 품질의 신뢰성 등
③ 인간적 요인 – 종업원의 접객 태도, 다른 고객의 언동이나 복장, 고객 서비스 등
④ 정보 요인 – 고객이 서비스를 받는데 필요한 정보
⑤ 금전적 요인 – 지불하는 금액에 맞는 대우를 받는다는 느낌

36 다음 중 서비스 품질의 정의를 잘못 설명한 것은?

① 조직과 서비스의 상대적 열등감이나 우월감에 대한 소비자의 총괄적인 인상
② 서비스의 전반적인 우월성이나 우수성에 대한 고객의 평가를 의미
③ 실제 서비스 성과에 대한 고객의 지각과 서비스에 대한 사전 기대치와의 비교를 통한 품질
④ 특정 서비스의 전반적인 우수성에 관한 소비자의판단으로 객관적 품질과는 다른 태도의 한 형태
⑤ 서비스 품질은 절대적으로 지속적인 사회적 방향을 의미하는 전반적인 태도를 의미

37 다음 예시는 리츠칼튼호텔의 고객서비스 업무 프로세스에서 이 직원은 호텔 수칙3조를 수행한 것이다. 이러한 고품격 서비스를 가능하게 하는 서비스 방침으로 해당되지 않는 것은?

> "마니 도와조서 대다니 감사합니다.(많이 도와줘서 대단히 감사합니다)." 지난해 11월 서울 리츠칼튼호텔에 숙박했던 한 미국인 노부부는 호텔을 떠나며 서툰 한국어로 감사 편지를 남겼다. 어린 시절 미국으로 이민을 갔던 한국계 남편이 이 호텔 직원의 안내로 50년 만에 고향 동네를 돌아볼 수 있었기 때문이다. 할아버지는 어린 시절 다닌 초등학교 이름 정도만 희미하게 기억할 뿐이었다. 이 직원은 당시 학교의 위치와 동네를 알아내고 택시기사에게 보여 줄 위치 설명서와 지도도 한글로 만들어 주었다. 호텔 직원의 정성으로 그는 추억 속의 고향으로 돌아갈 수 있었다.

① 엄격한 서비스 표준 강화　　　　　② 직원 재량권 강화
③ 고객문제 효과적 대응　　　　　　④ 가치진술방식
⑤ 예술적 업무 프로세스

38 다음 중 서비스 모니터링을 실시할 때 평가만을 위한 모니터링이 아닌 종업원의 장단점을 발견하고 능력을 향상시킬 수 있는 수단으로 활용해야 하며, 이때 가장 중요한 서비스 모니터링 요소로 편견 없는 기준으로 평가하여 누구든지 인정할 수 있는 요소에 해당되는 것은?

① 대표성　　　　　　　　　　② 객관성
③ 타당성　　　　　　　　　　④ 신뢰성
⑤ 차별성

39 다음 중 (   )안에 알맞은 말은?

> (   )은(는) 소비자들이 아침에 일어나서 신문을 보는 순간에서부터 집을 나와서는 교통수단을 통해, 식당에서나 또는 친구를 만나 차를 마시는 곳, 그 어느 곳에서나 제품의 이미지를 심어주는 것이다.

① MOT 사이클링   ② 틈새 마케팅
③ 블루 마케팅   ④ MOT 마케팅
⑤ MORE 마케팅

40 다음 중 미래지향적 서비스를 제공하는 서비스 요원의 태도로 가장 적절하지 않은 것은?

① 빈틈없는 바른 자세와 태도로 정성스럽고 정중한 서비스를 한다.
② 자신의 직무를 경제논리에 의거한 대등한 용역의 거래를 한다는 자세로 임한다.
③ 매사에 적극적이며 진취적이며 개발적인 자세를 취한다.
④ 실수를 부끄럽게 생각하고 고객을 왕으로 생각하는데 거리낌이 없다.
⑤ 마음속으로부터 우러나오는 서비스를 제공한다.

41 다음은 무엇을 설명한 내용인가?

> 서비스 프로세스 상에 나타나는 시계모양의 도표로서 '서비스 사이클 챠트'라고도 하며, 서비스 전달 시스템을 고객의 입장에서 이해하기 위한 방법으로 사용된다.

① MOT 사이클 차트   ② 인과관계도표
③ 특성요인분석   ④ 서비스 모니터링
⑤ 마인드 맵핑 기법

42 다음 중 서비스 수익모델에서 운영전략과 서비스 전달 시스템에 관한 설명에 해당되지 않는 것은?

① 내적 품질은 종업원의 만족을 가져온다.
② 직원 이직의 실질적 비용은 생산성 저하와 고객 만족을 하락시킨다.
③ 직원 만족도는 생산성과 연관되어 있다.
④ 종업원 안정과 생산성은 서비스 가치를 창출한다.
⑤ 고객 충성도가 높을수록 수익성, 성장률이 높아진다.

43 서비스의 품질관리는 제조의 품질관리와 현격한 차이가 있다. 다음 중 서비스 품질 고유의 특징으로 적절하지 않은 것은?

① 서비스 생산자가 서비스 전달자 역할을 겸하고 있는 경우가 많다.

② 서비스 전달자의 태도는 그날의 서비스의 품질에 영향을 미친다.

③ 서비스의 품질을 측정하기 어렵다.

④ 서비스 구입 후 평가에 제품의 경우보다 더 신경 쓴다.

⑤ 고객의 서비스와 제품에 대한 견해의 차이가 없다.

44 사우스웨스트 항공이 만들어 낸 단거리 여행 시장은 전체 항공기 시장보다 더 큰 성장률을 보였다. 항공요금이 비싸다고 생각했던 사람들, 전에 자동차를 이용했던 사람들의 고객으로 만들어 새로운 시장을 개척하였다. 다음 중 사우스웨스트 항공에서 새로운 시장 개척기법으로 가장 적절한 것은?

① 일 대 일 마케팅

② 데이터베이스 마케팅

③ 세분화마케팅

④ 포지셔닝

⑤ 틈새시장

45 1980년대 PZB에 의해 서비스 품질 평가를 위해 고객이 사용하는 공통적이고 일반적인 준거 기준을 10가지 차원으로 구성하였다. 다음 중 서비스 품질의 10가지 차원의 요소에 해당하지 않는 항목으로 묶은 것은?

① 반응성, 소멸성

② 신용성, 예의

③ 고객이해, 유형성

④ 접근성, 안정성

⑤ 의사소통, 능력

46 서비스 품질이 기업성과에 미치는 방어적 영향으로 가장 적절한 것은?

① 시장점유율 증가

② 기업 이미지 상승

③ 고객 충성도 상승

④ 서비스 프리미엄

⑤ 가입고객 증가

47 제품을 구매한 후 잘못된 부분에 대한 사후 처리는 기업의 이미지에 큰 영향을 준다. 다음 예시는 서비스의 무엇에 대한 중요성을 나타낸 말인가?

> 연애할 때에는 죽자 살자 따라 다니면서 그 여자에게 뭐든지 다 해줄 것처럼, 좋아하는 음식이나 취향에 전폭적으로 지지하지만 결혼 후에는 180도로 바뀌는 태도

① 사전 서비스

② 구매 중 서비스

③ 사후 서비스

④ 고객만족 서비스

⑤ 접점 서비스

48 ○○기업의 고객관리팀장은 고객경험관리(CEM)를 이용하여 고객들이 제품을 구매한 경험에 대한 싸이클 분석을 하려고 한다. 고객 경험 싸이클 분석의 순서로 올바르게 작성된 것은 무엇인가?

① 탐색/구매 – 배달 – 보완 – 사용 – 유지/보수 – 폐기/처분
② 배달 – 탐색/구매 – 보완 – 사용 – 유지/보수 – 폐기/처분
③ 탐색/구매 – 보완 – 사용 – 유지/보수 – 배달 – 폐기/처분
④ 배달 – 탐색/구매 – 보완 – 사용 – 폐기/처분 – 유지/보수
⑤ 탐색/구매 – 배달 – 사용 – 보완 – 유지/보수 – 폐기/처분

49 다음 중 고객 커뮤니티가 기업에 미치는 영향으로 적절하지 않은 것은?

① 다수 고객의 차별화된 니즈를 파악할 수 있다.
② 차별화된 제품 개발이나 제품/기술 혁신을 이끌어낼 수 있다.
③ 해당 제품/서비스 또는 기업을 프로모션하는 수단으로 활용할 수도 있다.
④ 커뮤니티를 통해 연결된 기업과 고객 간에 신뢰 및 감성적인 유대관계를 형성할 수 있다.
⑤ 리스크의 원천을 미리 감지하여 이를 회피 또는 완화할 수 있다.

50 리츠칼튼 호텔은 모든 고객에게 규격화되고 획일화된 서비스를 제공하는 것이 아니라 고도로 차별화된 개별적 서비스(Personalized service)를 제공함으로 이 호텔을 찾는 고객의 95% 정도가 "추억의 남을 만한 방문"이었다는 강한 인상으로 기억된다. 리츠칼튼 호텔에서 고도의 개별적 서비스를 가능하게 해주는 독특한 고객 정보관리 시스템인 이 방식을 무엇이라 하는가?

① 고객 코디네이터　　　　　　　　② 고객 인지 프로그램
③ 개인별 고객 수첩　　　　　　　　④ 고객 경험 관리
⑤ 토털 서비스

51 최근 고객의 소비 변화 중 "소비의 대상으로 맞춤 생산 방식에 의해 제공되는 고급품 또는 고급 서비스를 말하는 것으로 고객의 요구에 대한 한정 생산을 의미하는 것"을 나타내는 신조어는 어떤 것인가?

① 열광 고객 (enthusiasm customer)　　　② 머추리얼리즘 (Maturialism)
③ 메트로 섹슈얼 (metro-sexual)　　　　④ 디날로기언 (di-nalogian)
⑤ 매스 클루시버티 (mass-clusivity)

52 다음 중 서비스 수익모델에서 외부 표적시장 측면에 해당되는 것은?

① 내적 품질은 종업원의 만족을 가져온다.
② 직원 이직의 실질적 비용은 생산성 저하와 고객만족을 하락시킨다.
③ 직원 만족도는 생산성과 연관되어 있다.
④ 종업원 안정과 생산성은 서비스 가치를 창출한다.
⑤ 고객 충성도가 높을수록 수익성, 성장률이 높아진다.

53 다음 중 예의 바른 응대, 환대, 친절 등의 기본적 품질로서 불특정 다수의 고객과 직접적으로 접촉할 종업원에게 매우 중요한 서비스 품질은?

① Internal Quality
② Hardware Quality
③ Software Quality
④ Time Quality
⑤ Psychological Quality

54 일반적으로 모든 품질 차원의 요인들은 고객 불만해소에 영향을 주고 있으며 그 영향도가 서로 다름을 알 수 있다. 애프터서비스 품질 차원의 요인들 중 영향도가 가장 낮은 것은?

① 태도 및 행동
② 서비스 처리시간
③ 전문성 / 기술
④ 편의성
⑤ 정책

55 고객의 행동 및 심리적 세분화 방법이 많이 사용되는 소비재 시장에서 가능한 시장 세분화 방법으로 가장 적절한 것은?

① 산업의 종류
② 제품구매빈도
③ 구매기준
④ 구매긴급도
⑤ 채용한 기술

56 다음 중 리츠칼튼 호텔의 고객 절대 만족의 개선 방안으로 적절하지 않은 것은?

① 고객 기대 관리
② 기업 내 품질 문화 정착시켜라.
③ 서비스 품질의 결정요소 파악하라.
④ 고객에게 서비스 내용을 알려주라.
⑤ 서비스 제공을 인적 활동 측면에서 수동화를 실천하라.

57 다음 중 (   )에 가장 알맞은 말은?

> 서비스 품질 측정 방법에 가장 일반화 된 것은 세 명의 학자 명을 붙여 일명 〈Parasuraman, Zeithaml & Berry, PZB〉에 의해 개발된 측정 도구로 서비스 기업이 고객의 기대와 평가를 이해하는데 사용할 수 있는 (   ) 이다.

① 일문항(항목) 척도
② 다문항(항목) 척도
③ 이문항(항목) 척도
④ 오문항(항목) 척도
⑤ 육문항(항목) 척도

58 다음 중 서비스 품질 향상을 위한 권고사항에 해당되지 않는 것은?

① 경청함
② 고객을 놀라게 함
③ 공정함
④ 개인역량
⑤ 회복

59 다음 중 서비스 청사진에 대한 설명으로 바르지 못한 것은?

① 서비스 청사진은 고객의 행동, 종업원의 행동, 지원 프로세스의 3가지 단계로 분류된다.
② 서비스 구매, 소비, 평가의 프로세스에서 고객이 수행하는 단계, 선택, 활동, 상호작용 등을 포함한다.
③ 종업원의 행동은 서비스를 전달하는 종업원을 지원하기 위한 내부적 서비스 이다.
④ 종업원의 행동은 두 가지로 분류할 수 있다.
⑤ 일선 종업원의 행동은 고객의 눈에 가시적으로 보이는 종업원의 활동을 말한다.

60 다음 중 서비스 GAP 4의 원인으로 가장 적절한 것은?

① 역할 모호성 및 역할의 갈등
② Communication 부족 또는 부적합
③ 서비스 업무 표준화 결여
④ 업무에 적합하지 않는 감독 통제 시스템
⑤ 팀워크의 결여

제 3 과목 : 고객관리 실무론

61 다음 중 불만고객응대의 다섯 가지 기본 원칙에 해당되지 않는 것은?

① 피뢰침의 원칙
② 책임 공감의 원칙
③ 행동통제의 원칙
④ 언어절제의 원칙
⑤ 역지사지의 원칙

62 다음 중 프레젠테이션의 4P 중 청중(People)의 분석 요소로 적절하지 않은 것은?

① 성별　　　　　　　　　　　② 소비수준
③ 연령대　　　　　　　　　　④ 소득수준
⑤ 학력

63 고객만족화법으로 대화를 나눌 때 부정(-)과 긍정(+)의 내용을 혼합해야 하는 경우 기왕이면 부정적 내용을 먼저 말하고 끝날 때는 긍정적 의미로 마감하라는 화법은?

① 레이어드 화법　　　　　　② 쿠션 화법
③ 산울림 화법　　　　　　　④ 칭찬 화법
⑤ 아론스 화법

64 다음 중 호칭을 부를 때 주의사항으로 적절하지 않은 것은?

① 상사에 대한 존칭은 호칭에만 사용한다.
② 문서에는 상사에 존칭을 생략한다.
③ 본인 입석 하에 지시를 전달할 때는 '님'을 붙임
④ 위 사람에게는 "수고하십시오."라고 하지 않는다.
⑤ 사내에서는 직급과 직책 중에서 편한 호칭을 사용한다.

65 다음 중 전화 응대 시 전화를 받을 때 행동으로 적절하지 않은 것은?

① 메모를 위해 펜과 종이를 준비한다.
② 전화 받는 사람의 음성이 그 회사에 대한 첫 인상이라고 해도 과언이 아니다.
③ 용건은 간단, 명료하게 메모한다.
④ 전화가 들리지 않더라도 다시 한 번 말해 달라는 것은 예의가 아니다.
⑤ 상대방이 전화를 끊은 뒤 수화기를 내려놓는 것이 예의이다.

66 다음 중 고객응대 시 질문 상황에서의 종류 중 선택형 질문(Closed Question)이 필요할 경우는?

① 고객이 적극적으로 이야기하게 함으로써, 고객의 니즈를 파악할 경우
② 고객들의 마음에 여유를 가지게 해야 할 경우
③ 고객의 니즈에 초점을 맞추어야 할 경우
④ 고객의 답변에 초점을 맞추어야 할 경우
⑤ 처리해야할 사항을 확인 받아야 할 경우

67 다음 중 에드워드홀의 공간적 거리에 따른 친밀감의 정도에서 사회적인 거리는?

① 0 ~ 0.45m
② 0.45 ~ 2m
③ 2 ~ 6m
④ 6 ~ 10m
⑤ 10 ~ 13m

68 다음은 동기 부여와 활력을 주는 코칭 방법에 대한 설명이다. 가장 적절한 것은?

① 칭찬 – 훌륭한 일을 처리했을 때는 잘한 행동에 대해 조목조목 칭찬해 주는 것이 좋다.
② 어디에서 – 사람들 앞에서 칭찬하고 보이지 않는 곳에서 충고하도록 한다.
③ 적절한 타이밍 – 칭찬은 타이밍이 적절할수록 좋다.
④ 말하지 말고 질문하라 – 행동변화를 위한 코치를 할 때에는 한 번에 한 ‧ 두 가지만 선정한다.
⑤ 모니터링 – 개인의 MOT를 정확하게 파악하여 모니터링을 실시한다.

69 다음 중 에드워드 홀의 공간적 영역과 거리의 연결이 적절하지 않는 것은?

① 대중적 거리 원접영역 : 10m
② 개인적 거리 근접영역 : 40Cm ~ 1m
③ 사회적 거리 원접영역 : 3.5m ~ 6m
④ 대중적 거리 근접영역 : 6m
⑤ 친밀한 거리 : 0Cm ~ 35Cm

70 ○○기업의 고객만족 센터에 근무하는 김팀장은 최근 컨택센터(콜센터)로 고객의 불만사항이 다수 발생하여 원인을 분석한 결과 기업의 업무적인 원인과 기업의 심리적인 원인으로 분류하였다. 다음 중에서 기업의 업무적인 원인에 해당되지 않는 것은?

① 업무처리 미숙과 지연
② 상품에 대한 설명 부족
③ 담당직원의 업무지식 부족
④ 회사의 규정을 강조
⑤ 고객감정에 대한 배려 부족

71 다음 방향을 안내할 때의 설명 중 적절하지 않은 것은?

① 손가락이 아니라 손바닥 전체로 안내한다.
② 안내를 할 때에는 왼손, 오른손을 모두 사용할 수 있다.
③ 가까운 거리를 안내할 때나 먼 거리를 안내할 때 팔꿈치를 구부린다.
④ 손목이 꺾이지 않도록 정중하고 바른 자세를 유지한다.
⑤ 상대방에게 손등이 아니라 손바닥이 보이도록 안내한다.

72 다음 중 조해리 창문에서 미지 영역이 가장 넓은 사람은 어떤 인간관계 유형을 보이는가?

① 개방형　　　　　　　　　　　② 자기 주장형
③ 신중형　　　　　　　　　　　④ 고립형
⑤ 은폐형

73 다음은 고객이 추구하는 가치에 대한 설명이다. 어느 유형에 대한 설명인가?

경쟁하는 기업들의 대열에서 이기기 위해서 고객에게 제공되는 서비스의 수준이 '감동과 기쁨을 안겨주는 가치'로 기업의 성패를 결정짓는 부분이기도 하다.

① 기본가치(基本價値)　　　　　② 기대가치(期待價値)
③ 예상외 가치(豫想外 價値)　　④ 희망가치(希望價値)
⑤ 소망가치(所望價値)

74 다음 중 불만고객 응대에 관한 예절로 가장 적절한 것은?

① 최선의 해결책을 제안한다.
② 담당자와 끝까지 상의하도록 유도한다.
③ 고객의 이야기를 끝까지 들어본 뒤 잘못을 인정하고 사과한다.
④ 불만 고객을 응대할 때 모든 일들을 신속하게 실행하는 것은 옳지 않다.
⑤ 목소리, 톤 등을 일정하고 평이하게 전달해야 한다.

75 다음 중 정중한 인사를 해야 할 상황으로 가장 적절한 것은?

① 상사의 외출과 귀가할 때
② 사람이 많은 공공장소에서 상사를 만났을 때
③ 복도나 계단에서 상사를 만났을 때
④ 지시 또는 보고 후
⑤ 예의를 갖춰 감사의 표현을 할 때.

76 고객의 불만 원인으로 가장 많은 비율을 차지하는 항목은 직원응대 과정이다. 다음 중 직원응대 과정에서 생긴 불만으로 보기 어려운 것은?

① 불친절　　　　　　　　　　　② 규정핑계
③ 업무처리 미숙　　　　　　　　④ 책임회피
⑤ 불량품

77 다음 내용 중 커뮤니케이션의 장애 요인은?

> 개인은 자기 자신을 보호하고 유지하며 자아를 향상시키는 방향으로 행동하려 하기 때문에 자기에게 유리한 방향으로 메시지를 선택하고 해석하게 된다. 고정관념, 상동적 태도, 후광효과 등이 여기에 속한다.

① 공식–비공식 커뮤니케이션 장애
② 언어상의 장애
③ 지각상의 장애
④ 하향식–상향식–횡적 커뮤니케이션
⑤ 보호적 여과적용

78 다음 중 칼 알브레히트의 서비스 7거지악에 해당되지 않는 요소는?

① 무관심
② 냉담
③ 기계화
④ 생색내기
⑤ 규정핑계

79 다음 중 컨택센터(콜센터)에서 사용하는 스크립트에 대한 설명이 올바르지 않은 것은?

① 컨택센터(콜센터)의 4가지 요소는 스크립트, 데이터시트, 질문과 응답, 시스템이다.
② 고객, 마케팅 상황에 따라 상담흐름에 맞추어 정형화된 형식을 필요로 한다.
③ 컨택센터(콜센터)의 목표나 현장상황에 관계없이 기본적인 구성을 활용한다.
④ 음성만으로 메시지를 제공하므로 체계화된 스크립트가 필요하다.
⑤ 상담도중 흐름을 잃지 않도록 평균시간을 준수하여 작성하는 것이 좋다.

80 다음 중 바꾸어 말하는 화법의 효과로 적절하지 않은 것은?

① 대화의 내용을 기억하는데 도움을 준다.
② 오해의 발상을 막아 준다.
③ 말하기 장애의 해결에 도움을 준다.
④ 관심 가지고 잘 들어준 상대방에게 감사하게 된다.
⑤ 고객의 불만을 최소화 시킬 수 있다.

81 다음은 얀 칼슨의 고객만족의 관한 이야기이다. (   )에 들어갈 가장 알맞은 용어는?

> 얀 칼슨은 그의 저서 진실의 순간에서, 서비스 업무 개선의 중요성을 '소매업에서는 가격이 하루 만에 똑같아 지고 상품 품목은 3일 만에 모방된다. 차이를 좁히기 힘들고 따라할 수 없는 것이 (   )다'라고 설명했다.

① 고객가치
② 고객 충성도
③ 서비스 품질
④ 서비스
⑤ 고객응대

82 파워포인트는 여러 가지 다양한 마스터 기능을 제공한다. 다음 중 파워포인트에서 제공하는 마스터 기능에 포함되지 않은 것은?

① 제목 마스터

② 개요 마스터

③ 유인물 마스터

④ 슬라이드 노트 마스터

⑤ 슬라이드 마스터

83 진정한 고객만족 경영이 되려면 4가지의 고객이 만족되어야 진정한 고객 만족 경영을 했다고 할 수 있다. 바르게 고객을 분류한 것은 무엇인가?

① 외부고객– 사회– 단골고객– 주주

② 사회– 리더– 주주– 단골고객

③ 단골고객– 리더– 사회– 외부고객

④ 내부고객– 외부고객– 사회– 주주

⑤ 외부고객– 주주– 내부고객– 리더

84 신입사원이 입사 후 처음으로 거래처를 대상으로 자사의 신제품에 대한 내역과 성능의 우수함을 상세히 설명하고 구입을 권유하고자 프레젠테이션 적용할 경우 프레젠테이션의 목적을 성공적으로 달성하기 위해서 사용할 수 있는 가장 적절한 접근법은?

① 정보전달 프레젠테이션

② 설득적 프레젠테이션

③ 정보전달 + 설득적 프레젠테이션

④ 정보전달 + 설득 + 의례적 프레젠테이션

⑤ 엔터테인먼트 프레젠테이션

85 다음 중 수신자와 관련된 의사소통과정의 장애요인을 모두 선택하시오.

가. 평가하려는 경향	나. 선택적인 경청
다. 선입견 및 편견	라. 상급자들의 자기보호 의식
마. 무반응 또는 부적절한 반응	

① 이상모두

② 나, 다, 라

③ 가, 나, 다, 라

④ 가, 나, 다, 마

⑤ 나,다,라,마

86 다음 중 공감적 경청을 위한 대화법 중 레이어드 화법에 해당되는 것은?

① 이쪽에서 도와드리겠습니다.

② 이쪽 자리 괜찮으십니까?

③ 오늘 입으신 옷이 매우 아름답습니다.

④ 네, 가격은 비싸지만 품질은 최고입니다.

⑤ 죄송합니다만, 잠시만 기다려 주십시오.

87 다음 중 코칭의 특징으로 적절하지 않는 것은?

① 미래지향적
② 행동변화에 중점
③ 스스로 문제를 발견하고 해결
④ 양방향적인 관계
⑤ What에 집중

88 다음 중 고객에게 반갑지 않는 정보를 제공하는 기법으로 적절하지 않은 것은?

① 고객에게 명확하고 정확한 정보를 알려준다.
② 고객의 감정을 존중하는 것을 표현한다.
③ 대안제시 또는 제안을 한다.
④ 고객이 이해하고 있는지 확인한다.
⑤ 고객에게 전문적인 지식을 알려준다.

89 다음 중 전자거래기본법에 규정된 용어의 정의로 적절하지 않은 것은?

① "전자문서"란 컴퓨터 등 정보처리 능력을 가진 장치에 의하여 전자적 형태로 작성되어 송·수신 또는 저장되는 정보를 말한다.
② "전자거래"란 재화·용역의 거래에 있어서 그 전부가 전자문서로 처리되는 거래만을 말한다.
③ "작성자"란 직접 또는 대리인을 통하여 전자문서를 작성하여 전송하는 자를 말한다.
④ "수신자"란 작성자가 전자문서를 전송하는 상대방을 말한다.
⑤ "인증기관"이란 신청에 따라 전자서명 사용자의 신원확인 기타 관련 업무를 취급하는 자를 말한다.

90 다음 중 코칭을 위한 질문으로 문제해결을 위한 효과적인 질문으로 가장 적절한 것은?

① 이런 제안에 대해 어떻게 생각하는가?
② 이 방법의 장점은 무엇인가?
③ 이것과 저것의 차이점은 무엇인가?
④ 누가 이 일과 관련이 있는가?
⑤ 우리가 잘못하고 있는 것은 무엇인가?

제2회 실전모의고사 정답

01 ④	02 ②	03 ④	04 ①	05 ③	06 ④	07 ①	08 ①	09 ②	10 ⑤
11 ③	12 ①	13 ③	14 ④	15 ③	16 ①	17 ⑤	18 ⑤	19 ⑤	20 ②
21 ③	22 ②	23 ②	24 ③	25 ④	26 ②	27 ③	28 ①	29 ②	30 ⑤
31 ①	32 ④	33 ④	34 ③	35 ②	36 ⑤	37 ①	38 ②	39 ④	40 ②
41 ①	42 ⑤	43 ⑤	44 ⑤	45 ①	46 ③	47 ④	48 ⑤	49 ①	50 ②
51 ⑤	52 ⑤	53 ⑤	54 ②	55 ②	56 ⑤	57 ②	58 ④	59 ③	60 ②
61 ③	62 ②	63 ⑤	64 ⑤	65 ④	66 ③	67 ③	68 ⑤	69 ⑤	70 ④
71 ③	72 ④	73 ③	74 ①	75 ⑤	76 ⑤	77 ③	78 ③	79 ③	80 ③
81 ④	82 ②	83 ④	84 ③	85 ④	86 ②	87 ⑤	88 ⑤	89 ②	90 ⑤

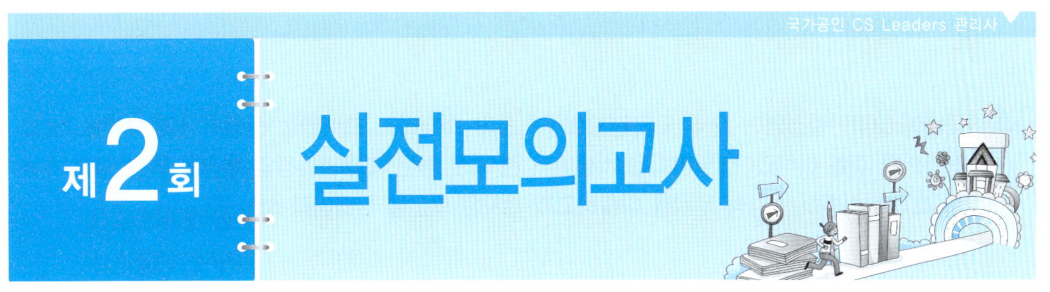

제2회 실전모의고사

제1과목 : CS 개론

01 고객만족관리(Customer Satisfaction Management)의 중요성으로 가장 적절한 것은?

① 한 기업이 제공하는 상품 및 서비스에 불만족한 모든 고객은 그 기업과의 거래를 중단한다.

② 고객을 잃고 손상된 이미지를 회복하기 위해 기업에서 추가적인 노력을 할 필요는 없다.

③ 만족한 고객에게는 처음 구매의 1/5 정도의 비용으로도 재구매를 유도할 수 있다.

④ 기존 고객을 유지하는데 소요되는 비용은 신규 고객을 유지하는데 4배에 이른다.

⑤ 고객은 제품을 사용하고 만족을 느껴도 가격을 지급하는데 크게 주저한다.

02 다음 Mass Marketing과 CRM을 비교한 것 중 가장 적절한 것은?

① 판매측면에서 매스마케팅은 거래를 기반으로 하지만, CRM은 가치를 기반으로 한다.

② 고객 접근방법으로 Mass Marketing은 특정 고객을 대상으로 하고 CRM은 불특정다수 고객을 대상으로 한다.

③ Mass Marketing의 주요 관심영역은 고객과의 일대일 관계에 있고, CRM의 주요 관심 영역은 집단고객에 있다.

④ 고객과의 관계측면에서 매스마케팅은 고객과의 관계형성에 목표를 두고 있지만, CRM은 신규고객 개발에 더 많은 의미를 둔다.

⑤ Mass Marketing은 고객 점유율(Customer share)제고를 통한 매출 증대를 CRM은 시장 점유율 제고를 통한 매출 증대를 목표로 한다.

03 다음은 리더십의 행동 덕목으로 적절하지 않은 것은?

① 리더는 겸허하고 감사할 줄 아는 사람이어야 한다.

② 리더는 자신에 대한 비판을 참고하고 획일적인 정보통로를 가져야 한다.

③ 리더는 복잡한 상황을 견딜 수 있는 능력을 길러야 한다.

④ 리더는 최신 지식에 뒤지지 말아야 한다.

⑤ 리더는 타의 모범이 되고 희생을 치러야 한다.

04 국내에 고객만족경영이 본격 도입된 90년대 초만 하더라도 고객접점 중심의 친절 서비스가 고객만족의 주를 이루었다. 일반화된 시점에서 한 차원 높은 고객만족경영 추진을 통한 경영 효율성 제고와 차별화된 경쟁 우위를 창출하고자 제시된 혁신을 무엇이라 하는가?

① 차별화된 고객 만족
② 통합적 고객만족
③ 고품위 고객만족
④ 수평적 고객만족
⑤ 총체적 고객만족

05 다음 중 쇼펜하우어의 '고슴도치 딜레마'가 직장에서의 인간관계에 주는 교훈은?

① 엄숙한 자세로 일을 해야 한다.
② 다른 사람이 접근하는 것을 금지해야 한다.
③ 타인의 삶에 지나치게 간섭해야 한다.
④ 개인은 전체의 한 부분이다.
⑤ 적당한 거리를 유지해야 한다.

06 다음 중 서비스 프로세스에서 노동집중도의 4가지 분류 중에서 노동의존성이 높고 고객과의 상호작용 및 개별화가 낮은 것에 해당되는 것은?

① 서비스 팩토리
② 대중 서비스
③ 서비스 샵
④ 전문 서비스
⑤ 개인 서비스

07 다음 중 서비스 프로세스에서 노동집중도의 4가지 분류 중에서 노동의존성 높고 고객과의 상호작용 및 개별화가 높은 업종에 해당되는 것으로 묶은 것은?

① 건축가, 운송업
② 운송업, 컨설턴트
③ 수리 센터, 건축가
④ 변호사, 전문의
⑤ 도매업, 전문의

08 교류분석에서 대화란 어떤 사람이 하나의 자아 상태에서 보내지는 (a)에 다른 사람의 자아 상태에서 (b)이 되어 되돌아오는 것이다. 연결이 바른 것은?

① a-자극, b-작용
② a-작용, b-반응
③ a-자극, b-경청
④ a-경청, b-반응
⑤ a-자극, b-반응

09 다음은 고객만족관리(customer satisfaction Management)의 개념의 시초가 되어 고객만족경영의 발전의 토대가 되었다. (   )안에 적절한 것은?

> 고객만족의 역사는 1972년 미국 농산부에서 농산품에 대한 (   )을(를) 측정 발표한 데로 거슬러 올라간다. 1975년부터 5년간에 걸쳐 미국 소비자 문제국이 실시한 '소비자 불만처리' 조사결과를 기초로 만들어진 '굿맨(Goodman) 이론'에서 고객들의 정서적인 불만요소를 정량적으로 지수화해 발표하면서 미국과 유럽, 일본을 중심으로 고객만족 경영이 발전하였다.

① 소비자만족지수
② 고객만족도
③ 고객 충성도
④ 브랜드 옹호자
⑤ 국가고객만족지수

10 다음 중 관광서비스의 중요성이다. 적절하지 않은 것은?

① 최고급의 숙련 전문화된 서비스를 요구한다.
② 차별화된 고품위 서비스를 요구한다.
③ 철저한 준비를 요하는 서비스이다.
④ 관광서비스는 모방이 쉽지 않다.
⑤ 고객들은 빈틈없이 만족과 감동을 주는 서비스 보다 물리적인 서비스를 선호한다.

11 서비스의 특징으로 서비스는 저장이 불가능하다는 소멸 가능성을 일컫는다. 다음 중 소멸 가능성의 특징을 극복하기 위한 전략으로 수요측면에 속하지 않는 것은?

① 극장의 초저녁 할인가격이나 렌터카의 경우 주말 할인의 가격 차별화 전략
② 맥도널드의 아침식사 개발의 피크타임이 아닐 때 수요도 개발 전략
③ 호텔의 경우 기다리는 고객들을 위한 칵테일 라운지 운영의 피크타임 때 보충서비스 개발 전략
④ 고객이 물건을 구입할 때 직접 포장하도록 하는 고객참여 증대를 활성화하는 전략
⑤ 수요의 수준을 관리하는 예약시스템 전략

12 서비스의 지속적 우위(SCA)를 위한 방어전략 중 저지전략(Blocking)에 해당 되는 것은?

① 집중광고 전략
② 장기고객 요금 할인 전략
③ 고객과의 계약기간 연장
④ 가격인하
⑤ 서비스 패키지 강화

13 다음 중 그레고리스톤의 고객 분류에 해당되지 않는 것은?

① 개인적 고객
② 윤리적 고객
③ 경제적 고객
④ 경험적 고객
⑤ 편의적 고객

14 다음 말콤발드리지(Malcolm Baldrige)의 경영모델 중 가장 높게 책정한 평가 항목은?

① 정보와 분석
② 리더십
③ 고객에의 관심과 만족도
④ 인적자원 개발과 관리
⑤ Quality와 업적성과

15 다음은 서비스 프로세스 개선 기법에 관한 설명이다. (   )안에 가장 적절한 것은?

> 품질기능전개(QFD) 기법은 처음부터 끝까지 소비자의 만족과 가치를 보장하는 제품을 디자인 하는 것이 목표이다. QFD 모델은 품질 좋은 제품을 만들고 전달하기 위하여 실제 (   )를 설계하고 실현하기 위해 사용된다.

① 종업원의 요구
② 고객의 요구(VOC)
③ 고객의 컴플레인
④ 고객의 만족
⑤ 운영자의 요구

16 다음 중 MBTI(Myers-Briggs Type Indicator)에 대한 설명으로 바르지 못한 것은 무엇인가?

① 융의 심리 유형론에 기초를 두고 있다.
② 검사지는 모두 95문항으로 이루어져 있다.
③ 4가지 척도의 관점에서 인간을 이해하려 하고 16가지 유형으로 분류 할 수 있다.
④ 자기보고 문항을 통해 각자가 인식하고 판단할 때 선호하는 경향을 찾아내는 것으로 실생활에 적용 된다.
⑤ 결과는 E(외향) – I(내향), S(감각) – N(관찰), T(사고) – F(감정), J(판단) – P(인식) 4가지로 구분된다.

17 다음 중 서비스에서 지속적인 경쟁 우위를 점하기 위해 만족시켜야 하는 조건으로 적절하지 않은 것은?

① 고객으로부터 가치 있다고 평가 받지 못할 경우 추가적인 판매효과를 얻을 수 없다.
② 대체 가능성은 경쟁자가 이와 유사한 이점을 활용할 수 있을 때 발생한다.
③ 기업이 우선적으로 갖추어야 할 능력이 부족하다면 지속적 경쟁 우위로 개발될 수 없다.
④ 차별화된 서비스는 경쟁자들이 쉽게 모방되기 때문에 경쟁의 목적으로 작용한다.
⑤ 서비스의 경험적 속성 때문에 구매자의 전환 비용은 제품보다 서비스에서 더욱 높다.

18 대기시간 관리 중 고객 인식의 관리(perception management)의 한 방법으로 영화관에서 기다리는 동안 예고편을 보여준다거나 지난 영화의 명장면을 보여주거나, 병원에서 치료와 예방에 관한 책자를 비치하는 기법에 해당되는 것은?

① 공정한 대기시스템을 구축하라
② 커뮤니케이션을 활용하라
③ 고객을 유형별로 대응하라
④ 서비스가 시작되었다는 느낌을 주라
⑤ 이용되고 있는 않는 자원은 보이지 않도록 하라

19 최초 구매고객의 반응을 체크하는 것으로 만족, 불만족, 무반응 등으로 분류하여 고객을 결정 했을 때 이러한 방법으로 분류된 고객은 어느 고객 분류에 속하는가?

① 기존 고객
② 잠재 고객
③ 신규 고객
④ 구매 용의자
⑤ 단골 고객

20 다음 중 품질의 집(HOQ)의 구성 요소에 해당되지 않는 것은?

① 고객의 요구
② 고객특성
③ 상관관계
④ 경쟁사 비교
⑤ 상호작용

21 다음은 고객만족경영의 환경 변화들이다. 기업과 소비자의 변화가 맞게 연결된 것은?

① 기업 – 소득증대 고객 – 국제화
② 기업 – 가치변화 고객 – 개방화
③ 기업 – 무한경쟁시대 고객 – 고객 주권시대
④ 기업 – 기업 주권시대고객 – 니즈의 다양화
⑤ 기업 – 니즈의 다양화고객 – 소비행태의 변화

22 다음 중 고객만족의 기본적인 출발점으로 가장 적당한 것은 ?

① 어느 누구라도 고객과 마찰이 발생하면 사과하고 불만을 처리한다.
② 기업이 요구하는 고객정보를 확보한다.
③ 고객이 평생 고객인지 일회성 고객인지를 명확하게 구분한다.
④ 고객은 누구나 떠날 수 있는 존재이기에 적당히 친절하면 된다.
⑤ 고객의 의미를 명확하게 인식한다.

23 다음은 고객만족경영의 환경 변화들이다. 기업과 소비자의 변화가 맞게 연결된 것은?

① 기업 – 소득증대 고객 – 국제화
② 기업 – 가치변화 고객 – 개방화
③ 기업 – 무한경쟁시대 고객 – 고객 주권시대
④ 기업 – 기업 주권시대고객 – 니즈의 다양화
⑤ 기업 – 니즈의 다양화고객 – 소비행태의 변화

24 다음 중 노드스트롬(Nordstrom)의 SWOT을 통해 본 환경 분석에서 S(Strengh) 즉, 내부 환경의 강점요인으로 적절하지 않은 것은?

① 개인별 수첩
② 1인 1착 서비스
③ 종업원 선발과 교육
④ 권한위임
⑤ 인터넷 쇼핑몰 등 전자상거래의 등장

25 다음 중 서비스 상품의 성격에 따른 분류에 대한 설명으로 바르지 못한 것은?

① 편의 서비스, 선매 서비스, 전문 서비스의 3가지로 분류한다.
② 편의 서비스는 소비자가 최소한의 쇼핑 노력만을 들여 구매하는 것을 말한다.
③ 전문 서비스 상품은 구매 노력이 적게 들고 고객이 관여하는 정도가 매우 높다.
④ 경쟁 서비스와 품질, 가격 등을 비교하며 정보를 탐색하는 등의 노력은 선매 서비스에 해당 된다.
⑤ 전문 서비스 상품에 대해서는 매우 높은 정도로 위험을 인식한다.

26 다음 내용의 설명으로 알맞은 용어는?

> 기업의 내부 데이터를 모든 부서와 직원들이 공유하고 통합할 수 있는 시스템을 구축하고, 이를 기반으로 고객정보를 데이터마이닝을 통해 분석 및 가공하여 기업이 신속한 의사결정을 유도할 수 있도록 하여, 결과적으로 평생고객을 유치하는 목적이다.

① ERP (Enterprise Resource Planning)
② CEM (Customer Experience Management)
③ CRM (Customer Relationship Management)
④ SCM (Supply Chain Management)
⑤ DBM (Data Base Marketing)

27 다음 중 서로 원활한 대화가 이루어지지 않아 결국 대화가 중단되고 부정적 인간관계로까지 이어지는 교류를 무엇이라 하는가?

① 평행교류   ② 교차교류
③ 잠재교류   ④ 이면교류
⑤ 상보교류

28 다음 중 상대방의 하나 이상의 자아 상태를 향해서 현재적 교류와 잠재적 교류 두 가지가 동시에 작용하는 교류 형태로 사회적 차원에서 메시지를 기대하는 교류는?

① 교차교류   ② 상보교류
③ 신뢰교류   ④ 독립교류
⑤ 이면교류

29 다음 중 데이터마이닝 수행과정을 알맞게 순서대로 나열한 것은?

A.데이터마이닝	B.해석 및 평가	C.통합
D.문제정의	E.변환	F.선별 및 정제

① D-C-A-B-F-E   ② D-F-E-C-A-B
③ D-F-E-A-B-C   ④ D-F-A-C-B-E
⑤ D-F-E-A-C-B

30 다음 중 학자들의 서비스의 정의에 대한 설명으로 연결이 바르지 못한 것은?

① J.M Rathmell(1966) – 인간이 할 수 있는 최고의 것은 봉사하는 것이다.
② K.J Blois) – 한 재화의 형태에서 물리적 변화가 없이 편익과 만족을 낳은 판매에 제공되는 활동이다.
③ AMA(1966) – 판매를 위하여 제공되거나 연계되어져 제공되는 제 활동, 효익 및 만족이다.
④ W.J. Stanton – 소비자나 이용자에 판매될 경우에 욕망에 대한 만족을 가져오는 무형의 활동이다.
⑤ Judd – 소유권의 이전이 없는 재산이다.

제2과목 : CS 전략

31 다음 중 서비스 접점의 특성으로 적절하지 않은 것은?

① 서비스 접점의 목적은 제품/서비스의 교환이다.
② 고객의 니즈와 목표가 있을 때 발생하므로 목표 지향적 성격을 지닌다.
③ 서비스 제공자와 고객 간의 인간적인 상호작용이다.

④ 서비스 제공자와 고객의 관계는 양자적 관계이다.

⑤ 제공되는 서비스의 내용과 특성 및 참여자의 위치에 따라 서비스의 범위가 제한된다.

32 다음 중 서비스 회복 전략으로 보기 어려운 것은?

① 고객이 불만을 쉽게 토로할 수 있게 만든다.

② 불만족에 대한 적절한 대처방식을 디자인한다.

③ 불만처리에 대한 상황을 경영층에 전달하는 체계를 구축한다.

④ 재발의 방지를 위한 방안을 마련한다.

⑤ 서비스 담당자가 서비스 불만을 해결할 수 있도록 되도록 많은 권한을 위임해야 한다.

33 소비자의 무의식 세계를 탐사할 수 있는 조사 방법론으로 인간의 95%의 인지 과정이 지각되지 않은 심층의식 차원에서 이루어지고, 5% 정도만 고차원적인 인식 차원에서 발생한다는 원리에 근거한 소비자 내면심리파악기법은?

① Peer Shadowing

② Shadow Tracking

③ Zaltman Metaphor Elicitation Technique

④ Focus Group Interview

⑤ Town Watching

34 다음 중 고객행동과 고객특성에 의한 세분화 방법에 관한 설명으로 거리가 먼 것은 무엇인가?

① 고객 개개인의 반응함수로 계산되는 점수를 부여하여 세분화한다.

② 고객 점수를 기준으로 몇 개의 집단으로 구분하여 세분화한다.

③ 고객 반응정보와 이에 미치는 영향에 대한 분석 고객반응확률을 계산해 낼 수 있는 반응 함수를 도출한다.

④ 고객정보의 데이터베이스로부터 샘플링을 통해 세분화한다.

⑤ 고객의 일반적인 특성정보로 세분화한다.

35 다음 중 고객 세분화 요건에 속하지 않은 것은?

① 구매 행위와 태도

② 시장의 크기

③ 접근 가능성

④ 산업의 성숙도

⑤ 수익성

36 다음 중 고객과의 접촉이 많은 서비스 접점에서 만족도 조사 설문으로 가장 적절하지 않은 것은?

① 서비스는 정시에 이루어졌는가?
② 요금은 예상금액 범위 내인가?
③ A/S 에 대한 불만 사항은 없는가?
④ 고객을 깍듯이 대했는가?
⑤ 설명은 이해되었는가?

37 다음 중 사후 서비스의 장점으로 적절하지 않은 것은?

① 브랜드 이미지가 좋다는 평가를 받는다.
② 컴플레인/클레임을 사전에 방지할 수 있다.
③ 예약에 따른 예측이 가능하다.
④ 고객의 니즈를 보다 효율적으로 파악할 수 있다.
⑤ 이용 후 정보로 사용할 수 있다.

38 다음 경영 마인드 중에서 경쟁 조직과 비교하여 고객에게 상대적으로 더 큰 만족을 제공하고자 하는 것으로 주로 핵심 역량이 그 원천이 되는 것은 무엇인가?

① 경영윤리 마인드 　　　　　② 고객중심 마인드
③ 경쟁우위 마인드 　　　　　④ 고객 가치 극대화 마인드
⑤ 고객신뢰 마인드

39 소비행동에 영향을 미치는 요소는 문화적, 개인적, 사회적, 심리적 요소가 있다. 다음 중 문화적 요소에 속하는 것은?

① 신념과 태도 　　　　　② 가족
③ 습관 　　　　　④ 준거집단
⑤ 연령

40 다음 중 미래지향적 고객 중심서비스의 설명으로 거리가 먼 것은?

① CRM에 바탕을 둔 고객포커스 전략이다.
② 고객의 니즈에 부합하는 상품을 마케팅하는 서비스이다.
③ CRM에 바탕을 둔 마케팅 활동은 고객의 중심에서 이루어진다.
④ 기존고객의 유지 및 신규고객 확보를 위한 마케팅 서비스이다.
⑤ 고객의 수준을 높여 맞춤형 제품과 서비스를 제공하는 것이다.

41 다음 중 서비스 모니터링 제도에 대한 설명으로 적절하지 않은 것은?

① 접점 종업원의 접객태도, 직무능력 평가 및 고객서비스 수준 평가를 위한 측정 수단이다.
② 고객 서비스에 대한 과학적인 평가 활동으로 고객 만족과 고객 충성도 확보를 위한 것이다.
③ 고객 접점의 서비스 품질을 유지하기 위한 활동이다.
④ 고객 만족으로 기업의 수익성 향상을 위한 효과적인 관리 수단이다.
⑤ 모니터링 제도는 접점 종업원의 평가 또는 통제 수단으로만 활용한다.

42 모든 품질차원의 요인들이 고객 불만해소에 영향을 주고 있으며 그 영향도가 서로 다름을 알 수 있다. 애프터서비스품질차원의 요인들 중 영향도가 가장 높은 것은?

① 태도 및 행동
② 서비스 처리 시간
③ 전문성/기술
④ 편의성
⑤ 정책

43 다음 중 고객과 서비스 시스템의 상호 작용을 구체적으로 표현하며 실패 가능점을 미리 식별하여 미연에 방지책이나 복구 대안을 강구하도록 서비스 제공자가 제공하는 무형의 서비스 프로세스를 설계하여 묘사한 것을 무엇이라 하는가?

① 서비스 흐름도 (Flow Chart)
② 인간-기계 도표 (Man-Machine Chart)
③ 피쉬본 다이어그램 (Fishbone Diagram)
④ 서비스 청사진 (Service blueprinting)
⑤ 서비스 프로세스 도표 (Service Process Chart)

44 다음 중 고객을 위한 서비스 차별화의 설명으로 적절하지 않은 것은?

① 제품의 품질보다 고객이 무엇을 요구하는지를 알아본다.
② 다른 고객과 차별화된 서비스를 제공한다.
③ 고객에게 알맞은 제품을 선택하도록 요구한다.
④ 고객 중심적 조직문화를 만든다.
⑤ 고객들에게 통일된 서비스를 제공한다.

45 다음 중 기업 가치 활동에서 본원적 활동에 속하는 것은?
① 인적자원관리
② 애프터서비스
③ 기술개발
④ 자재확보
⑤ 홍보활동

46 다음은 CS 평가시스템 프로세스의 어느 단계에 대한 설명인가?

> 고객요구를 반영하여 설문지를 개발하고 각 고객별 조사를 통해 고객의 기대와 만족도의 정도를 파악한다.

① 고객의 요구정의　　　　　　　② CS 평가 실행체계 구축
③ 실행　　　　　　　　　　　　　④ CS 평가지표 개발
⑤ 고객조사

47 다음 중 서비스 포인트의 원칙으로 적당하지 않은 것은?

① 기업은 목표로 한 고객의 마음속에 하나의 위치를 가져야한다.
② 위치는 복잡하면서도 여러 가지의 메시지를 제공하는 독특한 것이어야 한다.
③ 위치는 다른 경쟁사들과 자사를 구별시켜줄 수 있어야 한다.
④ 하나의 회사가 모든 사람에게 모든 것이 되어 줄 수는 없다.
⑤ 자사의 노력을 집중시켜라.

48 다음 중 생산자뿐만 아니라 사용자의 관점을 동시에 고려하여 8가지 범주로 서비스 품질을 측정하는 모델은?

① SERVQUAL　　　　　　　　　② GARVIN
③ PSQ　　　　　　　　　　　　　④ SERVPERF
⑤ CSI

49 최근에 CS 트렌드는 고객 서비스 활동과 재정비, 글로벌 커뮤니케이션 구축 등으로 변화하고 있다. 이와 관련하여 기업문화 혁신의 트렌드와 동향이 잘못 연결된 것은?

① 고객지향사고 – 기업 간 경쟁심화, 제품과 서비스 차별화에 대한 고객요구 증가
② 글로벌 마인드 혁신 – 새로운 시장에 대한 진출 확대
③ 창의적 사고 – 고객만족서비스에 대한 기존 시장의 진출을 확대하는 것이다.
④ 사회적 책임 중시 – 고객에 대한 사회공헌 활동, 휴머니즘에 따른 환경보전 활동 강화
⑤ 일과 삶의 균형 – 우수한 인재 확보에 대한 경쟁 강화

50 After Service 품질 요인들은 고객 불만 해소와 행동 의도에 영향을 준다. 다음 중 After Service 품질 요인에 포함되지 않는 것은?

① 태도 및 행동　　　　　　　　　② 서비스 처리시간
③ 전문성/기술　　　　　　　　　④ 차별성
⑤ 편의성

51 "조직외부에 양질의 서비스를 제공하려면 먼저 조직내부에 양질의 서비스를 제공할 수 있는 체제를 구축해야한다."라며 서비스업에서 공통적으로 발견되는 종업원의 응대태도 불량을 서비스 칠거지악(七去之惡)이라 명명한 사람은?

① 피터 드러커
② 아담 스미스
③ 얀 칼슨
④ 칼 알브레히트
⑤ 잭웰치

52 ○○기업의 기획팀에서는 매월 저소득층과 불우청소년을 위한 공연을 기획하고, 다문화 가정에 대한 교육 등을 지원하여 기업의 이익창출과 고객 만족도를 향상시키는 계기를 마련하였다. 이처럼 ○○기업이 지역사회에 문화 서비스를 제공하는 마케팅 방법을 무엇이라고 하는가?

① 체험 마케팅
② 고객 가치 마케팅
③ 감성 마케팅
④ 컬비스 마케팅
⑤ 고객 창조 마케팅

53 다음 중 서비스 품질에 대한 설명으로 적절하지 않은 것은?

① 서비스의 품질은 인도된 서비스 수준이 고객의 기대와 얼마나 일치하는 척도이다
② 소비자의 지각된 서비스와 기대 서비스의 비교 평가의 결과이다.
③ 소비자들이 인식한 서비스 품질은 서비스 기업이 제공해만 한다고 느끼는 소비자의 기대와 제공한 서비스 기업의 성과에 대한 소비자들의 인식을 비교하는 것이다.
④ 소비자들이 서비스 품질을 기대와 성과의 비교를 통해서 지각한다.
⑤ 서비스 품질은 서비스를 제공하는 사람의 의해 결정된다.

54 다음 중 서비스 포인트의 원칙으로 적절하지 않은 것은?

① 기업은 목표로 한 고객의 마음속에 하나의 위치를 가져야한다.
② 위치는 복잡하면서도 여러 가지의 메시지를 제공하는 독특한 것이어야 한다.
③ 위치는 다른 경쟁사들과 자사를 구별시켜줄 수 있어야 한다.
④ 하나의 회사가 모든 사람에게 모든 것이 되어 줄 수는 없다.
⑤ 자사의 노력을 집중 시켜라.

55 다음은 서비스 청사진 작성 기법의 단계를 나타낸 것이다. 단계별로 순서를 올바르게 나타낸 것은?

가. 청사진 수정	나. 과정의 도식화	다. 경과 시간의 명확화
라. 실패 가능점의 확인	마. 수익성 분성	

① 나-다-마-가-라
② 나-가-마-라-다
③ 나-라-다-가-마
④ 나-라-다-마-가
⑤ 나-다-마-라-가

56 다음 중 (   )에 가장 적절한 것은?

> (   )는(은) 현재 생산 판매되고 있는 제품 및 서비스 품질에 대해 해당 제품을 직접 사용해보고 이 제품과 관련된 서비스를 받아 본 고객이 직접 평가한 수준을 모델링에 근거하여 측정, 계량화한 지표를 의미한다.

① 고객의 니즈
② 고객 만족도
③ 고객의 기대
④ 브랜드 충성도
⑤ 고객 충성도

57 다음 중 서비스 기대 영향 요인 중 내적 요인에 속하는 것은?

① 사회적 상황
② 경쟁적 대안
③ 과거경험
④ 구전
⑤ 가격

58 다음 중 서비스 Gap 1을 극복하기 위한 해결 방안으로 가장 적절한 것은?

① 최고경영자의 헌신
② 현장순회관리
③ 수평적 쌍방향 커뮤니케이션 증대
④ 접점종업원에게 권한위임
⑤ 교육, 피드백, 커뮤니케이션 제공

59 다음 중 고객 분석의 대상으로 적절하지 않은 것은?

① 고객의 구매행위에 대한 시장 특성
② 구매 후 과정
③ 구매의사 결정에의 참여자
④ 구매의사 결정에 영향을 주는 요인
⑤ 구매의사 결정 형태

60 다음 중 고객만족지수의 필요성으로 적절하지 않은 것은?

① 자사의 경쟁 관련 품질성과 연구
② 잠재적인 시장 진입장벽 규명
③ 고객기대가 충족된 영역 평가
④ 고객의 제품/서비스 가격 인상의 허용폭 결정
⑤ 경쟁사 CS 강 · 약점 분석

제 3 과목 : 고객관리 실무론

61 다음 중 전화 에티켓으로 적절하지 않은 것은?

① 자세를 바르게 하고 통화한다.
② 용건만 간단히 통화한다.
③ 통화 연결 시 상대를 오래 기다리게 하지 않는다.
④ 큰소리의 전화 통화로 상대방이 알아듣기 쉽게 한다.
⑤ 통화 중 부득이 다른 말을 할 경우에는 수화기를 막고 한다.

62 다음 중 코칭을 위한 질문으로 정보를 구하는 효과적인 질문으로 가장 적절한 것은?

① 어디에서 문제가 발생하고 있는가?
② 어느 정도인가?
③ 우리가 잘못하고 있는 것은 무엇인가?
④ 또 다른 좋은 대안은 없는가?
⑤ 어떻게 하면 이 일을 잘 할 수 있을까?

63 다음 중 코칭이 필요한 시기로 적절하지 않은 경우는?

① 조직 또는 부서의 목표나 비즈니스 상황이 변화되었을 때
② 최고의 실적을 내기를 원하는 팀원
③ 업무를 수행하는 기술 또는 능력에 대해 불안을 느끼는 팀원
④ 업무에 관한 자신감의 개발이 필요한 팀원
⑤ 문제의 팀원을 발견하였을 때

64 다음 중 바른 호칭 사용법으로 적절하지 않은 것은?

① 친구나 동료처럼 대등한 위치에 있는 사람이라면 자연스럽게 이름을 부른다.
② 본인 입석 하에 지시를 전달할 때는 직위나 직명으로 호칭한다.
③ 상급자의 경우 상사의 성과 직위 다음에 '님'의 존칭을 붙인다.
④ 하급자 또는 동급자의 경우 성과 직위 또는 직명으로 호칭한다.
⑤ 사내에서는 직급과 직책 중에서 더 상위개념을 칭하는 것이 통상적인 예의이다.

65 주장 행동을 통해 얻을 수 있는 이점을 〈보기〉에서 모두 찾아 고르시오.

가. 인간관계의 개선	나. 업무 능력의 향상	다. 자기 능력의 신장
라. 정신 건강의 예방과 증진	마. 타인의 행복 추구	

① 이상 모두
② 가, 다, 라
③ 나, 다, 라
④ 가, 나, 다, 라
⑤ 가, 라, 마

66 다음 중 고객 유형이 우유부단한 고객일 경우 응대 기법으로 가장 적절한 것은?

① 대화중에 반론을 제기하거나 자존심을 건드리는 행위 금지
② 시기적절한 질문을 통하여 상대가 자신의 생각을 솔직히 드러낼 수 있도록 도와준다.
③ 정중함을 잃지 않고 냉정하고 의연하게 대처한다.
④ 우회 화법을 사용하여 고객으로 하여금 사실을 말하도록 유도한다.
⑤ 합의를 지연하고자 하는 고객의 의도를 경계한다.

67 다음 중 컨텍센터(콜센터)의 정의로 적절하지 않은 것은?

① 고객접촉이 용이한 개방형 고객 상담 센터이다.
② 고정 고객의 관계개선 센터이다.
③ 신규고객획득 센터이다.
④ 고객감동을 실현할 수 있는 휴먼릴레이션 센터이다.
⑤ 원스톱 고객 서비스를 제공하는 서비스 품질제공 센터이다.

68 다음 중 컨텍센터(콜센터)의 운영 핵심 요소에 적절하지 않은 것은?

① 컨텍센터(콜센터)의 핵심 상담원
② 전략수립
③ 체계적인 운영
④ 서비스의 전략적인 측면
⑤ 효율적인 작업 인프라 구축

69 파워포인트 프로그램 응용기법 중 슬라이드에 애니메이션 효과를 설정할 때 차트에서 적용할 수 없는 애니메이션은?

① 컬러 타자기
② 바둑판무늬
③ 한 번 깜박이기
④ 휘돌아 나타내기
⑤ 확장

70 대인지각에 있어서 중요한 원리의 하나는 첫 인상이다. 이 때, 먼저 제시된 정보가 나중에 제시된 정보 보다 더 큰 영향력을 행사하는 것을 무엇이라 하는가?

① 최신효과
② 후광효과
③ 초두효과
④ 고정관념
⑤ 가면효과

71 다음 중 고객 응대를 할 때 고객이 원하는 응대에 대한 설명으로 적절하지 않은 것은?

① 고객들은 문제 해결을 원한다.
② 고객은 자기의 의견이 수용되기를 원한다.
③ 고객은 무조건 저렴한 것을 원한다.
④ 고객은 존중 받기를 원한다.
⑤ 고객은 도움 받기를 원한다.

72 다음 중 조해리의 창에서 상호관계과정을 통해 상대방이 스스로 잘 인식하지 못하는 부분이 있다면 그 부분을 인식하도록 도와주고 또 상대방에게 자신의 감정, 사고, 느낌 등을 진솔하게 알려줌으로써 공개영역을 확장하여 서로가 서로를 이해하는 폭을 증대시키는 것은?

① 자아개방
② 타인개방
③ 자아인식
④ 자기 주장
⑤ 자아 고립

73 다음 중 고객에게 잘못된 서비스 제공으로 인해 실패를 회복해야 할 경우의 행동 수칙 중에서 권유 사항이 아닌 것은?

① 문제를 인정한다.
② 규정 및 방침을 설명한다.
③ 원인을 규명한다.
④ 보상한다.
⑤ 해결 대안을 제시한다.

74 다음은 고객 불만해소 방법에 단계와 그에 대한 설명이다. 다음 중 단계가 가장 적절한 것은?

① 1단계 – 사과와 양해 구하기 (반전효과)
② 3단계 – 건설적인 협상 (양해효과)
③ 2단계 – 고객 관점에서 바라보기 (회상효과)
④ 5단계 – 경청 (집중효과)
⑤ 4단계 – 불만원인 찾기 (탐색효과)

75 다음 중 인사에 대한 설명으로 올바르지 못한 것은?

① 사람이 마땅히 섬기며 해야 할 일을 뜻한다.

② 톨스토이는 "어떠한 경우라도 인사하는 것은 부족하기보다 지나칠 정도로 하는 것은 좋지 않다." 라고 말했다.

③ 인사는 사람 인(人)에 섬길 사(事)로 표현된다.

④ 상대방을 존경하고 반가움을 나타내는 마음가짐의 외적 표현이다.

⑤ 우리 일상에서 중요한 일이며 행동의 표현이다.

76 다음 중 올바른 명함 수수법으로 가장 적절한 것은?

① 아랫사람이나 용건이 있는 사람이 자기를 소개한다는 차원에서 먼저 건네는 것은 실례가 된다.

② 명함은 만나자마자 교환하는 것이 원칙이다.

③ 받은 명함은 앉아서 대화를 나누기 전 명함집에 넣는 것이 예의이다.

④ 혹시 모르는 한자가 있을 경우라도 질문하는 것은 실례가 된다.

⑤ 앉아서 대화를 나누다가도 명함을 교환할 때는 일어서서 건네는 것이 원칙이다.

77 다음 중 코칭 스킬에 해당되지 않는 것은?

① 경청스킬   ② 직관스킬
③ 자기관리 스킬   ④ 질문스킬
⑤ 그룹스킬

78 다음 중 악수하는 방법으로 가장 적절한 것은?

① 원칙적으로 왼손으로 한다.

② 반가움의 표시로 어깨를 껴안는 등의 행위도 무방하다.

③ 여자와 악수할 때 남자처럼 손을 흔들어도 무방하다.

④ 여성일 경우 승마장갑을 끼고 있는 경우 낀 채로 악수를 해도 무방하다.

⑤ 여성은 앉아서 악수를 해도 무방하다.

79 다음 중 엘리베이터나 계단 이용 시 매너로 적절하지 않은 것은?

① 엘리베이터를 탈 때는 손님보다 나중에 타고, 내릴 때는 손님보다 먼저 내린다.

② 방향을 잘 알고 있는 윗사람이나 여성과 엘리베이터를 이용한다면, 윗사람 또는 여성이 먼저 타고 내려야 한다.

③ 엘리베이터로 들어갈 때는 정중앙 자리가 상석이다.

④ 계단을 올라갈 때는 남성이 여성보다 먼저 내려갈 때는 여성이 앞서게 하는 것이 예의이다.

⑤ 계단 이용 시 연장자나 상급자가 중앙에 서게 한다.

80 다음 중 첫 만남에서 명함을 건네는 방법에 대한 설명으로 가장 적절할 것은?

① 명함은 상황에 따라 한 손으로 건네도 예의에 어긋나지 않는다.
② 명함은 고객이 바로 볼 수 있도록 건넨다.
③ 한자 이름을 물어보는 것은 실례다.
④ 명함을 동시에 주고받을 때에는 왼손으로 주고 오른손으로 받는다.
⑤ 목례를 하고, 되도록 고객의 목과 가슴 선에서 주고받는다.

81 다음 중 불만고객에 대한 응대의 기본원칙의 설명으로 가장 올바르지 않은 것은?

① 피뢰침의 원칙 – 불만고객의 상담자는 불만 섞인 고객을 맞아 몸으로 흡수하고 제시된 불만요소에 대해서는 회사와 제도에 반영한다.
② 책임 공감의 원칙 – 고객 불만요소가 종업원을 향한 것이 아니므로 고객과 함께 그 책임을 회사 측에 제시한다.
③ 감정통제의 원칙 – 종업원은 거친 고객들에 대한 자기감정을 적절하게 통제하여 응대 하도록 한다.
④ 언어절제의 원칙 – 고객이 불만사항에 대한 스트레스가 풀리도록 충분히 경청하고 적당하게 문제에 대한 설명을 하도록 한다.
⑤ 역지사지의 원칙 – 회사는 종업원과 고객의 입장에서 불만사항을 듣고 마음을 이해하도록 관심을 가진다.

82 다음 중 청중의 속성을 파악하는 방법 중 청중들을 잘 아는 정보원을 통해 청중의 속성에 관해 질문하는 방법을 무엇이라 하는가?

① 직접적 정보 수집
② 내부 자원을 이용한 정보 수집
③ 간접적 정보 수집
④ 추론에 의한 정보 수집
⑤ 외부 자원을 이용한 정보 수집

83 다음 중 올바른 인사 예절에 대한 설명으로 적절하지 않은 것은?

① 상대에게 맞는 인사를 전한다.
② 인사는 내가 먼저 한다.
③ 상대의 입을 바라보고 하는 것이 원칙이다.
④ 인사말을 크게 소리 내어 전한다.
⑤ 인사는 상대의 눈을 바라보고 한다.

84 다음 중 호칭에 대한 설명으로 올바르지 않은 것은?

① 친구나 동료 등 대등한 위치의 사람은 자연스럽게 이름을 부른다.
② 사내에서는 직급과 직책 중에서 더 상위개념을 칭한다.
③ 아랫사람이라도 처음 대면하는 경우에는 존칭을 사용한다.
④ 차상급자에게 상급자를 호칭할 때에는 직위와 존칭을 사용한다.
⑤ 30대 후반의 기혼여성에게는 '여사' 의 호칭을 사용한다.

85 다음 중 전자상거래로 인한 유통부문의 변화와 가장 거리가 먼 것은?

① 적정 재고수준 유지　　　　② 가상 공동체의 등장
③ 고객(주문)에 대한 신속한 대응　　④ 유통 구조의 복잡화
⑤ 물류 기업의 급성장

86 다음 중 원스톱 서비스의 성공 요건에 해당되는 것은?

① 교류분석과 관리　　　　② 서비스 계획
③ 프로세스 관리　　　　④ 커뮤니케이션 분석
⑤ 풍부한 인적자원

87 다음 중 전화 응대의 기본자세로 적절하지 않은 것은?

① 웃는 얼굴로 전화응대에 임한다.
② 명확한 발음과 적당한 속도로 말한다.
③ 의뢰형, 권유형은 명령형, 지시형으로 말한다.
④ 플러스 화법을 사용한다.
⑤ 부정적인 말은 우회적, 긍정적으로 표현한다.

88 주장행동에 관한 주의사항이다. 적절하지 않는 것은?

① 주장적 행동은 상황에 따라서 구체적으로 하는 경우와 아닌 경우가 있다.
② 항상 주장적일 필요는 없다.
③ 주장적 행동이 완전한 해결책은 아니다.
④ 다른 사람의 권리도 인식해야 한다.
⑤ 갑자기 주장적 행동을 하게 되는 경우 타인에게는 공격적이라고 보여질수도 있다.

89 다음 중 파워포인트 작업 후 A4용지에 인쇄 작업 시 6장의 슬라이드를 1장에 모두 인쇄하려 할 때 인쇄 대상은?

① 슬라이드   ② 유인물
③ 슬라이드 노트   ④ 개요보기
⑤ 슬라이드 마스터

90 다음 중 Script의 필요성 및 목적으로 적절하지 않은 것은?

① 표준화된 언어표현과 상담방법으로 상담원 중심 응대가 용이해 진다.
② 고객에게 전화목적에 대한 효율적인 전달이 용이해 진다.
③ 콜 센터의 생산성 관리를 도와준다.
④ 상담원들의 평균 통화시간을 조절할 수 있다.
⑤ 상담원들의 생산성 관리 및 통화 관리가 용이해진다.

제3회 실전모의고사 정답

01 ③	02 ①	03 ②	04 ⑤	05 ⑤	06 ②	07 ④	08 ⑤	09 ①	10 ⑤
11 ④	12 ①	13 ④	14 ④	15 ②	16 ④	17 ④	18 ④	19 ③	20 ②
21 ③	22 ⑤	23 ③	24 ⑤	25 ③	26 ③	27 ②	28 ⑤	29 ③	30 ①
31 ①	32 ⑤	33 ③	34 ④	35 ⑤	36 ③	37 ③	38 ③	39 ③	40 ⑤
41 ⑤	42 ③	43 ③	44 ⑤	45 ②	46 ⑤	47 ②	48 ②	49 ③	50 ④
51 ④	52 ⑤	53 ⑤	54 ②	55 ④	56 ⑤	57 ③	58 ②	59 ②	60 ③
61 ④	62 ⑤	63 ③	64 ②	65 ④	66 ②	67 ③	68 ④	69 ①	70 ③
71 ③	72 ①	73 ②	74 ③	75 ②	76 ⑤	77 ⑤	78 ⑤	79 ③	80 ②
81 ②	82 ③	83 ③	84 ④	85 ④	86 ③	87 ③	88 ①	89 ②	90 ①

국가공인 CS Leaders(관리사) 완결판

발 행 일 : 2013년 3월 30일 초판제 1쇄

저　　자 : CS 교재편찬위원회

발 행 처 : 다솔커뮤니케이션 (http//:www.dasolco.com)

발 행 인 : 최 인 형

주　　소 : 서울시 중구 충무로 4가 148-1 기종빌딩 207호

전　　화 : (02)2285-6922

등　　록 : 2005년 8월 24일 제 2-4221호

ISBN : 978=89-92631-18-1 13320

〈값 25,000원〉